答慶喜會妄歸真　顯空藏不變之體

大佛頂首楞嚴經正脈疏（下）

酬滿慈從真起妄　顯不空隨緣之用

（明）京都西湖沙門交光真鑑◎著述

本元覺海。在纏名如來藏心。
湛寂性天。當體號首楞嚴定。
豈惟世出世間從來不動。
答慶喜會妄歸真。顯空藏不變之體。

大佛頂首楞嚴經正脈疏卷二十一

經文卷四之五

明京都西湖沙門交光真鑑述
蒲州萬固沙門妙峰福登校

寅三教其悟圓入一上二科。先以指根為結處。備示優劣而已。此科方以令其自悟最圓之根。但從一門修證也。故知此科更是下手切要處也。分二。卯一令驗六悟圓。又分為三。辰一本其欲證無生。

阿難。汝今欲逆生死欲流。返窮流根。至不生滅。

逆者。不順其流也。欲。即五塵。即名五欲。雖意所獨緣者。亦但五塵之影。此蓋六根流逸奔塵。而成無邊生死。是謂順生死流。旋根脫塵。逆之而不順之也。返窮流根者。謂從淺至深。務令生死源竭也。其實六根既為煩惱根本。即是生死深源。至無生滅者。妄窮真現。證極真寂滅理也。按後觀音圓通入流忘所等。即逆生死流。聞所聞盡等。即返窮流根。寂滅現前。即至無生滅。

辰二令其驗六推詳。

當驗此等六受用根。誰合誰離。誰深誰淺。誰為圓通。誰不圓滿。

領納塵境為受。發作功能為用。六根皆具此二。故曰六受用根。諸誰字。正是令其推詳也。合。謂合中知。離。謂離中知。近性為深。遠性為淺。通滿一意。用具為圓通。用缺為不圓滿也。今詳六根。眼耳為離知。鼻舌身三為合知。意雖多離。而五俱意中。鼻舌身三亦屬合知。是則兼合。而非純離也。耳意所緣靜滅為近性。謂初旋耳根。即捨動入靜。靜絕喧亂。故近性也。纔旋意根。則離生入滅。滅無生起。亦近性也。眼鼻舌身所緣暗塞淡離為遠性。以暗則不明。塞則不通。淡則無味。離則不覺。皆於性靈遠不相似也。圓缺經文顯然。

辰三顯示圓通勝進。

若能於此悟圓通根。逆彼無始織妄業流。得循圓通。與不圓根日劫相倍。

此科結處雖顯勝進。而初文實欲其自悟。決擇一根而修也。上科本令其於六義中推詳。謂離合淺深圓缺也。而今但云悟圓者。語略也。蓋選根取離深圓。而捨合淺缺。今以六義推驗。則隱然惟耳根全當其選也。良以眼雖同為離知。而深圓不及也。舌雖同其圓滿。而離深不及也。意雖同其深圓。而純離不及也。然則離知近性圓滿三義具全者。惟耳根而已。故此文義當補云。若悟離深圓根云云。乃至得循離深圓通。與不離不深不圓之根日劫相倍。其義方全。但佛語影略。文雖省而意則具。最宜知之。後偈云。初心入正定。遲速不同倫。即日劫相倍之意也。織妄業流。即塵欲交結。流生死也。

卯二令入一解六。上科重一悟字。義含信解。此科重一入字。文兼修證。先須信解一最圓之根。然後從一根修進證入。所謂信解行證。因果相應。事略周也。分四。辰一舉前數量。

我今備顯六湛圓明本所功德。數量如是。

湛圓明。即第一決定中圓湛不生滅性。足顯前指根中之性無疑也。本所二字。明眾生現今本具。箇箇皆同。非由修行造作而然。意實雙兼統論與揀別二科之意皆本所數量也。

辰二令其擇修。

隨汝詳擇其可入者。吾當發明令汝增進。

問。悟擇何分。答。朗然無疑謂之悟。決定取用謂之擇。然但不與說破何根。且先令其自悟自擇。發明。即與其說增進之漸次也。增進者。即漸次修行功夫矣。故此科合下科屬修。

辰三出擇一由。又分二。巳一十方統論則無擇

十方如來。於十八界一一修行。皆得圓滿無上菩提。於其中間。亦無優劣。

此即如偈云。聖性無不通。順逆皆方便也。雖說如來實談本修因時最初方便。但因統論十方。則隨方之機。千差萬別。故諸門皆可入證。無優劣也。然文雖局界。而七大實亦兼該矣。問。後偈云。十方薄伽梵。一路涅槃門。指耳根也。此何通之。答。彼雖亦云十方。蓋取觀音一類之機。以觀音同機亦徧十方三界故也。今此十方。更是統論。不局一類

之機。故有多門矣。

巳二此方就機故須擇。

但汝下劣。未能於中圓自在慧。故我宣揚令汝但於一門深入。

下劣。謂具足煩惱。四住尚紆。圓自在慧。則備達法門。頭頭可入。無復遲速之殊者也。此實深位方能。非初心入正定者可能也。故我下。正以結明擇一之由矣。問。觀音豈亦下劣之類。答。約今現位。雖是如來。而本其初心。亦從博地。且最初方便。雖諸佛亦皆各隨一方之機入一而已。豈止觀音乎。又阿難入一之後。則一入一切入。而圓自在慧當亦現前。豈終於下劣哉。出擇一由已竟。

辰四一入六解。

入一無妄。彼六知根一時清淨。

此科屬證。令一門而入者。即從一根而解也。恐阿難疑其但解一根。餘根尚縛。故結示以一解一切解也。按後圓通。則當以聞所聞盡為入一無妄。然一根返元。則六根解脫。由是而見所見盡。乃至知所知盡。即六根一時同淨也。夫上來六義推驗。耳根既已密示。且由悟而修。由修而證。則解結功夫大概已略周矣。開示解結一周已竟。

丑二因問重申委悉。此問不同後疑。蓋疑為信之不及。而辯定是非。問為解之不徹。而請益開示。故佛下答。但是足前示而更加詳明。與之增解。非與之斷疑也。

分二。寅一阿難躡前發問。

阿難白佛言。世尊。云何逆流深入一門。能令六根一時清淨。

此問但從悟圓入一科中而來。且於悟圓科中。但問前半如何是流。如何逆之。於入一科中。但問後半如何惟令入一。如何便能解六。的明此之問意。方了後之答文。

寅二如來就問重申。重申者。不出前義。但以加詳之謂也。又分四。卯一申惑執尚深。此科一則出其不能頓了之故。二則明其欲流尚在。決當逆之。而方可至無生滅也。又分二。辰一直明我執未盡。

佛告阿難。汝今已得須陀洹果。已滅三界眾生世間見所斷惑。然猶未知根中積生無始虛習。彼習要因修所斷得。

須陀還。小乘初果也。此云預流。謂小乘從賢入聖。至一果方預聖流也。金剛經佛自釋云。須陀還名為入流。而實無所入。以不入色聲香味觸法。名須陀還。按此既出金言。而復與此經孚合之甚。宜惟取此。良以不入六塵。即逆生死欲流也。三界眾生世間者。以四住見思。皆界內所斷。非已出世間者所斷也。孤山曰。見諦所斷之惑。即八十八使也。修道所斷之惑。即八十一思也。〇見。謂見道位中。蓋小乘初果屬見道位。初果方斷我執分別。而分別曰見。故此亦名見惑。即十使對三界四諦所疊八十八數。此是阿難初果已滅者也。根中虛習。即是思惑。所謂我執俱生也。根。即第八賴耶識。以相宗呼此識為根本依。積生若釋為多生。則似與無始相重。今釋積為種子。生為現行。虛習為習氣。即四使對三界九地所疊八十一數也。又當知根亦即是六根。但相宗唯目八法所成。故屬無情色法。此經直指根中六精心體。故即賴耶。是以後文觀音圓通根盡。即當七信四果也。要因修斷者。屬小乘修道位中所斷也。小乘以二三果屬修道位。方斷思惑。阿難未入修位。故猶未知所斷也。

辰二況顯法執全在。

何況此中生住異滅分劑頭數。

此中仍指根中。以離賴耶。諸惑無依也。孤山曰。生住異滅。即同體無明也。分劑頭數。謂初住以上。至於妙覺四十二品也。○同體無明。總攝法執中分別俱生微細之惑。所謂塵沙無明合為一住。天台目為界外見思是也。按起信論三細中之業相。是生相。三細之後二。六麤之前二。為住相。六麤之三四為異相。第五為滅相。而第六不與焉。疏釋四相義。以最初心動為生。以法執堅住為住。以內外人我為異。以周盡終極為滅。此約順流之相。若約逆斷推人。則十信覺於滅相。二乘三賢覺於異相。天台判圓七信齊於小乘極果。此與三賢配之恐非圓教三賢。而前言十信。亦似別十信也。再俟考之。初地至九地覺於住相。十地乃至如來覺於生相。理實如來方於生相現量親見。而法雲地。但是此相中發覺初心耳。故知此之四相。蓋取順流中從微至著。逆斷時自淺之深。通該五住以立。非取一剎那所具四相也。

分劑頭數者。明數量極多。非二乘所測之境也。良以麤分四十二品。細分則應無量矣。此科大意答前汝問如何是流。即汝未斷之思惑。及塵沙無明別惑。是乃欲流尚在。所當逆斷者矣。中惑執尚深已竟。

卯二申一六由妄。此答問中後二義。如何惟令入一。如何便能解六。為答此問。故說此科。又曲分為六科。辰一雙以徵起。

今汝且觀現前六根。為一為六。

辰二別破二計二。巳一破計一。

阿難。若言一者。耳何不見。目何不聞。頭奚不履。足奚無語。

既言體一。即當用通。則計之為定一者。真妄計非實也。

巳二破計六。

若此六根決定成六。如我今會與汝宣揚微妙法門。汝之六根。誰來領受。

阿難言。我用耳聞。佛言。汝耳自聞。何關身口。口來問義。身起欽承。

若言體六。即當用不相隨。今既相隨。則計之為定六者。亦妄計也。

辰三承明上義。

是故應知。非一終六。非六終一。終不汝根元一元六。

非一二句開說。非一終六。則一不可定也。非六終一。則六不可定也。且非一兩字。斷定之辭。終六者。即用不相通之意。此二字釋上非一之故。言由用不相通。所以決定非一也。非六兩字。亦斷定之辭。終一者。即用乃相隨之意。此二字釋上非六之故。言由用乃相隨。所以決定非六也。末二句結定雙非。以並遣一六之惑。切不可更添雙亦以成矯亂之過也。

辰四推原由妄。

阿難。當知是根非一非六。由無始來顛倒淪替。故於圓湛一六義生。

此根既非六而又非一。眾生惑之為六為一者。果何故哉。推究而言。根之本體。元非一六由無始來云云。顛倒即惑業。當論中三細五麤。淪替。即苦果。當論中第六麤也。圓則用具而本非一。湛則體一而本非六也。一六義生者。謂博地凡夫執之為六。淺解學者執之為一。而曾不達圓而非一。湛而非六之本真。復何一六之可得哉。

辰五判示當機。

汝須陀洹。雖得六銷。猶未亡一。

約孤山所引金剛經不入色聲香味觸法。此但六塵消歇。然根以了塵為用。塵既不入。則根之六用已即不行。又此但說用之不行。非即體盡。四果方能體盡。按後觀音圓通動靜不生。即此六銷。聞所聞盡。方當體盡。猶未忘一者。約孤山釋為執有涅槃不差。然不止初果。四果亦然。以彼道成。盡晦六用。為灰斷涅槃故也。此正所謂淺解學者執之為一也。然所以說此者。以凡夫執六。人皆知之。二乘執一。人或未達。故此判屬示之。以見與凡夫執六者。同一妄而非真耳。

辰六更以喻明。二。巳一舉喻。又三。午一從一成六喻。

如太虛空。參合群器。由器形異。名之異空。

虛空。喻圓湛之性。群器。喻六根之相。器異者。方圓長短等也。然器異本無干於虛空。因參合而遂謂虛空有異者誠妄也。

午二除六說一喻。

除器觀空。說空為一。

器未參合之先。無故而豈說空一。今因除器而後說一。斯亦對待妄立。非本真也。

午三真體無干喻。

彼太虛空。云何為汝成同不同。何況更名是一非一。

首二句。破正計也。因參器而說空為不同。不同即異也。因除器而說空為同。同即一也。此但徒有言說。而虛空豈為汝之言說而真成同與不同哉。此已將上一異雙遣也。末二句。防轉計也。更略一層。蓋上文因破異而復立為一。故一異已並遣矣。今恐因破一而復立非一。故此復加何況更名。所以重將一與非一復並遣之。舉喻已竟。

巳二合法。

則汝了知六受用根。亦復如是。

此須將喻中三科一一合之。初合從一成六喻云。彼圓湛性結滯六根。由根六而遂謂性六。殊不知根六本無干於圓湛。因結滯而遂謂性六者。固妄計也。次合除六說一喻云。銷六根而立性為一。殊不知根未結滯之先。無故而豈說性一。今因銷根而後立一。斯亦對待妄立。非本真也。末合真體無干喻。亦作兩節。先合破正計云。因結根而說性為六。銷根而說性為一。此亦徒言說。而圓湛豈為汝之言說真成一六之殊哉。此已將上一六並遣也。末合防轉計云。因銷六而立一。一六固已墮於俱妄矣。何況因破一而更名非一。則一與非一。愈妄無已也。意恐破二乘涅槃之後。而復有人計非涅槃。故重遣也。然此根性一六俱妄。何殊虛空之與器形乎。故曰亦復如是。此科大意答前問云。由此根性本無一六。所以一解而六即消也。中一六由妄已竟。

卯三申根結由塵。此科仍同首科答如何是流之問。而流相益加顯明也。分為二科。辰一別明。又分為六。巳一攬色成眼。

由明暗等二種相形。於妙圓中粘湛發見。見精映色。結色成根。根元目為清淨四大。因名眼體如蒲萄朵。浮根四塵。流逸奔色。

首四句。初成見精。上二句。單舉塵相。相形者。互顯也。下二句。正成見精。妙圓指性。妙。亦湛也。粘。染著也。粘湛發見。且言湛性被粘。而初發妄見。根末結也。中四句。次成勝義根也。上二句。表成勝義。見精。承上而言。即粘湛發見之見精。所映之色。即明暗等。所成之根。即內四大勝義根也。根成。則是顛倒從塵有見矣。下二句。檢異浮塵。根元者。表其為浮塵根之本也。目為清淨四大者。明其雖屬四大。而其相最為微細。聖目天眼方能見之。凡夫莫覩。非浮根所能比也。末四句。後成浮塵根也。上二句。定名示相。因名眼體者。因有勝義根為之本元。方成眼體。如蒲萄朵者。麤相顯著。凡夫共見也。此二句或可屬上勝義。既曰聖等可見。非無相狀。故表其如蒲萄。令不見者知也。若是。則體者謂能見之實體也。下倣此。下二句。檢異示流。浮根者。明其為麤浮之根。檢異勝義也。四塵。指其體也。即色香味觸。二根雖麤細有異。要皆以能成地水火風。所成色香味觸。八法為體。今於勝義說四大。浮塵說四塵者。就名而互影也。流逸奔色者。是乃聚見於眼。顛倒從塵發見。循色流轉。惟以色為所緣之境。二根分屬全依檇李。而但變其文耳。下五根大意。準此類推之。

巳二攬聲成耳。

由動靜等二種相擊。於妙圓中粘湛發聽。聽精映聲。卷聲成根。根元目為清淨四大。因名耳體如新卷葉。浮根四塵。流逸奔聲。

相擊者。互不相容也。卷。包攬也。與結意同。奔聲。即循聲流轉也。餘並準上。

巳三攬香成鼻。

由通塞等二種相發。於妙圓中粘湛發齅。齅精映香。納香成根。根元目為清淨四大。因名鼻體如雙垂爪。浮根四塵。流逸奔香。

相發者。互相引起也。納。吸取也。

巳四攬味成舌。

由恬變等二種相參。於妙圓中粘湛發嘗。嘗精映味。絞味成根。根元目為清淨四大。因名舌體如初偃月。浮根四塵。流逸奔味。

恬即是淡。無味之味也。變即五味之總。有味之味也。以無味有味相對而成兩端耳。參。雜和也。旋取曰絞。

巳五攬觸成身。

由離合等二種相摩。於妙圓中粘湛發覺。覺精映觸。摶觸成根。根元目為清淨四大。因名身體如腰鼓顙。浮根四塵。流逸奔觸。

摩。際交也。摶。攬取也。腰鼓俗名杖鼓。顙。腔也。細腰。而以革瞞其兩頭。狀似人身。

巳六攬法成意。

由生滅等二種相續。於妙圓中粘湛發知。知精映法。攬法成根。根元目為清淨四大。因名意思如幽室見。浮根四塵。流逸奔法。

不云意體。而言意思者。以意之浮根即肉團心。孤山所引正法念經。狀如蓮華開合是也。然在於身中。人不可見。故用思字。以明有思量處即意根所在也。如幽室見者。檢非日中所見。以前五根對塵實體。共見明了。如日中之見。意根對塵獨影。自見隱暗。如幽室見物也。此亦但狀其知體。非象其浮根也。形擊結卷等字。但是變文。無大差殊。不必過於分析。別明已竟。

辰二總結。

阿難。如是六根。由彼覺明有明明覺。失彼精了。粘妄發光。

孤山曰。由彼覺明。真明也。有明明覺。妄明也。迷彼真明。故云失彼精了。成此妄明。故云粘妄發光。〇此雖推重無明。再研經意。惟重粘妄二字。即染著於塵之謂也。粘妄發光。即先見精等初成。然後攬塵以結諸根。此染塵為成根之本。是以下科一忘塵而結自開也。三申根結由塵已竟。

卯四申塵忘結盡。此答問中第二意如何逆之。斯正教以逆之之法。所謂下手功夫也。良以奔塵既即為流。而忘塵豈不是逆乎。分二。辰一正申解結以酬問。又二。

巳一統論離塵無結。

是以汝今離暗離明。無有見體。離動離靜。元無聽質。無通無塞。齅性不生。非變非恬。嘗無所出。不離不合。覺觸本無。無滅無生。了知安寄。

此猶泛論離十二塵元無六根結體。非正教脫塵之功。功在下科。無有見體者。無聚見於眼。結滯為根之妄體也。非是並其照用自在之常體而俱斷滅也。餘五準此。此處看得明白。下文方知。阿難為謬解妄辯。此若不了。下文徒信佛語。而阿難之難終不能解也。

巳二正教脫一盡五。此中方是教以脫盡功夫分三。午一離塵。

汝但不循動靜。合離。恬變。通塞。生滅。明暗。如是十二諸有為相。

不循。即是旋根不復奔塵功夫。此以耳身舌鼻意眼為序者。佛言隨便自在。無他意也。有為屬生滅法。十二塵相皆生滅法。故云諸有為相也。夫一大功夫。惟在不循二字。所謂簡則易能。真圓頓上乘也。但學者珍重而勿輕忽。方能得其力矣。

午二脫一。

隨拔一根。脫粘內伏。伏歸元真。發本明耀。

首句言非是教汝六根齊拔。但當選一圓根。旋倒逆流以拔之。此與後觀音意同。脫粘即是忘塵。內伏即是盡根。伏歸元真。即是歸一精明。發本明耀。即是心光融洩矣。

午三盡五。

耀性發明。諸餘五粘應拔圓脫。

此即一根若返元。六根成解脫。所以答前入一門而六根一時清淨之問也。正伸解結以酬問已竟。

辰二兼成二妙以證驗。前科已盡正答。此復明其勝妙。令其決定趨進也。伏問意云。未審六根淨後。有何利益。故復答此。然亦因如來初開義門。元為哀憫二乘。於菩提心未得自在。故此明解根之後。當得大自在也。又前科屬修門。此科屬證門。以二妙即所證圓通境界爾。分二。巳一情界脫纏成互用妙。情界。即正報根身眾生世界也。前文佛云。由此無始眾生世界生纏縛故。故此先明情界脫纏也。又二。午一先以示妙。

不由前塵所起知見。明不循根。寄根明發。由是六根互相為用。

首二句。外不由塵也。知見。舉意眼而該餘四也。由塵起見者。如眼因空明而後見等。今心光偏照。則塞不能礙。暗不能昏。豈假外緣。所謂不由前塵起知見也。次二句。內不循根也。明不循根者。照用偏周。不用勝浮二根也。寄者。權假之意。寄根明發者。但權假二根示為照明之相。而實不全由也。故佛菩薩之視。不俯仰。不迴轉。蓋由不全用根故也。設隨世相。亦權假表法。非真也。末二句。結成互用妙也。由是者。因此外不由塵。

內不循根。根塵雙脫之故。方成此妙也。互用者。如眼能聽。耳亦能見之類是也。良以心光既徧。六用皆周。故六門互通。理之自然矣。孤山所謂似如法華真如華嚴者。當取於真。蓋此妙由於無漏性發。非同法華尚假果報之力故也。斯於眾生世界無復縛礙。而內之根身既已得大自在矣。

午二證不循根。

阿難。汝豈不知今此會中。阿那律陀。無目而見。跋難陀龍。無耳而聽。殑伽神女。非鼻聞香。驕梵鉢提。異舌知味。舜若多神。無身覺觸。如來光中。映令暫現。既為風質。其體元無。諸滅盡定得寂聲聞。如此會中摩訶迦葉。久滅意根。圓明了知。不因心念。

此恐凡小久執六用必循於根。驟聞明不循根。疑而不信。故引此證之。令其信極也。孤山曰。殑伽。河名。此云天堂來。以其自雪山頂無熱惱池流出故也。溫陵曰。驕梵受牛呞報。故曰異舌。舜若多神。主空神也。其質如風。而能覺觸。○空神多劫以無身為苦。如來放拔苦光。映令暫現身觸。則樂不可言。然則纏空外道當知警矣。溫陵曰。修滅盡定得寂聲聞。意根斯滅。如大迦葉雖滅意根。而能了知。孤山曰。那律等六人。或是凡夫業報。或是小聖修得。斯皆妄力。尚不依根。何況圓脫。豈無互用。情界脫纏成互用妙已竟。

巳二器界超越。成純覺妙。前文佛云。於器世間不能超越。故此後明器界超越也。分二。午一先以示妙。

阿難。今汝諸根若圓拔已。內瑩發光。如是浮塵。及器世間。諸變化相。如湯銷冰。應念化成無上知覺。

言有次第。理實諸根圓拔。則二妙齊臻。故此首二句重牒起也。內瑩發光者。心光融鎔。洞徹表裏也。浮塵。畢竟虛法也。器世間。似有體法也。諸變化相。總該山河萬物染淨苦樂等相也。前於奢摩他中。但方了妄即真。此則親證實到。故無情滯相。為心光所鎔。還本覺體。所以如湯消冰。應念成覺也。夫山河大地。既皆自心純覺之體。則翻苦作樂。變穢為珍。乃至大小互融。一多不礙。無所不可。如後觀音三十二應等得大自在也。是知六根未解。非惟器界不得自在。雖根身亦不得自在。六根既解。非惟根身得大自在。雖器界亦得自在矣。此學者但當解根無勞出界也。

午二驗不藉緣。此恐凡小過慮圓妙未發。先銷根塵。萬一根塵既已雙失。而圓妙又或不發。豈不落空。故此驗以示之。令其進銷勿畏也。然由不循根為根身自在之本。故前證不循根。由不藉緣是器界自在之本。故今驗不藉緣。又分為三。未一即事以驗。即目前之事驗之。令易省解也。又三。申一用肉眼局量。

阿難。如彼世人。聚見於眼。

聚見於眼者。謂見性本周法界。顛倒故。但聚於眼。離眼別無也。

申二令合成暗相。

若令急合。暗相現前。六根黯然。頭足相類。

此中依吳興。下文作合眼者循繞他人之體。則此六根二句。即當指合眼者所對之他人方通。然譯文闕略。仍當補云。正合眼時。設復有人當其前立。則六根莫辨。手足何分乎。

申三驗暗中知覺。

彼人以手循體外繞。彼雖不見頭足一辨。知覺是同。

吳興曰。彼人。即指合眼之人。循體。謂繞他人之體。知覺是同。言暗中知覺。與明中所見不殊。即事以驗竟。

未二明不藉緣。

緣見因明。暗成無見。不明自發。則諸暗相永不能昏。

緣見因明者。緣塵之見。尋常必因於明也。暗成無見者。即合成暗相科也。不明自發者。即暗中知覺科也。末二句。斷定滅緣決不礙見也。

未三決成圓通。

根塵既銷。云何覺明不成圓妙。

根塵銷落。諸緣滅盡也。承上滅緣既不礙見。則根塵銷而豈不決發圓通乎。圓妙即圓通。乃根身器界大自在之境也。通前開示重申二科。則解根下手功夫略已發盡。但未說出一門的指何根而已。學者宜當反覆潛玩。則圓通修證思過半矣。又通前二義論之。前一義。為略示因果全功。令懸知究竟極果。後一義。為詳示初心方便。令切曉下手功夫爾。分門以定二義已竟。

辛二證驗以釋二疑。前二義。正與說示修門。此下諸科。皆因辯問而與之除疑增解。本科正當除疑。而疑則有二。就分為二。壬一驗釋根性斷滅疑。此疑從前第二義門。統論離塵無結科中而來。又分二。癸一阿難錯解佛語以謬難。佛謂離塵無有結體。阿難誤謂離塵全滅性體。故謬起斯難也。又分為三科。子一因果相違。三。

丑一按定如來教旨。

阿難白佛言。世尊。如佛說言。因地覺心欲求常住。要與果位名目相應。

第一義門。反決必同科中文云。若於因地以生滅心為本修因。而求佛乘不生不滅。無有是處。阿難所按。蓋按斯文也。名目相應者。要因果二地覺心同一常住。然後可爾。

丑二引果較量今因。又二。寅一引果明常。又二。

卯一備引七果。

世尊。如果位中。菩提。涅槃。真如。佛性。庵摩羅識。空如來藏。大圓

鏡智。

七果皆取如來究竟證極。不取在纏理具者也。菩提。取萬德莊嚴。號無上者。涅槃。取五住淨盡。號無餘者。與夫究竟真如。證得佛性。離垢白識。出纏空藏。轉識鏡智。皆果位所有。非因位能共者也。庵摩羅。此云無垢。與大圓鏡智皆轉第八所成。皆同照萬法。故規矩云。大圓無垢同時發。普照十方塵剎中。但圓照萬法而無分別處。名鏡智。分別一切而無染著處。名淨識。故楞伽經云。分別是識。無分別是智。此因二名對舉。暫以分屬如此。非謂是智皆無分別。是識皆有分別。良以識有無記為性者。智有分別為體者也。問。此二何異前之智果。答。彼乃一切種智。三諦圓照。此二多照俗諦。是其差別也。

卯二總結真常。

是七種名。稱謂雖別。清淨圓滿。體性堅凝。如金剛王常住不壞。

斷盡無明曰清淨。具足性德曰圓滿。不可破曰堅。不可動曰凝。金剛王。即帝釋寶。而金剛經釋有堅利二義。今獨取堅義。以合常住不壞。蓋七果皆一成永成。無復變也。

寅二說因為斷。又二。卯一疑因斷滅。

若此見聽。離於明暗動靜通塞畢竟無體。

根惟略舉前二。塵乃略舉前六以該其餘。總言根之離塵無體也。領前統論離塵無結科而謬疑爾。

卯二疑同妄心。

猶如念心。離於前塵本無所有。

念心。即六處識心。領前最初三番破心中。第三明其無體意也。言佛前破識心離塵無體。今此六根亦離塵無體。豈不同於彼心乎。

丑三謬疑因果相違。

云何將此畢竟斷滅以為修因。欲獲如來七常住果。

言既離塵無體。則是畢竟斷滅之法。然佛既言生滅為因。不可獲常住之果。以其不相應也。今何以斷滅因而修七常住果乎。因果相違已竟。

子二後先異說。即自語相違也。分三。丑一據今現說斷滅。又三。寅一貶根同識。

世尊。若離明暗。見畢竟空。如無前塵。念自性滅。

此單舉眼根。例該餘五。然此科亦但牒前說因為斷中文。首二句。迭疑因斷滅科也。次二句。迭疑同妄心科也。言此根性與前佛所破之識心何所差別乎。

寅二正疑斷滅。

進退循環。微細推求。本無我心。及我心所。

進退者。前後反覆也。循環者。周而復始也。微細者。檢異麤心也。無我心者。無心體也。無我心所者。無心處也。同前最初破心無體。破心無處矣。心所非謂相應法也。據此科意。全將根性疑同識心無體亦無處也。

寅三懼難剋果。

將誰立因。求無上覺。

真因方可剋果。今因尚斷滅。其誰成果乎。此亦全領最初破心文中。佛言塵非常住。若變滅時。則汝法身應同斷滅。其誰修證無生法忍。大抵既惑根性全同識心。則全將前破識之意而轉以破根矣。據今現說斷滅已竟。

丑二考前多許真常。

如來先說湛精圓常。

上科據如來今說根性。是其斷滅。此科考如來先說根性。多許其湛精圓常。若作四義。則但澄清不動曰湛。靈明不昧曰精。充滿法界曰圓。體恆不滅曰常。或以湛精即指六精。則但以圓常為二義亦可。此科總取前十番示見義。故曰如先說也。示見十義。圓常二字收之殆盡。不動不滅。不失不還。皆常義也。不雜不礙不分。乃至不偏因緣自然。皆圓義也。

丑三謬疑自語相違。

違越誠言。終成戲論。云何如來真實語者。

先說根性圓常。後說根性斷滅。故曰違言成戲也。戲論。如矯亂之語也。云何二句。明其不得為聖語。稱理曰真。不虛曰實。

子三更求開示。

惟垂大慈。開我蒙悋。

蒙。謂根暗而不了佛言。悋。謂疑滯而不果進領也。阿難錯解佛語以謬難已竟。

癸二如來即事驗常以釋疑。即目前之事。驗根性果常以釋之。分四。子一許以除疑。又二。丑一責徒聞未識。

佛告阿難。汝學多聞。未盡諸漏。心中徒知顛倒所因。真倒現前。實未能識。

首二句。以其務多聞而不暇盡漏。見多聞功專也。非責其不盡漏也。顛倒。即錯誤之惑也。徒知顛倒所因者。徒知顛倒為諸妄所因也。真倒未識者。蓋多聞之人。徒記顛倒名字。亦知諸妄皆因顛倒。而實不知何為真實顛倒。亦如說藥人。而實未見真藥者也。及至真倒現前實未能識。亦如真藥現前實未能辨也。

丑二許即事除疑。

恐汝誠心。猶未信伏。吾今試將塵俗諸事。當除汝疑。

首二句。言我若不設方便。直說根性為常。恐汝云云。末三句。正許設為方便而與之除疑。蓋擊鐘引夢。皆塵俗易曉之事故也。

子二擊鐘驗常。分四。丑一兩番問答。又二。寅一問聞答聞。謂問聞之有無。即以聞之有無為答也。又二。卯一三次致審。就分三。辰一先審有聞。

即時如來勅羅睺羅擊鐘一聲。問阿難言。汝今聞不。阿難大眾俱言我聞。

今我俱作有字。方妙。

辰二次審無聞。

鐘歇無聲。佛又問言。汝今聞不。阿難大眾俱言不聞。

今仍作有不聞宜作無聞。

辰三復審有聞。

時羅睺羅又擊一聲。佛又問言。汝今聞不。阿難大眾又言俱聞。

今字同前俱亦作有。夫審有審無。似乎兩次足矣。何用第三復審。蓋此復審甚有關要。至下申正義處必用此三。臨文再為指出。

卯二重與確定。

佛問阿難。汝云何聞。云何不聞。阿難大眾俱白佛言。鐘聲若擊。則我得聞。擊久聲銷。音響雙絕。則名無聞。

不仍作無。音即本聲。響。乃虛谷應聲之影也。此之確定。要令眾等親口自言。或有或無。但惟是聲。無關於聞也。問聞答聞已竟。

寅二問聲答聲。謂問聲有無。即以聲之有無為答也。分二。卯一三次致審。就分為三。辰一先審有聲。

如來又勅羅睺擊鐘。問阿難言。汝今聲不。阿難大眾俱言有聲。

汝今二字。不如今有二字為妙。

辰二次審無聲。

少選聲銷。佛又問言。爾今聲不。阿難大眾答言無聲。

此與下科爾今。俱應作今有讀之。

辰三復審有聲。

有頃羅睺更來撞鐘。佛又問言。爾今聲不。阿難大眾俱言有聲。

少選。有頃。皆言少時也。關要同前。

卯二重與確定。

佛問阿難。汝云何聲。云何無聲。阿難大眾俱白佛言。鐘聲若擊。則名有聲。擊久聲銷。音響雙絕。則名無聲。

首句不如只言云何有聲。此與上文數字譯文傷巧。故皆換字代讀。義自顯現。蓋變文圖巧。不如顯義為高也。兩番問答已竟。

丑二責其矯亂。分二。寅一直責矯亂。

佛語阿難。及諸大眾。汝今云何自語矯亂。

寅二因問勘定。

大眾阿難俱時問佛。我今云何名為矯亂。佛言。我問汝聞。汝則言聞。又問汝聲。汝則言聲。惟聞與聲。報答無定。如是云何不名矯亂。

聲聞報答無定。即真矯亂。而凡小素無智眼。混濫無分。隨口而應。殊不自覺。故激責令問。因問與說也。蓋聲聞雖以雙審。有無只歸一邊。今乃二俱隨應。真混濫矯亂之答也。理實只當答聲有無。豈可混答聞之有無哉。

丑三破申正義。聲有生滅。聞乃常存。是其正義。審之不悟。故與申明。而破其誤執之深惑也。分二。寅一先破滅無之見。又二。卯一取更擊以驗未滅。

阿難。聲銷無響。汝說無聞。若實無聞。聞性已滅。同於枯木。鐘聲更擊。汝云何知。

此中方顯若無第二聲之擊。並無第三次之審。則此破何所施乎。故曰第三之審甚為關要也。鐘聲更擊汝云何知者。言聞既隨聲已滅。更擊應當不聞。今更擊仍聞。豈云隨滅而遂言無聞乎。知字。即第三次所審知有之知也。

卯二取知無以驗不無。

知有知無。自是聲塵或無或有。豈彼聞性為汝有無。聞實云無。誰知無者。

首句迭表生滅惟聲也。言知有知無者。謂所知之有。及與所知之無也。故惟重有無二字。不重知字。次二句迭表有無不關於聞性也。豈彼聞性為汝有無者。言豈是聞性因聲之有無。而亦為汝成有成無哉。此皆迭申正義。而破意全在末二句。聞實云。無者。縱詞也。言若果隨於聲盡即無也。誰知無者。奪詞也。言我第二次審汝。復將何性知其為無聲乎。此科之破。恐彼承前破而轉辯之曰。初擊既久。揣知聲滅而聞亦隨滅。及其再擊。不妨聲生而聞亦隨生。故即用此科末二句義以破之云。若實聲滅而聞亦隨滅。即應聲無而不知無聲。然則汝當次審。是誰知其無聲乎。先破滅無之見已竟。

寅二後申真常正義。

是故阿難。聲於聞中自有生滅。非為汝聞聲生聲滅。令汝聞性為有為無。

此方剖決斷定生滅與不生滅者。文似重前。而此實更有交互之意。不同前文首二句。聲於聞中實有生滅也。末四句。聞於聲中實不隨生滅也。非為汝當另讀。聞字連下句讀之。言非為汝聞聲之生滅。即令汝聞性亦或有而或無也。破中正義已竟。

丑四責迷戒謬。

汝尚顛倒。惑聲為聞。何怪昏迷。以常為斷。終不應言。離諸動靜閉塞開通。說聞無性。

首四句責迷也。意謂斷常縱使難定根塵宜當易分。今惑聲為聞。尚於易分者而不能分。何怪以根中之常性而惑為斷滅。此固於難定者亦不能定也。理實凡小不能決定信根性為常住者。病根在於根塵混濫。而麤心未能斟別。故佛擊鐘詳審。發其混濫。然後與申明之。最為妙示也。末四句戒其止謬辯也。加閉塞開通者。似明浮塵根亦與聞性無干也。擊鐘驗常已竟。

子二引夢驗常。前阿難領佛離動離靜元無聽質之旨。而起根性斷滅之疑。今擊鐘之示。有聲驗之於動。無聲驗之於靜。而實未及動靜雙離以驗之。故此再引睡中雙離動靜時以驗也。分為二。丑一驗夢不昧。分四。寅一夢外實境。

如重睡人。眠熟床枕。其家有人。於彼睡時擣練舂米。

輕睡者有聲即醒。不成斯喻。故惟取於重睡。眠熟者。睡濃時也。擣練。砧聲也。舂米。碓聲也。或二事並作亦可耳。

寅二夢中誤認。

其人夢中。聞舂擣聲別作他物。或為擊鼓。或為撞鐘。

睡中昏識。境多顛倒。聞外聲而誤作別音。此其常事。或鐘或鼓二俱雙取亦可。以後文互影故也。

寅三分別不昧。

即於夢時。自怪其鐘為木石響。

此但取聞聲即為根性不昧。不論其誤與不誤也。夢中分明見其撞鐘。其聲實是杵音。故於夢中怪此鐘聲響同乎木石矣。

寅四寤時述誤。

於時忽寤。遄知杵音。自告家人。我正夢時。惑此舂音。將為鼓響。

夢中怪鐘。醒時說鼓。互影略也。驗夢不昧已竟。

丑二決定性常。承此決定根性為常住也二。寅一即離塵不昧。

阿難。是人夢中。豈憶靜搖開閉通塞。其形雖寐。聞性不昏。

搖。即動也。靜搖。即動靜二塵也。復加開閉通塞者。兼肉耳也。言此夢中。豈惟動靜雙離。兼亦根塵並捨。其實睡中之人舉身皆忘。豈猶記肉耳之開閉通塞。汝疑動靜雙離。根性斷滅。即當此之睡人。動靜根塵俱忘之時。全應無覺也。今乃猶能分別杵音。則聞性離塵不滅。宛有明驗矣。復何疑哉。

寅二知形銷不昧。

縱汝形銷。命光遷謝。此性云何為汝銷滅。

此猶更進一步。令知非惟睡中不昧。即當因此並信死後亦不昧也。云何為汝銷滅者。言豈為汝形之銷滅。而聞性亦與之俱滅乎。此處阿難仍當更有一問。問云。既此根性。動靜無關。生死不礙。如來何言離動離靜元無聽質乎。如來應答云。我言離塵無聽質者。為無聚聞於耳。結滯為根之聽質也。此質若忘。則徧周法界之聞性方以全彰。豈令翻成斷滅乎。此方明出元無聽質之故。顯其自是阿難謬解。非佛自語相違也。不然。則佛前言離塵無質。後言離塵有體。終無以解自語相違之難矣。故此問答。理應有之。而經文缺者。祇由阿難承擊鐘引夢之巧示。親覺根性常住。自悟前難為謬。不復重徵。以致後之學者多不知元無聽質者指於何質也。此意從來人所未覺。補明甚有關係。智者詳之。吳興曰。前阿難通疑六根離塵無體。如來所以別顯聞性為常。誠欲發耳根圓通之機也。○故後偈云。聲

無亦無滅。聲有亦非生。乃至縱令在夢想。不為不思無。皆取於此也。引夢驗常已竟。

子四申迷教守。前但發明正解。此科警勸專修。分二。丑一普申迷常故墮無常。又二。寅一明逐妄迷真。

以諸眾生從無始來。循諸色聲。逐念流轉。曾不開悟性淨妙常。

循諸二句。逐妄也。統言循塵流轉。略舉色聲以該攝餘一切塵也。末二句。迷真也。不悟根中之性。淨而不染。妙而不縛。常住而無生滅也。

寅二結無常流轉。

不循所常。逐諸生滅。由是生生雜染流轉。

上科逐念流轉而不開悟。但屬於惑此中不循所常者。即不守根中所具常性。逐諸生滅者。流逸奔塵。造諸塵業也。生生流轉者。乃指六趣遷流。苦果無盡也。而惑業苦三具足無缺矣。迷常故墮無常竟。

丑二教令守常必成正覺。上警無邊生死。但因迷常不知所循。此故勸以守常必成究竟也。守即循也。分為三。寅一正教守常。

若棄生滅。守於真常。

上句不逐妄也。即不奔諸塵。下句惟守真也。即旋根反照。所謂脫粘內伏也。理實即後圓通入流忘所功夫耳。

寅二六解一忘。又分為二。卯一常光現而六解。

常光現前。根塵識心應時銷落。

首句。即伏歸元真發本明曜也。末二句正六解之相。據文。則十八界俱已並銷。理實盡根而餘自盡矣。即前所謂耀性發明。諸餘五粘應拔圓脫矣。按後圓通。應齊聞所聞盡。

卯二緣影盡而一忘。

想相為塵。識情為垢。二俱遠離。則汝法眼應時清明。

此中塵垢非指麤者。良以上科根塵識心悉以銷盡故也。今言到銷落之後。心中純想湛一之體。即所想湛一之相。更是一種最細難除之塵。識情亦非麤識。即對此湛一為能想之心。亦名法愛。以其不捨湛一之境也。即此法愛情念。更是一種貼體難刮之垢。若能於此二俱遠離。則法眼當下清明。以麤細塵垢淨盡無餘故也。按後圓通。此科應齊盡聞不住。乃至寂滅現前。至此則湛一亦忘。何六根之可結哉。

寅三決成正覺。

云何不成無上知覺。

上法眼清明。似方至於初住。今即許以究竟極果。良以因地真正。則果無紆屈。而從初發心。必成正覺矣。驗釋根性斷滅疑已竟。

大佛頂首楞嚴經正脈疏卷二十一

大佛頂首楞嚴經正脈疏卷二十二

明京都西湖沙門交光真鑑述
蒲州萬固沙門妙峰福登校

經文卷五之一

壬二證釋別有結元疑。證釋者。照現諸佛同證以釋也。舊註謂此牒前不見所結云何知解而重問。若是。則無味之甚。良以上文明說六為賊媒。自劫家寶。且詳示根結之由。解根之法。又擊鐘驗過。何阿難忽又不知六根是結。而又勞佛重答。甚無謂也。當知阿難已領六根是結。而今更請之結元。即下諸佛所說俱生無明生死結根也。不知六根當體即是。離此別無。故佛下答汝欲識知俱生無明生死結根。惟汝六根更無他物是也。分二。癸一阿難別求結元。又三。子一就喻索元。

阿難白佛言。世尊。如來雖說第二義門。今觀世間解結之人。若不知其所結之元。我信是人終不能解。

所結之元。意謂離此六根。向上別有深根以為結之本元也。此特阿難妄生擬意。必有此元。而謂不知者必不能解耳。

子二引人合喻。又為二。丑一先與合定。

世尊。我及會中有學聲聞。亦復如是。

丑二詳開合文。又三。寅一遠敘妄纏。

從無始際。與諸無明俱滅俱生。雖得如是多聞善根。名為出家。猶隔日瘧。

此敘皆為不知結元。終不能解也。諸無明。即五住地也。俱滅生者。常淪生死也。阿難正以此俱生無明方為生死結根。所謂結元也。豈知六根即是哉。得善根名出家者。謂所得有學小果也。隔日瘧者。謂得果時暫似解脫。而入生死時依舊被縛也。理實不止有學。雖彼無學羅漢。不涉生死則已。涉則成縛。正由不達結處。不關識心。雖伏斷之。終不得脫。

寅二願佛愍示。

惟願大慈。哀愍淪溺。今日身心。云何是結。從何名解。

云何是結者。云何是結之本元也。從何名解者。言依何法以解之也。經文語略。故人多未明耳。

寅三兼被未來。

亦令未來苦難眾生。得免輪迴。不落三有。

子三哀求指示。

作是語已。普及大眾。五體投地。雨淚翹誠。佇佛如來。無上開示。

翅者。如鳥張翼而望哺也。阿難別求結元已竟。

癸二如來證無他物。大約明六根外更無物為結元也。分三。子一諸佛同證。蓋不離六根即是妙性。此為難信難解之法。阿難自經初至此。重重蒙示。猶不委信深解。而捨易求難。故佛恐自言不能令其確信。而照現諸佛同以證信也。分四。丑一愍眾摩頂。又為三。寅一愍念現在。

爾時世尊憐愍阿難。及諸會中諸有學者。

此或上示無學已解。斯但有學所疑。故偏憐之。

寅二愍念未來。

亦為未來一切眾生。為出世因。作將來眼。

未來。去聖愈遠。信解愈難。故普愍念之。為出世因者。修證有賴也。作將來眼者。信解不迷也。

寅三摩當機頂。

以閻浮檀紫金光手。摩阿難頂。

摩頂。惟作哀憫攝受之意。愍眾摩頂已竟。

丑二動十方界。

即時十方普佛世界六種震動。

表六根將必解除也。

丑三感諸佛瑞。分三。寅一各放頂光。

微塵如來住世界者。各有寶光從其頂出。

表此根中妙性。乃尊而無上密而無見之法也。

寅二來灌佛頂。

其光同時於彼世界。來祇陀林。灌如來頂。

示同證此性。無別性也。

寅三大眾喜慶。

是諸大眾。得未曾有。

固是見瑞希有。然亦表眾生同具。致感同喜也。

丑四聞諸佛言。分二。寅一標普聞同音。

於是阿難及諸大眾。俱聞十方微塵如來。異口同音告阿難言。

異口同音者。示諸佛同宣斯教。非一佛獨說之言。足可深信。彌陀經云。汝等當信受我語。及諸佛所說。即此意也。亦即蓮經法說。諸佛道同。此經光中親令見聞。尤當信受。

寅二述諸佛教言。又二。卯一告結無他物。

善哉阿難。汝欲識知俱生無明。使汝輪轉生死結根。惟汝六根。更無他物。

俱生無明。即同體別惑。最為生死深源。而稱其為結根者。結。表固而不開。根。表續而不斷。更無他物。言此根性即是俱生無明之元首。固結生死之深根。離此六根。更無結元也。

卯二告解無他物。

汝復欲知無上菩提。令汝速證安樂解脫寂靜妙常。亦汝六根。更非他物。

此復言其不但只是妄元。仍是真元。蓋罪之魁。而功之首也。無上菩提屬智果。即能證如如智也。安樂等屬四德斷果。即所證如如理也。安樂即樂德。解脫即我德。我以自在為義故也。寂靜即淨德。妙常即常德。更非他物者。言離此根性無別真元矣。良以根性本即菩提涅槃元清淨體。經初佛早判為真本。彼處人多不識。我曾引此釋之。諸佛同證已竟。

子二如來解釋。分為二。丑一阿難未悟而述問。

阿難雖聞如是法音。心猶未明。稽首白佛。云何令我生死輪迴。安樂妙常。同是六根。更非他物。

意疑如來常說法相。最要略者亦有十八界等。今何惟是六根。而六塵六識皆不與耶。

丑二如來詳釋以除疑。分為二。寅一長行。分三。

卯一直以標檢。又分為二。辰一標處一體。

佛告阿難。根塵同源。縛脫無二。

科言處者。謂經之根塵攝十二處也。阿難意中疑云。若惟六根。豈不遺乎六塵。故此首句標告之云。根之與塵。執相而觀。則根為內身而屬有情。塵為外器而屬無情。似永異也。而不知本惟一心。妄分情器。遡流窮源。仍惟一體。豈真有十二處之各體耶。斯即唯識宗相見皆依自證起矣。次承上言。由此根塵同源之故。舉根而即以攝塵。是以縛為凡流而受淪。固此六根以為結縛之本。脫為聖侶而自在。亦此六根以為解脫之源。豈有二物哉。

辰二檢識虛妄。

識性虛妄。猶如空華。

阿難意中當復疑云。根塵同源。故舉根即以攝塵。而六識何以不言。故此復檢云。識乃前塵虛妄相想。猶若空華。了無實體。既非縛結之本。又非解脫之要。故結解惟根。而並不係於識也。此處仍總結云。六塵既無別體。六識又極虛無。故諸佛同言結解惟是六根也。理實只此標檢之科。所以釋諸佛之言者。義盡無餘。下文重釋重頌。令其增明而已。

卯二重以釋成。理本玄微。而標文隱略。恐未徹了。故重以釋明。然此中但釋所標而不釋所檢者。以既檢去不用故也。分二。辰一重釋根塵同源。

阿難。由塵發知。因根有相。相見無性。同於交蘆。

由塵發知者。即由六塵而後發六根之知也。此句見六根要須托六塵而後立。因根有相者。即因六根而後有六塵之相也。此句見六塵要須托六根而後有。相見無性者。言塵離根而固無獨立之自性。根離塵而亦無獨立之自性也。交蘆別是一種。麤大過於常蘆。生必二莖交抱而立。二根盤結而連。單則撲地。不能自立。又其體外實內空。今言猶如交蘆者。據長行。似惟取於交倚不能自立。亦如根塵各無自性。同源一體。所以引下文縛脫惟根而已。據偈頌。則仍取外實內空。以喻根塵空有俱非也。故今長行雖未顯彰空有之義。亦應暗含雙非之旨。庶見下文立知無見甚有來歷矣。

辰二重釋縛脫無二。

是故汝今知見立知。即無明本。知見無見。斯即涅槃。無漏真淨。

是故二字。雖顯承上言根塵既無兩體。是以縛脫但惟在根。然亦暗承空有俱非而來。更有意味。知見即該六根之性。立知者。立空有二知也。凡夫迷六根之性為有。二乘晦六根之性為空。俱不達空有俱非之旨也。即無明本者。凡夫即具足五住。而長淪分段。皆迷有以為之本也。二乘即尚餘第五。而未出變易。皆晦空以為之本也。無見者。無空有二見也。凡夫於根性除執有之見。二乘於根性除偏空之見也。涅槃。即翻上二種生死。無漏真淨。即離上五住無明。斯即云者。蓋凡夫除前四住。先得有餘涅槃無漏真淨。所謂此根初解。先得人空也。二乘除第五住。究竟無餘涅槃無漏真淨也。因此經凡小當機。故作是說。若本來大根。不必分約二人矣。舊註二解俱非。前解撥有取空。不顧偈中空有俱非之語。後解立真排妄。不顧偈中妄真同妄之言。夫重頌不遠。居然抗違。猶云並符佛旨。註疏豈易能哉。學者宜慎重之。問。此之知見。與法華知見。及此經圓彰三藏之後所說知見。同耶異耶。答。更無別法。但說示泛切不同耳。法華標名。未及釋義。解家隨情。於經無證。泛之甚也。斯經金口自釋。圓彰三藏即佛知見。亦取眾生藏心本具。非取修證所成。然於眾生現前。未曾指其具於何處。是猶未的切也。今此處於眾生現具六根中性。指出如來知見。方甚為的切而非泛也。蓋以知即內之意根。見即外之五根。而此根性既周徧常住。為菩提涅槃元清淨體。而三藏圓具。非如來知見而何。單傳直指。亦密指於此而已。而顧謂之教外者。欲其離文字。迴光親見耳。若即隨言作教外想。是癡人前不得說夢也。珍重之。重以釋成已竟。

卯三總以結歸。

云何是中更容他物。

此即結歸諸佛本語也。是中。即結中與解中也。意言結中惟是根結。而更無他物能為結元。解中惟是根解。而亦無他物能為解元。此諸佛所以同言更無他物也。長行竟。

寅二偈頌。分二。卯一標頌。

爾時世尊欲重宣此義而說偈言。

卯二偈文。分二科。辰一祇夜頌前。二。巳一頌直以標檢。二。午一超頌檢識。

虛妄。法相宗五位唯識。前四有為。第五無為。今偈文顯然雙破。故知乃是超頌識性虛妄。猶如空華。蓋佛頌長行。多變文顛倒。不次頌之。天台解法華。以超頌追頌科之是也。前人不達超頌識性。強作根塵同源等釋之。文甚不類。義豈得通。不能闕疑故也。今請別釋。智者辨之。又復分二。未一揀有為。

真性有為空。緣生故如幻。

掌珍論偈義意全同。全破唯識。故與經同。文辭小異。上二句云。真性有為空。如幻緣生故。第一句與經全同。清涼謂其語倒。應云有為真性空。蓋言有為之識。有為無為。經意別指前六有漏無漏。無真自性。故云空也。此說極是。至於次句。若按比量。則論偈仍倒。謂因喻顛倒也。經偈乃正。蓋上句是所立決定之宗。下句緣生故三字。推上立宗之因也。蓋言因其皆托緣生。所以決定空無性也。如幻二字是同喻。彼鈔立量云。有為是有法。定空無性是宗法。因云。從緣生故。同喻云。如幻。良以幻法從緣生。幻法空無性。有為從緣生。有為空無性。

未二揀無為。

無為無起滅。不實如空華。

論偈云。無為無有實。不起如空華。此則經偈不順比量。謂宗因顛倒也。論偈乃順。蓋經之上句無為。合下句不實。即論之無為無有實也。是所立決定之宗。經之無起滅。即論之不起。是推上立宗之因也。蓋言因其對起滅而立無起滅。所以決定不實也。當知即起滅而本無起滅。則二義齊銷。圓實義也。對起滅而立無起滅。則二皆非實。權小義也。以小則相外取空。權則真須離妄故耳。故彼鈔立量云。無為是有法。不實是宗法。因云。不起故。同喻如空花。良以空花無有起。空花無有實。無為無有起。無為亦無實。論又云。若有有為法。則有無為法。既無有為。何得有無為耶。末當結云。識之有為。與識之無為。二皆非實。我故曰識性虛妄猶如空華也。問。佛破識心。何以知其並無為而亦破耶。答。經初佛破識心。破至深處。一則曰。縱滅見聞覺知。猶為分別影事。二則曰。非色非空。昧為冥諦。離諸法緣。無分別性。三則曰。現前雖成九次第定。不得漏盡。皆由執此妄想。誤為真實。誰謂但破有為而不破無為乎。

午二追頌標處一體。又二。未一頌根塵同源。又曲分二。申一先以況顯。

言妄顯諸真。妄真同二妄。猶非真非真。云何見所見。

此以真妄尚無二體。況顯根塵豈有異源。言妄顯諸真者。泛言凡對妄所顯諸真也。妄真同二妄者。言二俱成妄。畢竟非真也。以妄居真外。則妄實有體。反乃不成妄義。如影有實體。影義不成也。真居妄外。則理不攝事。反乃不成真義。如鏡不現影。鏡義不成也。二義不成。故二俱同妄矣。猶非真非真者。以猶非二字雙貫下真與非真。即雙非真與妄也。蓋非真非妄。正明真妄尚無二體矣。云何見所見者。見。即根也。舉眼根以攝餘五也。所見。即塵也。舉色塵以攝餘五也。正以況能見之根。與所見之塵。豈有異源乎。決定非二體矣。由是下科遂結定之。

申二後以結定。

中間無實性。是故若交蘆。

是故二字意當在中間上。承前況顯意云。所以根塵相倚而立。中間無有各自實性。但如交蘆。有二相而無二體矣。

未二頌縛脫無二。

結解同所因。聖凡無二路。

結解約法。聖凡約人。結解。即縛脫也。同所因者。同因六根也。無二路者。離根性更別無路也。此亦承上而言。根塵既無二體。所以縛脫惟是六根。離六根豈復別有結元哉。頌直以標檢已竟。

巳二頌重以釋成。又分二。午一頌重釋根塵同源。

汝觀交中性。空有二俱非。

此須法喻雙釋。喻中交蘆。適言其有。其中元空。適言其空。則其外元實。法中根塵。適言其有。則其體空廓。自在無繫。適言其空。則其用圓融。周徧法界。故曰空有二俱非也。此長行缺略。而偈頌詳具者耳。

午二頌重釋縛脫無二。

迷晦即無明。發明便解脫。

首句頌知見立知即無明本也。言凡夫迷六根為有。則失其自在無繫之體。二乘晦六根為空。則失其徧現互融之用。故俱墮無明生死。即五住二死。解現長行。次句頌知見無見等三句也。發。謂翻迷發悟。不復著有也。明。謂轉晦成明。不復沈空也。解脫。謂遠離五住二死。合前長行觀之。義無不盡矣。祇夜頌前已竟。

辰二伽陀開後。分二。巳一正以開後。

解結因次第。六解一亦亡。根選擇圓通。入流成正覺。

首二句。開後綰巾示倫科也。解結因次第者。如後文云。此根初解。乃至俱空不生是也。此因解字在上。故作是說。據後文。理實結之與解俱有次第。依彼即應結字在上矣。詳之。六解一亦亡者。如後文云。若總解除。尚不名一。六云何成是也。末二句。開後冥授選根科也。根選擇圓通者。即後文徧選諸聖。徧擇耳根是也。入流成正覺者。即入流亡所。乃至寂滅現前等文是也。

巳二別彰五勝。此備五種殊勝。即是五章。皆依根性發揮。意顯此經正因其為根性法門。以致五章俱勝。豈可不委信之而別求結元乎。此以體。宗。名。用。教相。為序。就分為五。午一體性精密。

陀那微細識。習氣成暴流。真非真恐迷。我常不開演。

首句明其即妄而真。陀那。此云執持。第八識受轉之別名。佛前判二種根本時。即呼根性為識精明元。今復呼為陀那。則根性為八識無疑。然此經以如來藏性為體。而八識即是藏性。所以舉此以彰體勝也。又權小欽仰陀那而忽慢六根。不知根性即陀那體。故示之。令信重根性也。深隱而非淺顯曰微。精妙而非麤浮曰細。當知經初十番所示。即曲盡其微細矣。次句明其即真而妄。習氣。即陀那所持種子也。深密經云。阿陀那識甚微細。一切種子成暴流。以此習種能引生諸趣根身器界流轉無停。故如暴流。當知經初所說二種顛倒見妄為輪迴本者。即此習氣矣。末二句。雙承上二句而言。由其即是陀那細識。故真。由其帶持瀑流習氣。故非真。恐迷者。言我若說其為真。其柰帶持種子。妄習不除。眾生將迷妄為真。未免瀑流漂轉也。我若說其為非真。其柰體即細識。離此無真。眾生將棄真為妄。未免向外馳求也。我常不開演者。言由此真與非真二俱難言。是故非時非機。寧常密之而不言。不令眾生墮彼二種之迷也。經又云。我於凡愚不開演。恐彼分別執為我。謂恐其執為真我也。此但偏恐迷真。而遺非真之迷。不如本經義全矣。問。時機若對。何以不迷。答。自然知其即真而不外覓。又知其帶妄而不廢修。何迷之有。是知此法祕密。時乃說之。非輕易常說之法。珍重珍重。

午二宗趣簡要。

自心取自心。非幻成幻法。不取無非幻。非幻尚不生。幻法云何立。

承上科真與非真二俱易迷如此。故此科憫其迷而示以出迷之要也。即是宗趣。首二句。言起妄本無多法也。意言迷雖易迷。悟亦甚要。原其最初。但因不悟見相二分惟一自心。而乃誤以能見之心。妄取所見之境。由是從無人無法非幻境中。即無明業識中。攬塵結根。即見精映色。結色成根等。幻生法相人相。所謂從非幻而成幻法也。末三句。言苟能了此。則破妄亦甚簡要也。不取二字。便是最簡最要處。言前既妄見攬塵。橫生幻法。今乃旋根脫塵。不復取著而已。當知即是後圓通中入流亡所等功夫也。無非幻者。言此不取工夫極則。必至人法俱空。非幻之境亦迥然脫矣。末二句。以深況淺之詞。言人法俱空之境。理實即是無明業識中也。尚亦不生。而法相人相豈能存立乎。若圖明白。當云不取無俱空。俱空尚不生。人法云何立。妙不可言。是則以不取為宗。以了幻為趣。而簡要無以加矣。此皆具取佛意。非胷臆別說也。

午三名稱尊勝。

是名妙蓮華。金剛王寶覺。

妙蓮華者。即妙法蓮華。法喻雙舉也。然妙法即指根中藏性。眾生現具。如蓮之方華即果也。又根性即佛知見。即實相體。故知此經為法華堂奧也。金剛王寶覺。亦喻法雙舉也。金剛王。即最堅最利之至寶。寶覺。雙含實相觀照二種般若。所謂如如智如如理也。

喻以金剛王。顯其照法無有不空也。故知此經為甚深般若也。然前名詮顯一真本有。後名詮顯萬妄本空。而此根性法門。亦即法華金剛二經之體。是故名稱兼備二經之尊勝。為諸經王。

午四力用超越。

如幻三摩提。彈指超無學。

三摩提。此云等持。謂定慧平等任持。默指圓通中入流即照理之慧。忘所即息妄之定等也。而言如幻者。圓人知真本有。達妄本空。無修而修。無斷而斷。故云如幻。非如權小染實之修也。又已悟本惟一心。遠離能所。而方便建立能聞所聞。直至生滅既滅。寂滅現前。方將三重能所如幻之修次第脫盡。所謂諸幻既消。非幻不滅也。彈指。明最速也。超無學者。由其如幻。故一修一切修。一斷一切斷。而此根初解。先得人空。已與無學齊力。空性圓明。成法解脫。即超無學遠矣。何況俱空不生。乃至於無上知覺乎。

午五教相究竟。

此阿毗達摩。十方薄伽梵。一路涅槃門。

阿毗達摩。此云無比法。即稱此根性教法非他教法可比。雖云十方。亦該三世。薄伽梵。於十號中。與世尊互換出沒。具足六義。謂自在。熾盛。端嚴。名稱。吉祥。尊貴。多義故不翻也。一路者。三世十方諸佛共由之達道也。涅槃。獨取萬德周圓五住永寂為義。

所謂無餘大涅槃。究竟極樂之果地也。然須以根中圓湛不生滅性為因地門戶。故即以為大涅槃之門也。夫既為無比教法。而又與涅槃為門戶。足顯斯經以無上醍醐為教相。非酥酪之可及矣。如來解釋已竟。

子三大眾開悟。

於是阿難。及諸大眾。聞佛如來無上慈誨。祇夜伽陀。雜糅精瑩。妙理清徹。心目開明。歎未曾有。

吳興曰。祇夜。此云應頌。又云重頌。即頌上長行也。伽陀。此云諷頌。亦略曰偈。不因長行。但諷美而頌之。二頌合明。故云雜糅。精瑩。此指能詮也。妙理清徹。此謂所詮也。○精者。其詞微妙。瑩者。其語明透。妙理。如說根性即是藏性。乃至菩提涅槃。喻以蓮華金剛。可謂理窮妙極矣。絕無纖塵曰清。盡其底源曰徹。心目開明者。謂心眼洞開。徹見根性即如來藏。頓息馳求。無復狐疑矣。阿難自此方以委信根性為修證之門。不復致疑。向下但請倫次。及擇一門而已。非是更疑也。驗證以釋二疑已竟。

辛三綰巾以示倫次。前偈云。解結因次第。六解一亦亡。正開此科。故此承彼而來。然佛以六結而喻六根。前人見其結數偶同於根數。遂謂六結即喻眼耳等六。以致喻中六結實有次第。法中六根本無次第。宛有法喻不齊之過。卻又不敢以過歸佛。而強教後人不可以喻難法。是何言歟。佛號一切智人。而說法先以帶過。其何以折伏魔外。而垂範人天哉。決不然也。蓋佛說六結。本非即喻眼等橫列之六。元是豎推其由真起妄。從細向麤展轉六層而後根相備著。及其反妄歸真。從麤向細。亦展轉六層而後根相解除。且經文中結之次第。與解之次第。皆叮嚀具載。但不拘六層。而文辭含攝。不甚開顯。至後觀音圓通。逆次解之。六結宛然。取彼釋此。何有法喻不齊之過。智者詳之。分三。壬一阿難敘請。又分三。癸一敘已領。

阿難合掌頂禮白佛。我今聞佛無遮大悲性淨妙常真實法句。

無遮有二。一人無遮。不擇下劣。同施上法。二法無遮。不慳祕密。闡露無餘。皆以大悲愍念為本。故能如此也。性。即根性。此一字屬體。下三字。皆體中所具義相。在染無染曰淨。居縛不縛曰妙。隨流不變曰常。此句屬所詮。了義曰真。無虛曰實。法句即前偈頌。此句屬能詮。已皆領悟。故敘謝之。

癸二敘未明。

心猶未達六解一亡。舒結倫次。

此作兩節而問。故佛下亦作兩節答之。六解一亡者。六結既解。一亦不存也。舒結倫次者。謂舒之與結。皆有倫次也。

癸三請垂示。

惟垂大慈。再愍斯會。及與將來。施以法音。洗滌沈垢。

沈垢者。即二執與俱空諸細惑也。

壬二如來巧示。此中取喻。非是但憑言說。而綰巾示結。言相並彰。令人易省。誠至巧也。分二。癸一巧立喻本。又二。子一元依一巾。

即時如來於師子座。整涅槃僧。斂僧伽梨。攬七寶几。引手於几。取劫波羅天所奉華巾。

溫陵曰。涅槃僧。裏衣也。僧伽梨。大衣也。劫波羅此云時分。即夜摩天。

子二綰成六結。又二。丑一歷問以顯次第。

於大眾前綰成一結。示阿難言。此名何等。阿難大眾俱白佛言。此名為結。於是如來綰疊華巾。又成一結。重問阿難。此名何等。阿難大眾又白佛言。此亦名結。如是倫次綰疊華巾。總成六結。一一結成。皆取手中所成之結。持問阿難。此名何等。阿難大眾。亦復如是次第酬佛。此名為結。

疊華。西天之帛。價直無量。今天獻。尤為貴重可知。一一問答而結。即示結時元有倫次。顯然不是橫喻眼耳等六。以彼根結元非先眼後耳等也。

丑二故問以示結同。

佛告阿難。我初綰巾。汝名為結。此疊華巾。先實一條。第二第三。云何汝曹復名為結。阿難白佛言。世尊。此寶疊華。緝績成巾。雖本一體。如我思惟。如來一綰。得一結名。若百綰成。終名百結。何況此巾祇有六結。終不至七。亦不停五。云何如來只許初時。第二第三。不名為結。

首五句經文稍似倒亂。此疊華巾先實一條。當為首二句。下接我初綰巾等。則文理不倒。而意不隔矣。此譯寫之誤也。此科辯定文長。似乎淡無情謂。細詳實有關要。按後圓通所解六重結相。一動。二靜。三聞。四覺。五空。六滅。由前而後。則疏親有異。由後而前。則細麤不同。若不與之顯示結同。則初心者或忽於疎。而始無入門。中途者或住於細。而終無究竟。故示一六結同。正欲始終解盡矣。誠哉須信佛語深也。然不直說。而乃故意反問。以激阿難自說者。將使因喻以詳法矣。巧立喻本已竟。

癸二分答二問。就分二。子一答六解一亡。又二。丑一示從至同而遂成至異。此即先示從一成六也。蓋言未結之先。一相不立。六相何有。所謂至同也。既結之後。六相定別。一相奚有。所謂至異也。又二。寅一就喻辯定。又四。卯一按定同異。

佛告阿難。此寶華巾。汝知此巾元止一條。我六綰時。名有六結。汝審觀察。巾體是同。因結有異。

卯二強異為同。

於意云何。初綰結成。名為第一。如是乃至第六結生。吾今欲將第六結名。成第一不。

此亦故問反激。令其自辯可否也。前五句猶是牒成一定次第。吾今下。方是故問可否也。

卯三阿難不許。

不也。世尊。六結若存。斯第六名。終非第一。縱我歷生盡其明辯。如何令是六結亂名。

卯四如來印定。

佛言。如是。六結不同。循顧本因。一巾所造。令其雜亂。終不得成。

意言六雖本於一成。六在而序尚不可少亂。一相豈能復見哉。一相尚不可見。豈復望其忘一哉。就喻辯定已竟。

寅二以法合喻。

則汝六根亦復如是。畢竟同中。生畢竟異。

蓋言真心本體。一相尚不可得。六結豈可得哉。所謂畢竟同也。及其從真起妄。而六結已成。則其序尚不可亂。而其六豈能暫忘哉。所謂成畢竟異也。示從至同而遂成至異一科已竟。

丑二示除至異而仍成至同。此即正示六解一亡也。翻轉上科。其意可省。分二。

寅一就喻辯定。

佛告阿難。汝必嫌此六結不成。願樂一成。復云何得。阿難言。此結若存。是非鋒起。於中自生此結非彼。彼結非此。如來今日若總解除。結若不生。則無彼此。尚不名一。六云何成。

嫌六不成者。嫌之而不欲其成六結也。願樂一成者。惟願其還成一巾也。鋒起者。諍論紛然。如兵戈競鬥也。尚不名一者。蓋言既不對於六結。亦不起乎一想也。六云何成者。言一想尚無。六相安在哉。

寅二以法合喻。

佛言。六解一亡。亦復如是。

法中六固同名六結。一乃轉名一真。然一亡亦非並其真體俱失。但是既不對乎六結。自不立乎一真而已。答六解一亡竟。

子二答舒結倫次。分二。丑一結之倫次。又三。寅一順次成結。

由汝無始心性狂亂。知見妄發。發妄不息。勞見發塵。

心性。即所依妙明本覺。依此橫起無明為狂。本經以演若狂性喻於無明故也。無明所生三細為亂。本經以如是擾亂指於三細故也。此即第一結成。圓通中當於滅結。知見妄發。即見法實有。乃法執位。即二三結成。圓通中當於空覺二結。二乘涅槃。彷彿在茲。勞見發塵。即見我及我所。乃人執位。餘三結成。圓通中勞見即當根結。發塵即當靜動二結。三界生死。寧能外此。此固從真起妄自細向麤結之倫次。歷然可見矣。

寅二更以喻明。

如勞目睛。則有狂華。於湛精明。無因亂起。

湛精明。即淨眼界也。目睛與湛精明。皆喻上之心性。勞。喻無明業識。狂華。喻法我二執境界。即涅槃與生死也。於湛精明無因亂起者。喻於無法無人淨心中。橫生諸結也。

寅三逆次合喻。

一切世間山河大地。生死涅槃。皆即狂勞顛倒華相。

上之法喻。皆從細漸麤以成諸結。故名順次。今此合文。從麤向細。故為逆次。首二句即六塵境界。正當動靜二結。生死須依根身。正當根之一結。以上攝於人執。涅槃全是法執。正當覺空二結。末二句攝歸無明業識。而指同前喻也。狂勞顛倒即無明業識。正當滅結也。華相雖合前喻。然亦非說眼中空華。乃言無明業識所發華相。即指生死涅槃之妄境耳。同前所謂菩提瞪發勞相。但前顯依真。此顯依妄。張拙謂涅槃生死等空華者此也。此雖逆於生起倫次。而實順於解結倫次。到下舒之倫次。其義自明。

丑二舒之倫次。分二。寅一阿難求解倫次。

阿難言。此勞同結。云何解除。

夫勞兼山河大地。生死涅槃。阿難乃謂此勞同結。足知六結不即指於眼耳等六明矣。此則不惟顯舊註分明錯誤。亦可驗我所分析之六結非鑿也。

寅二如來因問發明。分二。卯一先授舒之方法。又分四。辰一就喻巧示。又三。

巳一引悟二邊不解。

如來以手將所結巾偏掣其左。問阿難言。如是解不。不也。世尊。旋復以手偏牽右邊。又問阿難。如是解不。不也。世尊。

左掣譬觀六根為有。則同凡夫之滯有而長淪生死。右牽。譬觀六根為空。則同二乘之斷空而永晦涅槃。安得圓通乎。所謂空有二俱非也。當知上科生死涅槃。正為此空有二非張本矣。

巳二引悟中道方解。

佛告阿難。吾今以手左右各牽。竟不能解。汝設方便。云何解成。阿難白佛言。世尊。當於結心。解即分散。

巳三印定必用中道。

佛告阿難。如是如是。若欲除結。當於結心。

結心雖譬中道。然非兼彼空有合成中道。亦非離彼空有別立中道。乃是悟此根性體自在而無繫。本不屬有。不迷為有而已。更不勞於觀空破有也。達此根性用徧現而互融。本不屬空。不晦為空而已。更不勞於觀有破空也。如後耳根圓通。既不執有亦不觀空。惟一反聞。忘塵頓入。由是而二空漸證。妙體現而有自破也。俱空不生。大用起而空自離也。是則反聞自性即是結心。雙超空有之中道也。前人不達。強以別安三觀。其說支離。真為蛇添足也。又二邊不解。合前知見立知即無明本。中道方解。合前知見無見斯即涅槃。以此雙非空有之中道。故即無見之謂也。問雙非而不雙即。恐非極中。答。佛既但言空有俱非。固當惟奉佛語。且體既非有。何嘗不即空。用既非空。何嘗不即有乎。就喻巧示已竟。

辰二明法精微。

阿難。我說佛法從因緣生。非取世間和合麤相。

佛說入道因緣。隨機淺深。麤細不出二種。一者頓見本心。但離妄緣。回光性地。不假識心緣慮諸境自然雙融體用。迥超有空。由此而登妙覺所謂微細因緣也。二者未獲本心。依托意識生心立境。互破有空。假三昧力。取證非真。終無實果。皆所謂世間心境和合。麤因緣也。以權小權許出世。而圓乘律之。仍屬世間故也。今此解根法門。正教不托識心。而旋根即是回光。忘塵即是離緣。由是乃至寂滅現前。濬發大用。真微細因緣也。

辰三示說不謬。此科所以勸莫疑也。分為二。巳一統知染淨因緣。

如來發明世出世法。知其本因。隨所緣出。

孤山曰。世謂六凡。出世謂四聖。○六凡為染。四聖翻染俱淨。然六凡以善惡不動業為因。以趣生時各所見憎愛境界為緣。四聖以多生積薰諸乘教理為因。以新遇善知識聞法觸境為緣。但權小比現二量。多惟得其總相。知之未盡。如來現量。一一別知其詳也。

巳二懸知極遠極細。

如是乃至恆沙界外一滴之雨。亦知頭數。現前種種松直棘曲。鵠白烏玄。皆了元由。

懸知有二。一地遠懸知。如界外雨滴。二時遠懸知。如松等元由。元由。指多劫遠由。問。無情何有多劫感招。答。無情勝劣皆有情共業罪福所感。如佛對松棘。必知此方眾生從無始來為有何等業感。生此直松曲棘也。餘可類知。

辰四勸修必證。

是故阿難。隨汝心中選擇六根。根結若除。塵相自滅。諸妄銷亡。不真何待。

是故。承上言佛智如此。則所說解法。決無差謬。所許證取。決不賺誤。是故汝當確信選根也。諸妄銷亡者。即想相為塵。識情為垢。二俱遠離也。先授舒結方法已竟。

卯二後示舒之倫次。舒法既得。則結必將舒。不明示以舒之倫次。則何以驗其淺深而抵於成功耶。故此方示以倫次矣。分三。辰一如來反問引悟。

阿難。吾今問汝。此劫波羅巾。六結現前。同時解縈。得同除不。

此以無次第故問。令自辯也。

辰二阿難悟喻次第。

不也。世尊。是結本以次第綰生。今日當須次第而解。六結同體。結不同時。則結解時。云何同除。

六結同體者。如云雖同一巾所造也。觀此問答。則似如來惟恐眾生迷誤。成無次第。故激其朗然陳說。令知決有次第。後人何得仍以一根返源六根解脫之證。而抗其決無次第耶。大抵祇因錯謂六結橫喻六根。而不達豎推之義。故差謬亦至於此耳。

辰三如來乘悟合明。分三。巳一總與合定。

佛言。六根解除。亦復如是。

巳二別開合文。又三。午一先除我執。

此根初解。先得人空。

按後圓通逆斷之次。則此層中含攝三結。謂一動。二靜。三聞也。入流忘所是初忘動塵為除第一結。動靜不生是次忘靜塵除第二結。此當須陀還果。斷於我執分別。即見惑也。次盡聞根。除第三結。此當後三果。斷於我執俱生。即思惑也。所謂此根初解。先得人空也。以圓教菩薩常途。則當七信。此即解前勞見發塵。盡世間山河生死也。

午二次除法執。

空性圓明。成法解脫。

按後圓通。則此層中含攝二結。覺所覺空。先捨智愛。即斷法執分別。為除第四結。空所空滅。次捨理愛。即斷法執俱生。為除第五結。所謂空性圓明。成法解脫位也。蓋空人而不空法。但得空性之少分。而非圓明。故法解脫位方得圓明。且法執麤細有異。執諸法心外實有。麤法執也。愛所修證勝法不能捨離。細法執也。今菩薩任運雙斷。於忘所時。麤執已盡。而此二位。盡其細執而已。以圓教菩薩常途。則當八九信。此即解前知見妄發。盡出世間涅槃也。

午三後除空執。

解脫法已。俱空不生。

按圓通。此惟當於一結。謂生滅既滅。寂滅現前。即脫俱空之境。為除第六結也。蓋解脫法已。即生滅既滅。俱空不生。即寂滅現前。夫寂滅不是空境。乃本有一真心體即理法界真如實相。所謂山河大地。應念化為無上知覺時也。此若現前。萬用齊發。豈尚滯於空耶。良以生滅既滅。雖離前空相而滅相猶存。若真寂滅不現前時。則住俱空境永為滅相所覆名頂墮位。故知寂滅現前。方得俱空不生。俱空不生。方得寂滅現前。更互資發如此。此即解前心性狂亂。盡狂勞顛倒。過菩薩乾慧境也。問。前言空有俱非。又言當用中道。今何人法二空以破有。俱空不生以破空耶。答。此藥病不分。混濫之問難也。譬如有人。本因元氣受傷。標現寒熱二病。愚者或服熱藥。或服寒藥。皆不能愈。智者不用熱藥。亦不用寒藥。但用直扶元氣之藥。則此病初愈。先退熱病。熱病平復。寒病亦除。寒熱除已。調理亦忘。法中根性被縛。如元氣受傷也。有空二執俱結。如標現寒熱二病也。凡小用空有二邊皆不能解。如愚人服寒熱二藥皆不能愈也。今經令不著空有。如不用寒熱二藥也。惟令旋根脫塵。如惟用直扶元氣之藥也。此根初解。先得人空。如此病初愈。先除熱症也。空性圓明。成法解脫。如熱病平復。寒病亦除也。解脫法已。俱空不生。如寒熱除已。調理亦忘也。是喻中雖得寒熱二病俱除。而智者初未嘗用寒熱二藥。而所用者惟直扶元氣之藥也。法中雖得有空俱破。而行者初未嘗用有空之觀。而所用者惟旋根脫塵之法也。今乃因其所破之執而錯責所用之法。誣其著於空有。何異因其所愈之病而錯怪所用之藥。誣其用於寒熱乎。且人法二執。圓教獨不當空乎。豈可見圓人之證二空。而遂責其偏空乎。此固因果未別。藥病不分之濫。而舊註紛紛之辯皆此過矣。別開合文已竟。

巳三出名顯證。

是名菩薩從三摩地得無生忍。

三摩地。即如幻三摩提。此屬妙因。無生忍者。華嚴第三忍。言菩薩住此忍中。不見有少法生。不見有少法滅。今經示見不分文云。菩薩於其自住三摩地中。見與見緣。並所想相。如虛空華。本無所有。此見及緣。元是菩提妙淨明體。此雖正示因地。實與無生果地一如。此屬妙果。攝位雖寬。今且目於初住位中。如來巧示已竟。

壬三大眾悟明。

阿難及諸大眾。蒙佛開示。慧覺圓通。得無疑惑。

慧即始覺。乃照根性了倫次之妙智。所謂道眼也。覺即本覺。乃根中圓湛之性。所謂妙明心也。圓通。即六根互用。周徧圓融之果。初住向去分真之位也。今雖未依次而解。豁然而證。實亦決定分明。了無疑惑矣。綰巾以示倫次竟。

辛四冥授以選本根。前三大科。皆惟教其決定從根解結。且示以根結之由。解根之法。亦言當從一門而入。但未分明指示何根可入。故阿難至此。方以求佛指明也。分三。壬一阿難請示本根。又三。癸一領前拜謝。

一時合掌頂禮雙足而白佛言。我等今日身心皎然。快得無礙。

身心皎然者。即心目開明也。快得無礙者。即暢達而無所障隔也。

癸二正請開示。分為四。子一自述迷悟以請。

雖復悟知一六亡義。然猶未達圓通本根。

一六亡義。即六解一亡之義。是其所已悟也。未達者。即尚迷而未悟者也。本根。即此方對機之根也。唯此科末二句是請中要語。以後但是哀懇之辭。

子二慶幸遭遇如來。

世尊。我輩飄零。積劫孤露。何心何慮。預佛天倫。如失乳兒。忽遇慈母。

飄零。即諸趣流轉。出無聖眷之濟拔曰孤。入無涅槃之退藏曰露。何心何慮。蓋當孤露之時。慶其出於望外也。預。在也。父子兄弟以天合者曰天倫。君臣朋友以義合者曰人倫。今為佛堂弟故在佛天倫中也。於流轉時。久無霑於法乳。故如失乳兒。蒙佛法乳無量。故如忽遇慈母也。

子三反言不可無進。

若復因此際會道成。所得密言。還同本悟。則與未聞無有差別。

際會道成。即師資道合也。所得密言。即前開示也。還同本悟者。反言惟守知解。不加行證也。末二句。言徒聞無益也。正表須加行證也。

子四正求垂示祕嚴。

惟垂大悲。惠我祕嚴。成就如來最後開示。

惠祕嚴者。求其恩施行證從入之妙門也。最後開示者。究竟全分之慈誨也。

癸三請後拜懇。

作是語已。五體投地。退藏密機。冀佛冥授。

末二句。以阿難大權。備曉諸聖各具妙門。卻不顯然請佛勅衆各說。但求佛禮畢。即起默聽。故曰退藏密機。然意中望佛不勞自說。但勅諸聖各說。則當機自可因言默契。故曰冀佛冥授。蓋上句不欲言請。而下句乃以意請。是則大權施設之宜。師資簧鼓之意。於茲備見之矣。

大佛頂首楞嚴經正脈疏卷二十二

大佛頂首楞嚴經正脈疏卷二十三

明京都西湖沙門交光真鑑述
蒲州萬固沙門妙峰福登校

經文卷五之二

壬二佛勅諸聖各說。此固順前意請。然必令各說者。一顯二十五門偏該諸法頭頭可入。但取一門當此方機。非謂聖性惟通一門也。二取諸聖各皆親修現證。非空談無驗之法也。分三科。癸一佛問諸聖為二。子一標所告之眾。

爾時世尊。普告眾中諸大菩薩。及諸漏盡大阿羅漢。

惟憑後文佛言彼等修行無優劣差別。則此諸聖名位大小。法門偏圓。皆同一味圓實。更不須疑。何勞多辯。若仍有大小偏圓。則佛之後言乃成誑妄。安有此理。當知此經實在法華之後。故經中直許二乘修於菩提。而曾無驚怪。若在法華之前。則此經已談實相及佛知見。而聽眾各各自知心徧十方。乃至獲心常住。是其二執蕩然。成佛無疑。法華更何開顯。縱令重說。又何驚怪之甚哉。且孤山謂教已開顯。又云既經發迹。皆指法華佛所顯發。而吳興謬辯其非。似謂孤山說諸聖各自開顯冤哉斯言。孤山之屈。何所伸乎。且吳興執拗。強引不了義經橫分大小。而優劣差別宛然不混。是已公抗佛旨。末卻又引佛言並偈。乃謂開權顯實之正文。殊不知汝分優劣差別若是。佛言則非。佛言若是。則汝分優劣差別則非。

豈得二俱成是乎。是始而橫說人非。終亦自無決定。其言類多如此。智者當察孤山之言。元順佛旨本無過差也。

子二述告勅之言。又分二。丑一先按所成之果。

汝等菩薩及阿羅漢。生我法中。得成無學。

菩薩羅漢並稱無學者。正以地上既通羅漢之名。菩薩豈避無學之號。何況達真了妄。修即無修。永嘉云。絕學無為閒道人。不除妄想不求真。誌公云。不起絲毫修學心。無相光中常自在。是菩薩無學之明證也。

丑二後問入圓方便。

吾今問汝最初發心。悟十八界誰為圓通。從何方便入三摩地。

顯然不問現今深果。但問最初方便。不言七大。攝入十八界中。六塵攝前五大。根識攝後二大。

癸二眾說本因。二。子一眾聖略說。以其均是入圓方便。故須徧說。可以擴人圓融見解。又以其不當此方根性。故但略說。不欲行人亂修也。分四。丑一六塵圓通。相宗謂塵是賴耶相分。斯經謂是如來藏心。行人能於一塵發悟。則藏性現前。故即六塵圓通。問。此與宗門見色聞聲入道者。同耶異耶。答。不盡同而亦不盡異也。宗門人據現生悟處。未必是彼修習法門。如靈雲豈以桃花為修門耶。但是參究疑情。逼拶功極。忽於見色處瞥的透露而已。今四諦。不淨。嘗藥。觀法多是所修法門功久證入。若此。則未敢言同也。然宗門人亦有差別因緣。具眼師家能預知之。如緣在聲處。決不於色處悟。乃至於人於經棒喝言句等。皆各一定。不得錯亂。推其過去。未必不是彼熟習使然也。不然。則師家何預知之。若此。則與諸聖亦未敢言異也。惟香嚴跋陀等聞香覺觸等似一時忽然之事。則與宗門現生之悟相似耳。智者審之。就分六。寅一陳那聲塵。分三科。卯一作禮陳白。

憍陳那五比丘即從座起。頂禮佛足。而白佛言。

五比丘。解現初卷。

卯二陳白之言。分三。辰一敘悟聲教。

我在鹿苑。及於雞園觀見如來最初成道。於佛音聲悟明四諦。

鹿苑雞園。皆古帝王養畜之地。五人棄佛於此自修。佛成道日。先尋度之。故曰觀見如來最初成道也。佛為五人三轉四諦。而陳那先悟。成阿羅漢。故曰於佛音聲悟明四諦也。

辰二蒙印命名。

佛問比丘。我初稱解。如來印我名阿若多。

初稱解者。最先解悟也。阿若多此云解。名實相孚。解悟第一者也。然最先得度。亦前因也。

辰三音圓得證。

妙音密圓。我於音聲得阿羅漢。

妙音密圓者。蓋佛以一音演說法。眾生隨類各得解。當說四諦時。實行聲聞但領生滅之旨。而妙音密圓。徹於無作四諦。達於如來藏心。陳那密發深解證圓實理。若大齊小。借小果名。位當七信以上。蓋大證相似。永不稱於信名。借所齊小果為名。諸經皆然。若名實全取。則他經以十地為羅漢。而圓人住位。全與別地齊乎。故圓通位亦即是大乘羅漢。此說尤妙。後皆倣此。

卯三結答圓通。

佛問圓通。如我所證。音聲為上。

音。聲為上者。此方真教體。清淨在音聞。是音聞二字皆為教體。聞根乃觀音所證。今聲塵是陳那所證。蓋於聲教得力發悟者也。領佛四諦圓旨尋於名句開悟藏心者也。蓋法華開顯之後。人天大眾。誰不知佛諸大弟子內祕外現。皆大菩薩。且楞嚴會上。無數大人論量圓通。豈有實行聲聞。不自忖量妄以偏劣淺悟敢自濫齊於大乘圓通乎。縱彼狂妄。而如來何緣妄許其無有優劣差別乎。由是觀之。並依大乘圓悟無疑。而諸不了經皆不必泥也。陳那聲塵已竟。

寅二優波色塵。分三。卯一作禮陳白。

優波尼沙陀即從座起。頂禮佛足。而白佛言。

卯二陳白之言。又分為三科。辰一敘悟色性。

我亦觀佛最初成道。觀不淨相。生大厭離。悟諸色性。以從不淨白骨微塵。歸於虛空。空色二無。成無學道。

觀不淨相生大厭離等者。因多貪欲。佛令作九想觀以對治之。即五停心之一也。蓋佛所設觀門。有共不共。此大小乘共用之法。且根之利鈍。與煩惱輕重。錯落四句。此屬根利而煩惱重者。由以圓根而多貪色慾。故觀不淨以對治時。仍發圓悟。即長水所謂因觀色塵本如來藏也。以從下。超略九想觀耳。空色二無者。病愈藥除。相無不盡也。無學準前。

辰二蒙印命名。

如來印我名尼沙陀。

溫陵曰。優波尼沙陀。此翻近少。亦云塵性。謂微塵是色之少分也。

辰三色圓得果。

塵色既盡。妙色密圓。我從色相得阿羅漢。

前言空色二無。但是相盡。此言塵色既盡妙色密圓。相盡性現也。然仍稱妙色者。則色仍不壞。而普觀諸色。皆即如來藏心周徧法界也。羅漢準前可知。

卯三結答圓通。

佛問圓通。如我所證。色因為上。

以觀色為入圓之因也。優波色塵已竟。

寅三香嚴香塵。分三。卯一作禮陳白。

香嚴童子即從座起。頂禮佛足。而白佛言。

卯二陳白之言。分三。辰一敘悟香塵又三。巳一因觀有為。

我聞如來。教我諦觀諸有為相。

諦觀者。審實而觀也。諸有為相解現前偈。謂根塵識等也。

巳二靜處聞香。

我時辭佛。宴晦清齋。見諸比丘燒沈水香。香氣寂然。來入鼻中。

檇李曰。宴。安息也。晦。冥寂也。清淨之室。謂之清齋。○香乃有為中一法。寂然者。無相也。

巳三即香發明。

我觀此氣。非木非空。非煙非火。去無所著。來無所從。由是意銷。發明無漏。

吳興曰。凡言性空。必推四性。今當以木為自。煙火為他。和合為共。空為無因。此似衍門觀幻有即空之相。○此觀四性。達香塵生體了不可得。而香之相盡。其義頗通。準佛破法。如云徒木無火不香。故曰非木香氣不同空性。故曰非空。燒於別物不香。故曰非煙非火也。香體既不可得。故去無所著。而來無所從。由是意銷者。入無分別也。發明無漏者。達爇然香體即如來藏心也。

辰二蒙印命名。

如來印我得香嚴號。

辰三香圓得果。

塵氣倏滅。妙香密圓。我從香嚴得阿羅漢。

香嚴。以妙香莊嚴法身也。塵氣二句。亦相盡性現也。羅漢準上。

卯三結答圓通。

佛問圓通。如我所證。香嚴為上。

此與跋陀雖酷似宗門悟處。而尚多假於分別以為入處。宗家未必若是。多惟功夫極則。觸處洞然而已。然彼於悟後見諦雖同。而證之淺深。隨於宿根。實不可定。而此之諸聖洞見藏心亦無不同。而初心證位。定在七信以上。通於初住。是證亦同也。不然。則不可同語圓通位矣。後皆倣此。香嚴香塵已竟。

寅四藥王味塵。分三。卯一作禮陳白。

藥王藥上二法王子並在會中五百梵天。即從座起。頂禮佛足。而白佛言。

五百梵天。同行眷屬也。

卯二陳白之言。又分三。辰一敘悟味塵。分三。巳一宿因嘗藥。

我無始劫為世良醫。口中嘗此娑婆世界草木金石。名數凡有十萬八千。

巳二備達藥性。

如是悉知苦酢鹹淡甘辛等味。并諸和合俱生變異。是冷是熱。有毒無毒。悉能徧知。

孤山曰。眾味共成名和合。直爾采用名俱生。修鍊炮炙名變異。

巳三即味開悟。

承事如來。了知味性非空非有。非即身心。非離身心。分別味因。從是開悟。

舌與藥觸。熾然味現。故非空。雖觸舌現。實無形相。故非有。又味是不可見有對色。以有對。故非空。以不見。故非有也。身即舌也。心即舌識也。諸藥不來。則舌與識不自現於苦等。故非即身心。舌識不嘗諸藥豈能自現苦等。故非離身心。分別味因。一一追究味因何有。從是開悟者。忽爾悟得熾然諸味。元不從於諸藥及與身心。本如來藏真如性也。

辰二蒙印命名。

蒙佛如來。印我昆季藥王藥上二菩薩名。今於會中。為法王子

蒙佛無別號者。即指釋迦塵劫為其導師也。約初發悟時所證菩薩。應亦七信以上。通於初住也。末二句。明其今雖高證深位。不改初名。

辰三覺味得果。

因味覺明。位登菩薩。

覺明。即藏心開悟也。此仍結其最初方便因味得果而已。

卯三結答圓通。

佛問圓通。如我所證。味因為上。

藥王味塵已竟。

寅五跋陀觸塵。分三。卯一作禮陳白。

跋陀婆羅。并其同伴十六開士。即從座起。頂禮佛足。而白佛言。

孤山曰。跋陀婆羅。此云賢守。亦云賢護。自守護賢德。亦守護眾生。○開士。菩薩別名。自開悟而復能開悟眾生者之號也。

卯二陳白之言。又三。辰一敘悟觸塵。又三。巳一宿因入室。

我等先於威音王佛。聞法出家。於浴僧時。隨例入室。

此即與常不輕同時。增上慢之流也。

巳二即觸發悟。

忽悟水因。既不洗塵。亦不洗體。中間安然。得無所有。

水因者。即水為導悟之因也。此科當勿迷於論觸。蓋觸之為塵。以身根而合色塵。中間燉然覺其冷煖澀滑者。是其相也。今因沐浴時。以身觸水。以水合身。中間燉然冷煖觸現。由是追究此觸因何而有。若言因洗塵垢而有耶。則塵本無情。何能現觸。故經云既不洗塵者。言既不因洗塵而現觸也。若言因洗勝義根之覺體而有耶。則覺知之體。非洗可著。故經云亦不洗體者。言亦不因洗體而現觸也。中間者。推塵推體。兩楹中間。安然者。即徹悟自在之相也。得無所有者。達此觸塵杳無來處。相盡性現。本如來藏妙真如性也。

巳三習留今證。

宿習無忘。乃至今時。從佛出家。令得無學。

威音見諦。是為初心。今從釋迦。證於深位。

辰二蒙印命名。

彼佛名我跋陀婆羅。

辰三觸明得果。

妙觸宣明。成佛子住。

即觸塵而悟入藏性。所謂妙觸宣明也。佛子住。即是證於初住位也。

卯三結答圓通。

佛問圓通。如我所證。觸因為上。

跋陀觸塵已竟。

寅六迦葉法塵。又分為三。卯一作禮陳白。

摩訶迦葉。及紫金光比丘尼等。即從座起。頂禮佛足。而白佛言。

摩訶迦葉。云大飲光。檢三迦葉。尼等自明。

卯二陳白之言。分三。辰一敘悟法塵。又三。巳一宿因感報。

我於往劫。於此界中有佛出世。名日月燈。我得親近。聞法修學。佛滅度後。供養舍利。然燈續明。以紫光金塗佛形像。自爾以來。世世生生。身常圓滿紫金光聚。

以然燈塗佛二種勝因。故感歷劫紫金身光。袒衣吞日。

巳二兼同眷屬。

此紫金光比丘尼等。即我眷屬。同時發心。

尼兼身同。餘惟果同。

巳三觀法得果。

我觀世間六塵變壞。惟以空寂修於滅盡。身心乃能度百千劫猶如彈指。我以空法。成阿羅漢。

觀六塵者。正觀法塵為總。前五為別。蓋觀前五塵謝落影子。兼總別而稱六也。變壞者。蓋法塵托意識。暫現即過。剎那剎那。念念生滅。厭此變壞。如修空觀。入滅盡定。此定能滅意根空法塵也。定深。故能度劫甚久同暫。溫陵謂今在雞足山待彌勒。入此定也。我以空法者。觀破法塵。相盡性現。悟入藏心矣。羅漢準前。

辰二蒙佛印可。

世尊說我頭陀為最。

溫陵曰。頭陀。新云杜多。此翻抖擻。以能抖擻法塵為號也。

辰三法明滅漏。

妙法開明。銷滅諸漏。

法融藏心。故妙開明。藏心既入。永無漏落。故言銷滅果之實也。

卯三結答圓通。

佛問圓通。如我所證。法因為上。

六塵圓通已竟。

丑二五根圓通。六根缺一者。留耳根為殿後。所以當此方之機也。參詳五根。四中俱有旋反字面。以根性法門均是旋根脫塵之旨。塵識不然。細玩可見。就分為五科。寅一那律眼根。分三。卯一作禮陳白。

阿那律陀即從座起。頂禮佛足。而白佛言。

長水曰。那律。即阿㝹樓馱。此云無貧。亦云如意。乃白飯王子也。過去世以一食施辟支。感九十一劫受如意樂。

卯二陳白之言。分四。辰一因訶失目。

我初出家。常樂睡眠。如來訶我為畜生類。我聞佛訶。啼泣自責。七日不眠。失其雙目。

孤山曰。增一阿含云。佛在給孤園為眾說法。那律於中眠睡。佛說偈訶云。咄咄何為睡。螺螄蚌蛤類。一睡一千年。不聞佛名字。那律於是達曉不眠。眼根便失。

辰二承示三昧。

世尊示我樂見照明金剛三昧。

樂見。即旋見忘塵。照明。即發本明耀也。準耳根圓通。乃是反見見自性之功夫也。謂之金剛三昧者。表心眼現前如金剛堅固。不可破壞。非如肉眼易破壞也。

辰三遂得心眼。

我不因眼。觀見十方。精真洞然。如觀掌果。

不因眼者。不因肉眼也。精真洞然者。即如來藏心。發本明耀。心眼洞開也。準耳門。應云初於見中。入流忘所。所入既寂。明暗二相。了然不生。此則位齊初果。即應心光漸發。如是漸增。見所見盡。此則位齊七信四果。即應大發本明。徹見十方也。然既同於圓證。則盡見不住。乃至寂滅現前。亦應齊等也。舊註較量阿含。諍分大小。皆不必然。以佛既開本。均囑內祕。凡所修證。何法不圓。

辰四蒙佛印證。

如來印我成阿羅漢。

準前。

卯三結答圓通。

佛問圓通。如我所證。旋見循元。斯為第一。

旋見。即反見見自性。循元。即證入圓通也。那律眼根已竟。

寅二周利鼻根。分三。卯一作禮陳白。

周利槃特迦即從座起。頂禮佛足。而白佛言。

溫陵曰。槃特。此云繼道。長水曰。特迦亦云蛇奴。於路所生。

卯二陳白之言。分四。辰一因闕誦持。

我闕誦持。無多聞性。最初值佛。聞法出家。憶持如來一句伽陀。於一百日。得前遺後。得後遺前。

長水曰。過去為大法師。祕吝佛法。不常教人。後感愚鈍。以宿善故。遇佛出家。五百比丘。同教一偈。經九十日不成。○別經有言教誦條帚。則得條忘帚。得帚忘條。

辰二奉教調息。

佛愍我愚。教我安居。調出入息。我時觀息微細窮盡。生住異滅。諸行剎那。

長水曰。佛令數息攝心。因而了悟。○經雖云調。即兼數意。調者。按天台止觀。當離風氣喘等。而幽綿自在也。數則從一至十。或至百。而後逆數至一。良以暗鈍遠因。雖本愚癡。近緣亦由雜亂。故令數息攝住。不雜餘緣。然數出不數入。雙數則病。我時下。觀息盡詳也。得定則微細。定深則窮盡。四相。出息入息皆具。初起曰生。不斷曰住。漸微曰異。已斷曰滅。諸行。即生等遷流。剎那最短。一念即具九十剎那。言至微細也。調息。似六妙門數。隨。止。餘似觀。還。淨。在下科。

辰三開悟得果。

其心豁然。得大無礙。乃至漏盡成阿羅漢。

豁然無礙者。即就鼻息窮盡處。豁悟鼻根通於藏性。所謂聖性無不通也。然藏性澄清。萬法朗鑑。無復障隔。豈有憶忘乎。故曰得大無礙。漏盡羅漢。並以準前。

辰四蒙佛印證。

住佛座下。印成無學。

準前。

卯三結答圓通。

佛問圓通。如我所證。反息循空。斯為第一。

反息循空者。只是觀息反歸空滅。即悟入藏性以成圓通果也。問。鼻以嗅為用。今於旋根。而不取反嗅乃取反息何也。答。嗅性正托於息。所謂出息取香。入息聞香也。但此攝心。何須反嗅。及其發悟。終因息盡。故屬鼻根圓通。周利鼻根已竟。

寅三憍梵舌根。分三。卯一作禮陳白。

憍梵鉢提即從座起。頂禮佛足。而白佛言。

溫陵曰。憍梵鉢提。此云牛呞。牛凡不食。亦事虛呞。此人口如牛之呞。乃輕弄報也。

卯二陳白之言。又分四。辰一口業招報。

我有口業。於過去劫輕弄沙門。世世生生。有牛呞病。

見老僧無齒而食。笑之。說其似牛。故世世感生牛舌。常如牛呞。口業可畏如此。

辰二奉教止觀。

如來示我一味清淨心地法門。我得滅心。入三摩地。觀味之知。非體非物。

此佛本欲教以舌根圓通。乃先令其止散入寂。後教其從寂起照。觀察嘗性也。故此首三句。即先賜以數珠。令其念佛也。而謂之一味清淨心地法門者。蓋念佛時。止諸雜緣。純一淨念故也。次二句。即止散入寂。先成念佛三昧也。末二句。即後教其從寂起照。觀察嘗味知性。非從根體。亦非從物味也。良以外味不來。根不自嘗。故非體。舌不觸知。物不自味。故非物也。當知念佛非但遮謗。而遮謗乃餘益耳。

辰三超離得果。

應念得超世間諸漏。內脫身心。外遺世界。遠離三有。如鳥出籠。離垢銷塵。法眼清淨。成阿羅漢。

了達嘗性既不從根。又不從味。豁然悟其本是藏性。然性現如日出。漏盡如霜消。故諸漏頓盡。內脫身心。即解根脫縛也。外遺世界。即超越器界也。達三有本空。方為遠離。更無依正纏縛。故如鳥出籠。此即齊於四果七信。方同四卷末文。所謂根塵識心應念銷落也。今言離垢銷塵。法眼清淨者。即彼文所謂想相為塵。識情為垢。二俱遠離。則汝法眼應時清明也。文全相似。請詳彼解。自知此證非是小乘之果。宛然信滿入住矣。

辰四蒙佛印證。

如來親印登無學道。

準前。

卯三結答圓通。

佛問圓通。如我所證。還味旋知。斯為第一。

還味旋知者。即反觀嘗味知性。悟入藏心也。憍梵舌根已竟。

寅四畢陵身根。又分為三。卯一作禮陳白。

畢陵伽婆蹉即從座起。頂禮佛足。而白佛言。

孤山曰。名翻餘習。昔為婆羅門。故餘習多慢。如罵河神為婢。非彼實心。蓋習氣也。

卯二陳白之言。分五。辰一聞談苦諦。

我初發心。從佛入道。數聞如來說諸世間不可樂事。

發心。即出家也。世間不可樂事。即四諦中苦諦也。如三苦四苦八苦等也。

辰二注思傷足。

乞食城中。心思法門。不覺路中毒刺傷足。舉身疼痛。

法門。即苦諦也。奉教思苦。而適遇苦事。實發悟之機也。

辰三研窮身覺。又二。巳一敘述二覺。

我念有知。知此深痛。雖覺覺痛。覺清淨心。無痛痛覺。

首二句敘知痛之妄覺。即身識也。次三句敘無痛之真覺。即身根覺性。與見聞同等者也。雖覺覺痛者。言據上雖有能覺之心。與所覺之痛。而身根中無分別清淨覺心。本無所覺之痛。與能覺之痛覺也。

巳二研窮無二。

我又思惟。如是一身。寧有雙覺。

雙覺。謂知痛之覺。與覺清淨心也。此起智轉思身既是一。覺豈有二。所謂一則真二則妄也。

辰四入空得果。

攝念未久。身心忽空。三七日中。諸漏虛盡。成阿羅漢。

攝念者。即惟隨順無痛清淨之真覺。而不復隨順知痛之妄覺也。未久之間身心忽空者。蓋攝心之極。真純妄絕。身心豁然。同虛空矣。諸漏虛盡者。真覺藏性現前。而欲有無明。了不可得焉。羅漢同前。

辰五蒙佛印證。

得親印記。發明無學。

無學準前。

卯三結答圓通。

佛問圓通。如我所證。純覺遺身。斯為第一。

純覺。純一真覺也。遺身。身心忽空也。一遺一純。亦含旋意矣。畢陵身根已竟。

寅五空生意根。分三。卯一作禮陳白。

須菩提即從座起。頂禮佛足。而白佛言。

卯二陳白之言。分三。辰一宿命知空。又二。巳一遠通宿命不忘。

我曠劫來。心得無礙。自憶受生。如恆河沙。

心得無礙者。即無隔陰之昏。出胎之昧也。

巳二依正自他皆空。

初在母胎。即知空寂。如是乃至十方成空。亦令眾生證得空性。

首二句正報空也。在胎。則能隨相受生。知空。則能達理不昧。空寂者。五蘊皆空。生體了不可得也。次二句依報空也。自母身外洎山河大地。悉同空寂也。此即深心菩薩人法雙空境界。以上總屬於自空。末二句。即出胎廣化眾生同悟空理。空性。且作人法二空真如。未是顯了藏性。以下文方顯了故。夫處胎不昧。人法雙空。自是二乘及初心菩薩皆所不能。何況具足二利。大乘深位。復何疑乎。約談初心方便。且在十信滿心。

辰二承教證入。又為二。巳一悟證自果。

蒙如來發性覺真空。空性圓明。得阿羅漢。

發者。與之發明也。性覺真空。影性空真覺。即如來藏心清淨本然周徧法界。空性圓明。即色空無礙。所謂全體圓融。大用無限。若此。而阿羅漢之證。於十地大人復何所歉。科言自果。對下佛知見言。非對眾生也。

巳二同佛知見。

頓入如來寶明空海。同佛知見。

此似超入後心。故言頓入寶明空海。即所謂一真法界。第一義空。又曰畢竟空也。此則寂同於佛矣。佛知見。即前圓彰三藏。所謂大智慧光明義也。此則照同於佛矣。別經明須菩提乃過去青龍如來。觀此。則上句似同涅槃。下句似同菩提。此蓋良由已經如來開顯。故自說深心。無復隱祕耳。顯文明證如此。而舊云皆作小宗分別無咎。殊不知解深為淺。抗佛誣聖。烏得無罪。幸戒之。

辰三蒙佛印許。

印成無學。解脫性空。我為無上。

小乘證空。空縛。非真解脫。又是三昧。非本性空。斯則人法及與俱空一切解脫。所證空理。乃一真本有。真空不空之性體也。我為無上者。窮盡空理。更無加尚也。陳白之言竟。

卯三結答圓通。

佛問圓通。如我所證。諸相入非。非所非盡。旋法歸無。斯為第一。

諸相。所謂我相。人相。眾生相。壽者相。及與法相也。非。空也。諸相入非。即人法雙空也。非所非盡者。即能非與所非俱盡也。所非。即上諸相。能非。即上諸非。所謂非法相也。是即空所空滅。藥病雙除之意也。旋法之法。指一心法。即意根中知性。非謂法塵也。旋法歸無者。即旋知性歸於畢竟空也。永嘉云。有無俱遣不空空。又云。諸行無常一切空。即是如來大圓覺。此之謂也。與耳根圓通較之。此多顯體。彼多顯用。而宗家悟處。雖於諸門遍有。而主於此門者為尤多。良以或明或暗。多惟取於知之一字故也。五根圓通已竟。

丑三六識圓通。夫經初徵破識心。呵為生死根本。眾生誤認。枉入輪迴。權小依修。竟無實果。何今復可入圓通乎。蓋前於識大偏周中。已申斯辯。今請重申夫識雖塵影。虛妄之極。而離一真見分無別自體。譬影之於水。雖極虛妄。而離水無別自體。但迷執者認識忘真。而橫成流轉。譬癡人認影忘水。而誤遭淪溺。利害非細。不得不呵也。倘悟者即識見真。而識非真外。圓通何疑。如智者觀影知水。而影非水外。尚可得水之用。豈遭其淪溺乎。故此六聖。并後彌勒。皆能即識見真。故皆證於圓通而無礙也。宗門云。起滅紛紛是何物。此之謂也。問。如來何不直令人即識見真。何必呵之。而必教人依根以入乎。答。偈云。聖性無不通。順逆皆方便。初心入正定。遲速不同倫。正以塵識皆遲。而惟根最速故也。譬呵二乘。豈是終不成佛。但劫經塵點。遲鈍之極。故呵初學勿發是心也。就分為六科。寅一鶖子眼識。前五識有二種難辨。一者與前五根混。以其雖分別。而隨念麤略。頗似無分別之根性。愚法聲聞。罔不迷之。故規矩云。愚者難分識與根是也。二者與五俱意識混。以其雖麤略。而隨念分別。頗似意識之計度。故小教不知前五非意識。而心法惟一也。吳興說識。率多混濫。亦是此迷。然則性宗學者。當勿忽於法相可也。今請略明眼識之相。餘四準知。如眼照境時。一念不動。但如鏡中。無別分析。此眼根之見性也。於中用目循歷。黑白大小多少善惡等相。歷然不混。此不帶名言。隨念麤略分別。即眼識也。由是次第標指。追究分析。無量差別。此偏執名言計度。詳細分別。即眼家俱意識也。又名明了意識。今但取於第二眼識。而根性與俱意。俱不得混濫之。分三。卯一作禮陳白。

舍利弗即從座起。頂禮佛足。而白佛言。

卯二陳白之言。又分為三科。辰一眼識夙利。

我曠劫來。心見清淨。如是受生。如恆河沙。世出世間種種變化。一見則通。獲無障礙。

此亦敘多生眼識久利也。心見。即眼識。清淨。即無障礙。世出世間。即一切凡聖境界。種種變化。即差別幻妄。如事業法門因果等相。一見二句。謂不勞多力。惟眼識隨念麤略分別。即表裏洞徹。此正顯其是眼識利也。

辰二逢教增悟。

我於路中。逢迦葉波兄弟相逐。宣說因緣。悟心無際。

此迦葉。即兄弟三人者。名現目連通中。別經謂逢馬勝者。但取則師所云。宜非一人。彼此互出是也。因緣。當依上乘圓義而解。如佛偈云。因緣所生法。我說即是空。亦名為假名。亦名中道義。此四句。依次即藏通別圓四教。或每教俱該四句。而鶖子所解。決徹圓理。故悟藏心周徧法界也。

辰三從佛高證。

從佛出家。見覺明圓。得大無畏。成阿羅漢。為佛長子。從佛口生。從法化生。

見覺。即眼識。明圓。即證極。得大無畏。即說法具四無所畏。以見之徹。故說之無歉耳。羅漢準前。身子智慧第一。聲德居長。故稱長子。從是而知身子智慧。皆眼識利也。次二句即釋成長子。亦檢別於羅睺。聞佛說而悟法身。故云從佛口生。在教法中長養聖胎。由是法身從微而著。故曰從法化生。別經言身子乃過去金龍如來。則知七日達法。半月證果。皆示現而已。總非真實。何必諍其從人聞法之殊。

卯三結答圓通。

佛問圓通。如我所證。心見發光。光極知見。斯為第一。

心見發光。即眼識證徹也。同於靜極光通達。光極知見。同於寂照含虛空。其朗鑑萬法之勝用。可以知其源矣。鶖子眼識已竟。

寅二普賢耳識。分三。卯一作禮陳白。

普賢菩薩即從座起。頂禮佛足。而白佛言。

檇李曰。行彌法界曰普。位鄰極聖曰賢。此非地前。乃金剛喻定。居眾伏頂。名之為賢。○與文殊皆古佛影響。大鈔中名位義多。今但從要。

卯二陳白之言。分三。辰一輔化垂範。

我已曾與恆沙如來為法王子。十方如來教其弟子菩薩根者修普賢行。從我立名。

紹佛家業。故為法王之子。菩薩根者。圓頓根也。普賢行即十願王。舉一色一香俱周法界者也。沙界十方。凡修普賢行者。皆從立名。可謂垂範之極矣。

辰二耳識鑑機。

世尊。我用心聞。分別眾生所有知見。

溫陵曰。心聞。耳識也。分別眾生知見者。擇普賢行而成就之。

巳三普護行人。

若於他方恆沙界外。有一眾生。心中發明普賢行者。我於爾時乘六牙象。分身百千。皆至其處。縱彼障深。未得見我。我與其人暗中摩頂。擁護安慰。令其成就。

有一眾生者。極言其不遺一人。非謂止論一眾生也。界以沙記。則界中眾生益無量無數。分身百千。極言其多。非局數也。先於障輕者顯然加被。次於縱彼下。并言障重者冥中加被也。末二句。雙承冥顯二加。言擁護。令無魔障而速開發也。安慰。令無退墮而益精進也。成就者。淺位。則普賢根成。深位。則等覺行成。

卯三結答圓通。

佛問圓通。我說本因。心聞發明。分別自在。斯為第一。

雖古佛久證。而亦有最初本因。故表其元從耳識而入也。惟用耳識隨念分別。普照群機。得大自在也。普賢耳識已竟。

寅三孫陀鼻識。分三。卯一作禮陳白。

孫陀羅難陀即從座起。頂禮佛足。而白佛言。

卯二陳白之言。又分為四科。辰一出家心散。

我初出家。從佛入道。雖具戒律。於三摩地。心常散動。未獲無漏。

定心不成。難以破惑。故未剋果。

辰二奉教觀鼻。

世尊教我及拘絺羅。觀鼻端白。

拘絺羅。共稟鼻識法門。同行者也。鼻端。即鼻尖也。白。乃注目諦觀鼻尖。微有白相也。因其散亂心多。不成三昧。教其惟觀此白。住心不散。

辰三從鼻悟證。又二。巳一初見息煙而悟徹。

我初諦觀。經三七日。見鼻中氣。出入如煙。身心內明。圓洞世界。徧成虛淨。猶如瑠璃。煙相漸銷。鼻息成白。

溫陵曰。息由風火而起。鼓煩惱濁。故其狀如煙。昧者不覺。惟諦觀能見。六交見火燒息。能為黑煙紫燄。皆煩惱所發也。淨觀發明。則煩惱漸銷故內明外虛。而煙銷成白。○身心下。即定成之相。上二句。分言內外各明。即內徹五臟。外徹大千。次二句總言明透。而喻以琉璃。末二句黑煙變白。驗知煩惱銷也。

巳二次化息光而證果。

心開漏盡。諸出入息化為光明。照十方界。得阿羅漢。

首句即藏心顯現。煩惱無餘。已轉煩惱而成菩提。故息化為光。合心境而一如。故照十方界。

辰四蒙佛授記。

世尊記我當得菩提。

即當來成佛也。

卯三結答圓通。

佛問圓通。我以銷息。息久發明。明圓滅漏。斯為第一。

此亦不取嗅香時鼻識分別。而但取觀息之意。準前鼻根可知。餘皆意在上文可了。孫陀鼻識已竟。

寅四滿慈舌識。分三。卯一作禮陳白。

富樓那彌多羅尼子即從座起。頂禮佛足。而白佛言。

卯二陳白之言。分三。辰一宿辯說法。此科先敘曠劫諸佛會下之事。同法華經。又二。巳一久弘權實。

我曠劫來。辯才無礙。宣說苦空。深達實相。

辯才。即四無礙。苦空。二乘權義。實相。一乘實義。

巳二廣衍微妙。

如是乃至恆沙如來祕密法門。我於眾中微妙開示。得無所畏。

乃至者。從一佛法藏。乃至無量諸佛法藏。祕密者。盡其深玄也。微妙者。極其善巧也。無畏者。亦即四無所畏也。

辰二承教得果。此科下。方敘本尊釋迦會中之事。又分二。巳一承教音輪。

世尊知我有大辯才。以音聲輪。教我發揚。

知有大辯者。即知前科曠劫大本也。溫陵曰。佛以身口意三輪應物無滯。音聲。即口輪也。○佛因材而篤。復授以如來音輪。益以輔揚大教。所謂矢上加尖也。

巳二輔化得果。

我於佛前。助佛轉輪。因師子吼。成阿羅漢。

助輪。則上輔佛教。師吼。則下化眾生。皆顯利他。而成阿羅漢。亦顯其不失自利。據前自敘。及法華佛敘。其大本莫測。豈止十地。今就敘述圓通。其果位且同眾例。

辰三蒙佛印許。

世尊印我。說法無上。

此惟證其說法第一。如法華經所敘是也。

卯三結答圓通。

佛問圓通。我以法音降伏魔怨。銷滅諸漏。斯為第一。

魔怨應通內外。內則心魔冤尤。因說破而除滅。外則天魔冤害。因顯發而退藏。銷漏即入圓通也。問。此何不取別味。而獨取於說法乎。答。二俱舌識功能。而說法為勝。故偏取之。然說法似須意識深細分別。而今獨用舌識。亦見說法自在。但用隨念。不勞計度。而發無不盡也。滿慈舌識已竟。

寅五波離身識。分三。卯一作禮陳白。

優波離即從座起。頂禮佛足。而白佛言。

孤山曰。優波離。云上首。以持律為眾綱紀故。或云近執。佛為太子。彼為親近執事臣故。

卯二陳白之言。分三。辰一親見成佛。

我親隨佛。逾城出家。親觀如來六年勤苦。親見如來降伏諸魔。制諸外道。解脫世間貪欲諸漏。

先言貪欲者。首舉欲漏也。復言諸漏者。攝略有漏。及無明漏等耳。此但初敘來由。尚未干於身識也。

辰二秉戒得果。

承佛教戒。如是乃至三千威儀。八萬微細。性業遮業。悉皆清淨。身心寂滅。成阿羅漢。

承佛教戒。即授二百五十條聲聞戒也。如是下。即菩薩戒。人知波離位居聲聞。但秉麤戒。今自敘。乃極至菩薩八萬微細戒品。足知是大菩薩示現也。溫陵曰。行住坐臥律儀各二百五十。對三聚成三千。復以三千配身口七支。成二萬一千。復配四分煩惱。成八萬四千。○三聚者。謂攝善法。攝律儀。攝眾生也。四分煩惱。謂多貪。多瞋。多癡。及等分也。性業者。謂所戒之法。體性即惡。如殺盜淫等也。遮業。謂所戒之法。體性非惡。但能開諸惡門。為前方便。故止絕以遮諸惡。如酒等是也。末二句雖言所證之果。而單戒豈能剋果。當知身心寂滅。即因戒所生之定。成阿羅漢。即因定所生之慧。約外現。即滅盡定。與人空慧。約內祕。即楞嚴大定。與圓通慧。而羅漢亦準前矣。

辰三蒙佛印許。

我是如來眾中綱紀。親印我心。持戒修身。眾推無上。

此印與名相孚。為眾綱紀者。實用稽察持犯功過也。印心者。印其持戒修身之清淨心也。末句正明其為眾上首也。

卯三結答圓通。

佛問圓通。我以執身。身得自在。次第執心。心得通達。然後身心一切通利。斯為第一。

初且執身者。蓋因身犯尚多。不暇細究心品也。自在者。即無毀犯也。次第執心者。

蓋因身已無犯。不勞檢制。然後細檢心品以至八萬也。通達者。當依圓師作所發之定慧無差。以末二句即當歸結身識圓通。故通利二字。即是從身識而證入圓通之境也。本文制身制心。元無分於大小。且不必辯。至經後臨文再當辯之。問。此何不取覺觸之用。而但取持戒功能。答。此亦以覺觸之用。劣於持戒故爾也。波離身識已竟。

寅六目連意識。分三。卯一作禮陳白。

大目犍連即從座起。頂禮佛足。而白佛言。

卯二陳白之言。又分為三。辰一遇教發心。

我初於路乞食。逢遇優樓頻螺。伽耶。那提。三迦葉波。宣說如來因緣深義。我頓發心。得大通達。

孤山曰。優樓頻螺。此云木瓜癃。胸前有癃。如木瓜故。伽耶。山名。即象頭山也。亦云城。城近此山故。兄弟三人。故身子云逢迦葉波兄弟。即其人也。溫陵曰。因緣深義。謂非世間和合麤相。〇亦當準前身子圓通中。即彼圓義也。發心。即意識圓通。大通達。即至圓通境也。問。前言意識起滅無端。今言圓通。何以致然。答。了見意識起於藏心。離藏心無別意識。由是即入藏心而圓證也。

辰二蒙度證通。

如來惠我袈裟著身。鬚髮自落。我遊十方。得無罣礙。神通發明。推為無

上。成阿羅漢。

首三句度之為僧。下五句證之成果。著身自落。皆佛神力。隨言成就也。我遊二句。神境通也。次二句。總言神通第一也。上科已得意識圓通之體。此四句大發意識圓通之用。證果準上。

辰三諸佛印許。

寧惟世尊。十方如來。歎我神力圓明清淨。自在無畏。

首句。明不惟釋迦印其神通第一。次四句。明諸佛同許也。全發性真故圓明。遠離依業故清淨。無不如意故自在。無能摧制故無畏。

卯三結答圓通。

佛問圓通。我以旋湛。心光發宣。如澄濁流。久成清瑩。斯為第一。

溫陵曰。旋湛者。旋意識而復妙湛也。○即轉意識而證如來藏心耳。心光發宣。即發神通妙用也。次二句復以喻明也。清瑩者。水澄而萬象影現也。澄濁。喻旋意識。久清。喻發神通。問。此何不取緣慮法塵之用。答。作意運通。正緣法塵之妙用也。六識圓通已竟。

大佛頂首楞嚴經正脈疏卷二十三

大佛頂首楞嚴經正脉疏卷二十四

經文卷五之三

明京都西湖沙門交光真鑑述
蒲州萬固沙門妙峰福登校

丑四七大圓通。前五大即塵。後二大即識與根。雖不出前根塵識三。而特具用偏廣大之象。故別得大名。就分為七。寅一烏芻火大。分為三科。卯一作禮陳白。

烏芻瑟摩於如來前。合掌頂禮佛之雙足。而白佛言。

溫陵曰。烏芻瑟摩。此云火頭。即火頭金剛。

卯二陳白之言。又三。辰一因欲得觀。又二。巳一宿生多欲。

我常先憶久遠劫前。性多貪欲。

欲。即婬欲。諸聖遠劫俱有在凡實因。不可作別端迴互而釋。

巳二遇佛授觀。

有佛出世。名曰空王。說多婬人。成猛火聚。教我徧觀百骸四肢。諸冷煖氣。

溫陵曰。多婬之人。本由煖觸迫發。生為欲火。死為業火。業力增熾。故成猛火聚也。

○教我下。即令觀身火大也。末句冷字。譯文誤耳。應云諸煖觸氣。方順火大。而且合結文。蓋多婬之人。既火大增熾。而業火將起。故令徧觀百骸四肢中火大。先欲其知懼。而頓息婬心。然後將錯就錯。可成妙觀。

辰二觀成得名。

神光內凝。化多婬心成智慧火。從是諸佛皆呼召我名為火頭。

禪觀中。徧見身中惟一火聚。既怖且厭。而遠離欲念。然火雖熱惱。而體具光明。今婬心息而無復熱惱。惟見光明。即智慧火。故曰神光內凝等也。末三句雖表得名。亦顯其為諸佛同印許矣。

辰三證果發心。

我以火光三昧力故。成阿羅漢。心發大願。諸佛成道。我為力士。親伏魔怨。

住火光三昧者。徧十方界惟一火光。從此三昧成阿羅漢者。由此正定。發如來藏性火真空。性空真火。成因地心。證七信以去。入於住位也。末三句發心護法者。良以火光三昧。雖是內境。能現外相。溫陵曰。佛陀本傳云。師入火光定。其室如焚。○近世亦有梵僧至京師。住是三昧。人於夜見火光滿寺。遠近奔救。足知威力能怖魔怨。

卯三結答圓通。

佛問圓通。我以諦觀身心暖觸。無礙流通。諸漏既銷。生大寶燄。登無上覺。斯為第一。

觀百骸四肢中火大。即是觀身。察其皆由婬心熾盛所發。即是觀心。暖觸。總目火大也。婬心已息。而不成業火。故無礙也。神光智火。融於藏心周徧法界。故流通。漏銷者。以智慧火。燒煩惱薪。何所不盡。生大寶燄者。火大圓通之妙用。摧魔護法。無量威力也。登無上覺。則顯明大本齊佛。而示居輔化之位矣。大抵諸聖德位相侔。而迹有權實。言有隱顯。學者當略迹取本。得意忘言。不可妄分大小。而岳師必待如此文明說。方成半許。何執泥之深乎。且解中為一冷字所誤。平釋四大觸塵。濫五圓通。安有此理。火大圓通已竟。

寅二持地地大。分為三科。卯一作禮陳白。

持地菩薩即從座起。頂禮佛足。而白佛言。

先平外地。因了心地。遂持本悟圓證藏心。故名持地。

卯二陳白之言。又三。辰一積平地行。此科全敘平外地也。又分為二。巳一正取平地之行。又三。午一從古佛世。

我念往昔普光如來出現於世。

午二出家平地。

我為比丘。常於一切要路津口。田地險隘。有不如法。妨損車馬。我皆平填。或作橋梁。或負沙土。

要路指陸地言。眾所必由之路也。津口指水處言。即渡頭也。田地不取種植。但重行路。俯仰高深曰險。左右迫狹曰隘。不如法者。不寬平也。隘則必妨。險則多損。高則平之。下則填之。橋梁以利津口。沙土以治要路。

午三經多佛世。

如是勤苦。經無量佛出現於世。

正取平地之行一科已竟。

巳二兼敘效力之行。又分三。午一豐時全捨。

或有眾生。於闤闠處。要人擎物。我先為擎。至其所詣。放物即行。不取其直。

闤。市垣也。闠。市門也。詣。往也。不取其直。不受僱價。蓋別希勝報。不邪命活也。

午二饑年節取。

毗舍浮佛現在世時。世多饑荒。我為負人。無問遠近。惟取一錢。

吳興曰。毗舍浮。此云徧一切自在。○意以饑世乞食則難。略取存命。不多貪也。

午三神力拔苦。

或有車牛。被於泥溺。我有神力。為其推輪。拔其苦惱。

願行所在。而助以積劫福報。故感具神力。遂其願行耳。積平地行已竟。

辰二蒙平心教。夫平地之行。志在普利。效力之行。不檢親疏。其心亦久平矣。何至此而方蒙平心之教乎。蓋前屬事相平心。未能悟理。今令悟知內心外地本惟一體。故惟務平心。不分情器。則境隨心轉。無有不平。較前豈不天淵乎。又分二。

巳一因平地待佛。

時國大王延佛設齋。我於爾時平地待佛。

時。即佛在世時。平地者。即修佛過之路也。

巳二領平心之教。

毗舍如來。摩頂謂我當平心地。則世界地一切皆平。

摩頂者。憫其事行久勞。攝受加持。令其歸理也。平心地者。通達有情無情俱為一體。

正報依報無分自他。乃至凡聖因果等一切皆如。是也。世界地平者。外由內感。物隨心變也。天台云。心分垢淨。見兩土之升沈。故知娑婆心險。感陵谷之高深。極樂心平。致地平之如掌。此其驗也。故如來因其惟務平地。而特教平心。令知要也。

辰三權實雙證。因其文中有迴心。故知由權入實。以漸而入。蓋不定性中。聲聞菩薩不定者也。良由多劫願行偏主利人。非純求自利之輩。分二。巳一悟取權乘。先取小果也。又三。午一悟內外地同。

我即心開。見身微塵。與造世界所有微塵。等無差別。

此之心開。便與聲聞不同。既達地大平等。非惟不復執身為我。亦將達法唯心矣。

午二於諸觸自在。

微塵自性。不相觸摩。乃至刀兵。亦無所觸。

此即分達法空。知微塵自性空無所有。則知能觸地大。與所觸地大。一切皆然。故刀兵為外地大。身為內地大。以身觸刀。如斬光截影。了無所傷也。肇法師云。將身臨白刃。猶若斬春風。彼但證性無傷。六祖延頸。刺客三揮利刃。俱如斬影是也。

午三悟無生證果。

我於法性悟無生忍。成阿羅漢。

此無生忍。且取生空。達蘊中畢竟無我也。譬如打鐵。麤垢先落耳。以分達法空時。尚悟地大了不可得。況地大中我。豈不速空乎。此阿羅漢實證四果。悟取權乘竟。

巳二迴證知見。

迴心今入菩薩位中。聞諸如來宣妙蓮華佛知見地。我先證明而為上首。

蓋雖暫取生空。而利人習性。惟樂菩薩願行。是以速即迴心也。言今入者。蓋指賢劫為今。未必獨指釋迦會中。蓋曠劫為事行菩薩。至莊嚴劫尾。方斷見思。成阿羅漢。賢劫初。即迴向真乘。諸如來。意指賢劫四佛。及十方現在如來也。法華會上聞知見地者。蓋法華知見。即此經如來藏性。悟此為地。所謂一乘寂滅場地。首先證明者。由其從凡入聖。自權向實。皆持地大為起行入理之門。而今復聞此究竟性地。機緣契合。是以為法華證明上首也。

卯三結答圓通。

佛問圓通。我以諦觀身界二塵。等無差別。本如來藏虛妄發塵。塵銷智圓。成無上道。斯為第一。

此備敘前悟而已。二塵。即內外二地大也。虛妄發塵者。蓋悟地大相妄。而其性但是如來藏性。循業妄現而已。人知持地為法華上首。而不知如來知見。契彼究竟地大。此經方以顯其大本矣。塵銷智圓者。相盡性現。理智一如也。成無上道者。已入最上一乘之知

見也。持地地大已竟。

寅三月光水大。分三。卯一作禮陳白。

月光童子即從座起。頂禮佛足。而白佛言。

童子乃菩薩別名。表童真德也。世人即作幼童之想。如塑畫善財是也。又儒者聞大權經說孔子為定光童子。則怒其卑小。不知文殊為釋迦九世師祖。而亦稱童子。何有卑小之意乎。月為水摩尼所成。故號月光。

卯二陳白之言。又三。辰一古佛授觀。

我憶往昔恆河沙劫。有佛出世。名為水天。教諸菩薩修習水觀入三摩地。

水天者。證水大徹於性天也。或此佛亦從此大入圓。或佛具萬德。而但觀時機當從此入。故示號與觀相應耳。末三句。總示所授觀法。其詳在下修習中當自見之。

辰二依觀久修。又二。巳一習觀初後。初身後界。以漸而入。觀之序也。分二。午一初觀身中。

觀於身中水性無奪。初從涕唾。如是窮盡津液精血。大小便利。身中旋復。水性一同。

首二句總一略標。無奪二字。作不相乖異釋之。與下一同二字相為叫應。初從以下。

釋成無奪之意。涕唾便利。近外水相。津液精血。涉內水相由外及內。自內而外。故曰身中旋復。又涕唾津液。水之清相。精血便利。水之濁相。清濁雖異。水性無別。故曰水性一同。即無奪之謂也。然發解入觀必始身中者。欲其深觀成時。則我法二執俱空。

午二後合界外。

見水身中。與世界外浮幢王剎諸香水海。等無差別。

觀內既熟。引伸外廣。資中曰。準華嚴經。華藏海中有大蓮華。其蓮華中有諸香水。一一香水海。為諸佛剎世界之種。華藏世界在香水中。故云浮幢王剎。華藏二十重。累高如幢。最為高大。故稱王。今觀身水與彼海同。故曰浮幢王剎諸香水海也。○須更知華藏是總一大香水海。其大蓮華是總蓮華。其蓮華中有無量香水海。一一海中各有一華。上擎二十重剎種。每重世界。皆以剎塵增數紀之。今觀水大。惟論於海。幢剎但帶言耳。即此觀境大不思議。誠非凡小權乘可及。然充擴至此者。欲其深觀成時。則了達性水真空云云。乃至周徧法界。則我法二空不待言矣。

巳二觀成淺深。上方領旨習觀。此科乃觀成之相。然先淺後深。亦成之序也。就分二。午一初成未得忘身。分二。未一標身未忘。

我於是時初成此觀。但見其水。未得無身。

是時。即初授習時。成此觀者。即成身中水性一同之觀也。但見其水者。蓋入定之時不見一物。但見湛水徧十方界。此句便是觀成之相。末句。正表初成尚淺。未至空身也。

未二即事以證。證其尚為身累也。又三。申一定中現水。

當為比丘。室中安禪。我有弟子。窺窗觀室。惟見清水徧在室中。了無所見。

首句。時也。次句。即作水觀。入正定也。滿室現水。資中謂為定果色。然此色係獨影境。惟自見之。而前之火觀。今之水觀。皆能令他人見之。亦觀力殊勝。不思議境也。

申二投物心痛。又二。酉一正敘痛由。

童稚無知。取一瓦礫投於水內。激水作聲。顧盼而去。我出定後。頓覺心痛。如舍利弗遭違害鬼。

舍利弗水邊入定。由宿冤故。被違害鬼一掌。出定頭痛。今出定心痛。故言同彼。

酉二無知起惑。

我自思惟。今我已得阿羅漢道。久離病緣。云何今日忽生心痛。將無退失。

欲知羅漢有病無病。當明子果二縛。夫宿種。今種。應召來果。而尚未受身者。謂之子縛。宿種所召。今已受身。即身應受。謂之果縛。若實行聲聞。新證四果。已將子縛斷盡。不受後有。然現身尚未灰滅。則果縛猶存。所有病苦。即身應受。故舍利頭痛。畢陵身痛皆斯類也。問。前言舍利古佛。豈有果縛。答。既示同實行。但依實行論耳。若入滅後。悲願再來。則二縛俱無。更無實病苦矣。今此菩薩久證再來正同此類。故起斯疑。

申三除去如初。如初。謂無痛也。分四。酉一童子具陳。

爾時童子捷來我前。說如上事。

捷。速也。

酉二教以除去。

我則告言。汝更見水。可即開門入此水中。除去瓦礫。

酉三復見依除。

童子奉教。後入定時。還復見水。瓦礫宛然。開門除出。

酉四出定無恙。

我後出定。身質如初。

溫陵曰。漢州綿竹縣水觀和尚。迹同月光。

午二後方亡身合界。

逢無量佛。如是至於山海自在通王如來。方得亡身。與十方界諸香水海。性合真空。無二無別。

逢無量佛。則所經多劫可知。住於淺定。經時甚久。而上敘久得羅漢。則知羅漢果位雖具神通。而受身不免身累。且在定癡暗。進果遲鈍。悉可見矣。如是乃至下。明深觀方成之時也。亡身合界真空無二者。觀境極深且大。性合真空。所謂性水真空。性空真水。周徧法界。回視此身。如巨海一漚。豈不易忘而得自在乎。夫論觀行位中。淺觀深觀。皆難定於果位。今約前淺觀。已言久證羅漢。則斯深觀成時。合是超過七信而證於初住圓通之境。大抵詳此菩薩。亦是先權後實。以漸次而入者也。

辰三今證菩薩。

今於如來得童真名。預菩薩會。

如來指釋迦。預。在也。菩薩會蓋是深位。非前信住可局也。

卯三結答圓通。

佛問圓通。我以水性一味流通。得無生忍。圓滿菩提。斯為第一。

一味。即身中水性一同。流通。即界外剎海無二。得無生忍即性合真空。是因地心。圓滿菩提即證徹法界。是果地證也。似與佛位齊矣。月光水大已竟。

寅四琉璃風大。又分三。卯一作禮陳白。

瑠璃光法王子即從座起。頂禮佛足。而白佛言。

取後所悟洞徹。得琉璃號。

卯二陳白之言。又三。辰一古佛示觀。又分為三。巳一標遠劫佛名。

我憶往昔經恆沙劫。有佛出世。名無量聲。

聲。乃臍輪風起。鼓之而出。此亦名合風大。

巳二示能觀本智。

開示菩薩本覺妙明。

本覺妙明。具含三德。本覺即法身。妙即解脫。明即般若。據此科。但是本智。望下科所觀故此作能觀。為發照之源也。

巳三示所觀風力。

觀此世界。及眾生身。皆是妄緣風力所轉。

此科尚是佛所示觀。總言依正皆屬風力所轉。詳在下科別示。妄緣二字發風之端。人知世間有風。不知妄心緣動所感。所謂搖明風出是也。

辰二觀破群動。即從本覺妙明發照而觀。故此為所觀之妄境也。又三。巳一歷觀動同。

我於爾時。觀界安立。觀世動時。觀身動止。觀心動念。諸動無二。等無差別。

吳興曰。界為方位。故安立。世為遷流。故動時。〇界之安立。風輪執持。時之遷流。

風氣宣使。身之動靜。風力所轉。心之動念。風起之源。諸動總該界等。無有差別。原歸上文通一風力。

巳二了動虛妄。

我時覺了此群動性。來無所從。去無所至。十方微塵顛倒眾生。同一虛妄。

首四句。自覺妄也。來無二句。同空華也。若實有從有至。即非虛妄。末三句。覺他同妄也。十方微塵者。且舉廣多眾生同一妄也。

巳三閱世喻狂。

如是乃至三千大千一世界內所有眾生。如一器中貯百蚊蚋。啾啾亂鳴。於分寸中。鼓發狂鬧。

上科是法。此科是喻。如是乃至者。擴充極盡之辭。三千下。盡一世界。喻意有二。一喻其小而非大。二喻其妄而非真。良由以本覺妙明為體。故空生大覺。如海一漚。極大成小也。微塵國土。漚滅本無。諸有虛妄也。觀心境同。但偏風大耳。觀破群動已竟。

辰三頓證徹悟。上科總是觀行。此科是彼觀行所證也。又三。巳一逢佛速證。

逢佛未幾。得無生忍。

逢佛。即逢無量聲如來也。未幾。明取證之速也。既了來無所從。去無所至。萬法當體皆無生滅。即本覺體。故速入無生忍位矣。

巳二心開事佛。

爾時心開。乃見東方不動佛國。為法王子。事十方佛。

已悟無生。故本覺心開。見動中不動。而親於東方不動如來為法王子。乃至遍事。克肖諸佛。

巳三身心無礙。

身心發光。洞徹無礙。

此得名之由也。了妄身心皆屬風力。見法身真心洞徹。如淨瑠璃也。

卯三結答圓通。

佛問圓通。我以觀察風力無依。悟菩提心。入三摩地。合十方佛傳一妙心。斯為第一。

觀察風力。了妄也。悟菩提心。達真也。入三摩地。證圓通也。合十方佛。同佛果也。傳一妙心。化眾生也。妙心。即性空真風性風真空心也。琉璃風大已竟。

寅五空藏空大。分三。卯一作禮陳白。

虛空藏菩薩即從座起。頂禮佛足。而白佛言。

卯二陳白之言。又三。辰一標同佛證。

我與如來。定光佛所。得無邊身。

無邊身。即佛十身中虛空身也。與法雖無異體。而義相須別。法身離一切相。而徧融一切。此虛空身。帶目前空一顯色。而徧融空大。清涼云。混虛空為體性是也。此科略以標盡。下乃詳明。

辰二詳明神力。由後文總結云此大神力。故取為科名。亦明所證無邊身相。非同凡小所取頑斷沈冥無用之境也。又二。巳一空色無礙。又為二。午一會色歸空。

爾時手執四大寶珠。照明十方微塵佛剎。化成虛空。

此科於三大中先得體大。證法身德。如珠體。如淨金也。四大寶珠舊註誤。因後文四大無依之句。而斷四大二字作地水火風。即以此為四珠。不知四大是所觀之境。須取能觀之智。方有珠義。按華嚴取海中有四寶珠能消海水。今菩薩有四智珠。以消散善法愛等性海中波浪也。今此約照空塵剎之智。應是人空。法空。俱空。真空。四珠也。當以大寶二字連珠字讀之。大者表其稱性洪廣。寶者彰其利用可珍也。手執者。明授持有自也。然前三破迷。第四證體。下十方塵剎。方是統言四大成空也。塵剎具足依正。即內外四大也。虛空兼含遮表。遮謂遮惑空無。表謂表性空淨。問。所表真性何亦言空。答。妄盡真純。成第一義空。所謂彌滿清淨。中不容他。非謂真體亦斷滅也。

午二融空即色。

又於自心現大圓鏡。內放十種微妙寶光。流灌十方。盡虛空際。

此科於三大中次得相大。證般若德。如珠之光。亦如將前淨金成諸妙相也。大圓鏡。即大圓鏡智。內放十光者。從一鏡智而現十智同真。如華嚴三世智。乃至知無邊諸佛智。或即十力亦可。以十力元即十智。況經明言神力。問。與前四智何別。答。前屬趨體智。此屬起用智。而大圓鏡乃總智體也。灌十方空者。照十法界。窮極空理。悉成嚴妙所謂大智慧光明徧一切處矣。

巳二依正無礙。此科於三大中後得用大。證解脫德。如珠之影。亦如將前金相種種運用成妙莊嚴也。問。前言十智。已屬起用。與此何別。答。十智雙屬體用。望上科真空之體。乃為照用。望此科運為之用。復為照體。又與此科並稱為用亦無不可。蓋彼是鑑照之用。了因所成。如燈照物也。此是辦事之用。緣因所成。如燈下作為也。分二。午一攝剎入身。

諸幢王剎來入鏡內。涉入我身。身同虛空。不相妨礙。

首三句。剎入身也。圓鏡智即稱法身智體。故能攝諸剎海悉入其中。由理攝故。事亦能攝。故下言涉入我身。此身即色身。所謂菩薩於一毛孔中。不可說剎次第入也。末二句。身包剎也。所謂毛孔能受彼諸剎。諸剎不能徧毛孔也。一毛尚然。況全身乎。極小同大。

優有餘地。故不妨礙也。總顯能包之用。

午二分身入剎。

身能善入微塵國土。廣行佛事。得大隨順。

上科雖有入有包。而獨顯身之能包。此科更顯身之能徧也。所謂無剎不現身也。於一一剎隨機普應。現十法界身雲彌滿無盡也。廣行佛事者。於一一身上弘下化。徧行無量諸利益事也。得隨順意兼自他。隨自。即如意神通。得大自在。隨他。即恆順眾生無量機緣也。詳明神力已竟。

辰三總由觀空。

此大神力。由我諦觀四大無依。妄想生滅。虛空無二。佛國本同。於同發明。得無生忍。

神力。總收上會色融空攝剎分身四科也。由我下出神力之本。蓋凡外小乘執四大心外實有。成大障礙。此菩薩觀四大離自心性無體可得。故曰無依。妄想生滅者。所謂諸法不牢固。常在於念中。念起似有。念息全無也。虛空無二者。言四大既同虛空。虛空豈有差別。佛國本同者。蓋四大為能成。佛剎為所成。四大既空無二相。佛剎亦平等皆空。所謂虛空為同。同即空也。於同發明者。即悟性覺真空。性空真覺。清淨本然。周徧法界也。

末句即寂滅現前入圓通境也。

卯三結答圓通。

佛問圓通。我以觀察虛空無邊。入三摩地。妙力圓明。斯為第一。

我以三句。即空色無礙科。妙力圓明。即依正無礙科。圓通極境也。空藏空大已竟。

寅六彌勒識大。分三。卯一作禮陳白。

彌勒菩薩即從座起。頂禮佛足。而白佛言。

溫陵曰。彌勒。正云梅怛利曳那。此翻慈氏。為慈隆即世。悲臻後劫。愍物迷識。故示迹發明也。

卯二陳白之言。分三。辰一上古得定。分四。巳一上古佛世。

我憶往昔經微塵劫。有佛出世。名日月燈明。

巳二出家求名。

我從彼佛而得出家。心重世名。好遊族姓。

此蓋敘古在凡夫地。內輕外重。身雖出家。心慕豪貴。好遊族姓者。喜親近國王大臣也。此遠因實事。不必回互解為貪著名相等意。且前之多婬。復作何意回互之乎。況唯識正是名相。豈不增病。

巳三教修惟識。

爾時世尊教我修習惟心識定。入三摩地。

因其重世名族。外求馳散。故授以惟心識定。令其通達萬境惟我心識變現。一如夢幻。生滅非實。豈可不究明心識。而反重其所變之境乎。由是但自觀察惟識。止其外慕馳散。而定心成就。所謂因病而藥者也。

巳四久習忘名。

歷劫以來。以此三昧事恆沙佛。求世名心。歇滅無有。

惟識定深。萬境如電。外輕內重。無復馳求。故求名心滅。此先顯對治悉檀。破惡益也。

辰二中古定成。分三。巳一確指佛世。

至然燈佛出現於世。

巳二惟識極成。

我乃得成無上妙圓識心三昧。

積功雖歷多劫。入理在一剎那。蓋前所習者。不離五位惟識。尚屬權宗。至此窮極識理。所謂性識明知。覺明真識。妙覺湛然。徧周法界。融入如來藏性。故曰無上妙圓。此方顯第一義悉檀。入理益也。

巳三一切惟識。上科方極惟識之體。此科乃極惟識之用。又為二。午一世界惟識。

乃至盡空如來國土。淨穢有無。皆是我心變化所現。

國土。舉無情器界之總相。有無。即成壞也。此雖以唯識為入門。上科既曰無上妙圓。則今所謂變化者。亦非同相宗但由妄發。乃達緣起即是性起種種變化。皆生於妙圓真心矣。

午二諸佛惟識。

世尊。我了如是惟心識故。識性流出無量如來。

吳興曰。流出如來者。從法身識性。流出報應佛身也。○此說妙圓識性即為法身。從法身而起應化其身無量。雖理趣頗通。然此但約自己。不盡他佛。似是無量身。而非無量如來。又須極果方能。非是本具頓悟之境。今解。如來者。有情根身之總相。首句。了即悟也。承上結定。轉起下文。言我悟達惟識。至於窮界萬法如此。由是不但祇見世界惟識。乃見藏識海中。三世十方無量諸佛皆從流出。所謂眾生心內諸佛時時成道是也。又如華嚴中菩薩證真。見佛無邊皆在自心出沒。未當云。如來尚惟識性流出。況餘九界眾生。流出可知。

辰三得補處記。

今得授記。次補佛處。

夫窮極唯識。圓證法界。既見諸佛依正皆是自心。而自心豈不成佛。故得授補處記。即補釋迦佛位。次當作佛也。

卯三結答圓通。

佛問圓通。我以諦觀十方惟識。識心圓明。入圓成實。遠離依他及徧計執。得無生忍。斯為第一。

清涼引護法釋三性云。一切心及心所。由熏習力所變二分。從緣生故。皆依他起。徧計依斯妄執定實有無一異俱不俱等。此二方名徧計所執。二空所顯圓滿成就諸法實性。名圓成實。資中引喻圓成如麻。依他如繩。徧計如蛇。○徧計有名無體。依他有相無性。惟圓成實是彼體性。今言入後一者。悟證真實體性也。遠離前二者。不復為名相所迷也。此經圓成實性即如來藏心。所以結入圓通。彌勒識大已竟。

寅七勢至根大。又復分為三。卯一作禮陳白。

大勢至法王子與其同倫五十二菩薩。即從座起。頂禮佛足。而白佛言。

溫陵曰。觀經云以智慧光。普照一切。令離三塗。得無上力。名大勢至。○又言此菩薩舉足下足皆動一切世界。震蕩三途。令成解脫。凡入諸佛會中必先震動。故得是名。且悲華經言往昔因中。彌陀作輪王時。觀音為長子。勢至乃其次子。今在極樂。居於彌陀左右。倫者。類也。

卯二陳白之言。分四。辰一古佛親授念佛。

我憶往昔恆河沙劫。有佛出世。名無量光。十二如來相繼一劫。其最後佛。名超日月光。彼佛教我念佛三昧。

大本彌陀自具十三號中。有斯二名。詳彌陀勢至同時發心所師佛號乃古如來。非即彌陀。二號既同。餘十佛名或亦多同十三佛號。以師資一道。不異古今。如釋迦觀音之類。念佛三昧。據下文。即都攝六根淨念相繼也。

辰二詳喻感應道交。此取天台觀經疏科名。以眾生對佛。此感彼應。不同解入相應。生佛一體也。分二。巳一先以二人為喻。又分二。午一單憶無益。

譬如有人。一專為憶。一人專忘。如是二人。若逢不逢。或見非見。

一專為憶。喻佛念眾生也。佛作菩薩時。自果未圓。尚於念念不捨眾生。何況果後。更無餘事。惟念眾生。豈非專憶之至乎。一人專忘。喻眾生不念佛者也。以如來專念眾生之力。故若逢或見。如諸聖不違本願。遊化娑婆。故令眾生偶逢偶見之類是也。以眾生無心念佛之力。則雖逢不逢。如佛在世時。亦來此國住七日。而眾生冥然不知。良由不念業障。佛亦無奈何矣。是冥中或逢。而顯中實不逢也。雖見不見。如見文殊者。但覩老人貧婆之類是也。是聖豈作意詐隱。實由業覆而妄見劣相耳。如薄福見寶為蛇為蛙。豈彼無情之寶亦能變化。詐隱其本相耶。吳興引舍衛九億家證此。略而未詳。嘗聞九億分三。三億見佛聞法。三億但聞名字。三億名亦不聞。不聞名者不與此例。其但聞名字者。即逢而不逢者也。以但逢佛在世。與之同國。而未遭遇形聲也。其前三億。若更分之。當亦有見佛而不聞法者。即是或見不見。以徒見不蒙法利故也。諸義皆通。取要言之。以如來專憶。故或逢若見。以眾生專忘。故不逢不見。不能成決定逢。決定見。正意示人不想念佛者。決無見佛往生之益。

午二雙憶不離。

二人相憶。二憶念深。如是乃至從生至生。同於形影。不相乖異。

二人相憶。喻生佛念同也。意言眾生念佛。能如佛念眾生。非惟必成決定逢見。且如形影。常不相離。正意示人想念佛者。決定獲見佛往生之益矣。

巳二後以母子合喻。又二。午一合單憶無益。

十方如來。憐念眾生。如母憶子。若子逃逝。雖憶何為。

首三句。合一人專憶也。世間慈念最切者莫過於母。然子若悖逆過甚者。母念或衰。佛念眾生更過於母。逆惡愈甚者。佛念愈深。故佛大悲心相常照阿鼻眾生。是以求往生者。不可思惟己惡而疑佛不來接引。此乃不達佛心。自生疑阻。殊可憐也。若子逃逝。合一人專忘也。雖憶何為。合若逢不逢雖見不見也。

午二合雙憶不離。

子若憶母。如母憶時。母子歷生。不相違遠。

首二句。合二憶念深。末二句。合從生至生等三句也。詳喻感應道交已竟。

辰三合喻顯示深益。合喻。謂兼合前二喻。然但合雙憶不離。不合單憶無益也。

深益。即往生成佛二大利益。分二。巳一必定見佛益。

若眾生心憶佛念佛。現前當來必定見佛。

憶佛。兼事相圓融二種觀門。念佛。兼事一心及理一心二種三昧。現前見佛。謂不離現身。於定中見。或於夢中見也。當來見佛。謂報終陰壞。見佛接引。及彈指往生。華開見佛也。事相觀。謂注心一方。緣佛金身相好而已。圓融觀。謂以假空中三觀。觀佛法報化三身。舉一即三。言三即一。三一圓融也。詳在觀經疏中。事一心。謂專心念佛。無一毫雜緣而已。理一心。謂達法界一相。舉一聲佛。則全包法界。圓住三身。詳在彌陀略解。所見之佛。亦隨觀念理事而不無勝劣矣。問。勢至敘古。今何全取西方法門證釋。答。菩薩明說此界攝人歸於淨土。而所示觀念。豈非導人觀念極樂。應不必疑也。

巳二速得開心益。上益雖具理觀理念。皆可開心。然且專說得見他佛。未及正明自心開發。顯露自佛果體。故知上科但論見他佛。此科乃說成自佛也。分三。午一近佛故開。

去佛不遠。不假方便。自得心開。

去佛不遠有二意。一者未獲往生。在觀念中。須取理觀理念說其不遠。以全住三身。圓持法界。與佛同身共命。故曰不遠。不假方便者。不用別門方便。但由悟達他佛三身。而本覺果體豁然顯現。二者已得往生。常親近佛。不假方便。自然心開者。以近佛聞法。及加被威力。故速令心開。果體顯現也。所謂但得見彌陀。何愁不開悟也。又解。先見色身而覩相佛。則將鄰法身。而真佛不遠矣。夫本覺顯現。則顯是自佛彰明。奚止於惟見他佛耶。

午二喻以香熏。

如染香人。身有香氣。

喻中以近香故。身亦成香。法中以近佛故。心亦成佛。故知心開非同淺淺。應即是本覺佛現也。

午三出三昧名。

此則名曰。香光莊嚴。

三昧名。亦法門名。不離觀佛念佛。以佛法身香光莊嚴自性佛也。

辰四述己自利利他。

我本因地。以念佛心。入無生忍。今於此界。攝念佛人。歸於淨土。

首三句。自利也。此之述己念佛。便非用分別識心所念。乃攝根念也。其法以一念不生。六根湛寂。不妨圓照三身。洞徹四土。遂至信滿入住證無生忍也。由此反觀前之心開。正相似覺發耳。下三句。利他也。此界即娑婆界。淨土即極樂界。攝者。以威力加持。令不退念。又臨終接引。令其必獲往生。

卯三結答圓通。

佛問圓通。我無選擇。都攝六根。淨念相繼。得三摩地。斯為第一。

都攝六根者。令六根不動也。淨念相繼者。即圓照三身四土也。得三摩地。即三昧成而證圓通境也。若約現位。迹在等覺。或本已齊佛。今追論初心。亦同眾之信滿入住矣。夫各攝一根。則屬六根圓通。都攝六根。則屬根大圓通。舊註釋為意根。當濫須菩提所修矣。通論二十五門。尋常六塵皆始於色。今始於聲。而復留耳根在最後者。正以諸門雖均是教體。而不盡當此方之機。偈云。此方真教體。清淨在音聞。故今始於音而終於聞。所以為教體之綱領。而獨當此方之機。且權小入門。多循音教。圓實法要。直反聞根。故二聖示迹。淺深不同也。又七大本先始於地大。而此中火大為先。以多婬召火。合此經墮婬起教。所以警多聞人先除欲漏也。又七大終於識大。而今終於根大者。以勢至念佛圓通。

稍次觀音。大本彌陀經云。極樂清淨。次於泥洹。觀音所修。乃諸佛一路涅槃之門。正是泥洹極果。今令不能修自心泥洹者。其次莫若念佛求往生也。此固經文不終彌勒。而終於勢至之深意也。諸聖略說已竟。

大佛頂首楞嚴經正脈疏卷二十四

大佛頂首楞嚴經正脈疏卷二十五

經文卷六之一

明京都西湖沙門交光真鑑述
蒲州萬固沙門妙峰福登校

子二觀音廣陳。以當此方之機。故廣陳盡妙。欲人專修於此也。問。娑婆豈無別門而入者耶。答。偈云。自餘諸方便。乃至淺深同說法。備悉此意。意以同途長修。淺深共入。惟取耳門。而餘門不及。間有別門入者。亦仗威即事而已。然此應云觀音耳根。以對前總科彰其廣陳。而意含耳根於觀音二字中矣。分三。丑一作禮陳白。

爾時觀世音菩薩即從座起。頂禮佛足。而白佛言。

觀世音名具彰二利之德。而所觀不同。法華中如來釋云。苦惱眾生一心稱名。菩薩即時觀其音聲。皆得解脫。以是名觀世音。據此。則所觀者即世間音聲。蓋果門惟顯利他之盛德也。今經菩薩自釋云。由我觀聽十方圓明。故觀音名徧十方界。據此。則所觀者即聽音根性。蓋因門多彰自利之深源也。是則二經互為隱顯。而名之圓妙見矣。此意略同孤山。今正談修門。故且依後義。觀字隨俗雖作平聲。理實應是去聲。良以納聲為聞。達理為觀。然必特取達理。故於音聲不言聞而言觀也。又所達之理。非音聲中理。乃耳根中性理也。然必托音聲方彰聞性。故又不言觀耳根。而惟稱觀世音也。更須當知利他自利雖別。而能利之法。同彰耳根殊勝。無二意矣。

丑二陳白之言。分三。寅一本師傳授反聞。又三。卯一古佛同名。

世尊。憶念我昔無數恆河沙劫。於時有佛出現於世。名觀世音。

彼佛因中或亦由斯證入。故其名號以因彰果。或佛鑑時機應從此入。故其名號與逗機之教乃相應耳。

卯二從佛發心。

我於彼佛發菩提心。

菩提心不越三心四願。一者深心。即煩惱無盡誓願斷。法門無量誓願學。二者悲心。即眾生無邊誓願度。三者直心。即佛道無上誓願成。按起信論。第一直心。謂正念真如。第二深心。謂廣修無量善法。第三悲心。謂度眾生無量。然約三處迴向。則真如佛道性修異旨。而四願中佛道必兼真如。故合之無差也。此心最為貴重。初發即如王子處胎。貴壓群臣。諸佛護念。萬聖加持。華嚴百喻。未足以盡其盛德。又言不發此心。所修諸行盡為魔所攝持。故欲修耳根圓通者。先須發此大道心也。

卯三秉受法門。

彼佛教我從聞思修。入三摩地。

既發大心。須秉聖教。凡修行者。不秉聖教。或恣己意。或信邪師。其過無量。故此次明秉受自佛也。彼佛即指觀世音佛。此之三慧。惟聞慧不同常途。故思修亦別。約常途。聞即多聞。謂聞經解意功夫。其體即耳識。及耳家俱意識所發勝解分別。今此聞字。即指耳根中聞性。體即無分別如如智理而已。思。即不著空有。一味反聞。外脫聲塵。內冥智理。且約靜習在禪功夫也。修。謂達於萬行。與此禪觀不相違背。所謂咳唾掉背。無不定時。何況一切善行。此約初心修進便應具足。若更入位料簡。應以六即揀之。聞慧應在名字。思慧應通觀行相似。修慧應入分證。若更以見道修道揀之。聞思俱在見道。而修慧即修道位。是則後二分別。淺深天隔。若就觀音本門。三說聞字。皆須惟指耳門。以音聞雖皆教體。而聞為真教體也。入三摩地者。名通初後。初但定成之號。而更約後心。即證入圓通之境寂滅現前也。雙承動靜無違。方為定成。然此動靜。與下二塵不同。此約靜入禪定。動涉萬行。二時為言。若靜合動違。終不名為大定成就也。本師傳授反聞已竟。

寅二次第解結修證。此科方是正行。一經至要。理宜詳細敷陳。故今所解稍為完備。不避繁文。觀者幸勿厭多。非同長水流變三疊。殊無關要。當知上之發心是願。而此為依願之行。其願不虛也。上之秉受是教。此為依教之修。其教不負也。然此中分科。以三空六結分之者。蓋三空是五卷中佛自所說。長水亦知順此分科。

但未能發揮委悉。至於六結。乃為以義推知。非穿鑿也。良以佛綰巾時。特以詳彰結解俱有次第。而說解次第但列三空。似惟三重。而意含六結。前釋稍明。今此正是解結正文。豈不投前所說。況細尋文理。六節分明。非強分也。分三。卯一初解三結。先得人空。又三。辰一脫動塵。

初於聞中。入流亡所。

初者。發決定心起修下手之初也。按如來立教常儀。行人若有罪障。及未具戒。先須懺求瑞應。誓斷四愆。如後道場所明。今約無障具戒之人。故徑談大定。行人宜自諒之。聞中二字。即所見之性。亦所趣之理。今為所入之門。亦所照之境。首宜分明。不可墮於二種差誤。前麤後細。最當辨識。一者不是肉耳之中。以此聞性本惟藏識心海。一體而具六用。在眼為見。在耳為聞。乃至在意為知。今取第二。故曰聞中。於經最初取見為例。以例餘五。委悉發揮。如十番示後。離二見妄。乃為妙淨見精。結云。清淨本心。本覺常住。今之聞中。即彼見中。以其體無二也。又四科七大轉名如來藏心。周徧十虛。圓含萬法。今此聞中。即彼藏心中也。又一真法界。圓具三藏。非一切法。即一切法。離即離非。是即非即。是名無上菩提。如來知見。今此聞中。即彼三藏體中也。良以見道分中極力發明者。正於修時總持用之。所謂躡解成行大陀羅尼也。若別為一法。則前之開示俱成無用矣。是知此之聞中。乃平吞萬相。盡空法界之中也。二者不是耳識之中。以此聞性。雖有聲無聲。明鑑了然。絲毫不昧而曾無分別。亦同見性。但如鏡中。無別分析。且離念相者。方等虛空。亦常亦偏。有念。即偏局一處。剎那生滅。不偏不常。此即緣聲之識。若墮此中。依舊是經初如來所破緣塵分別影事。而七重破處等文全無用矣。是知此之聞中。乃一念不生。圓照法界之中。亦即一乘寂滅場地。真阿練若正修行處。若於經中未即了然。可於靜習坐中體認的當。多於五更起坐。夜氣清明。萬籟初動之時。一念不生。覺此聞性廓然而圓。朗然而照。山壁不隔。晦暗不昏。大小遠近音聲。鑑徹無遺。乃至微風動樹。足履鳴階。亦所不昧。假如東方數里之外。洪鐘發響。固歷歷分明。西方同時數里之外。群鼓喧聲。亦琅琅不昧。如是乃至南陌悲號。北街笑語。車輪馬足。一一俱現圓聞之中。如影現大圓鏡中。毫髮無隱也。至於寂然無聲時。則聞靜愈無邊際。然但借觀音聲。彰能聞之體為聞中。不取所聞動靜之境為聞中也。到此始知妙性本具。不是修成。但是平日以亂心緣慮遮障孤負不自覺耳。又當知此聞中。內而所執定實身心。外而所執定實器界。了無蹤跡可得。一片虛靈浩無邊際。萬法森然。唯心所具。交徹互融之妙皆在其中。非有非空。即空即有。妙極不容思議之境也。亦即祖師正法眼藏。涅槃妙心。但彼不局一門。或多示意根。而言了知為異耳。珍重珍重。此句先以決定所照之境。下句方是工夫。入者。旋反也。流有二意。一。流謂法流。即聞性也。入流者。旋轉聞聲之聞。反聞自性也。二。流者。注也。順聞奔聲外注。謂之出流。反聞照性內注。謂之入流。二釋俱通。此亦須是一念不生。回光反照。專注以聞自性。令前妙境湛然常明。不得一息間斷。即宗下所謂綿密功夫也。問。見聞覺知。同一根性。永嘉謂起知知於知。此非無緣知。如手自作拳。非是不拳手。今云反聞聞自性。若準永嘉。應云。起聞聞於聞。此非無緣聞。如手自作拳。非是不拳手。二義何得不違。答。彼約根塵已銷。妙性顯後。不可更有二知。今約初心起修。方作亡塵方便。故須暫假反聞以為入門。若到聞所聞盡。亦是根塵已銷之後。更不存於二聞也。且此最初入流亡所。同彼最初息念亡塵。豈遽同彼知滅對遺之後耶。故欲會同佛祖之言。須知前後次第。則無違矣。此二字即是合覺。下二字乃是背塵。亡者。脫也。所。即聲塵也。故上二字即旋聞。下二字即與聲脫也。約前四卷末第二決定義中。詳明根結全由於塵。故塵亡而結自盡。今解耳根。其所應亡。當即是動靜二塵。動謂有聲。靜謂無聲。今初先亡動塵。仍有二種。一者屈曲聲。謂有意味者。如言語歌曲之類是也。二者徑直聲。謂無意味者。如風水鳥獸鐘鼓等聲是也。其最有力。能牽心流轉者。屈曲聲也。先須斷此。永不接緣。然此屈曲復有二種。一者世俗屈曲。二者道理屈曲。世俗復有二種。一者無力。二者有力。無力。謂評品古今文章事物。他方昔日不干己事。但恣散亂。無增長煩惱之力。故云無力也。有力。謂說諸欲境。令心起貪。說諸不平。令心發怒。背面譽毀。當面稱譏。一切切己利害之言。令人不覺喜瞋陡發。忘失正念是也。此皆世俗曲屈也。道理屈曲者。如說內外邪正道理。乃至法門宗說。玄妙意趣。令人不覺隨言生解。擬議思量。若許攀緣於此。亦是尋聲流轉。最障本聞。所以宗門於佛祖言教如生冤家也。問。止絕世俗。似無不可。何於道理勝思亦杜絕之。答。躡解成行。行起解絕。解若不絕。則無漏之行終不能成。況真心實際。動念則乖。豈容留解。而許尋道理屈曲聲乎。故後偈云。將心持佛佛。何不自聞聞。是更偏忌道理屈曲也。如新產家。忌人往來觸犯。則疏客親友二俱止絕。方可無虞。若但斷疏客而容親友往來。則觸犯之害終不免也。世俗屈曲如疏客。道理屈曲如親友。所以二者俱當止絕也。行人初心。首先於此諸屈曲聲一切不緣。惟以內向聞性。湛然朗然。安住不動。則一切麤顯分別永息不起矣。至於水流風動鐘鳴鼓響等一切徑直之聲更是難亡。須使入流功夫細心專切。久自亡盡。問。反聞功成。豈一切諸聲。如醉睡中。皆昧然不覺耶。答。非也。諸聲任有。行人但惟圓照聞性。不漏落流注於聲而已。問。不緣曲屈之聲。止其分別。易以稽考。不緣徑直之聲。止其取著。難以考驗。又此諸聲。縱令心不取著。其如諸聲亂發。攪擾聞中。何以驗其不隨聲轉耶。答。反聞自性專切者。聞性常自分明。如對晴秋之月。無一息之昏暗。且不注一聲。而諸聲普皆不昧。若稍取著於聲。當有二驗。一者聞性先以遽昏。不復分明。二者偏注一聲。餘聲悉昧。更以喻明。譬如人眩水。不能自渡。賴人牽之而過。彼人教其仰面視天。不得一息視水。若一息忘教視水。隨即暈倒。此亦如是。反聞自性。猶如視天。不復尋聲。如不視水。更無流轉之患。猶無溺水之患也。是知聲不可除。亦如水不可除。而但當反聞專切。亦如當仰天專切也。問。此之眾聲。畢竟不昧耶。亦有寂滅之時耶。答。昧不同滅。心昏為昧。聲銷為滅。反聞自性。久益精明。終無昧時。外脫聲塵。久漸銷落。終有盡日。良以性是本有聲是本空故也。問。聲今現有。何為本空。答。如人夢雷。妄成震恐。其雷本空。而正在夢時。亦似現有。豈真有耶。現前諸聲。亦復如是。問。諸聲不實。既如夢幻。銷落之後。畢竟一無所聞。則道成者皆如聾人耶。答。不然。此非真滅。但以銷落聚聞之根。近蔽之聲。暫沈枯寂。即同色陰區宇。如有目人處大暗室也。不久心聞洞開。徧滿虛空。所謂發本明耀。必將上聞有頂。下聞無間。乃至最近蟲行蟻鬥素所不能聞者。皆當聞之。何況餘聲。如聾之疑。鄙劣甚矣。問。此之入流亡所。但於靜坐時習之耶。亦於涉事時習之耶。答。若但取於靜坐。何用詳辯曲屈等聲。正須動靜一如。方成大定耳。問。靜坐易忘。今即不問臨事實難。今請問之。假如有人涉事。訪一故人。於路用功。但惟反聞自性。而餘聲悉不取著。正當聞性湛然。忽於中途隔牆聞彼故人言語。此聲不尋。則廢其訪問之事。若尋之。豈不成流轉耶。答。此聲許尋而不妨。不成流轉。以偈云。眾生迷本聞。尋聲故流轉。汝若於尋聲時不迷本聞。此但尋聲。豈即流轉。問。請分尋聲流轉與尋聲不流轉之相。答。汝正反聞自性時。有當尋之聲現前。一味尋之。而聞性全成迷昧者。此即流轉。若當尋聲時。而聞性分明。依然不昧。此但暫尋即還。亦謂之得用即休。何得同謂之流轉耶。以此為例。凡涉諸事。皆當準此思之。大抵初心。靜習時得力為多。靜定若成。漸能涉事不昧。若初學靜定未成。而遽希涉事不昧者。良難。問。涉事不昧。既曰良難。則初學反聞。恐難理事兩全。答。世諦之人。寧廢理以圖全事。修行之人。寧廢事以圖全理。

今初心修進。誰要你依舊精研世事。務求兩全耶。當知反聞入手之人。雖處世間。惟求省事省言。日用家常。騰騰任運。得靜且靜。萬不得已。一事一言用了即休且正當用時。分毫不昧。言差事差。不顧不悔。惟圖反聞無間。心便怡然。問。祖師何言這邊那邊都不缺用。答。此是大亡已久。絕後再甦。死中發活。方能各臻其妙。非謂初心便能如是也。問。此節舊解多補天台三止觀意。謂為修行妙宗。今何不用。答。彼自別為入門。非此經旨。且三觀初心。不離六識思惟而入。今經首廢六識不用。將何入三觀耶。斯經圓融妙理。全是藏心本具。詳在奢摩他中發揮。而行人未修之時。先成圓解。及至修時。行起解絕。但一反聞。極為簡便。不勞廣立止觀。宗門所謂單刀直入是也。且入流乃合覺照理。即簡妙之觀。忘所乃背塵息妄。即簡妙之止。久久定成則圓融密妙體用。皆從本地流出。所謂故發真如妙覺明性也。問。前綰巾時。如來親喻當從中道解之。今但反聞。不明中道。豈合結心之喻耶。答。詳佛左右偏掣之喻。蓋指三界凡夫著有之修。出世二乘沈空之證。故偈云。汝觀交中性。空有二俱非。今此未反聞時圓解已成。正反聞時豈墮彼二。既不墮於空有。即是最簡易之中道。允合結心之喻。何必廣立止觀。枉用贅瘤之中道。真所謂為蛇添足。殊可笑也。前綰巾中三空之下。所助治病之喻。正當此用。詳玩之可也。問。初心進功節度。及修中防犯境界。可得聞乎。答。此功雖不專於靜坐。而初心亦須靜習偏多。所謂大忘人世。大死一番。惟知反聞自性。而一切散善尚不為之。何況俗事。宗教聖言尚如生冤家相似。何況俗言。縱有人來問道。即端心反聞。信手拈答。一二句即休。其餘拜佛燒香。衣食賓客。呼喚動轉。皆極令聞性分明。且當此際。既以全提聞性。而聞性即全法界。則動轉咳唾。一一俱周法界。即是全身受用。至於靜中。恆令不昧。夜則披衣端坐。排遣昏散。專注聞中。惺寂雙流。昏沈至極。須臾假寐。即起經行。直待聞性明利時。依然靜坐。如宗門云。一念萬年。萬年一念。是也。問。設有夢中流轉時如何。答。初心夢中或有流轉。醒來隨即收攝。不必悔惜。久當夢中亦如醒時反聞。便是寤寐恆一好消息也。但時時求佛菩薩加令心開。如此用功時。一切皆忘。即如後文所說如有目人處大暗室。所謂色陰區宇中也。切不可嫌其迷悶。蓋根塵俱泯。自當如此。功夫極到。當自有發本明耀之時。勿躁求也。然心光逼極。或見本師現身。摩頂加被。當依後道場所說。默驗魔佛。愈加專切。或發善境。如後陰魔中最初十種者。勿作聖解。但當加功反聞而已。且於入流亡所之時。正是心精通脗。與十方諸聖共一鼻孔之時。而功極動魔。正當此際。依後聖教。悟則無咎。切不可中途成狂也。然此脫亡動塵功夫。必至忽然萬籟俱消。惟一聞性。明耀日月。狀如雨霽天空。風停海湛。極為寂靜。當此之時。豈惟一切聲消。身心世界。蕩然一空。虛豁自在。方是旋聞脫聲入手時節。此境極為虛豁自在。寂靜輕安。最忌過喜取著。但惟一種平懷。精進不輟。則無量妙境將次漸開。一取著之。隨得隨失永不可復矣。記之記之。

辰二脫動靜。

所入既寂。動靜二相。了然不生。

上科方離動結。此科動靜二結兼除。蓋動除靜現。自然之理。加功雙遣。自然之勢。

故今言所者即忘所。言入者即入流也。所入既寂者。謂亡所入流。二俱成靜也。蓋初雖忘所。而所豈易亡。初雖入流。流豈易入。雖云努力。一念不生。未免動靜間發。心心收攝。非寂靜也。至此。亡所而所無不亡。入流而流無不入。群動俱息。收攝情忘。故云所入既寂也。由是而知前之亡所。且惟亡動。今之既寂。乃是動結已除。靜結方顯也。次二句。方乃動靜雙除也。是雖兼動雙言。其實單遣既寂。而惟除靜塵耳。然言了然不生者。蓋約既寂之後加功進力。以至寂靜亦亡。二塵俱不可得也。問。亡動即是亡聲。而聲塵與聞性。如黑白相違。易於分辨。故亡之則易。至於靜塵與聞性相順。聞性至靜。而靜塵亦靜。俱無邊際。俱無分別。如風空莫辨。水乳難分。誠難剖析。故亡之恐為不易。如何示之。答。但患聞性未能了見分明。若了然自見聞性。安有混淆之理。良以聞性是心。靜塵是境。心則靈知不昧。境則冥頑無知。境自境。心自心。如爾為爾。我為我。有何難分。譬如世俗凡夫。入一深山無人之處。皆能了別山中寂靜。其實於己聞性絲毫不覺。及來鬧市。其靜全失。以前靜境全是山靜。故離山豈復有靜。世人但取境靜者。離境無有不失者也。此猶外境甚麤。又有行人未見自心。但習攝念成定。展轉深入。憑彼定力。覺無邊際。亦靜塵境界。定力盡時。無有不失者也。此為內境。比前更細。若未能悟心。不見聞性。誠不識此二種俱為靜塵。非心靜也。若能悟心。了見聞性。自覺此性本來至靜。寂然無邊。非由攝念所成。亦非托外境界。不知反聞者故全不覺。若能一味反聞。則性靜恆在。居山居市。

其靜不易也。入定出定。其靜恆然也。縱不發明未反聞前。從無始來本自常靜。何況了見反聞之後。豈復有得失可言哉。若是。則聞性本與靜塵無干。反聞專切者亡之甚易。何難之有哉。大抵亡動之後。別無伎倆。反聞功夫。展轉深切。聞性增明。則動靜二塵迴然雙脫矣。至此則亡塵極則功夫。位當圓之初信。於二乘則齊初果。問。何以知然。答。金剛經云。名為入流。而實無所入。又云。以不入色聲香味觸法。名須陀洹。此亡聲塵時。六塵俱亡。故知然也。惟入流二字大小迴殊。小乘入流。但是攝心入深三昧。彼謂法性實是三無為境而已。此經猶為法塵分別影事。豈同此之反聞自性乎。故知證雖位齊。而入理深淺大不同也。

辰三脫聞根。

如是漸增。聞所聞盡。

上科全以亡塵。此科方以盡根。如是者。承上之辭。漸增者。加功進行之意。下句不依舊註舉塵顯根之說。蓋上聞字乃旋倒之聞機。下聞字乃所聞之聞性。以前因圖作亡塵方便。故立能所二聞。今令其聞根而亡塵。今塵相既盡。故外無所對。則根亦不存。能聞之聞機。與所聞之聞性。二俱除滅。故曰聞所聞盡也。後文云。塵既不緣。根無所偶。反流全一。六用不行。正此之謂也。問。既全以根性增明而方以雙亡動靜。今復將根性亦亡。豈不全成斷滅。答。但以盡根。那云滅性。問。根與性為二耶。答。非二。亦非一也。問。

當如何等。答。根如冰。性如水。冰水本無別體。故非二。然冰結而隔。水融而通。故非一矣。今言根盡。但如冰融。豈如水涸哉。問。前言二塵亡後。惟覺聞性極為寂靜。湛無邊際。今盡內根。復作何相以別於此。答。前作方便脫彼二塵。故暫執聞性為內。二塵為外。背外向內。宛然內根恆在。細詳經云聞中。又云入流。中之與入。顯根為內彰彰矣。及至二塵蕩亡。已無外相。既不對外。內相漸消。以至泯然豁然。無復內外。即根盡之相。以是而知前言無邊際者。非真無也。以二塵為限。即是邊際。今二塵既盡。無復限隔。方是真無邊際。若約三空考之。到此即得人空。前此以根對塵。塵為他相。根為我相。排他立我。背他向我。我相宛然。至是根塵俱泯。能所兩亡。無復自他。惟一法性。不分內外。麤細四相。應盡無遺。定位當至七信。齊於別之七住。小乘四果阿羅漢位。而見思惑盡。當證我空真如。即前如來所說此根初解先得人空矣。又當知此。是菩薩高證圓之七信。但約斷見思。證人空。謂齊小之四果非真實同羅漢。如世之進士初品。暫同吏員極品。豈真名位與之全同乎。當知六通十八變等皆應殊勝。至下當更顯其不同。亦如進士資格權位名分。皆非吏員可仰視矣。初解三結先得人空已竟。

卯二次解二結。成法解脫。前示倫次中除法執科。已明法執麤者先於入流亡所時早已斷盡。至此惟除細法執焉。分二科。辰一脫覺觀。

盡聞不住。覺所覺空。

盡聞二字。牒前聞所聞盡。即二聞雙泯之境。不住。謂加功進行。透過斯境。不鈍滯於此也。以見盡聞若住。增慢同倫。化城永閉矣。末句即新證也。蓋盡聞之後。根塵迴脫。湛一無邊之境現前。故今言覺者。即照此境之智也。所覺者。即此湛一之境也。盡聞若住。則智境恆對。能所仍存。終為勝進之障。即潙山所謂具足心境也。今言覺所覺空者。謂能覺之智。與所覺之境。二俱空寂。泯然無復對待也。此雖境智雙舉。而能覺所覺二俱言覺。覺。心分也。於智為多。若悋惜此心以為般若真智而不能捨置者。是為妄生愛智之法愛也。又此望後為斷法執分別。問。法執分別。應隨前麤法執斷之。那於此中猶有分別。答。此俱生中微細流注分別。非麤分別也。其實但是覺觀不忘。義說分別耳。

辰二脫重空。

空覺極圓。空所空滅。

空覺之空。牒上覺所覺空之空。而言空覺者。顯是重空之智也。極圓者。謂增修滿其分量之意。末句促舉空者。即此重空之智。所空者。即前科智與境也。空所空滅者。蓋言重空之智。并前智境。一切滅盡無餘也。良以重空之智初起未圓。則能空所空二俱宛在。今空覺極圓。則非惟所空智境息滅。而重空之智亦復隨滅。如以木鑽木。火出則二木俱盡矣。此雖重空亦智。而能空所空二俱言空空。境屬也。於理為似。若悋惜此境以為實際理地。是為妄生愛理之法愛也。又此望前為斷法執俱生。蓋能所二空。已離前科微細分別。而任運存此微礙緣影而已。此影滅盡。成法解脫。而真光將露矣。此之二結。已超小乘而過之。然定位於圓教。即八之十信。於別教。即八之十住。及十行。十向。二十三位。而塵沙惑盡矣。當知此諸菩薩比定性回小者大有不同。以菩薩於麤法執先已斷伏。而定性全法方以伏斷。所以遲鈍也。又此以菩薩所陳空覺極圓。同前如來所說空性圓明。故知此之空所空滅。即前所謂法解脫矣。次解二結成法解脫已竟。

卯三後解一結。俱空不生。

生滅既滅。寂滅現前。

生滅二字。通前動靜根覺空滅。六結全收。麤細不同。要之皆生滅心也。初解動滅靜生。次解塵滅根生。理雖無生。而有滅有存。生滅宛然。下皆倣此。三解根滅覺生。四解覺滅空生。五解空滅滅生。到此若住最後滅相。則當為滅相所覆。恆處俱空。應是一種頂墮。細障。故猶名第六滅結也。百尺竿頭。更須進步。祖師所謂向上猶有事在。亦名末後著也。然此不復更勞著力滅除。即儒典所謂化不可為。而本經所謂無功用道也。但無住著之心。以俟一刹那頃本理現前。則此之滅相即迴脫矣。如末句是也。然所謂寂者。非對動之寂。從無始來本自不動之寂也。所謂滅者。非對生之滅。從無始來本無生之滅也。此是本覺理體。如來藏性。真如實際。清淨本然。周徧法界。亦名大寂滅海。亦名大光明藏。

所謂寂照含空。惟以翻上生滅。且單言寂滅。實乃真心全體而萬用皆具於中。此理現前。則山河大地應念化為無上知覺。根隔合開。六根互相為用。而下之諸科一切勝用皆從此發焉。約其所至之位。應在初住。雖分斷一分無明。分證一分真理。而一斷一切斷。一證一切證。四十二地功德隱然具足。其與別教初地位雖言齊而歷別之與圓融。實天地懸殊矣。

通前次第解結一科。會於四卷末節。入流。即守於真常。亡所。即棄諸生滅。盡聞。即根塵識心應念消落。二覺。即識情為垢。二空。即想相為塵。而前空後滅。即二俱遠離。寂滅現前。即法眼清明。而毫無差爽矣。若會永嘉奢摩他文。入流即息念。亡所即亡塵。亦應做其文云。流非亡所而不入。所非入流而不亡。亡所則入流而亡。入流則亡所而入。此四句可齊於動靜不生。又云。亡所而入。則入無能入。入流而亡。則亡無所亡。此二句根塵俱泯。可齊於聞所聞盡。又云。亡無所亡。則塵遺非對。入無能入。則念滅非知。此二句無對無知。可齊於覺所覺空。又云。知滅對遺。一向冥寂。此二句可齊於空所空滅。又云。闃爾無寄。妙性天然。此二句可齊於生滅既滅寂滅現前。亦似脗合而無間矣。但永嘉似乎都攝六根。或專意根。經乃專攝耳根為異耳。又永嘉方談最初銷顯。向後更有修治。斯經已談深證高位。向後惟彰發用。今與合會而觀。節文宛似。令知圓頓初後。無有異心。行者不可委於高位而視為不切已也。又永嘉歌云。心是根。法是塵。兩種猶如鏡上痕。痕垢盡時光始現。心法雙忘性即真。此令盡其微細法愛。而正合後三細結。其所謂心是根者。即覺結也。法是塵者。即空結也。其所謂心法雙忘者。即生滅既滅。正除最後滅結。而所謂性即真者。即寂滅現前。佛祖一揆。初無二道。學者宜著眼焉。

次第解結修證已竟。

寅三詳演所獲殊勝。上是圓通因行。此乃圓通果用。此中三科文廣。累積篇章。故云詳演。而菩薩自語元標殊勝。故作科名。問。因行為造修之要。理宜詳演。而文何甚略。果用待功成自顯。似應且略。而文何甚詳。答。詳明果用。激勸欣修。固不應略。而因行示人修要。尤當加詳。今所述因行不過數語者。良以此經如來與菩薩相同演一圓通。因果前後。互為詳略。如來自四卷後半示二決定義。乃至擊鐘驗常。五卷前半證明別無結元。至綰巾示結。合有一卷經文。詳說解根修習圓通。至為委悉。豈止如今用之廣哉。而所以說果用者。祇云山河大地應念化為無上知覺。又云。由是六根互相為用。辭甚略也。今菩薩說行若詳。應重如來所示。說用若略。則無補如來闕文。二俱非妙。故應因行略而果用廣。廣略皆適其宜矣。但如來泛說解根。而密指耳根。菩薩顯然專說。文似有隱顯通局。而意實無異旨也。行人欲究圓通因行之詳。當取前經文與菩薩所說參互看之。不必局菩薩之數語矣。分為二。

卯一標列二本。又二。辰一總標。

忽然超越世出世間。十方圓明。獲二殊勝。

忽然。即解脫道一剎那頃也。蓋證入真體。在一剎那。而稱體起用。亦即在於一剎那也。超越。即解脫纏縛之意。不為界內有縛。故超越世間。不為界外空纏。故超越出世間。十方圓明。乃寂照含空之意。不止大千。按華嚴。當分身百界。圓明。即明通彌滿於百界。

又十方亦可作十法界。圓明。即一一界備達十如是也。二殊勝。即下列二種妙用。蓋菩薩從初發心。即達心佛眾生三無差別。故證自心時。而即與佛生同體用矣。然皆謂之殊勝者。顯超權乘也。蓋上同下合。皆二乘所不能者。故云然也。

辰二別列。又分二。巳一上合慈力。

一者上合十方諸佛本妙覺心。與佛如來同一慈力。

先合本妙覺心。是與諸佛同體。同佛慈力。是與諸佛同用。在因同果。處染常淨。故曰本妙覺心。人人本具。故纔證即上合也。依吳興。力字作悲字。蓋佛具與樂之慈。必兼拔苦之悲。理應然也。

巳二下合悲仰。

二者下合十方一切六道眾生。與諸眾生同一悲仰。

六道眾生下。亦應有本妙覺心四字。譯文略之耳。以佛與眾生同其本心。而菩薩證此心時。上下俱合。合則先同其體。然後能同其慈力悲仰之二用也。經家於眾生略之。有二意。一者。佛下已明眾生不異。故不重標。二者。諸佛妙心已證。有力。須顯其合。方成勝用。眾生妙心未證。無力。不須顯合。合則無畏勝用反不能同。雖俱通。而前義為正矣。悲者哀求拔苦。仰者希望與樂。意同吳興所說。標列二本已竟。

卯二承演三科。承演者。以下各科。皆有承上子科故也。就分為三。辰一三十二應。又三。巳一標承慈力。

世尊。由我供養觀音如來。蒙彼如來授我如幻聞熏聞修金剛三昧。與佛如來同慈力故。令我身成三十二應。入諸國土。

由我下。乃至同慈力故。標承授受。出三昧名。以彰妙應體用洪源。上聞字。即指聞性本覺之體而言。聞熏者。即所謂本覺內熏也。下聞字。即旋倒聞機之聞。始覺之智而言。聞修者。以此反聞進修圓通也。然初稱如幻。謂始覺權假。暫用隨銷。非同執實染修也。終結金剛者。謂本覺究顯。永無銷壞。而仍具摧堅之能。非如權乘畢竟非實也。又初假二聞故如幻。終成一性故如金剛。此上方明得體。與佛二句。乃明同用。體用兼具。方以成末三句之妙應耳。菩薩隨機赴感。為應眾生。希應者須竭妙感。若無妙感。固不可妄議慈應之不周矣。游諸國土者。即無剎不現身也。溫陵曰。三十二應者。現十法界身。圓應群機也。開之有三十二。合惟四聖六凡。攝盡群類。

巳二條列妙應。又二。午一應希求心。希慈與樂。各求稱心也。又二。未一應求聖乘。即出世間四聖乘也。約能求人。除佛惟三。約所現身。四聖皆具。今能求人仍四者。於緣覺而加獨覺耳。就分四。申一菩薩。

世尊。若諸菩薩入三摩地。進修無漏。勝解現圓。我現佛身而為說法。令

其解脫。

既曰諸菩薩。則各教皆有。不局別圓。但凡菩薩無不希成佛身。故現佛身應其機也。勝解者。各隨所修法門。因行已極。而所起證悟之智也。現圓圓字。作滿字釋之。言智證將滿之時也。檇李曰。勝解現圓者。各約自乘理智。將欲現前。得此名也。後皆倣此。孤山曰。若入相似三摩地。進修中道無漏。則分真勝解現圓。乃至若修金剛無漏。則究竟勝解現圓。大士皆現佛身。為說頓法。令得分真究竟解脫。問。等覺菩薩。豈假初住現佛說法耶。答。聞法得解。何必求人。復假勝身。彌增內慧。且天魔現為佛像。鞠多尚乃致禮。況初住菩薩妙理所現。等覺雖尊。孰敢不仰。○此說但約等覺決無於劣計我勝之慢習。若約觀音初證。似在初住。而圓頓上根。固有一生事辦。所謂從初發心。即成正覺。漸起大用。豈可定常局為初住哉。其為等覺說法理無可疑。不必更說元是古佛。解脫。亦即一剎那證入解脫道也。

申二獨覺。

若諸有學。寂靜妙明。勝妙現圓。我於彼前現獨覺身而為說法。令其解脫。

此下三科皆稱有學者。以各門在修習位者功極。皆將證入無學之時也。諸字。但指一類多人而言。下皆倣此。溫陵曰。獨覺者。出無佛世。觀物變易。自覺無生。故號獨覺。樂獨善寂。求自然慧。故曰寂靜妙明。○當知此非是天然外道。蓋是多生受佛小教熏習。

當歷七生。方證無學。終不至於八生。今第七生。出無佛世。證期已至。忽然觸境證入。似不歷教。而實教於多生矣。

申三緣覺。

若諸有學斷十二緣。緣斷勝性。勝妙現圓。我於彼前現緣覺身而為說法。令其解脫。

溫陵曰。緣覺者。稟佛之教。觀緣悟道者也。知迷勝性由十二緣。於是斷之。自無明滅。至憂悲苦惱滅。則緣斷而勝性現矣。性因緣斷而顯。故曰緣斷勝性。○勝性。即因緣無生之性也。亦化城涅槃耳。下科倣此。

申四聲聞。

若諸有學得四諦空。修道入滅。勝性現圓。我於彼前現聲聞身而為說法。令其解脫。

檇李曰。三果以前。賢位聖位。俱屬有學。見道一十六心。斷四諦下惑。證生空理。故曰得四諦空。初果後。進斷三界八十一品俱生。品品皆證一分擇滅無為。故云修道入滅。應求聖乘已竟。

未二應求雜趣。即六凡也。分二。申一諸天。又分二。酉一天主。又分四。戌一梵天王。

若諸眾生欲心明悟。不犯欲塵。欲身清淨。我於彼前現梵王身而為說法。令其解脫。

欲心明悟。謂深達婬欲為招苦之本。欲雖通於三五。而婬為上首。本經單論。此句深知。下句痛戒也。此解脫。乃成就其決定捨欲生梵之事。是雖捨求皆具。而更重希求。即同下成就也。且所修背捨。亦名解脫。孤山曰。說法者。如金光明云。大梵天王說出欲論是也。

戊二帝釋天。

若諸眾生欲為天主統領諸天。我於彼前現帝釋身而為說法。令其成就。

孤山曰。帝釋。即欲界第二天主。彼天橫有三十三天。而帝釋統之。說法。謂十善也。金光明云。釋提桓因種種善論是也。

戊三自在天。

若諸眾生欲身自在。遊行十方。我於彼前現自在天身而為說法。令其成就。

孤山曰。自在天。是欲界頂天。具云婆舍跋提。此云他化自在天。假他所作以成己樂。即魔王也。或云自六天上別有魔王居處。亦自在天攝。○欲身自在者。顯其惟是正報如意耳。下倣此。遊十方者。六欲四洲之十方也。或亦能至他界。應不及色天之遠到耳。再容總通。

戊四大自在。

若諸眾生欲身自在。飛行虛空。我於彼前現大自在天身而為說法。令其成就。

孤山曰。大自在。即色頂摩醯首羅天。大論云。三目八臂。騎白牛執白拂者是也。〇飛行虛空。能至他界。如法華言其能過五百萬億國推尋供佛是也。初禪尚能。何況色頂。又統論諸天。皆舉一以該其餘。梵王似局初禪。而實該四禪。帝釋似局二欲。而實該六欲。二自在別舉魔天。以二魔不在正天之屬。故更舉之但闕四空。或意含而文略。然此與法華俱闕之。意者。此論現身。而四空不樂身相。故不為現。縱有別者方便以利益之。當亦不入此現身之例矣。天主已竟。

酉二天臣。分三。戊一上將。

若諸眾生愛統鬼神。救護國土。我於彼前現天大將軍身而為說法。令其成就。

此似四王主帥。各有八將。而韋馱為上首是也。各統所部鬼神。即八部之屬。救護國土者。還指人間國土。所以摧魔護生也。

戊二四王。

若諸眾生愛統世界。保護眾生。我於彼前現四天王身而為說法。令其成就。

四王似應科入天主。今文列於將後。故屬臣類。且四王自來係屬帝釋大臣。分統四洲。餘天上下。未聞君臣之分如此也。世界。即須彌各面一切國土也。

戊三太子

若諸眾生愛生天宮。驅使鬼神。我於彼前現四天王國太子身而為說法。令其成就。

溫陵曰。四天太子。即那吒之類。能驅鬼神。○按統紀。四天王各有太子九十一人。驅使者。即前諸將。及八部也。諸天已竟。

申二人趣。分四。酉一世諦男子。此未論秉佛教戒者也。又為二。戊一人主。

若諸眾生樂為人王。我於彼前現人王身而為說法。令其成就。

溫陵曰。自金輪至粟散。皆人王也。粟散。即邦國小王。散於天下。如粟之多。○問。世之平人。有妄志帝王者耶。又何須假帝王身。與其說遂心之法耶。答。此必有德懷仁。不忍世亂。發願世世為有道之王以理邦國。菩薩為其現所欣之身。與說生貴之因。及帝王德業。以熏隔生之種而已。如修十善為輪王因是也。豈教以簒奪之術哉。後多倣於此意推之。

戊二臣民。分四。亥一長者。

若諸眾生愛主族姓。世間推讓。我於彼前現長者身而為說法。令其成就。

溫陵曰。具十德為長者。姓貴位高。大富威猛。智深年耆。行淨禮備。上歎下歸。故為族姓之主。世間推讓也。〇以此觀之。西天稱長者。非止年高。蓋世臣大家。而兼有德望者之稱。然亦非現生可得之位也。

亥二居士。

若諸眾生愛談名言。清淨自居。我於彼前現居士身而為說法。令其成就。

此有德無位。或談道論德。為人師範。或著書立言。垂教後世。名言。典章也。如此方王通邵雍之類。隱淪不仕者也。

亥三宰官。

若諸眾生愛治國土。剖斷邦邑。我於彼前現宰官身而為說法。令其成就。

溫陵曰。三台輔相。州牧縣長。悉號宰官也。以上三科。似此方儒教所攝。

亥四術士。

若諸眾生愛諸數術。攝衛自居。我於彼前現婆羅門身而為說法。令其成就。

溫陵曰。婆羅門。此云淨行。四姓之一也。愛諸數術。即和合占相。推步盈虛也。○此但釋數術。而未明攝衛乃調護身壽。即名醫輩耳。此科似此方醫卜雜技所攝。如郭璞華陀之類是也。西天最貴重之。有十八姓。世諦男子已竟。

酉二奉教男女。謂奉戒者。分二。戌一出家二眾。又二。亥一比丘。

若有男子。好學出家。持諸戒律。我於彼前現比丘身而為說法。令其成就。

諸律。謂自十戒以至進具二百五十也。

亥二比丘尼。

若有女人。好學出家。持諸禁戒。我於彼前現比丘尼身而為說法。令其成就。

諸戒。亦自十戒進具五百也。

戌二在家二眾。又為二。亥一優婆塞。

若有男子。樂持五戒。我於彼前現優婆塞身而為說法。令其成就。

孤山曰。優婆塞。此云近侍男。以五戒自守。堪任近侍出家比丘者也。

亥二優婆夷。

若有女子。五戒自居。我於彼前現優婆夷身而為說法。令其成就。

孤山曰。優婆夷。此云近侍女。亦奉五戒。堪任近侍比丘尼。奉教男女竟。

酉三世諦女人。

若有女人。內政立身。以修家國。我於彼前現女主身。及國夫人命婦大家。而為說法。令其成就。

內政。即泛言一切婦道。儒書云。有閨門之修。而無境外之志。故曰內政。然閨門為萬化之源。故關於家國之治亂。家通大夫以下。國通諸侯以上。孤山曰。女主。即天子之后。國夫人。如論語邦君之妻曰君夫人。命婦。謂妻因夫榮者。大家。如後漢扶風曹世叔妻者。同郡班彪之女。名昭。字惠姫。和帝數召入宮。令皇后貴人師事焉。號曰大家。◯家音姑。

酉四童真男女。又曲分為二科。戌一童男。

若有眾生。不壞男根。我於彼前現童男身而為說法。令其成就。

即有志一生不犯女色者也。

戌二童女。

若有處女。愛樂處身。不求侵暴。我於彼前現童女身而為說法。令其成就。

處女亦名處子。謂未出嫁之女也。愛樂處身者。願常為處女。終不出嫁也。不求者。不願隨從之意。謂堅貞自守。縱有強施侵暴。亦誓所不從也。應希求心已竟。

午二應厭離心前之希求。是冀望勝事成就。此之厭離。是不樂本位。思欲脫去也。然多欲脫入人倫。問。餘趣則可。天趣何反求人。答。人身易於修道出離。裴公云。可以整心慮。趨菩提。惟人道為能是也。分二。未一八部眾。孤山曰。準普門品。此闕迦樓羅。即金翅鳥也。乃譯文略之。今但七部。就分為七科。申一天眾。

若有諸天。樂出天倫。我現天身而為說法。令其成就。

出。與脫同。成就者。遂其脫離之願也。後皆倣此。

申二龍眾。

若有諸龍。樂出龍倫。我現龍身而為說法。令其成就。

自下七趣。雖皆具神通福德威權。均名惡趣。各有苦惱。是故多欲脫去為人。以希修進也。問。焉知不欲脫入聖流。而必言求人趣也。答。若求三乘聖果。自入前希求中應求聖乘科。不在此中矣。

申三藥叉眾。

若有藥叉。樂度本倫。我於彼前現藥叉身而為說法。令其成就。

度。亦脫也。孤山曰。藥叉。此云輕捷也。

申四乾闥婆。

若乾闥婆樂脫其倫。我於彼前現乾闥婆身而為說法。令其成就。

孤山曰。乾闥婆。此云香陰。新翻尋香行。帝釋樂神也。

申五阿脩羅。

若阿脩羅樂脫其倫。我於彼前現阿脩羅身而為說法。令其成就。

孤山曰。阿脩羅。云無端正。以女美而男醜。故從男彰名。新翻非天。以諂詐無天行故。

申六緊那羅。

若緊那羅樂脫其倫。我於彼前現緊那羅身而為說法。令其成就。

孤山曰。緊那羅。形似人而頭有角。因呼為疑神。天帝絲竹樂神也。小劣乾闥婆。新翻歌神。

申七摩呼羅伽。

若摩呼羅伽樂脫其倫。我於彼前現摩呼羅伽身而為說法。令其成就。

孤山曰。摩呼羅伽。什師云。地龍也。肇公云。大蟒腹行者也。八部眾已竟。

未二人非人眾。又分二。申一人眾。

若諸眾生樂人修人。我現人身而為說法。令其成就。

此是現在人中。而求捨身之後復得人身。蓋求不失人身。世世修進者也。

申二非人眾。

若諸非人。有形無形。有想無想。樂度其倫。我於彼前皆現其身而為說法。令其成就。

長水曰。有形。如休咎精明等。無形。如空散銷沈等。有想。如神鬼精靈等。無想。如精神化為土木金石等。皆非人也。條列妙應已竟。

巳三結名出由。

是名妙淨三十二應入國土身。皆以三昧聞熏聞修無作妙力自在成就。

是名下。結名也。皆以下。出其由也。心如海。而諸身如海之印紋。緣至而現。則來無所從。緣盡而沒。則去無所至。無礙無滯。故稱妙淨之應也。無作妙力者。非如二乘作意之通。菩薩所證大寂照海。湛然不動。緣對自現。初無作為。所謂無記之通。亦如涅槃所謂慈善根力。實無去來也。自在成就者。言無所不可現也。吳興曰。三十二應。比普門品雖互有出沒。大體是同。總而言之。無越十界。於十界中。兩經俱無菩薩並地獄身者。

或曰聖言之略耳。或云。觀音已是菩薩。何須更現。地獄苦重。不可度也。智者依正法華。具現菩薩界身。又準釋論。菩薩亦化地獄。故知十界不可闕焉。三十二應已竟。

大佛頂首楞嚴經正脈疏卷二十五

大佛頂首楞嚴經正脈疏卷二十六

經文卷六之二

明京都西湖沙門交光真鑑述
蒲州萬固沙門妙峰福登校

辰二十四無畏又復分三科。巳一標承悲仰。

世尊。我復以此聞熏聞修金剛三昧。無作妙力。與諸十方三世六道一切眾生同悲仰故。令諸眾生於我身心獲十四種無畏功德。

我復下至悲仰故。標承三昧名字。及悲仰為無畏之本也。名字解現前科。然獨約方世六凡者。良以上之希求。未言在難。是於平坦時別求勝事。故兼三聖六凡。今此多言在患難中故。且略於三聖。以參預聖乘者。必皆上善。多不與於惡難故也。且上界之凡。尚無諸難。何況三乘聖賢。問。教言果縛若存。雖羅漢不免。如阿難婬難。舍利弗鬼難。是也。何言無難。答。彼多示現非實。縱實亦少。今從多分。惟凡故略三乘也。今諸下正成無畏。於我身心者。蓋菩薩及聞證性時。證全法界。而與諸眾生冥同一心。交參互徹。據吳興言。菩薩所證圓通之理。徧在眾生悲仰之中。是言菩薩在眾生身心中也。二言參取。乃知凡聖恆以冥合。但待感而即應也。無畏約眾生言。蓋遭難者。正在怖畏之中。而蒙救得。既即無畏也。功德約菩薩言。救生脫怖。實菩薩最妙功德也。

巳二條列無畏分四。午一八難無畏就分為八。未一苦惱難。

一者由我不自觀音。以觀觀者。令彼十方苦惱眾生觀其音聲。即得解脫。

苦難雖通。分約身心亦可。蓋苦楚其身而惱亂其心也。八難之中。此一為總。下七為別。既以別列。何用此總。答。別列不盡。一切諸難皆攝此總科中矣。首二句先出其由也。溫陵曰。不自觀音者。不隨聲塵所起知見也。以觀觀者。謂旋倒聞機。反照自性也。苦惱眾生。言觀聲音。吳興且以眾生觀聲混同聞熏。不思菩薩聞熏。不聞聲而聞性。眾生聞熏。不聞性而聞聲。是相反也。於義全非。良以法華楞嚴兩經。互有詳略故。反聞。圓通因行也。悲救眾生。果用也。法華因行略而果用詳。故缺敘反聞而卻加云。眾生一心稱名。菩薩即時觀其音聲。皆得解脫。楞嚴因行詳而果用略。如首標不自觀音等辭。條條詳備。至說救苦。乃缺稱名及菩薩觀彼稱名等意。致使岳師責令眾生亦用聞熏。其實眾生在急難中。幾人慣習聞熏。縱有一二。何名普救。又眾生自能聞熏。何待菩薩救拔。是義不然。但當依法華。眾生一心稱名。菩薩即時觀聲令脫也。其文但於苦惱眾生下。缺略蒙我二字。試加讀之。自見兩經同旨。此以佛言證菩薩之言。決無差爽。後皆倣此。俱有稱名觀聲之意。勿疑也。

未二火燒難。

二者知見旋復。令諸眾生設入大火。火不能燒。

溫陵曰。內外四大。常相交感。見覺屬火。故見業交則見猛火。今知見旋復。則無見業。是以火不能燒。○此亦稱名眾生。火不能燒也。問。菩薩知見旋復。何與眾生。而即令眾生脫火。答。菩薩旋聞與聲脫時。見亦旋而亦與色脫。故火不能干。然證極法界。威神無量。故令一心稱名者。即為大悲威光所攝。不墮火難。如入山陰。暑不能侵也。此蓋自利餘力。加以悲願。故能如此。無可疑矣。檇李曰。準天台釋火難有三種。一果報火。下從地獄。上至初禪。二惡業火。通三界。三煩惱火。通三乘。火難既爾。他皆倣此。○若三火通收。則三聖亦應蒙救。前標文中。攝在一切二字之內。此則窮研盡理之說。不可不知。

未三水溺難。

三者觀聽旋復。令諸眾生大水所漂。水不能溺。

大意同火。

未四鬼害難。

四者斷滅妄想。心無殺害。令諸眾生入諸鬼國。鬼不能害。

鬼神以陰隱為想因。以殺害為墮緣。故菩薩於反聞時。內滅妄想。外除殺業。全超鬼神心行。以此全超威力。能令稱名者免於鬼害矣。

未五刀兵難。

五者熏聞成聞。六根銷復。同於聲聽。能令眾生臨當被害。刀段段壞。使其兵戈猶如割水。亦如吹光。性無搖動。

熏聞者。當反聞時。則本覺真聞內熏妄聞也。成聞者。成純真聞性也。六根銷復者。一根反源。六根解脫也。同於聲聽者。聲與聞性皆無形法。不畏刀割者。今六根銷復。全身泯於無形。同彼聲聽。能度兵戈如光水者。三昧威力使然也。如有神通者自能輕舉。亦能輕舉他人之身是也。刀壞身不壞。如孫敬德。身同光水。刃過無傷。如六祖。但六祖自證之力耳。

未六鬼見難。

六者聞熏精明。明徧法界。則諸幽暗性不能全。能令眾生。藥叉羅剎鳩槃茶鬼。及毗舍遮富單那等。雖近其傍。目不能視。

孤山曰。藥叉如前。肇師云有三種。一在地。二在虛空。三在天羅剎云可畏。鳩槃茶。厭魅鬼。毗舍遮。噉精氣鬼。富單那。熱病鬼。溫陵曰。聞熏精明。爍彼幽暗。故不能視也。○首二句。言反聞功極。發本明曜。圓照法界也。次二句。言鬼神陰隱想習。向暗背明。反不堪於光耀。如梟鳥夜視晝盲。羅剎向日不見是也。威攝眾生。意準前知。下可類通。

未七枷鎖難。

七者音性圓銷。觀聽返入。離諸塵妄。能令眾生。禁繫枷鎖所不能著。

首句。塵泯也。次句。根泯也。三句。雙承普收離繫無羈也。能令下準前知。普門感應中。前人持名脫枷鎖者。非止一人也。

未八賊盜難。

八者。滅音圓聞。徧生慈力。能令眾生經過險路。賊不能劫。

滅音。即脫聲塵。圓聞。即證極根性。徧融一切也。然滅塵則無復外敵。圓性則咸使內融。故徧生慈力者。能令磣心毒人悉化慈悲眷屬矣。法華云。念彼觀音力。咸即起慈心。是也。八難無畏已竟。

午二三毒無畏。問。八難現是苦境。可說怖畏。三毒隨自心行。何畏之有。答。八難畏其現是苦果。三毒畏其必成苦因。然須約信因果知怕懼者而言。非約肆行無信之人而說也。法華云。若人多於婬欲。常念恭敬觀世音菩薩。即得離慾。乃至瞋癡亦然。是皆約於知畏求離之人。不然。何發常念之心乎。就分為三。未一貪毒。

九者熏聞離塵。色所不劫。能令一切多婬眾生。遠離貪欲。

反聞離塵。迴脫於色。而色豈能劫於家寶乎。能令準前。

未二瞋毒。

十者純音無塵。根境圓融。無對所對。能令一切忿恨眾生。離諸瞋恚。

音但詮於耳家所對之境。未詮諸過。塵則詮於染蔽二過。故純音無塵。謂音雖不壞。而已離染蔽之過。即心境一如也。或音字是聞字之誤。則其義可了。根塵融為一法。故無能對之根。亦無所對之塵。無對所對。而能令脫瞋者。以瞋生於敵對違拒也。今無對所對。故瞋恚無由起矣。

未三癡毒。

十一者。銷塵旋明。法界身心。猶如瑠璃。朗徹無礙。能令一切昏鈍性障諸阿顛迦。永離癡暗。

溫陵曰。癡由妄塵所蔽。無明所覆。銷塵則無蔽。旋明則無覆。故外之法界。內之身心。凝瑩朗徹。離癡暗矣。◯具足見惑為昏。具足思惑為鈍。具足無明。為性障。阿顛迦。此云無善心。又癡之最重者也。吳興曰。準天台釋三毒。通界內外。內謂見思。外謂無明。二乘以欣涅槃為貪。厭生死為瞋。迷中道為癡。菩薩廣求佛法。訶惡二乘。未了佛性。皆是三毒。◯此等深意備知而已。未必是此處本旨正意。惟依初標所釋。三毒無畏已竟。

午三二求無畏。問。求男女者有何所畏。答。畏其終不得也。菩薩遂其所求。即脫其不得之畏矣。就分為二。未一求男。

十二者融形復聞。不動道場。涉入世間。不壞世界。能徧十方供養微塵諸佛如來。各各佛邊。為法王子。能令法界無子眾生欲求男者。誕生福德智慧之男。

首二句銷妄入真。而一真無際。次二句稱體起用。而萬用全彰。真俗具足。子道備矣。能徧下。詳其與佛為子之事也。檇李曰。涉入世間。不壞世界。即方便智。方便屬權。權能幹事。故生於男也。如淨名云。方便以為父。即其義焉。溫陵曰。供佛足福。稟法足慧。而能紹繼法王。有男之道。故能應其求也。○由福慧二足。故能與福德智慧之男。非無自而然也。

未二求女。

十三者。六根圓通。明照無二。含十方界。立大圓鏡。空如來藏。承順十方微塵如來祕密法門。受領無失。能令法界無子眾生欲求女者。誕生端正福德柔順眾人愛敬有相之女。

圓通二字雙貫次二句。而二句又貫下二句。蓋通有明義。故明照。圓有含義。故含界。明照故立鏡智。含界故立空藏。具此實智。故能承順祕密。蓋承順即坤儀柔德。受領即閫門能事。故能應求女也。此惟首三句與溫陵相反。餘皆取彼意而省其文也。檇李曰。立大圓鏡。空如來藏。即屬實智。實智詣理。理能含育。故生於女也。如淨名云。智度菩薩母。即其義焉。二求無畏已竟。

午四持名無畏。問。持名者何所畏。而說無畏。答。持名者。或恐其功德不勝而懷猶豫。或遇持多名者而懼其不及。皆畏相也。今持菩薩名者。迥脫此二畏矣。又曲分為四科。未一合界菩薩功德。

十四者。此三千大千世界百億日月。現住世間諸法王子。有六十二億恆河沙數。修法垂範。教化眾生。隨順眾生方便智慧。各各不同。

此字即獨指娑婆。三千大千百億日月者。初於四洲六欲。覆以初禪。一日一月。為一小世界。如是千界。覆以二禪。名一小千。其中日月當各一千。積數小千。復至一千。覆以三禪。名曰中千。其中日月亦各千千。復數中千。滿至一千。覆以四禪。名曰三千大千。以其三次言千也。其中日月。故稱百億。舉大數也。世間不止人間。亦兼天上。言現住者。隨類化身。同居利物也。六二恆沙。聖人現量所知。菩薩飾行度生有二種。一者隨自實行。二者隨他權行。今修法二句。即隨自所修。實行也。隨順二句。即隨他所欲以利物。權行也。

未二一己圓通徧含。

由我所得圓通本根發妙耳門。然後身心微妙含容。周徧法界。

前阿難求說文云。雖復悟知一六亡義。然由未達圓通本根。今菩薩自言由我所得圓通本根。可見耳門之修。克順機宜。應求與說。何待選知耶。然謂之本根者。明一方本利之根。謂之妙門者。備乎離深圓之三妙也。應化無方。身之微妙含容也。智悲無盡。心之微妙含容也。彌滿十界依正。具足萬聖法門。所謂周徧法界也。

未三一號功齊眾號。

能令眾生持我名號。與彼共持六十二億恒河沙諸法王子。二人福德。正等無異。

未四更出同功之由。

世尊。我一名號。與彼眾多名號無異。由我修習得真圓通。

孤山曰。法華亦有此之較量。及觀今經。方曉彼意。蓋此方眾生耳根利故。受道者多。所以觀音化勝。餘根鈍故。受道者少。所以諸聖化劣。是知行位雖齊。對機有異。總彼恒河沙數。但敵觀音一人。故使持名二福正等。據此所說。已自密簡圓通。為未曉者。更俟文殊詳擇。○又其顯然自任惟我得真圓通。可見餘聖所得非真。文殊之簡。不過重明此語而已。條列無畏竟。

巳三結名顯益。

是名十四施無畏力。福備眾生。

施無畏力者據後文云。十方微塵國土。皆名我施無畏者。是也。備。全也。福備眾生者。言其非但脫彼怖畏。兼復全其福德矣。良以前十一科祇脫怖畏。後三科兼全福德。故云然也。十四無畏已竟。

辰三四不思議。分為二科。巳一總承圓通。

世尊。我又獲是圓通。修證無上道故。又能善獲四不思議無作妙德。

文中雖渾承圓通。而意實總承上寂滅現前。上同下合。所謂心佛眾生三無差別之圓通也。然上皆標從三昧。尚約因心。此則標從修證無上道故。已涉果地。似是等覺境界。故溫陵多約等覺釋之後當總辯。然謂之不思議者。讚美德相。以下所列德相。至妙不可思惟。至神不可擬議也。謂之無作妙德者。檢非有為作意所成。乃任運自在成就者也。

巳二分條別列。就分為四。午一同體形咒不思議。謂一身之中。現多頭多目多臂。而於多頭能說多咒。不離一身。故曰同體形咒。此誠不可思議者也。又三。未一由根不隔。

一者由我初獲妙妙聞心。心精遺聞。見聞覺知。不能分隔。成一圓融清淨

寶覺。

初獲之初。即初於聞中之初也。妙妙聞心者。良以反聞自性之時。則反聞之聞即始覺。自性之性即本覺。始本合一。二俱成妙。故曰妙妙聞心也。心精遺聞。即聞所聞盡。遺者。脫也。蓋反聞之久。惟一心精。脫盡根相。故曰遺聞。見聞二句。即一根反源。六根解脫。不分隔者。見聞等不各局於本根。即六解一忘也。末二句。極言克復一真法界。本妙之體也。交徹互用曰圓融。無障無礙曰清淨。萬用具足曰寶覺。此固寂滅現前。兼明圓用含攝之意。

未二一體多用。

故我能現眾多妙容。能說無邊祕密神咒。

於一身而現眾多容。於多容而說無邊咒。是誠不思議矣。

未三偏詳現形。溫陵曰。首為六用之總。臂表提接之悲。目表照了之智。各以本數充之。以至八萬四千者。表依根本六用。根本智悲。而汎應塵勞。得大自在。此十一地等覺妙行也。或曰。八萬四千。特表法耳。一身何所施乎。是特以有思惟心測度菩薩圓通境界也。夫身含十虛。毛端現剎。彼空與剎。又不啻如首臂而已。彼八萬四千首臂。猶人之八萬四千毛孔耳。未足異也。聖人之言。即事即理。既曰不思議德。無以限意思之議之。〇八萬四千既應塵勞之數。亦應對治塵勞。具足八萬四千陀羅尼門。然此妙容初住即應能現。或數之多少不等耳。經謂帝釋亦能現千手眼。而揆其本。位當圓之三住。意可類推。分二。申一備彰多相。又為三。酉一多首。

其中或現一首。三首。五首。七首。九首。十一首。如是乃至一百八首。千首。萬首。八萬四千爍迦羅首。

溫陵曰。爍迦羅。云堅固不壞也。

酉二多臂。

二臂。四臂。六臂。八臂。十臂。十二臂。十四。十六。十八。二十。至二十四。如是乃至一百八臂。千臂。萬臂。八萬四千母陀羅臂。

溫陵曰。母陀羅。此云印。各有妙印也。

酉三多目。

二目。三目。四目。九目。如是乃至一百八目。千目。萬目。八萬四千清淨寶目。

猶云金剛眼睛。照徹塵勞。照明佛法用也。

申二差別護生。

或慈或威。或定或慧。救護眾生。得大自在。

慈。歡喜相也。威。忿怒相也。定。澄斂相也。慧。開照相也。首臂目皆具四種差別。救護眾生者。慈以護其善根。威以救其惡性。定以護其昏散。慧以救其迷淪也。得大自在者。不勞作意施為。隨感而應。曾無滯礙矣。形能如此。咒可例知。亦應具此四種救護矣。

午二異體形咒不思議。異體者。鑑機當現何形。則以現之。對機既多。則所現之形無數。各為說咒。不同前科但於一身現多相貌也。問。此與三十二應何別。答。三十二應。或隨所求。或應同類。而與說法。今此不拘類求。但觀應以何形說咒救護。即為現之。此其別也。分二。未一由聞脫塵。

二者由我聞思脫出六塵。如聲度垣。不能為礙。

聞即聞性。思即入忘功夫。動靜二相。了然不生。即脫出六塵。下喻可知。

未二令生脫畏。又為三。申一各形各咒。

故我妙能現一一形。誦一一咒。

現一一形。對各機而各現身也。誦一一咒者。於各身而說各咒也。正見異體各現矣。

申二雙顯護生。

其形其咒。能以無畏施諸眾生。

或現身脫其怖。或說咒脫其怖也。問。此與十四無畏何別。答。十四無畏但令眾生稱名自脫。未論現形說咒。豈混同哉。

申三結得名稱。

是故十方微塵國土。皆名我為施無畏者。

無畏施名徧聞塵剎者。見救苦之功特勝也。

午三破慳感求不思議。

三者由我修習本妙圓通清淨本根。所遊世界。皆令眾生捨身珍寶。求我哀愍。

溫陵曰。本根清淨。則一切無著。故令眾生捨諸慳著也。求我哀愍者。哀愍受之。而為施作佛事也。○眾生慳心最為難破。捨心最為難發。求心不可強致。今所過即感眾生破慳捨施哀求。是誠不思議威神所使然也。孰知其洪源但猶所習耳根清淨無著。故能類感如此。然則希感應者豈可他求哉。

午四供養佛生不思議。分二。未一由得究竟。

四者我得佛心。證於究竟。

我得佛心者。妙契諸佛淨圓真心也。證於究竟者。已入妙莊嚴海。無量佛法寶藏悉現在前矣。

未二故廣供養。妙莊嚴海既入。佛法寶藏既開。具無量福慧。手中能出無量珍寶。身心能運無量神通。故能生佛等供。財法無盡矣。分為二。申一上供十方佛。

能以珍寶種種。供養十方如來。

種種供佛。如行願品。衣鬘香燈。擬妙高而同四海。盡虛空而徧法界等也。

申二傍及六道品。又復分三。酉一總標及生。

傍及法界六道眾生。

問。六道並該三塗。何亦言供。答。菩薩直觀眾生具有如來智慧德相。悉皆生心如佛想也。然則財施令其得樂。無畏施令其離苦。法施令其革凡成聖。皆以等心至心。悉作供養也。

酉二歷舉應求。

求妻得妻。求子得子。求三昧得三昧。求長壽得長壽。

妻子長壽俱屬財施。蓋國城妻子謂之外財。長壽身命謂之內財。三昧屬於法施。且三昧所攝法廣。羅漢菩薩一切境位皆是。長壽不止人間壽考。仙天長報。皆能應其求而與之。

酉三超至究竟。

如是乃至求大涅槃得大涅槃。

乃至二字。超上財法二施中不能備舉者皆在其中。財施。如官位金銀等。法施。如一果二果。乃至三賢十聖等皆是也。大涅槃是佛究竟極果。亦含況辭。如云。如來至尊極果尚與成就。何況世財及與小果。但辦誠求。無不響應也。通前論之。夫圓人雖其發心究竟二無有別。而前後德相神化不無優劣。文中似可別焉。寂滅現前。上同下合。似在初住。三十二應。親勞現身說法。且所被之機。皆知希求厭離。上善易化之境。似是三賢功能。十四無畏。但以名號威神能救下凡苦難。而一名力敵多名。似是十地神用。四不思議中。前三似是等覺德相。第四自稱佛心究竟。彷佛妙覺證極矣。請研斯文。不無據焉。問。初住圓通。何濫深位。乃至妙覺。答。圓人一地。具四十二地功德無遺矣。但化境廣狹。所謂具體而微耳。初住既爾。位位皆然。又此三科文雖廣博。大約不出三施。三十二應。法施也。十四無畏。無畏施也。四不思議。二施兼財施也。所謂體含萬行。信然。陳白之言已竟。

丑三結答圓通。分三。寅一正結圓通。

佛問圓通。我從耳門圓照三昧。緣心自在。因入流相。得三摩地。成就菩提。斯為第一。

我從下。全彰圓通體用。圓照三昧者。反聞功成。解根得體。即寂滅現前也。緣心自在者。依溫陵作隨緣應化。心得自在。即應等三科也。因入下。具述始終因果。因入流相得三摩地者。最初反聞。住圓湛不生滅性為因地心也。成就菩提者。然後圓成果地修證也。末句結其殊勝也。詳夫諸聖皆稱第一。各尊所得耳。非真第一也。斯則對機真實。文殊所謂圓通超餘者。觀世音為最。是乃真實第一也。

寅二兼明授記。

世尊。彼佛如來歎我善得圓通法門。於大會中。授記我為觀世音號。

彼佛如來即觀音如來。夫歎善得而記同名者。嘉其師資道合也。且是因記而非果記。應在初住始證之時。若入地上。乃至等覺。當授果記而出佛名矣。吳興曰。按觀音三昧經。及大悲經。並云此菩薩過去久已成佛。號正法明。又悲華經說往昔寶藏如來授不瞬太子記名觀世音。然則悲華與今經。皆覆本垂跡之名耳。今得圓通。即太子後身也。○既示在因位。則亦不防歷示次第修證矣。

寅三更述名稱。

由我觀聽十方圓明。故觀音名徧十方界。

此之更述名稱者。一表人法同名。無有二號。見名實恰相孚也。二表圓通周徧。故感名稱周徧。顯法門殊勝也。大眾各說已竟。

癸三佛現瑞應。蓋眾聖各述圓通。則華屋諸門悉啟。故佛復以瑞應之。是諸聖以言顯。而如來以相顯。欲眾生承言玩相而發悟也。分三。子一彰圓通總相。夫圓通之理。自他交徹。豈惟果中如是。雖因中亦然。故今以諸佛表果。諸聖表因。光明互相灌注。顯自他因果交徹也。然雖普應諸聖。其實交徹等妙。耳根獨顯。誠能諦觀聞根圓妙。誰不本來交徹。信乎因果一如也。又分為二。丑一以自徹他因果瑞。

爾時世尊。於師子座。從其五體同放寶光。遠灌十方微塵如來。及法王子諸菩薩頂。

五體同放寶光。表全身吐露也。灌諸佛者。以自果徹他果也。灌列聖者。以自因徹他因也。然惟灌頂者。表此圓通之理。最為殊勝無上之法矣。

丑二以他徹自因果瑞。

彼諸如來。亦於五體同放寶光。從微塵方來灌佛頂。並灌會中諸大菩薩。及阿羅漢。

翻他徹自。其意可知也。

子二顯圓通別相。分四。丑一聲色微妙瑞。

林木池沼。皆演法音。交光相羅。如寶絲網。

溫陵曰。圓通既現前。則一切聲是佛聲。一切色是佛色。無非悟入之處。無非圓通之理也。

丑二悟證相應瑞。

是諸大眾得未曾有。一切普獲金剛三昧。

上二句歡喜。即是悟意。良以前既聞言。今復見相。言相互顯。故極喜而徹悟也。下二句。即所證也。無復生滅者可喻金剛。今圓通之性現前。即圓湛不生滅性。猶如金剛。不可破壞。住持是性者。故曰金剛三昧。與所悟者相應不背也。

丑三行智妙嚴瑞。

即時天雨百寶蓮華。青黃赤白。間錯紛糅。十方虛空。成七寶色。

華分品色。所以表行。寶具光明。所以表智。今首四句。萬行紛敷之瑞也。末二句。諸智妙嚴之瑞也。

丑四相性融一瑞。

此娑婆界大地山河。俱時不現。唯見十方微塵國土合成一界。

上三句。表萬相俱融也。下三句。表一性究竟也。

子三示圓通法樂。

梵唄詠歌。自然敷奏。

此科固表眾生必獲圓通法樂。然須總躡上之別相。蓋初解聲色全心。次方悟證因地。次又真修行智。末乃究竟果海。故慶眾生必獲全益。而梵唄敷奏極表法樂無窮也。佛勅諸聖各說一科已竟。

壬三佛勅文殊揀選。特命文殊有二意。一本寂場之大智。諸會之法眼。二與觀音同證。故擇妙門有專囑焉。然所以必擇者。亦具二意。一者佛前雖令一門深入。而竟未說出何門。況今諸門並陳。理宜決定一門。縱使前文微露。終非顯說。今須決擇。以分明指出耳根也。二者列聖所以不對根智。觀音所以曲合機宜。非此一擇。不能備彰。無非欲令當機且擲諸門而獨取耳門。分二。癸一如來勅選。又二。子一先示諸說平等。又三。丑一令觀能說諸聖。

於是如來告文殊師利法王子。汝今觀此二十五無學諸大菩薩。及阿羅漢。

菩薩稱無學者。以圓人修同無修。說現於前。先標數後分類耳。

丑二次示所說圓通。

各說最初成道方便。皆言修習真實圓通。

各宗所修所證。均稱方便真實耳。

丑三正明平等無別。

彼等修行。實無優劣前後差別。

無優劣差別有二解。一者若但約所至圓通無二。則似所入之門不無巧拙遲速之不同。但至處則齊耳。是千逕九逵。王城不二之意。二者若詳佛語意。既言彼等修行實無優劣等。則似特表其所修之門亦各平等也。依此則更有多意。一者諸聖遠因。散在十方。各就方宜。根隨方利。何非妙門。二者各有多生熟習。順其種性。何不易入。三者各有多分煩惱。對治所宜。如藥投病。自收捷效。且因藥妙。兼又登仙。若復加佛威神。即事捨於塵勞。頭頭皆妙修矣。所以諸聖之修。實無差別也。觀此。佛尚不許修行有優劣。豈許圓通有差別。是則諸聖同一圓乘無疑矣。而岳師不能忘其小跡。橫生執著。故前卷與此科所註。不顧佛旨。務成己說。公抗佛言。此非小失。不思楞嚴會上。正以斥抑權小。洪樹圓乘。若實二乘。豈敢參預普賢觀音等同述圓通。特以諸聖從佛示生。跡嘗類小。而法華顯後。本跡已明。何須堅執乎。

子二後出揀選本意。既云平等。何須又揀。然有深意。此中出之。又為三。丑一欲契對當機。

我今欲令阿難開悟二十五行。誰當其根。

當根。即對機也。證處固皆平等。而從入之門。豈盡對此方之機耶。豈盡可以常修學耶。然對機常修。但取於一門而已。故不可不揀以令阿難專取也。

丑二欲垂範未來。

兼我滅後。此界眾生入菩薩乘。求無上道。

滅後眾生即我輩也。菩薩乘。真因也。無上道。極果也。

丑三問何門易成。

何方便門。得易成就。

不對機則難。對機則易。故此結詰對機之門也。詰。即令選擇之意。

大佛頂首楞嚴經正脈疏卷二十六

大佛頂首楞嚴經正脈疏卷二十七

經文卷六之三

明京都西湖沙門交光真鑑述
蒲州萬固沙門妙峰福登校

癸二文殊偈對。分二。子一敘儀標偈。

文殊師利法王子奉佛慈旨。即從座起。頂禮佛足。承佛威神。說偈對佛。

此之頂禮。固尊師命言之常儀然亦即求加被。故下明乘威神也。是雖果後大人。而順儀彰軌如此。足警我慢流也。

子二詳演偈文。分六。丑一發源開選。又三。寅一雙示二源。又二。卯一所依真源。

覺海性澄圓。圓澄覺元妙。

覺悔性者。以覺海二字彰性之體量也。蓋性以知覺為體。以深廣為量。故云覺海性也。覺海二字有二釋。一者作法喻雙彰。顯本覺深廣。即吳興所謂真覺之性。譬如大海是也。二者直稱覺性為海。非是取喻水海。蓋凡具深廣之量者。皆稱為海。如華嚴所謂刹海劫海等是也。若必喻水海。猶墮不齊之過。以覺海橫無邊而竪無底。非若水海尚有邊底也。後說為優。澄圓二字。直說覺海義相。莫依吳興說海澄圓轉喻寂照。殊不順暢。澄即是寂。

謂澄停湛寂。無諸起滅也。圓即是照。謂圓融洞鑑。無諸偏蔽也。次句首三字牒承上文。末二字明本來圓通也。元。即本也。妙。即圓通妙用也。圓滿而本無虧缺。通融而本無乖背耳。大抵覺海指體言。彷彿標體大也。澄圓指相言。彷彿標相大也。元妙指用言。彷彿標用大也。此三大為諸妄所依。故科云所依真源矣。

卯二能依妄源。

元明照生所。所立照性亡。

真際曰。於彼元明性上妄生照用而形所相。有相當情。無相即隱。故照性亡。○元明性上妄生照用者。即經前所謂性覺必明。妄為明覺。而形所相者。即覺非所明。因明立所也。有相當情。無相即隱者。如雲起必障於日也。首句。似永嘉所謂倘顧還成能所。末句。似後知若生時。前知早已滅也。問。所既妄立。何不生汝妄能。答。凡經一重惑起。有二功能。一能隱覆。二能生起。今偈正表隱覆而前經乃明生起。二義具有。前後互影而互出耳。然大意略同永嘉。以此推原無始。雖不全同永嘉所說禪心。而意旨遙契。故可類通之。亦以見祖意與脩多羅合也。又此二照字。前生後滅。俱屬於妄。不可謂後照為真。亦如永嘉云。二知既不並。但得前知滅。滅處為知境。能所俱非真也。又此生滅依前真起。為萬法本。故科妄源。

寅二略彰生滅。此萬法麤生滅。非前無明細生滅也。躡上真妄和合。遂談萬相森然具矣。分二。卯一萬法生起。

迷妄有虛空。依空立世界。想澄成國土。知覺乃眾生。

首句。即經前所謂晦昧為空也。親依無明。虛空先現耳。次句。即空晦暗中。結暗為色也。三句。即溫陵所謂妄想凝結。成無情國土也。四句。即彼謂妄識知覺成有情眾生也。上二句空界顯彰。下二句依正成就耳。

卯二萬法還滅。問。方彰生起。何以遽談還滅。答。還滅即是歸元。今選根深入。正謀歸元之路。故備彰生起之虛還滅之。易以發其端。分二。辰一先彰劣妄。

空生大覺中。如海一漚發。有漏微塵國。皆依空所生。

大而無外。容盡塵剎。而綽然有餘。本非微劣。而以大覺較之。更大無量。如海中一漚。而虛空遂成至微劣矣。有漏。依吳興兼於有情是也。此更言有漏塵剎。尚依空生。不出空外。益見其微劣而虛妄矣。

辰二後明頓滅。

漚滅空本無。況復諸三有。

長水曰。漚滅下。如云一人發真歸元十方虛空悉皆消殞等。○此處用三有。即塵剎之三界。謂欲有色有無色有也。妙理無端。妄成三界。如水結冰。物而不化。故稱為有。又取中九有更開二十五有。依吳興雙含情器是也。空漚於大覺海中本無而妄有。故滅而復歸於本無。至於三有。又依空同體。安危事一。故包界外之虛空尚歸本無。況空中之三有。而豈不隨之頓滅耶。意表由至虛故可速滅向使非虛。豈能強滅乎。

寅三正明須選。上言萬法可以還滅。已引歸元之路。故此科出歸元當選之由也。分二。卯一諸門平等。

歸元性無二。方便有多門。聖性無不通。順逆皆方便。

首二句。雙標一多。初句明理惟是一。次句明門乃多張。如京畿是一。入路多岐也。末二句。但出多門之由。問。理既是一。門何故多。答。由聖性普融。旁通萬法。如天子宅中。衢通萬國也。故二十五門或順入。或逆入。無非入理方便。如千逕九逵。皆達帝京也。孤山曰。觀音耳根則順。餘聖諸根則逆。蓋對此方之機說也。〇此說順逆二字。如云順此方之機為順。逆此方之機為逆也。予謂順塵識流。宛轉達道。曰順入。即六塵六識火大乃至識大圓通也。如順背京之路。逶遠方到者也。逆根性之外流。而旋反入性。曰逆入。即六根及根大圓通也。如逆背京之路。回身即到者也。請觀諸根圓通俱有旋反字面可見矣。

卯二須選當根。

初心入三昧。遲速不同倫。

初入即最初方便。三昧即各門正定也。遲速不同者。依前孤山。則觀音順速。而餘聖逆遲。依後說。則順流者遲。逆流者速。經云。圓根與不圓根日劫相倍。則可見惟是耳根於諸根中又其最速者。然此二句正見須選。故最初應有難云。既皆方便。是即平等。何必又選。答。其奈對此方之機有當不當。當則甚速。不當甚遲。豈可不選擇哉。如趨京之路。迂直千差。豈皆捷徑。亦不可不擇路而趨矣。發源開選已竟。

丑二了揀諸門。意在令捨也。分四。寅一揀六塵。塵是無情。於心最疏。而又具障蔽染汙二義。疏則難轉。蔽則難圓。染則難通。故並揀去而不用也。就分為六。

卯一色塵不徹。

色想結成塵。精了不能徹。如何不明徹。於是獲圓通。

首句言色憑妄想結為障蔽之塵。次句言此色若以心精了之終不透徹。良以色體元本結暗所成。初心豈能了之使徹。末二句。牒結初心決不依之得圓通也。

卯二聲塵言偏。

音聲雜語言。但伊名句味。一非含一切。云何獲圓通。

音聲即徑直聲。語言即屈曲聲。次二句偏說屈曲。良以陳如從四諦入。偏取屈曲故也。伊者彼也。一字直目為名。詮自性也。二字帶表為句。詮差別也。味即所含義理。言音聲既落語言。惟以取彼名句之味。且此理圓言偏。初心豈達一言徧該一切義理。故依之恐其難取圓通矣。

卯三香塵不恆。

香以合中知。離則元無有。不恒其所覺。云何獲圓通。

初心凡夫必待煙合於鼻方以覺香。離則無復香相。是香非常住。不能令覺常恒。覺不恒。則香亦非恒。豈能於香而得圓通哉。

卯四味塵不一。

味性非本然。要以味時有。其性不恒一。云何獲圓通。

此與下之觸塵但變文耳。而意皆同於香塵。以三皆同屬合中知也。本然即常然也。次句。言須待舌嘗味時。方覺有味塵也。末二句全同上科。

卯五觸塵不定。

觸以所觸明。無所不明觸。合離性非定。云何獲圓通。

觸無自相。雙依能所。內依身根為能觸。外依色塵為所觸。中間方顯觸相。今言以觸明者。要待所觸之塵合於身時。而觸相方明也。末二句同上科。

卯六法塵不徧。

法稱為內塵。憑塵必有所。能所非徧涉。云何獲圓通。

法塵非外五塵之實質。乃五塵影子。惟意中獨緣。屬獨影境。故曰內塵。必有所者。言必專一處也。蓋意無有二。起意緣時。但專一境。捨一緣一。始終惟一。能所皆局。豈

能徧涉。不徧。故初心難入圓通也。揀六塵已竟。

寅二揀五根。留取耳根。故惟揀五。問。根能旋反。轉之即性。何亦揀之。答。根雖總皆近性。勝彼塵識。然六中圓缺不齊。前文云。圓根與不圓根日劫相倍。今正揀去合者淺者與不圓者耳。意令惟取耳根而已。就分五。卯一眼根不圓。

見性雖洞然。明前不明後。四維虧一半。云何獲圓通。

洞然者。明朗照了之意。雖之一字。縱許之辭。次句奪其不圓也。三句詳示不圓之數。語略而忽。四維。四隅也。必兼四方。而但言四維者。語之略也。且千二功德。四方八百。四維四百。今止缺後方。及兩隅之四百。是缺三分之一耳。而言虧一半者。語之忽也。若實一半。當惟六百。學者善會其意可也。虧缺難圓意則易知矣。

卯二鼻根缺中。

鼻息出入通。現前無交氣。支離匪涉入。云何獲圓通。

鼻之功德。出息入息及與中間各分四百。今缺中間四百而已。交氣即中間也。支離者。不相接續之意。蓋出息盡而不能即入。必少間斷而後方入。入息亦然。此即支離處也。良以出息取香。入息聞香。此支離處全無功能。故非圓滿。匪者不也。涉者交也。入即鼻入也。言若此間斷不交之入。豈能速得圓通乎。此與上科揀去不圓之根也。

卯三舌根不常。

舌非入無端。因味生覺了。味亡了無有。云何獲圓通。

吳興曰。首句語倒。應是舌入非無端耳。溫陵曰。舌不因味而即能覺了。乃為無端。○今者不然。故曰非無端也。末三句言其無離味之恆覺。故難入圓通。問。耳離聲而聞靜。說為常性。何不舌離味而嘗淡。亦說為常耶。答。耳為離知。恆常普徧。離聲聞靜。更比聲圓。人所易曉。經云。動若邇遙。靜無邊際是也。今舌根覺味之知。不過三寸。合知尚劣。而離知淡相更為眇昧。豈能同耳之常性彰顯乎。故不例難也。

卯四身根不會。

身與所觸同。各非圓覺觀。涯量不冥會。云何獲圓通。

首二句例前觸塵。明其同是不圓之門也。此所觸二字。直指前之觸塵而言。意謂前之觸塵我已揀其不圓。今此身根亦全與彼觸塵同也。此句標定。次句申其相同之故。圓覺觀者。以圓之一字雙貫覺觀二字。圓覺者。獨立之全體也。圓觀者。絕待之全智也。此身根與前觸塵各非此二者。良以合中之知。根塵相待而顯。故前之觸塵離此身根其相即隱。固無獨立之全體。與夫絕待之全智也。而此身根離前觸塵其知亦泯。亦無獨立絕待全體全智也。豈能圓覺觀乎。大抵此二句總明須合而後有知也。涯量。猶言邊際也。即身邊際與觸邊際也。冥。暗也。會。知也。不冥會者。言不能於遠離之時。暗中有知。如彼耳之於聲也。此句是言離中無知也。末句結非圓通。總承合有離無。故明難獲圓通矣。此與上科揀去合知而淺之根也。

卯五意根雜念。

知根雜亂思。湛了終無見。想念不可脫。云何獲圓通。

此文易了。大抵此約初心凡夫欲依此意根求圓通者而斷其難獲也。亂思即意識也。諸識中惟意識最亂。最為剛強。難於制伏。恆雜意中故。湛了者。即脫盡意識。湛然了知之境也。而言終無見者。如非非想天。入非非定研窮。求其湛了終不可得。報盡從墜是也。末二句結非圓通。蓋言圓通本是無分別定之勝果。今想念不脫。豈能得此果哉。此科揀去非純離之根也。揀五根已竟。

寅三揀六識。此經首即斥破六處識心是為生死根本。不可依之錯亂修習。而諸聖自陳仍備此六門者。見聖性無不通也。文殊復揀去者。仍順此經遮止悞用也。若初心用此以求圓通。則不成無上菩提。乃至別成聲聞魔外者極多。如六聖得正圓通者極少。所以須揀去也。就分為六。卯一眼識無定。

識見雜三和。詰本稱非相。自體先無定。云何獲圓通。

檇李曰。論云。二和生識。謂根境和合。識生其中。今言三和者。能所合說也。○識見二字亦似語倒。應云見識。即眼識也。乃眼家隨念分別。外對無情之色塵。內依無分別之眼根。而中間詐現。隨念麤略分別。是為眼識。能依自體。并所依根塵。故曰雜三和也。

溫陵曰。三者和合。窮之本自無體。故曰非相也。〇末二句躡上結歸。無定。亦無定實之自體而已。

卯二耳識非初。

心聞洞十方。生於大因力。初心不能入。云何獲圓通。

溫陵曰。普賢用心聞。故能知他方沙界外事。此由修法界行大因所生非初心能入也。〇由大因威力。致耳識洞聞沙界。非耳識自妙能順初心成此妙果。故曰初心不能入也。

卯三鼻識有住。

鼻想本權機。只令攝心住。住成心所住。云何獲圓通。

溫陵曰。孫陀散亂。佛欲攝住其心。令觀鼻端。此特權機而已。蓋真心無住。有住則妄矣。〇鼻想者。於鼻端作觀白之想也。本權機者。本為對治而權假設想。非鼻識本有也。以鼻識分別香臭為用。非關端白故也。次句明本意只為攝住散亂而已。三句明不圓之故。住則偏局一處。何由而圓乎。

卯四舌識有漏。

說法弄音文。開悟先成者。名句非無漏。云何獲圓通。

首句言說法雖由舌識。然不免雜以音聲文字。故曰弄音文也。而能開悟成自果。但由先世所成曠久辯才之力故得如此。非彼一時舌識所能。且名句乃不相應行。有為所攝。非無漏法。豈以舌識參雜於此而成圓通乎。

卯五身識不偏。

持犯但束身。非身無所束。元非徧一切。云何獲圓通。

吳興曰。問。波離執身。次第執心。俱得通利。今何但云束身而已。答。聲聞執心。亦防六聚七支之非。況今言身。識在其中矣。○此偈正揀身識。其言束身。正謂束於身識。非謂身根。而言識在其中者。岳師之混淆多此類也。且觀下元非徧一切之句。則知但束之語。非惟只表遺心。蓋表所遺者更多。良以圓通之境。當徧融身界萬法。今但束身識。局於身心。無普融觀智。豈得圓通乎。

卯六意識緣物。

神通本宿因。何關法分別。念緣非離物。云何獲圓通。

吳興曰。目連神通由宿習所得。雖云旋湛心光發宣。非關於法分別而現。又小乘神通皆是作意。緣物則有。離物則無。○法分別三字即意識別名。蓋意識是法塵上分別性故也。此句已明目連神變圓通元與意識無干。次句又言縱由意識。亦是緣塵。而非離塵普徧之法。亦難獲圓通矣。物。即塵也。通觀揀識之文。多明六聖所證各皆別有資藉。非真由彼識心能至圓通也。揀六識已竟。

寅四揀七大。七大之中。前五同塵。第六同識。第七同根。比前但加廣大之相。而揀意大同前也。就分為七科。卯一地大非通。

若以地性觀。堅礙非通達。有為非聖性。云何獲圓通。

溫陵曰。持地平填。尚涉有為。非實聖性。○遇佛平心。方歸聖性。而初心全涉有為。故難獲圓通。似為易見。

卯二水大非真。

若以水性觀。想念非真實。如如非覺觀。云何獲圓通。

溫陵曰。月光水觀。未離想念。難契如如。蓋如如之理非覺觀之法故也。○如如者。即圓通真實之體。乃離念不動之法。凡起心分別覺觀皆不相應。反顯旋聞不屬覺觀明矣。而強安三觀者。尚當尋繹於此可也。

卯三火大非初。

若以火性觀。厭有非真離。非初心方便。云何獲圓通。

身心俱斷。斷性亦無。方為真離。今存厭斷。故非真也。又厭欲假設。非真實本有之法也。二句言非初心一定方便。以初心不皆多欲。而少欲無欲眾生。何用於此而入圓通乎。

卯四風大有對。

若以風性觀。動寂非無對。對非無上覺。云何獲圓通。

動寂有對。則一動一寂。便屬循還生滅無常之法。故非無上覺體。問。反聞法門。亦從動靜而入。何殊於此。答。彼乃漸脫動靜二塵。以取無動靜之聞性為初心方便。此即取有動寂之風性為入門。所以大不同也。豈可以此難彼。

卯五空大非覺。

若以空性觀。昏鈍先非覺。無覺異菩提。云何獲圓通。

溫陵曰。晦昧為空。故曰昏鈍。〇此是窮源之解。若就現相。昏。即冥也。鈍。即頑也。虛空本以冥頑無所知覺為相。菩提乃覺性智體。明靈為相。正與昏鈍相反。就昏鈍處而取明靈之果。如鑽冰取火。固應難也。世有尊太虛空為本性者當悟此矣。

卯六識大虛妄。

若以識性觀。觀識非常住。存心乃虛妄。云何獲圓通。

溫陵曰。彌勒惟修識觀。而所觀之識念念生滅。存心觀之已妄。況獲圓通耶。〇首句言發心即研窮識性以為入門也。次句言能觀之觀心。與所觀之識性。二俱念念遷流悉不能住也。愚意初心縱猛。必墮識無邊處等定而已。三句。研窮之極。縱有存住之心。如說二乘所住涅槃。但是識陰境界。猶如湛流。望如恬靜。而實不住。故曰乃虛妄也。初心豈能依之頓入圓通乎。

卯七根大殊感。

諸行是無常。念性元生滅。因果今殊感。云何獲圓通。

首句言凡有運動遷流。皆屬行陰。皆墮無常。今勢至雖曰都攝六根。而主於淨念相繼。既曰淨念。終成有念。既曰相繼。難免生滅。故曰念性元生滅也。三句言以此為因。往生見佛。則因果相應。無有不可。若以此生滅之因。而求現證不生滅之圓通。則因果不類。決難得也。通論二十四聖。約其所證。必等觀音。而原其入門不從本根略有四緣。所以當揀。一者不對方宜。二者不便初心。三者別有資藉。四者非常修學。反顯耳根對方宜便初心不勞資藉通常可修也。意在後偈。預此明之。至文再詳。了揀諸門已竟。

丑三獨選耳根。分二。寅一備彰門妙。此中所具四科。一三四中正以翻前四緣中三緣。惟非常修學更在後文。至文更指。分四。卯一隨方定門。

我今白世尊。佛出娑婆界。此方真教體。清淨在音聞。欲取三摩提。實以聞中入。

此科顯其正對方宜。翻前不對方宜也。蓋諸教體。如來必隨一方機宜而立。若教不投機。化應不勝也。溫陵曰。聖人設教。隨方不同。或有佛土。以佛光明而作佛事。或有佛土。以佛菩提樹而作佛事。乃至或以園林臺觀。或以虛空。或以寂無說示。如香積佛國。

無文字說。但以眾香。令諸天人得入律行。而此方教體必藉音聞。欲取正定必由聞入者。各隨機緣故也。此方二句。意言此方眾生耳根偏利。能由聞性徧達無量差別理事。故佛對此一方機宜。而以音聲施作佛事。所以逗彼聞根之利也。是則合音與聞。乃為此方真清淨教體矣。是雖常途惟取音聲為教似不兼聞。而不知離彼聽者聞根。則音聲泯然無托。教體奚得而存耶。末二句。言教體既在音聞。而欲入正定者。豈可捨教體而別取哉。故應惟從耳根聞性而入也。良以聲教但為弄引。聞性實為妙心。故領悟雖以雙托音聞。而修定但宜單取聞性。故曰實以聞中入也。是則從說選根以來。直至此處。惟此一句方以決定分明指出耳根為圓通本根至妙之法門矣。又說音聞先即不平。意言常途但以音聲為教體。是隨相假體。而非真實教體。不知此方真實教體清淨本然周徧法界者。不在於音而惟在聽音之聞性耳。良以教詮藏性。而聞性最近藏性故也。末二句承之。遂言以是義故。大定惟從聞入。似為簡直而順。且更見音聲但為教體。而聞性方為真教體。智者詳之。

卯二讚人殊勝。此科固是欲令欽人則必珍重其法。亦是激勸羨果人者勉從其因行也。分為二。辰一略讚自利。

離苦得解脫。良哉觀世音。

此科先讚能以聞性自利。正歎次第解結及標列二本科。見利他之洪源。若自利未勝。安能利他。離苦者。離分段變易二種生死苦也。即解結中人法俱空力也。得解脫者。得離繫自在二種解脫樂也。然離繫。即忽然超越世出世間。自在。即所獲二種殊勝。且言自備利他體用。故判屬自利也。良。善也。良哉者。讚其善能究竟自利。亦讚善得圓通妙門獨超諸門矣。

辰二廣讚利他。分四。巳一總明常徧。

於恆沙劫中。入微塵佛國。

劫數恆沙。則時為極長。顯常也。國數微塵。則處為極廣。顯徧也。此則方標常徧。而利生之意尚在下科。

巳二自在護生。

得大自在力。無畏施眾生。

二句歎盡三科。文義該攝絕妙。一者兩句分歎前二科。以上句歎三十二應。隨緣自在說法。以下句歎十四無畏循聲救苦眾生。二者兩句總歎後一科。以四不思議中。明言救護眾生。得大自在。則上句正以歎之。又復明言其形其咒無畏施生。則下句正以歎之。又且連上二句。貫成四句。則見此等妙用。皆極沙劫之常。皆盡塵剎之徧。誠為巧妙。若依舊註。前兩句歎首科。不惟強添說法。而又何獨偏常。後兩句歎後二科。不惟偏缺徧常。而又顛倒失次。智者詳之。

巳三音備眾美。

妙音觀世音。梵音海潮音。

溫陵曰。以說法不滯為妙音。尋聲救苦為觀音。音性無著為梵音。應不失時為潮音。〇詳夫菩薩忘音塵而循聞性。及至稱名歎德。乃獨取音而不取聞。何也。正表圓人不壞法相。而初心忘塵。但圖解根而已。圓通之後。一切妙用全在於音也。豈如灰斷之果。永壞無用也耶。故今三十二應中之說法。四不思議中之說咒。皆妙音之力也。十四無畏中之救八難。四不思議中之施無畏。皆觀世音之力也。由法華以觀其音聲皆得解脫釋觀世音名。故偏屬救苦矣。十四無畏中之除三毒。四不思議中之破慳吝。皆梵音之力也。以彼科明言修習清淨本根。故屬梵音矣。三十二應中之赴徧求。十四無畏中之赴二求。四不思議中之赴廣求。皆能應不失時。潮音之力也。然此獨缺法華中勝彼世間音。故致十四無畏中持名一科無所收屬。以彼一名獨當一切菩薩之名。正屬勝彼世間音也。然就今經文收入妙音中亦稍為通。以一名而頓含眾名功德。亦甚為妙也。

卯四恩沾凡聖。

救世悉安寧。出世獲常住。

上句恩沾於凡。救世。謂拔諸苦。安寧。謂與諸樂。蓋既言救世。則且指世間凡夫蒙益也。下句恩沾於聖。出世。則先以革凡。常住。則究竟成聖。然功迹亦不出於應等三科。其意易見。不必分屬也。讚人殊勝已竟。

卯三示法真實。此科見耳根元自真實。決定速至圓通。不勞資藉別因。正翻前別有資藉之緣耳。分二。辰一標啟佛述說。

我今啟如來。如觀音所說。

上句啟佛。啟即告也。下句述說。但述所說耳根而已。非三真實俱出觀音自說也。良以下三科。乃是文殊取四卷末。六根數量。并擊鐘驗常等科中。佛說語意而加發揮。見耳門之本妙也。

辰二列三種真實。就分三。巳一圓真實。

譬如人靜居。十方俱擊鼓。十處一時聞。此則圓真實。

此科取六根隨方數量中如耳周聽十方無遺之意。而設言以發揮其圓也。事出假設。故言譬如。而聞即實法。故非譬喻也。靜居。檢非多事牽擾心時。若當擾時。則聞雖常圓。殊不覺知。十方俱擊鼓者。一時同擊也。十處一時聞者。聞無先後也。此見耳根聞性人人本來自圓。喻如最大圓珠懸於空中。周輝普照。諸聲如影。亂映齊現。絲毫不昧。故曰圓真實矣。

巳二通真實。此科是文殊更加自意以發揮其通也。又二。午一揀他非通。

目非觀障外。口鼻亦復然。身以合方知。心念紛無緒。

孤山曰。口鼻身俱合中知。若將身以合方知句居口鼻上。其義方順。蓋語倒耳。○斯言最是。決倒無疑。解者即當順序依此而解之。目非觀障外者。如隔窗紙不見外事。隔皮膚不見臟腑。是近而薄者尚成障隔。況遠厚乎。身以合方知。口鼻亦復然者。言三根略離尺寸。了無覺知也。心念紛無緒者。明意根中常纏意識。不能靜照也。此歷言五根俱無現具靈通矣。

午二顯自為通。

隔垣聽音響。遐邇俱可聞。五根所不齊。是則通真實。

此科隨言耳根現具靈通。隔垣聽音響者。如隔垣牆聞砧杵語言悉不隔礙。而顛倒之人但謂聲能透入。而不知乃是聞性湛然四通八達無所隔礙也。牆壁尚不能隔。況紙膚乎。遐邇二皆得聞者。皆顯離中有知也。遐邇俱聞。何況尺寸之離乎。五根所不齊者。隔垣聽響。眼根所不能齊。遐邇俱聞。則身口鼻所不能齊。惟意不齊無文可據。應是耳識易排。以其力弱非強。不障耳門之靜照。非同意識之無緒。故意根亦所不能齊也。更當知同為根者尚不能齊。何況塵識諸大非根之類者豈能齊哉。此見聞性人人本來自通。喻如洪水普為淹沒。草舍竹籬悉皆通透一無隔礙。故曰通真實矣。此喻與上珠喻。可與靜察聞性之體相者助一發明矣。問。遐邇俱可聞。恐非極成之語。今現見人之聞量不能遐遠。大聲不過百里。小聲限於數步。何況寰中界外決不及聞。若是。則但能聞邇。那云遐邇俱聞耶。答。但言遐。不云極遐。即是耳根現量可及之遐。非謂越界極遐之聲也。如汝所言百里數步。豈非耳根現量中之遐邇乎。經意正取於此數步百里之離知。勝彼三根但能合覺。而於離中雖尺寸亦不能知也。然此亦但約於未解之前。現具之通。故不及於極遐。若既解之後。聚聞已開。方能周聞界外。所以須解。若本通即周沙界。何勞復解乎。何況今耳但是聞動不及至遐。而聞靜亦無邊際。經云動若邇遙靜無邊際是也。遐邇俱聞之語。何可輒起疑難之哉。

巳三常真實。此中全取擊鐘驗常科中佛所說義也。分二。午一對塵顯常。對聲塵顯聞性常也。又二。未一動靜無關。

音聲性動靜。聞中為有無。無聲號無聞。非實聞無性。

音聲是總相。動靜是別相。謂音聲正起為動。音聲滅盡為靜。惟一音聲。雙含動靜。故曰音聲性動靜也。聞中為有無者。言動靜二相。常於聞性湛然體中循還代謝。動則音聲歷然現有。靜則音聲寂然向無。無聲號無聞者。言世人顛倒。於無聲而妄說無聞也。末句。言據理而論自是聲無。非是聞性無也。

未二生滅雙離。

聲無既無滅。聲有亦非生。生滅二圓離。是則常真實。

首句躡上科末句。而牒聞性既不隨聲無而滅。次句形對推知豈隨聲有而方生乎。是則聞性湛然常住。一任其中聲有則聞動。聲無則聞靜。而自體了無生滅之可見。故曰生滅二圓離也。末句結常真實。以見聞性人人本來自常。喻如虛空。恆無起滅。此句結意應在後科之末方成總結。今隨文便。寄結於此耳。

午二離思顯常。

縱令在夢想。不為不思無。覺觀出思惟。身心不能及。

夢想者。以夢是第六獨頭意識所現。故今言夢帶想。正表夢是意識所為也。不為不思無者。言夢中雙以忘盡夢外動靜而了無所思。似聞性暫成斷滅也。今則尚聞杵音而惑杵為鐘。是可見不為不思而遂成滅矣。上覺即聞性本體。下觀指聞性照用。寤寐恆一。不假思惟。出思惟外也。所以前揀月光如如非覺觀者。正為彼是思惟覺觀故也。可以反顯此出思惟之覺觀卻是真如如體矣。末句全同五根所不齊也。身兼外四根。心是內之意根爾。色香味不能通於夢中。觸雖可通。而離亦不能。至於意之緣法又已忘盡。是可見五根皆不能接夢外之五塵而有覺也。惟獨耳根能覺夢外之聲。所以聲塵得通夢中。一呼便覺。超彼身心皆不及也。前經佛於引夢之後。遂表形銷命謝聞性決無間斷。豈非決其為常真實乎。凡此三種真實。皆表人人現具。未經解結修治。已即有圓通常之三相。若前此更以修證究竟圓通。真同為高因於丘陵。為下因於川澤。必至易而至速也。示法真實已竟。

卯四顯行當根。此科翻上不便初心。明耳根最便於初心。然既便於初心。即可通常普修。已該四義。但文不甚顯。故第四義屬下。分三。辰一舉此方教體。

今此娑婆國。聲論得宣明。

娑婆此云堪忍。以此界眾苦難忍。惟具忍力者堪住故。又具足苦境。堪可成就行人忍力故。然此一句。據文但是指處。約意仍有含蓄。謂含蓄此方眾生耳根偏利之意。以此方眾生能從耳根了別世出世法深細之意。次句得字方有來歷。正言佛對此方偏利之根。立諸聲名句文一切經論甚深法義。以對機故。方得宣暢發明也。然此句據文亦但說聲論得明。就中亦有含蓄。謂含蓄所宣明者無非皆為詮顯圓湛妙明之性。而此妙性又祇在於能聞本根之中。眾生當可由所聞聲論而反聞能聞之本根方為得旨矣。若是。則下科失旨之意自有來歷矣。

辰二明病在循聲。又二。巳一泛論失旨。

眾生迷本聞。循聲故流轉。

此眾生非是普指異生。但指狂慧學者而言。意言此方耳根既利。而如來聲論又明。宜乎凡被聲教者皆當免於流轉。而間有不免者。正因不能由教而開悟能聞之本聞是為妙明心性。而但循所聞聲教資益戲論。故徒聞聲教。而亦不免於流轉也。

巳二剋指證驗。

阿難縱強記。不免落邪思。

對前泛論。剋指一人。所以證驗迷本聞而但循聲教者必不免於流轉也。強記。即多聞憶持也。邪思。即為物所轉。逐邪境而被物牽去。不自由也。意言眾生若迷本聞。非但少循聲教者不免流轉。雖強記如阿難亦所不免也。戒務多聞者甚不可迷本聞而但循聲教。

辰三顯應病與藥。

豈非隨所淪。旋流獲無妄。

豈非二字。承上決定之辭。下八字。病藥相當。敵體對治也。隨。即循也。所即聲塵。淪即流轉也。隨所淪者。言循聲必流轉也。旋流。即返聞也。無妄。即真實常住不流轉之性也。旋流獲無妄者。意言既知循聲順流而不免流轉。當知反聞旋流而必至無妄。其與此方機根藥病相投。一切初心無不可用也。故科顯行當根。備彰門妙已竟。

寅二委示修巧。法門空妙。而修時不巧。亦不足選也。具簡要易速四義者為巧。簡則不煩。要則該總。易則無難。速則不鈍。下文具有此相。至則指之。分三。卯一出名教以反聞。三。辰一囑專聽而出名。

阿難汝諦聽。我乘佛威力。宣說金剛王。如幻不思議。佛母真三昧。

囑專聽而表乘威。以見法非易說遭遇非常。切宜鄭重。金剛王。同前五卷中五章殊勝文也。彼有寶覺二字。今含在三字中。蓋聞根中不生滅性。雙含理智。是實相觀照二種般若。同於金剛堅利。體不可壞。而能壞一切無明堅體。故云爾也。由圓乘方便。巧立能所。無修之修。故曰如幻。不思議者。速疾超乎世出世間之意。以前偈云。如幻三摩提。彈指超無學。故知然也。佛母者。以前後偈皆云是諸佛一路涅槃之門。可見出生諸佛。故稱佛母也。真三昧者。言是自性正定。非同引起諸三昧境。故曰真也。即此出名中。簡等四義分明可見。詳之。

辰二抑多聞而顯過。

汝聞微塵佛。一切祕密門。欲漏不先除。畜聞成過誤。

將以激其反聞。先須出其不反聞之大錯也。上二句顯其極為多聞。蓋無數生中受持諸佛深法也。欲漏不先除者。蓋惟務多聞。不修無漏勝業。故欲漏深重種習未盡。其餘諸漏未盡可知。畜聞成過誤者。言徒積多聞。殊不得力。而竟成墮婬之過誤也。

辰三決取捨而反聞。

將聞持佛佛。何不自聞聞。

孤山曰。謂將汝循聲之妄聞。以持諸佛之言教。何不反聞自性以求解脫乎。上聞能聞之智。下聞所觀之理。○上佛字即佛身。下佛字即佛法。上聞字即聞根。下聞字即聞性。而將聞之聞。亦即指於具妙性之聞根也。正言眾生不達本聞即是妙性。無勞外求。卻乃日用不知。反將本聞貪教不返。惟希小利。譬如以金盌乞食。不知盌自可富於食也。故敵體以警之曰。汝將本聞妙性不自覺知。但務受持諸佛佛法。何不識取本聞。而旋倒聞根以聞聞性乎。良以佛教本欲人之修性。今遺性而獨馳於教。亦非教之本意故也。此科方是教導反聞之正文也。觀此但聞一聞性便勝無量多聞。亦見其至簡而最要矣。

卯二法喻詳明修證。上方舉妙門之勝名。述不修之大錯。以警其當修反聞而已。而尚未言如何修如何證。故此科詳之。分三。辰一法說。又為二。巳一歷示次第超越。四卷末云。由此無始眾生世界生纏縛故。於器世界不能超越。故下分科文義出彼。而科名亦取彼也。超越。即解脫之意爾。就分為二科。午一情界脫纏。又二。

未一脫塵盡根。

聞非自然生。因聲有名字。旋聞與聲脫。能脫欲誰名。

此聞字正指所結之根。非自然生者。言其非是無故而有此結相也。因聲有名字者。言其正因聲塵當情。而迷中以聞性攬塵斯結。遂成根相。即聽精映聲卷聲成根也。從無始來遂有此耳根之名。即根元目為清淨四大因名耳體也。聚聞結滯。無復解脫之相矣。旋聞與聲脫者。即入流亡所。乃至動靜不生也。蓋言既因攬聲而結。須待脫聲而解。故首須旋倒聞根反聞自性以求與聲脫也。能脫。即聞根也。元因旋根而塵自脫。故能脫即指聞根而已。欲誰名者。言塵已脫而根隨盡。遂失前耳根之名。惟一妙性而已。然此二句即當如是漸增聞所聞盡也。四句喻如水本因寒而結冰。故冰須脫寒而還水矣。

未二入一解六。

一根既返源。六根成解脫。

此恐人疑但解一根餘根尚結。不知根相雖六。性體惟一。本以一性而頓結六根。所謂一結一切結也。故解一根性而餘隨性脫。所謂一解一切解也。譬如片錦六花。花雖各別。而底線相連。故折一花而餘花皆壞。花喻六根。底線喻性。其意可知。此約橫喻。故六根同一成壞。不同中之豎喻。每約一根。結則從性至塵。由細漸麤。解則從塵至性。由麤漸細。皆有次第六重。如巾結解也。然每一結成。六根同成一結。乃至六結皆然。至解時。每一結解。六根同解一結。以至六解皆然。故解者從一根入。一根之結盡。六根之結齊盡。當亦與花喻相成而不相背也。智者詳之。是則一根返源。豈不至簡耶。六根齊脫。豈不至要耶。夫至六根皆脫。則眾生世界已自不能纏縛矣。

午二器界超越。此中不是情器根塵平言。蓋言塵界全倚情根而立。固未有情根脫復。而塵界獨存者也。故上科既已脫復情根。而此科歸重超越器界而已。分二。

未一塵銷覺淨。

見聞如幻翳。三界若空華。聞復翳根除。塵銷覺圓淨。

首二句喻明塵界全依情根而立。幻翳者。猶言虛翳也。蓋空華但是目翳之影。今情既如翳。而塵界但若空華。則可見有則俱有無則俱無也。次二句遂言今既一返六解。而聞等已復於無。即如翳根已除也。而塵界應念隨銷。便若空華湛然滅盡。豈可復得哉。由是情塵俱寂之後。本覺之體圓滿清淨。所謂迥脫根塵。靈光獨耀矣。此中但取翳華為喻。不用幻喻。夫根身解而器界隨銷。其亦至易而甚速矣乎。

未二淨極越界。

淨極光通達。寂照含虛空。卻來觀世間。猶如夢中事。

上言覺淨。似初淨。今言淨極。則淨相轉深。以至極淨。亦可上言翳根初盡。塵銷覺顯。且約理體圓淨。今既淨極。則當覺徧塵剎矣。光通達者。心眼圓明。真俗畢照。夫淨極即寂。光通即照。而言含虛空者。大覺海中。空漚至小。何況世界乎。末二句。言以含空之寂照觀察世間悉皆如夢。了無罣礙。甚言超越世界得大自在而無復拘滯矣。問。前言界如空華滅盡。今何又見耶。答。圓乘銷塵。非至灰斷。但滅法執所執定實心外之界。而唯心如夢境界宛在無礙。但隨心出沒。無定實矣。次第超越已竟。

巳二因顯昔妄難干。

摩登伽在夢。誰能留汝形。

此亦激阿難發奮進求脫根超界以雪前之悔恨也。又見昔之所以被邪術所制無自由分者。正由不能解根超界得大解脫也。亦由不知根中圓湛妙心寂照含空無可拘制。而但取緣塵影事為心。妄認身中。是以受制莫脫。故如來首先徵破所執妄心。而於根中指以所迷真心。令其旋根取證也。今偈意言汝若早識根中妙心。而解根越界。乃至寂照含空。登伽在汝覺海夢中。如漚如塵。豈能留滯於汝哉。極勵之也。法說已竟。

辰二舉喻。

如世巧幻師。幻作諸男女。雖見諸根動要以一機抽。息機歸寂然。諸幻成無性。

吳興曰。幻師譬真如。幻作譬隨緣真妄和合。變成六根。如諸男女。○詳前法說既有情器雙超之旨。則喻中亦應具之。故一機但指幻咒。抽。牽也。牽之令動也。言男女諸根動雖不一。而牽抽令動但一咒力。故下息機即謂止咒也。歸寂然者。男女諸根皆不動也。諸幻成無性者。所依幻處亦泯於無也。蓋凡幻人。非無幻處。如化城喻云。重門高樓閣。男女皆充滿。上句幻處。下句幻人也。法中一機即一精明。故喻之所謂雖見諸根動者。喻六根之用雖殊也。要以一機抽者。喻惟一精明之體。於中隨門異用也。息機。喻但旋一根精明之體令其還源也。歸寂然者。六根俱解脫也。諸幻成無性者。器界亦超越也。一精明不合幻師。但合幻咒。至下發明。

辰三法合。

六根亦如是。元依一精明。分成六和合。一處成休復。六用皆不成。塵垢應念銷。成圓明淨妙。

一精明。即真如與無明和合。所成識精明元。為六精之總體。理實即是第八賴耶識。亦即本經稱陀那細識也。六根即是能依。一精明即是所依。故曰元依一精明也。分成六和合者。分攬六塵各成根相。而精名亦別。如在眼名見精。在耳名聞精等。名雖各別。而體則仍是一精明。故一精明合喻中一機。六和合合喻中諸男女也。當補二句云。雖見六用殊。惟一精明轉。合喻中雖見二句方全。一處成休復。合喻中息機。六用皆不成。合喻中歸寂然。然一處休復。即從耳根解結。其意可知。齊此喻明情界脫纏已竟。末二句合諸幻成無性。塵垢。即指器世間六塵所成垢染世界。應念銷者。如前經云。山河大地應念化成無上知覺是也。無情器之分曰圓。無無明之蔽曰明。無根塵之汙曰淨。無結縛之礙而互用變現曰妙。故曰成圓明等。此更喻明器界超越。法喻詳明修證已竟。

卯三結示因果究竟。

餘塵尚諸學。明極即如來。

此科尤見易而速也。餘塵者。斷無明未盡。謂之有餘。極而言之。雖等覺亦爾。故諸學。指等覺以前諸有學菩薩也。問。前文稱菩薩一例無學。今何又言有學。答。前位離佛遠。顯超二乘。故稱無學。今鄰近如來。對佛究竟無學。故等覺亦是有學。如臨至尊。不敢稱尊也。明極。謂無明已盡。而本明證極。即如來無上菩提矣。夫法門既妙。而修證又巧。乃至成佛無難。所以惟當選於此門也。獨選耳根已竟。

丑四普勸修持。佛勅文殊惟選一門教眾深入。故文殊上來選定耳門。即以勸眾普修順佛意也。然上文何不自聞之語。但是激其決定取捨。非勸修正文。分為三。

寅一正普勸結通。

大眾及阿難。旋汝倒聞機。反聞聞自性。性成無上道。圓通實如是。

首句。呼之警勸也。次二句正以勸修可知。性成無上道。舉果以欣動修心也。蓋言聞性本即是圓湛不生滅性。亦即菩提涅槃元清淨體。乃成佛真因。與果一如。故判決此性定成無上道。即極果也。末句結答圓通。以本意元為勅選圓通。故結言欲知真實圓通者。而圓通實理。但修如是聞性而已矣。

寅二明諸佛共由。上科直言勸。此科與下科是證信勸也。又為二。卯一總標諸佛。

此是微塵佛。一路涅槃門。

前佛偈亦云。十方薄伽梵。一路涅槃門。其意無殊。但前尚泛。此則確指耳根為異。言是趨真寶所共由之路也。

卯二別列三世。

過去諸如來。斯門已成就。現在諸菩薩。今各入圓明。未來修學人。當依如是法。

斯門。圓明。如是法。皆指耳根圓通也。夫三世共由如此。我獨何人。而不由此常修之法門乎。蓋由信佛而必信法也。現末聖賢。非佛而必成佛。故總標中微塵佛數。

寅三示己身親證。

我亦從中證。非惟觀世音。

蓋自不修而惟勸人修。人或不從。身先入而率人同入。人皆樂與。故文殊明己亦從耳根修證。所以啟人之必信從也。普勸修證已竟。

丑五結答請加。分二。寅一正以結答。夫文殊承佛尊命檢選勸修。上文選勸事竟。當回復尊命。故此結答乃回告於佛之言。又二。卯一觀音最合聖言。

誠如佛世尊。詢我諸方便。以救諸末劫。求出世間人。成就涅槃心。觀世音為最。

誠者信允之辭。猶言誠然也。如者遵從之意。猶言如命也。誠如佛世尊者。言誠然如佛所命。首表信從佛旨也。次四句全以述前佛旨。詢我諸方便者。即前第一云二十五行誰當阿難之根也。以救諸末劫者。即前第二云兼我滅後此界眾生也。求出世間人者。即前第三云入菩薩乘也。成就涅槃心者。即前第四云求無上道也。觀世音為最者。言能於佛之前旨四義全順者。惟觀音耳門最為第一也。蓋耳根圓通。即多聞者之聞根。故能獨當阿難之根。即順第一旨也。人人現具。淺深均修。故能普救末劫。即順第二旨也。先得人空。次脫法執。故能應求出世。即順第三旨也。生滅既滅。寂滅現前。故能成就涅槃。即順第四旨也。又前二顯契機。後二顯契理。機理雙契。聖旨全孚。此觀音之門所以獨超諸門矣。

卯二諸門未孚佛旨。

自餘諸方便。皆是佛威神。即事捨塵勞。非是常修學。淺深同說法。

即。就也。捨。脫也。佛威即事者。佛以威神。就其所遇之事加被之。令脫塵勞也。非是二字亦貫下句若是常修學。則不必就其遇習之事。但選妙性。通常可修也。諸門。如那律失明。畢陵觸刺等。人不皆然。故非是常修學矣。若是同說法。不分深淺二心。同可宣說也。諸門。如普賢之大因。滿慈之宿辯等。但局深心。沙陀之貪婬。周利之闕誦等。但局淺心。非是同說法矣。反顯通常可修。淺深俱入。仍是觀音耳門而已。自觀音之外。其餘二十四門。姑且捨之。不必雜取。極欲其專修耳門也。

寅二請求加被。求加有二意。一者謙己推佛。二者法深機淺。信解須乘他力也。分為二。卯一禮讚求加。

頂禮如來藏。無漏不思議。願加被未來。於此門無惑。

初句敬禮尊法也。如來藏。即目聞熏妙性。屬黎耶識。故論言。佛說如來藏。即是阿黎耶。惡慧不能知。本經即陀那微細識。一體異名。隨位稱也。且云。真非真恐迷。我常不開演。足見信解者少也。頂禮恭敬。顯斯法最尊重也。然是稱法禮佛。顯二寶一體耳。次句深讚其難信解也。由其體即菩提涅槃元清淨體。染而不染。難可測知。故曰無漏不思議也。法既甚深如此。若非佛以威神加被。信解良難。故下惑之一字。當有兩解。一者惑謂疑惑。無惑。蓋欲加被眾生。於此法門必信從而無疑惑也。二者惑謂迷惑。無惑。蓋欲加被眾生。於此法門必解悟而無迷惑也。信解定而修證端有望矣。

卯二出其二故。又二。辰一徧對機宜。

方便易成就。堪以教阿難。及末劫沈淪。

此科與下科。又出其所以但求加被此一門之故也。方便者。言其現先自具圓通之相。從此加修。最為善巧。真初心方便也。易成就者。既未修之先本來現具圓通之相。由是加修。一反聞之間。彈指可超無學。乃至入住成佛。不勞多劫。豈不容易成就哉。末二句言自當機以至末劫群生無不可教見其收機無遺。亦是顯然回復如來四旨中前二旨矣。

辰二一超一切。

但以此根修。圓通超餘者。

首句但修一門。次句便超一切門也。連上科說以有此二義。故獨請加被此之一門而不求加被別門也。

丑六總結義盡。

真實心如是。

溫陵曰。真實心要如是而已。長水曰。真實心者。文殊指己選圓通之心也。二義雖皆可通。而環師說勝。經偈元以如是結尾。而已二字。得其義盡無餘之意。如來教示一門深入科已竟。

大佛頂首楞嚴經正脈疏卷二十七

大佛頂首楞嚴經正脈疏卷二十八

經文卷六之四

明京都西湖沙門交光真鑑述
蒲州萬固沙門妙峰福登校

庚三大眾承示開悟證入。分二。辛一阿難一類開悟。此一類約修證種生。但得頓悟未即頓證者也。位多在於大乘觀行。小乘方便。若有名字人。緣此新入五品。是即微證。然悟強證弱。故但顯悟而已。阿難示在初心初果。又示多聞無力。故與此一類權同未證。此其宜也。且圓頓教旨。惟重徹悟。不憖不證。又既知其示現。則雖不證亦何所屈。況經文本無證意。何必強與爭其有證乎。必執有證。敢定何位。慎勿鑿也。又二。壬一正明開悟。

於是阿難及諸大眾。身心了然。得大開示。

此之身心了然。與前五卷偈後身心皎然不同。彼明身心結之次第。與解之次第爾。尚未知所入一門是為何門當如何修。故此了然。是的知從入之門獨在耳根。兼亦備悉修法。又明得耳解而六處之根齊解。是身了然。以根即身也。明得聞復而六處之性齊復。是心了然。以性即心也。此由與二十五聖并文殊委悉說盡。故曰得大開示。

壬二復以喻明。

觀佛菩提及大涅槃。猶如有人因事遠遊。未得歸還。明了其家所歸道路。

菩提涅槃·是究竟智理極果。前多詳解。即喻中之家。而喻中歸家道路。即耳根圓通。所謂因地心也。於道路而言明了。是猶行客方知歸路。而尚未知起行之相。故不強說進證。長水謂其未證非過。

辛二登伽一類證入。此一類約修證種熟。隨悟頓證者。然圓頓乘悟即徹底。證分淺深。登伽顯咒不思議力所加持故。頓能進證。故與此等作一類也。凡經敘證多從深至淺。此中三科但約圓位。一初住。二七信。三初信也。就分三。壬一得法眼淨。

普會大眾天龍八部有學二乘。及諸一切新發心菩薩。其數凡有十恆河沙。皆得本心。遠塵離垢。獲法眼淨。

普會至恆沙舉能證人。首句總舉。次句人天。三句小乘有學。四五句大乘初心。七八句總紀數也。然小乘意含無學。以齊七信故。末三句判所證位。初句所證真。次句所斷妄。末句所證果名也。此得本心。與三卷末阿難等獲本妙心同一心相。但彼悟得。此證得也。良以圓人初後二心不別。故初住即證得本覺真心矣。中句即四卷末想相為塵識情為垢二俱遠離也。覺所覺空則塵遠。空所空滅則垢離矣。得法眼淨者。資中曰。莊嚴論解法眼淨。

初地見道也。若依圓教。即十住初心也。○蓋生滅既滅寂滅現前。即法眼淨矣。此位是證徹圓通因地心。成果地初步。四卷末云則汝法眼應時清明是也。

壬二成阿羅漢。

性比丘尼聞說偈已。成阿羅漢。

摩登伽今已出家。故從尼稱。而性字即登伽之華言。阿羅漢即圓之七信。借小聖名。稱大凡位。問。安知非小。答。若聞圓乘而證小果。譬如食純甘而得苦味。無斯理也。縱有小種先以取證。以今法力。不成定性增慢之流。斷我伏法。何非菩薩。按圓通。即此根初解先得人空。而文齊於聞所聞盡。同證斯位。理合比上加多。以登伽最劣。舉劣況勝。多證可知矣。

壬三發菩提心。

無量眾生。皆發無等等阿耨多羅三藐三菩提心。

十恆河沙尚為有量。今稱無量者。愈不可名狀其多也。吳興曰。按天台釋法華分別功德品。發菩提心。初入十信也。故仁王般若云。十善菩薩發大心。長別三界苦輪海。○據此位在初信。已發直深大悲之三心。按圓通當至動靜不生。問。阿難所證初果。應齊圓之初信。今聞經之眾。昔未證而尚成新證。何阿難先已證者反不列斯位耶。答。論斷見惑。舊證非新。何須列此。若兼論發菩提心。則阿難既示證小。亦示緣生。三心未顯。故亦未

列斯位中也。選根直入一大科已竟。

巳二道場加行。此科為圓根近下者設也。然上科為初方便。此科更為最初方便。亦助前圓通而已。分二。庚一初請略說。又二。辛一阿難請。又二。壬一禮謝自悟。

阿難整衣服。於大眾中合掌頂禮。心迹圓明。悲欣交集。

心。謂本有真心。迹。謂修證事迹。不達本有之心。則積行曝顯。徒勞無益。不達修證之事。則塵埋寶藏。莫救貧窮。今性修畢達。故曰心迹圓明。悲。謂悲曠劫之雙迷。欣。謂欣一時之圓悟。由此而取證有期。故感激之深如此也。

壬二拜請度他。分二。癸一標意禮稱。

欲益未來諸眾生故。稽首白佛。大悲世尊。

癸二求請之言。又二。子一述己請意。又二。丑一先明自悟。

我今已悟成佛法門。是中修行。得無疑惑。

經初原求得成菩提最初方便。上二句。表己悟此也。下二句。表己但於前門中修。不勞道場也。

丑二後表為他。顯道場專為他請也。又二。寅一引證佛言。

常聞如來說如是言。自未得度先度人者。菩薩發心。自覺已圓能覺他者。

如來應世。

菩薩無明未盡。猶非得度。然雙明因人果人皆以利他為事。而菩薩更顯速急。吳興曰。菩薩四誓。以度人為先。如來十號。以應世為本也。

寅二願同菩薩。

我雖未度。願度末劫一切眾生。

子二正請道場。又二。丑一明聖遠邪興。

世尊。此諸眾生去佛漸遠。邪師說法。如恆河沙。

欲佛說與定式。邪說不得亂真也。

丑二求遠離魔事。

欲攝其心入三摩地。云何令其安立道場。遠諸魔事。於菩提心得無退屈。

魔事擾動。定心不成。修正覺心。必至退屈。故求遠魔也。尋常一往便指耳門為最初方便。今詳此請則耳門尚為初心方便。道場方為最初方便也。

辛二如來說。分三。壬一如來讚許。

爾時世尊於大眾中稱讚阿難。善哉善哉。如汝所問安立道場。救護眾生末劫沈溺。汝今諦聽。當為汝說。

善哉有二意。一善其發利他心。得菩薩正行。二善其請道場意。得利他法要也。餘意可知。

壬二會眾欽承。

阿難大眾唯然奉教。

壬三正與說示。分二。癸一總舉三學。又二。子一引律標義。

佛告阿難汝常聞我毗奈耶中。宣說修行三決定義。

標義數也。溫陵曰。三藏之中。毗奈耶。律藏也。此大小戒通稱也。決定者。決定修證。依於此中義也。

子二指實定名。

所謂攝心為戒。因戒生定。因定發慧。是則名為三無漏學。

前標決定。正謂決定依此三序。無相踰越。戒取攝心。檢異權小。麤從事相。多約身口也。今取一念不生目之為戒。但翻對諸惡以分各念。其實念惟是一爾。二持之中亦惟止持。以此皆從微細心念即訶禁之故也。因戒生定者。緣攝心動少。漸向於定。如止風而波漸息也。因定發慧者。緣心靜極。本明漸顯。兼照萬法。如波停水湛。自體發光。照涵絲髮也。此若泛言。通途皆爾。今此所修仍是耳根圓通。但為最初近下之根。特加戒律道場持咒之三事。故大科云加行也。至於因戒所生之定慧。仍是忘塵盡根妙定。及彼定所得三空慧耳。觀經文但惟詳戒而略於定慧可見也。問。前門何不用此。答。中根煩惱輕微。無自起婬等四念。且彼於忘塵時防護有力。世俗曲屈已不容入。安有自起四念。何況道理徑直等聲一併止絕哉。至於阿難初果。已能不入色聲等六塵。但加反聞。尚不多費忘塵之力。安有自起婬等之念耶。故知斯門特為塵勞素重不待聲引而頻舉自發婬等四念。乃至身口亦所未免者。加四戒以為反聞之前方便。加道場持咒以為正反聞時之助行也。舊解全不知此。杳無一字。豈自此後別為一法門哉。此非小失。故特為警示。學人珍重。結名三無漏學者。戒中已自不容一念漏於諸非。何況定慧。然此非但不漏落於三有而已。以注心反聞。兼不漏落空有二邊。所以為真無漏而非小乘比也。

癸二別列三學。分二。子一歷明預先嚴戒。預先者。未入道場之先也。正以戒為定慧道場前方便故。又二。丑一正教持戒。又分三。寅一躡前徵起。

阿難。云何攝心我名為戒。

寅二開釋四重。律中所犯。罪分輕重。而婬殺盜妄最為重者也。分四。卯一斷婬。溫陵曰。諸經戒殺居首。謂設化以慈悲為先。此經婬戒居首。為真修以離欲為本。蓋欲氣麤濁。染汙妙明。欲習狂迷。易失正受。續生死。喪真常。莫甚於此。故須首戒。而為清淨第一明誨也。觀阿難起教。示遭邪染。而厥初發心。先厭欲濁。

至於三漸次中一一首徽。然後身心妙圓。獲大安隱。十信初心。由欲愛乾枯。而慧性圓明。遂階等妙。諸世間人。由心不流逸。澄瑩生明。漸乎六天。是故真修內攝。必先離欲也。又分為二科。辰一曲分損益之相。又三。巳一首陳持犯利害。又二。

午一持則必出生死。

若諸世界六道眾生。其心不婬。則不隨其生死相續。

其心不婬。則是於諸婬欲非但不動身口。亦不生一念思想之心。方為不犯。方與攝心為戒相應。餘三倣此。溫陵曰。眾生皆因婬欲而正性命。故纏生死。若欲愛枯乾。則殘質不續矣。

午二犯則必落魔道。又三。未一必不出塵。

汝修三昧。本出塵勞。婬心不除。塵不可出。

三昧。即耳根圓通。塵勞。即界內見思。菩薩雖不實出三界。亦須於見思自在。不為生死所縛。方為出塵勞矣。今婬欲為塵勞上首。故不除必不出矣。

未二必墮魔類。

縱有多智。禪定現前。如不斷婬。必落魔道。上品魔王。中品魔民。下品魔女。

多智。謂慧能通達。演說諸法。禪定現前。謂善入住出。發妙境界也。不斷婬者。於禪定時。不決定捨絕婬念。縱其思惟也。必落魔道者。以境隨心召。心逐境遷。必互相引。今所念既在欲境。而欲境莫勝於魔。如水就濕。安有不墮於中者哉。如陰魔中行空禪者。卻留塵勞廣化寶媛是也。此蓋定慧心靈。觸境流注。方有斯墮。若無定慧。徒有婬習。則直墮地獄。安有魔宮之報乎。上中下。隨福厚薄以為陞降耳。

未三兼成增慢。

彼等諸魔。亦有徒眾。各各自謂成無上道。

未證謂證。未得謂得。七慢中增上慢也。亦是非果計果。

巳二預辨魔佛教儀。欲人辨識。勿為魔所惑也。分二。午一貪婬化世即魔教。又三。未一預記末法。

我滅度後。末法之中。

未二魔盛宣婬。

多此魔民熾盛世間。廣行貪婬。為善知識。

此之魔民。即先世帶婬修禪之輩來為教師。神通智慧密教行婬以為佛事。遞相傳授。故曰廣行。此盛行婬非止心念。師徒皆當直墮阿鼻矣。

未三陷人壞道。

令諸眾生落愛見坑。失菩提路。

愛即思惑。見即見惑。婬愛為教。思惑偏重。然以婬為道。故亦見惑中大顛倒分別矣。

午二教人斷婬即佛誨。

汝教世人修三摩地。先斷心婬。是名如來先佛世尊第一決定清淨明誨。

此中雖勅阿難。而後人不必親待阿難。凡遇知識憑經指誨絕婬念修圓通者。即如阿難并釋迦及先佛親來。至心依從之。凡言婬欲無礙。即魔王親來。速當驚避矣。廣如陰魔中辨。

巳三確定菩提成否。眾生初心希菩提者。宿因教熏善根。及本覺內熏之力。而難捨婬等者。乃俱生曠劫深重習氣。故多理欲交戰胸中。正此兩難之際。忽遇魔師密傳不礙菩提。鮮不欣然從之。故上科示以被繫落魔。所以力止莫從也。猶慮有習氣最重者。自心姑息。謂帶婬修禪。雖不速得菩提。久當得之。故此與之決定。不斷畢竟不成。斷之方可希望也。分二。午一喻不斷無成。又三。未一舉帶婬修禪。

是故阿難。若不斷婬修禪定者。

未二喻沙不成飯。

如蒸沙石。欲其成飯。經百千劫。只名熱沙。何以故。此非飯本。沙石成故。

未三合婬不成道。

汝以婬身求佛妙果。縱得妙悟。皆是婬根。根本成婬。輪轉三途。必不能出。如來涅槃。何路修證。

首二句合蒸沙作飯。次五句合經劫熱沙也。婬禪妙悟。即沙之暫熱相也。以帶婬之念為根本而發妙悟。故曰皆婬根也。暫生魔宮。恣造巨惡。三途備歷。求出無期。末二句言婬非涅槃之本。如沙非飯本故。故無修證路也。

午二勸深斷方成。

必使婬機身心俱斷。斷性亦無。於佛菩提斯可希冀。

此科正是今戒除心切至之言。機者發動之由。如弩牙也。謂身之婬機由心使作。心之婬機由念弛放。一念不生。方得身心俱斷。斷性亦無者。此更究深而論。斷性若存。終與欲對。則欲之緣影未忘。非竭絕也。如病藥俱除。方為無病人也。

辰二判決邪正之說。

如我此說。名為佛說。不如此說。即波旬說。

令人切辨務從佛說而絕魔說也。斷婬已竟。

卯二斷殺。科意及文大意皆準前知。一二不同者釋之而已。此中所斷之殺。非但人畜。下至蠅蝨蛇蝎等皆勿殺也。亦非但親殺。雖食肉服身亦所不許。又非但只禁身口。雖心念亦止絕矣。分二。辰一曲分損益之相。又三。巳一首陳持犯利害。又二。午一持則必出生死。

阿難。又諸世界六道眾生。其心不殺。則不隨其生死相續。

負命索償。為生死緣。故不殺則不續也。

午二犯則必落神道。又分三。未一必不出塵。

汝修三昧。本出塵勞。殺心不除。塵不可出。

未二必墮鬼神。

縱有多智。禪定現前。如不斷殺。必落神道。上品之人。為大力鬼。中品則為飛行夜叉諸鬼帥等。下品當為地行羅剎。

鬼神雖分勝劣。而均是惡趣。故從人而入者謂之墮落也。然唯識中有九品。此三品蓋是上品內三品也。中下多以慳悋為墮因。而此上三品皆有力明神。如川嶽等。神通力洞無畏。富樂一同人天。斯則修禪不斷殺生為墮因也。世之邪人。固有積福求成神道。而不知墮惡趣。鄰地獄。易墜難昇也。然須以定慧帶殺心者方墮斯類。非是徒殺者所能墮也。大力鬼即天行羅剎。今人間尊奉稱帝稱天者多是此類也。

未三兼成增慢。

彼諸鬼神。亦有徒眾。各各自謂成無上道。

巳二預辨鬼佛教儀。又二。午一食肉化世即鬼教。前斷殺生。今言食肉者。以因食肉而殺生者多。故雖不親殺。而財使轉殺。傷生業同。故經云。為利殺眾生。以財網諸肉。二俱是惡業。死墮號叫獄。故食肉即殺生也。世故有能捨食肉而不禁殺生。往往見修行人不恕蠅蝨等。橫殺無數。甚為非理。又有能禁殺生而不捨肉。二皆非理。有志圓通者。痛宜戒之。又分三。未一預記末法。

我滅度後。末法之中。

未二鬼化食肉。又二。申一述鬼化儀。

多此鬼神熾盛世間。自言食肉得菩提路。

偈言食肉不礙成佛。

申二廢權防難。又三。酉一明現在權化。

阿難。我令比丘食五淨肉。此肉皆我神力化生。本無命根。

佛於藏通律中。聽彼教聲聞菩薩除人蛇等二十種外。許食三淨肉。今言是佛在時神力所為。則滅後。豈可復食乎。孤山曰。五淨肉者。律明三淨。不見為我殺。不聞為我殺。不疑為我殺。今言五者。加自死鳥殘二也。

酉二出權化之由。

汝婆羅門地多蒸濕。加以沙石。草菜不生。我以大悲神力所加。因大慈悲。假名為肉。汝得其味。

酉三明滅後非教。

奈何如來滅度之後。食眾生肉。名為釋子

此可見凡佛許食肉者。皆佛在權變。漸引慈化耳。及滅後即實奪命之肉。可更食哉。而深經廢權不許者。皆將滅示實。極護末法之誤墮也。有志者務從實。而不可引權自欺矣。

未三陷苦增纏。又為二。申一必陷苦海。

汝等當知是食肉人。縱得心開似三摩地。皆大羅剎。報終必沈生死苦海。非佛弟子。

心開者。禪定中得力。受用境界現前也。然食肉障深。似而非實。皆大羅剎者。以現行先同。來報必墮。故以果目因也。必沈苦海者。以羅剎增上轉惡。必至極苦處矣。

申二必不出纏。

如是之人。相殺相吞。相食未已。云何是人得出三界。

以命債不了。解脫無期。何由出世哉。

午二教人斷殺即佛誨。

汝教世人修三摩地。次斷殺生。是名如來先佛世尊第二決定清淨明誨。

鬼佛化儀已竟。

巳三確定解脫得否。又二。午一喻不斷難脫。又分二。未一正喻。

是故阿難。若不斷殺修禪定者。譬如有人自塞其耳。高聲大叫。求人不聞。此等名為欲隱彌露。

溫陵曰。修禪避罪。反乃行殺。塞耳避人。反乃高聲。是欲隱彌露也。○避罪二字。宜改出世二字方好。

未二況顯。

清淨比丘。及諸菩薩。於岐路行不蹋生草。況以手拔。云何大悲。取諸眾生血肉充食。

溫陵曰。不故蹋不故拔。仁慈之至猶及草木。況食眾生肉耶。

午二勸深斷方脫。分二。未一舉能斷賞讚。又二。申一正以舉讚。

若諸比丘。不服東方絲緜絹帛。及是此土靴履裘毳。乳酪醍醐。如是比丘。於世真脫。酬還宿債。不遊三界。

毳。即褐衣也。溫陵曰。東方不無裘毳。西土不無絲綿。各以多分言也。酧還宿債。不遊三界者。上句當在下。譯人語倒也。

申二徵起喻釋。

何以故。服其身分。皆為彼緣。如人食其地中百穀。足不離地。

溫陵曰。足不離地者。劫初之人。體有飛光。足若躡雲。由乎食地肥。啗香稻。故其體堅重而足不離地也。○身分。言絲等雖非身之血肉。未必皆奪命。然亦是彼身之一分。用之。則與彼成不離之緣矣。

未二正勸斷許脫。

必使身心於諸眾生。若身身分。身心二途不服不食。我說是人真解脫者。

溫陵曰。身。血肉骨髓也。身分。裘毳乳酪也。身服食。心貪求。二途須併斷也。

辰二判決邪正之說。

如我此說。名為佛說。不如此說。即波旬說。

斷殺已竟。

卯三斷盜。此之偷盜非只竊人之物。但言行詐異。誑惑恐動。乃至一念希取利養者皆是也。分二。辰一曲分損益之相。又三。巳一首陳持犯利害。又二。午一持則必出生死。

阿難。又復世界六道眾生。其心不偷。則不隨其生死相續。

心不偷。忘其利欲貪得之心。一念不起也。

午二犯則必落邪道。又三。未一必不出塵。

汝修三昧。本出塵勞。偷心不除。塵不可出。

厭塵者方可以出塵。貪世者豈能以越世。

未二必墮妖邪。

縱有多智。禪定現前。如不斷偷。必落邪道。上品精靈。中品妖魅。下品邪人。諸魅所著。

委曲取利。其心回邪。言行不正。故墮邪類。精靈者。如山精水怪。具諸神通。似仙非仙。似神非神。妖魅者。出沒世間。每每著人。或奪精氣。或盜財物。邪人。即被著之人。以其被著。言行妖異。惑亂於人。

未三兼成增慢。

彼等群邪。亦有徒眾。各各自謂成無上道。

巳二預辨妖佛教儀二科。午一潛匿詃惑即妖教。又三。未一預記末法。

我滅度後。末法之中。

未二多妖偷化。

多此妖邪熾盛世間。潛匿奸欺。稱善知識。各自謂已得上人法。詃惑無識。恐令失心。所過之處。其家耗散。

潛匿奸欺等者主於取財。而妖言妖行。或現妖通。自言自任。詐稱得道知識。愚者不測。傾家奉之。

未三誤人墮獄。又為三。申一先以己教相形。

我教比丘循方乞食。令其捨貪。成菩提道。諸比丘等不自熟食。寄於殘生。旅泊三界。示一往還。去已無返。

方。處也。隨所到之處。以清淨乞食。即循方乞也。首四句直標捨貪。謂不積聚。不自作也。諸比丘下釋出捨貪之故。陸宿曰旅。水宿曰泊。如過客也。但依佛自釋本意。不須多列。

申二顯是違教倒說。

云何賊人假我衣服。裨販如來。造種種業。皆言佛法。卻非出家具戒比丘為小乘道。

首句言其內心本即是賊。二句言外貌假借僧儀。志惟竊利。以如來為取利之媒。故曰裨販如來。如言斯人雖如來亦被所賣也。造種種業皆言佛法者。言無量莊飾。皆為取利。皆為墜墮業因。而詐稱佛法。若以前乞食真教相形較之。豈是佛法本意。特彼顛倒。非法說法而已。末三句破其謗正惑人之言。此等奸人。若以前乞食正教責之。彼必自稱己為菩薩行。反毀遵正教者為小乘道。此又法說非法之顛倒也。

申三正示疑誤深害。

由是疑誤無量眾生。墮無間獄。

聽彼法說非法之言。皆疑正教為小乘道而從妄謗。聽彼非法說法之言。皆誤以業因為真佛法而遵妄行。悉墮阿鼻。潛匿詃惑即妖教已竟。

午二教人斷偷即佛誨。分二。未一先出自己誨。又四。申一教以捨身微因。

若我滅後。其有比丘發心決定修三摩提。能於如來形像之前。身然一燈。燒一指節。及於身上爇一香炷。

三摩提。即耳根圓通如幻三摩提也。此句下。義含慮有宿生盜業為障勝修。乃修如是微因。大凡燒然。須為消宿障修大定方成妙因。若為財利名譽。仍獲大罪矣。

申二許其畢債出世。

我說是人無始宿債一時酬畢。長揖世間。永脫諸漏。

長揖。謂永辭也。孤山曰。盜者。取他依報資於己身。今損正報以供上聖。故能翻破無始盜業。

申三抑揚明其近道。

雖未即明無上覺路。是人於法已決定心。

覺路即菩提路。正謂圓通。以方懺悔秉戒。未臻定慧。故曰未明。已決定心者。決定信其宿業必消。覺路得明也。溫陵曰。一切難捨無過己身。難捨能捨。則自餘貪愛決能棄捨。故曰是人於法已決定心。○若徒慕捨身。勉強毀形。現前盜業又復新作。根心貪愛居然不改。尚不免於業苦。豈能決定明覺路哉。

申四親證違此須償。

若不為此捨身微因。縱成無為。必還生人酬其宿債。如我馬麥正等無異。

成無為者。證出世果也。若不還生人間償其宿債。有礙勝進及度生。故須償也。溫陵曰。佛為宿訴比丘可食馬麥。故果成。於毗蘭邑食之。示宿債必酬也。

未二轉教先佛誨。

汝教世人修三摩地。後斷偷盜。是名如來先佛世尊第三決定清淨明誨。

預辨妖佛教儀已竟。

巳三確定三昧得否。分二。午一喻其不斷難得。

是故阿難。若不斷偷修禪定者。譬如有人水灌漏巵。欲求其滿。縱經塵劫。終無平復。

午二勸其深斷方得。分為三科。未一惟依了義捨施。又分三。申一身捨貪悋。

若諸比丘衣鉢之餘。分寸不畜。乞食餘分。施餓眾生。

上餘。謂衣鉢之外。止持不貪也。下餘。謂自食已足之外。作持能施。亦不悋也。

申二心捨慢瞋。

於大集會。合掌禮眾。有人捶詈。同於稱讚。

上二句敬人。能捨憍慢。必觀佛性同體。見人是佛也。下二句忍己。能捨瞋恨。必觀真如平等。知毀同譽也。

申三身心捨盡。

必使身心二俱捐捨。身肉骨血。與眾生共。

首二句。雙承上身心無間而力行檀度。是必達四念處。無復人執也。末二句令盡其分量。蓋捨至身肉骨血。則身心寧復有遺餘哉。蓋必觀察苦空無我無常不淨之物。施作佛事耳。問。此前方便。將次入道場以修定慧。奈何遽捨身命。答。此謂不悋身分。非捨身命。以非出假大捨時節也。凡此皆為成就無偷之心。如云。比丘觀智。身心尚須并捨。豈可復留偷心。曲取奉身利養哉。

末二不引權乘欺誑。

不將如來不了義說。迴為己解以誤初學。

不了義中。聽畜百一所需。但禁餘二。或許不入大會。避辱不受。又布施多不及於身分。今但依上了義教。不依不了義教也。末二句。如因自己不能奉前三戒。或遇初學疑問。卻乃不認己過。曲引權乘以明無礙。初學蒙昧。亦信行之。是內以自欺。外以誑人。莫大之罪也。認過實言。罪猶輕耳。

末三印其得真三昧。

佛印是人得真三昧。

印。即許也。許其必證圓通也。觀此深斷一科。令人慚愧墮淚。可見末法祖師立為叢林。亦因時慈悲。曲就利生。非得已也。處此者。時時每愧不能取證。不萌一毫念利養之心。僅免罪戾。或遇人引斯經為難。實言愧謝末法未能。切不可巧言無礙。又或有傑士達此經。即能奉了義戒誓取圓通者。當愧服推仰。莫曲引他過以飾己非。至於主賓互競。惟利是急。當愧死矣。曲分損益之相已竟。

辰二判決邪正之說。

如我所說。名為佛說。不如此說。即波旬說。

斷偷已竟。

卯四斷妄。妄語有二。發言不實為小妄語。妄稱證果為大妄語。此中所斷大妄語也。此須出口。非同舉心。分二。辰一曲示戒勸之意。又分四。巳一首陳妄語大損。又為三。午一躡標妄語成魔。

阿難。如是世界六道眾生。雖則身心無殺盜婬。三行已圓。若大妄語。即三摩地不得清淨。成愛見魔。失如來種。

如是躡前。顯三行縱圓。猶懼此罪。何況三行未圓者乎。大妄語且標名字。下科自釋。

溫陵曰。貪其供養。求己尊勝。名愛魔。妄起邪見。謂己齊聖。名見魔。

午二指實述其言意。

所謂未得謂得。未證言證。或求世間尊勝第一。謂前人言。我今已得須陀洹果。斯陀含果。阿那含果。阿羅漢道。辟支佛乘。十地。地前。諸位菩

薩。求彼禮懺。貪其供養。

得謂得道。指理言也。證謂證果。指位言也。須陀洹等即果。阿羅漢即道。蓋小乘理至羅漢而極。故言道也。乘同道。位同果也。求世尊勝。要恭敬也。求彼禮懺。希供養也。人於果人前懺悔。必盛陳供養故。

午三記其損善墮落。

是一顛迦。消滅佛種。如人以刀斷多羅木。佛記是人永殞善根。無復知見。沈三苦海。不成三昧。

溫陵曰。一顛迦。即一闡提。貝多羅樹以刀斷則不復活。喻大妄永絕善根。三苦海。三途也。

巳二表己禁勅顯偽。佛有禁勅。諸聖決不敢違。若違泄者。足知非聖。分二。

午一詳示真人必密。又三。未一勅二聖冥化。又為三。申一標隨類度生。

我滅度後。勅諸菩薩。及阿羅漢。應身生彼末法之中。作種種形。度諸輪轉。

真身如空。應物現形。故曰應身。又二聖於上二土中別有法性妙身。此於同居應緣而現也。乃分得隨類化身耳。亦或普現色身三昧所成也。

申二詳順逆二相。

或作沙門。白衣居士。人王宰官。童男童女。如是乃至婬女寡婦。奸偷屠販。

或作下順相也。以此類迹多清淨故。如是下。逆相也。以此類迹全染汙故。所謂示眾有三毒。又現邪見相也。眾生應以此身得度者。即應現之無準矣。

申三約佛事則同。

與其同事。稱讚佛乘。令其身心入三摩地。

首句。四攝之一也。雙承淨染二事皆與之同。若同其類而不同其事。則矯拂其心。不相順從。故假與同事。意在得其歡心。而遂稱讚佛乘以化之也。此三摩地不定耳根。

未二明祕言無泄。

終不自言我真菩薩。真阿羅漢。泄佛密因。輕言末學。

輕言末學者。輕易泄言於晚學之人也。

未三許臨終陰付。

惟除命終。陰有遺付。

既示現受生。亦示現捨命。陰。暗也。遺言付法。欲警其必行。然泄亦婉轉。如杜順清涼之事。故曰陰付。

午二因顯泄言必偽。

住則不泄。泄則不住。此一定軌則。如豐乾等三聖是也。若泄言仍住。顯是邪人要求利養。慎莫信之。

云何是人惑亂衆生。成大妄語。

巳三轉教先佛明誨。

汝教世人修三摩地。後復斷除諸大妄語。是名如來先佛世尊第四決定清淨明誨。

意不異前。

巳四確定菩提成否。分二。午一詳喻不斷無成。又三。未一舉刻糞喻。又二。

申一先以喻明不得。

是故阿難。若不斷其大妄語者。如刻人糞為旃檀形。欲求香氣。無有是處。

申二後以形顯違教。

我教比丘直心道場。於四威儀一切行中。尚無虛假。云何自稱得上人法。

溫陵曰。淨名云。直心為道場。無虛假故。四儀。行住坐臥也。○自稱者。妄稱也。

上人法。諸果人法也。

未二舉妄號喻。又為二。申一先以喻明取罪。

譬如窮人妄號帝王。自取誅滅。

申二後以況顯罪深。

況復法王。如何妄竊。

諸果。皆法王位也。

未三舉噬臍喻。又為二。申一先示因果虛偽。

因地不真。果招迂曲。

以大妄語為因。故不真。求進反退。求昇反墜。故曰果迂曲。

申二後喻菩提不成。

求佛菩提。如噬臍人。欲誰成就。

溫陵曰。左傳。噬臍。謂終莫能及也。○以妄語而求正覺。如以自口而噬自臍。豈可及哉。

午二深許能斷必成。

若諸比丘心如直絃。一切真實。入三摩地永無魔事。我印是人成就菩薩無

上知覺。

溫陵曰。向以迂曲。故終莫成就。此能絃直。故印其成就也。○菩薩無上知覺。即圓通真因地心。然以因定果。亦是無上菩提矣。

辰二判決邪正之說。

如我此說。名為佛說。不如此說。即波旬說。

開釋四重大科已竟。

大佛頂首楞嚴經正脈疏卷二十八

大佛頂首楞嚴經正脈疏卷二十九

經文卷七之一

明京都西湖沙門交光真鑑述
蒲州萬固沙門妙峰福登校

寅三總結遠魔分三。卯一酬問重訂嚴戒。

阿難。汝問攝心。我今先說入三摩地修學妙門求菩薩道。要先持此四種律儀。皎如冰霜。

初問道場。便說云何攝心入三摩地。故佛結酬前問也。妙門即耳門也。末句。言持之潔白無點汙也。

卯二拔本必不滋末。

自不能生一切枝葉。心三口四。生必無因。

四重為諸罪根本。餘為枝葉。心三。謂貪瞋癡。口四。即小妄綺語兩舌惡口。良以既經細絕。麤必不生也。問。婬殺盜是極麤身業。何反謂其細於心三。大妄語是極重口業。何反謂其細於口四。答。婬殺盜若約身犯極麤。今從心念絕之。令一念不生。故細於心三。大妄獲罪雖重。而約稱因果不實。則比惡口等似未同其麤鄙。故猶細於四口矣。

卯三絕塵決定遠魔。

阿難。如是四事若不遺失。心尚不緣色香味觸。一切魔事云何發生。

不遺失。即不漏落一念於四重中也。於六塵而但舉四塵。語之略也。蓋塵依念住。念絕而塵何所依。魔托塵入。塵忘而魔何所托。故能遠魔也。正教持戒竟。

丑二助以咒力。分為二科。寅一正以勸持讚勝。又分為三科。卯一戒不能除。

若有宿習。不能滅除。

宿習。謂過去惑業種子也。溫陵曰。現業易制。自行可違。宿習難除。必假神力。今夫行人好正而固邪。欲潔而偏染。隱然若有驅策而不能已。宿習之使也。

卯二轉教咒遣。

汝教是人一心誦我佛頂光明摩訶薩怛多般怛囉無上神咒。

佛頂光。詳現初救阿難時。溫陵曰。摩訶薩怛多般怛囉。此云大白傘蓋。即藏心也。量廓沙界曰大。體絕妄染曰白。用覆一切曰傘蓋。○顯咒全是真心體用。祕密章句。威力無量。能除宿昔惑業習種。其實苦報亦能除之。今四重正屬惑業。故云然也。

卯三讚咒最勝。

斯是如來無見頂相無為心佛。從頂發輝。坐寶蓮華所說心咒。

溫陵曰。無見頂者。華嚴九地知識自說為佛乳母。初生親捧持。諦觀不見頂。示頂法不可以見見也。○佛已入定。便表無為。光中化佛。顯是無為心佛。此首二句表本覺究竟二妙果也。頂者。理極無上之相。蓮者。稱真敷行之相。此經令行人先明本具極理。實相知見。是為從頂發輝。此屬密因。然後稱真修證。是為坐寶蓮華。此屬顯因。即修證了義。故此中二句表密顯二妙因也。末句總結。如來現相。見咒中具證如是。極為殊勝。當深信持之。必令戒成也。

寅二況顯除習無難。又二。卯一促舉無修尚證。又三。辰一舉愛習甚深。

且汝宿世與摩登伽歷劫因緣。恩愛習氣。非是一生及與一劫。

辰二示蒙宣脫證。

我一宣揚。愛心永脫。成阿羅漢。

吳興曰。愛心永脫。指初聞咒得阿那含也。成阿羅漢。指前文殊簡圓通後也。○四果雖由聞法。推其拔脫之力。仍當歸功於咒。非咒拔脫。何由而得聞法以至證羅漢哉。

辰三表無修速資。

彼尚婬女。無心修行。神力冥資。速證無學。

但依如來。歸功咒力。

卯二況顯發心必除。分二。辰一明發無上心。

云何汝等在會聲聞。求最上乘。決定成佛。

本以學人。不同本以婬女也。發無上心。不同無心修行也。

辰二喻除之最易。

譬如以塵揚於順風。有何艱險。

吳興曰。塵譬宿習。風如神咒。順風揚塵。散之則易。誦咒除習脫之匪難。○咒力雖如風。而復助無上心人。故更是順風。宿習雖如塵。而有學宿習更是微塵。反顯婬女乃為多塵。而無心修行猶如逆風也。歷明預先嚴戒已竟。

子二略示場中定慧。溫陵謂初標三學而終止四戒者。定慧已備前文。似亦知定慧屬前圓通。然亦不於場中說定慧處表彰耳門。遂令行人不知道場中所修復是何門。豈前語亦大略言之。而非見徹之論乎。且此初請略說文中但詳於戒。而生定生慧無處表彰。豈標徒具三。而釋之惟一乎。以定慧既不越前。即不如說戒之詳而已。豈全無耶。是故今科略示場中定慧也。又分為二科。丑一因戒生定。分三。寅一牒戒擇師。又三。卯一牒前持戒。

若有末世欲坐道場。先持比丘清淨禁戒。

前雖科為預先嚴戒。理實但以詳明四戒當嚴。所以此科方是於未入道場之前。實起持戒之行。是以下科方教擇師也。從心止絕前之四事。故曰清淨。不可更添別戒。

卯二正教擇師。

要當選擇戒清淨者第一沙門以為其師。

卯三不遇難成。

若其不遇真清淨僧。汝戒律儀必不成就。

寅二誦咒結界。

戒成已後。著新淨衣。然香閒居。誦此心佛所說神咒一百八徧。然後結界。建立道場。

真際曰。誦咒百八表滅百八煩惱也。◯道場詳在後請。上二科方是因戒意耳。

寅三定中求佛。

求於十方現住國土無上如來。放大悲光來灌其頂。

此科方是所生之定。良以眾生心水淨。諸佛影現中。若非定中。必無求現之理。故知此已在定求也。然定即反聞自性。入流亡所。但加求佛灌頂之念而已。因戒生定竟。

丑二因定發慧。又二。寅一約戒願久定。前不兼後。後必兼前。前科但牒戒而生定。此雖總標因定。而文中雙牒戒定為因。又加發願。類求灌頂也。又為三。卯一歷舉行人。

阿難。如是末世清淨比丘。若比丘尼。白衣檀越。

白衣兼優婆塞優婆夷。雖不擇僧俗。而男女決定各從其類。必非男女混同一場也。

卯二牒戒明願。

心滅貪婬。持佛淨戒。於道場中。發菩薩願。

首句略舉婬戒。次句總該後三戒。菩薩願不出四洪。亦所以為感佛機也。

卯三剋期久定。

出入澡浴。六時行道。如是不寐。經三七日。

凡出道場而復入。則必澡浴。外潔其身也。六時行道。即專注反聞。經行排遣。內攝其心也。晝夜十二時。六時行道。六時靜坐。均調昏散矣。如子時行道丑時靜坐。寅時行道卯時坐等是也。然行中坐中所習。皆反聞自性入流亡所而已。末二句結成剋期久定。不寐有二意。一除昏睡不覺。二戒忘失反聞。此科正牒定。而明因定二字。下科乃生慧也。

寅二許顯加發慧。

我自現身至其人前。摩頂安慰。令其開悟。

定心為生慧之親因。摩頂安慰。佛之威力為助緣。所謂啐啄同時。朗然大悟也。然開悟渾含淺深諸相。不可一定。若得動靜不生。發須陀洹見道之慧。若得聞所聞盡。發阿羅漢人空慧。若得空所空滅。成法空慧。若得寂滅現前。發圓通無上知覺慧也。孤山曰。若見此像。當觀空寂。是佛顯然。是魔則滅。初請略說一科已竟。

庚二重請詳示。分二。辛一重請說道場。前雖言入道場。而未說道場如何建設。故重請說之。又分為二科。壬一阿難重請。又分為二科。癸一述已開悟。

阿難白佛言。世尊。我蒙如來無上悲誨。心已開悟。自知修證。無學道成。

自揣但習反聞。不須道場。可成無學。即聞所聞盡等三空諸果位也。

癸二代請軌則。

末法修行。建立道場。云何結界。合佛世尊清淨軌則。

壬二世尊重說。分三。癸一道場建設。此中表法理所不無。然亦聖心所知之境。本難盡測。姑就古人舊說存之以備觀覽。實非修行正要。學者亦不必過泥。而反誤耳門正修之旨趣矣。詳之。又分五。子一所建壇式。又二科。丑一塗壇地。又二。寅一正用牛糞和香。

佛告阿難。若末世人願立道場。先取雪山大力白牛。食其山中肥膩香草。此牛惟飲雪山清水。其糞微細。可取其糞。和合栴檀以泥其地。

溫陵曰。法王法言。即事即理。法不孤起。事不唐設。如華嚴一字法門。海墨書而不盡。五位行相。即世諦以彰明。凡所設施。必有取像。則此壇場用度無非表法也。山為高土。雪山。純淨上信也。大力白牛。純淨大根也。香草清水。妙善淨智也。茹退。充實遺餘也。上栴檀。為十香之首。十度之總。萬行之冠也。長水曰。雪山牛乳。純是醍醐。所有茹退。最為香潔。○茹者食也。退。即糞也。十度。謂施戒忍進定慧方便願力智也。

寅二揀用黃土合香。又四。卯一揀不堪用。

若非雪山。其牛臭穢。不堪塗地。

略一糞字。

卯二別用黃土。

別於平原。穿去地皮五尺已下。取其黃土。

溫陵曰。原為平土。中信也。地皮。未淨也。五。數之中。黃。色之中。取中中淨信也。

卯三合十種香。

和上栴檀。沈水蘇合熏陸鬱金白膠青木零陵甘松。及雞舌香。

溫陵曰。十香。十波羅密法香也。

卯四細羅塗地。

以此十種細羅為粉。合土成泥。以塗場地。

溫陵曰。細羅為粉。推之以為微妙萬行也。夫欲取如來寂滅場地。必本於廣大信心。而資乎淨智妙善。以養成純一大根。充實遺餘。猶足以合法香冠十度。故可嚴成寂滅場地也。上信大根有不可得。則求其次焉。故取中中信心。雖未能冠乎十度萬行。而能具之者。亦可以嚴成。

丑二定壇相。

方圓丈六。為八角壇。

長水謂壇乃除地之墠。似是。若壘土為之。經當明言層級。今並無之。顯是平地塗為八角也。溫陵曰。壇。寂滅坦實之體也。體具八正。故為八角。為攝八邪。故方丈六。

子二所設莊嚴。分四。丑一壇心華鉢。

壇心置一金銀銅木所造蓮華。華中安鉢。鉢中先盛八月露水。水中隨安所有華葉。

溫陵曰。壇心蓮華。中道妙行也。蓮之為物。華實同體。染淨同源。表妙行大致也。用金銀銅木所造者。表妙行云為也。金銀。百鍊愈精而不變。銅剛而能同。義之像也。木能上罩以覆其下。仁之像也。夫依體起行。精而不變。剛而能同。或以義制。或以仁覆。無過不及。凡皆會於中道。乃所以為妙行也。鉢為應器。表隨量應物也。露為陰澤。以秋降。八月。秋之中也。水中華葉。即仁覆之行隨澤所施。此又隨量應物陰利潛化之表也。

丑二鉢外列鏡。

取八圓鏡。各安其方。圍繞華鉢。

溫陵曰。圓鏡。大圓鏡智也。各安八方圍繞華鉢者。智行相依。隨方圓應也。

丑三鏡外華爐。

鏡外建立十六蓮華。十六香爐。間華鋪設。莊嚴香爐。

溫陵曰。鏡外蓮華香爐各十六。而間設者。華表妙行。香表妙德。鏡外。即正智之外方便建立。使邪正相攝。德行相熏。庶久而俱化。兩忘邪正也。

丑四爐焚沈水。

純燒沈水。無令見火。

溫陵曰。純燒沈水無令見火者。反德藏用。滅伏覺觀。然後能契寂滅場地也。

子三所獻供養。分為二。丑一八味陳供。

取白牛乳置十六器。乳為煎餅。並諸沙糖。油餅。乳糜。蘇合。蜜薑。純

酥。純蜜。於蓮華外各各十六。圍繞華外。以奉諸佛及大菩薩。

溫陵曰。表以法喜禪悅獻二尊也。權教開許乳酪。實教遮禁。而復取以享奉者。意在融權實。同邪正。故八味亦各十六。圍繞華外。表融權攝邪之法喜隨行施設也。

丑二兩時致享。

每以食時。若在中夜。取蜜半升。用酥三合。壇前別安一小火爐。以兜樓婆香煎取香水沐浴其炭。然令猛熾。投是酥蜜於炎爐內。燒令煙盡。享佛菩薩。

溫陵曰。佛以日中受食。故每以日中致享。中夜例日中也。蜜成於華。表和融法行也。酥成於乳。表和融法味也。半為中數。三為成數。小香爐。方寸覺心也。以香沐炭。發覺之法也。藥王然身。先服兜樓婆香。意取發燄。故取沐炭然令猛熾。投酥蜜於炎爐燒令煙盡者。行法既成。不可終滯。當於覺心勇猛煅煉。使習氣併鑠。緣影俱亡。豁然如所謂紅爐點雪者。然後為佛所享。

子四所奉尊像。又復分為三科。丑一四外旛華。

令其四外徧懸旛華。

溫陵曰。四外旛華。外行嚴飾也。

丑二四壁內聖。又二。寅一總標。

於壇室中。四壁敷設十方如來。及諸菩薩所有形像。

寅二別列。分二。卯一當陽五如來。

應於當陽張盧舍那。釋迦。彌勒。阿閦。彌陀。

溫陵曰當陽正位盧舍那等。寂場真主也。彌勒。當來真主也。阿閦居東。彌陀居西。智悲真主也。

卯二左右二菩薩。

諸大變化觀音形像。兼金剛藏。安其左右。

溫陵曰。諸大變化觀音形像。上同下合真主也。金剛藏常領金剛護持咒人。伏魔斷障真主也。

丑三門側外護。

帝釋。梵王。烏芻瑟摩。并藍地迦諸軍茶利。與毗俱胝四天王等。頻那夜迦。張於門側。左右安置。

溫陵曰。門側左右。釋梵等眾有力外護也末法修行凡賴於此。一有闕焉。必不成就。烏芻。火頭金剛。藍地迦。青面金剛。軍茶利。金剛異號也。毗俱胝。三目持鬢髻是也。

頻那夜迦。即豬頭象鼻二使者。

子五所取照映。

又取八鏡覆懸虛空。與壇場中所安之鏡方面相對。使其形影重重相涉。

溫陵曰。壇中之鏡混物有依。行人之智也。空中之鏡離物無依。諸佛之智也。混物有依者。方能照物。未能照己。必得乎離物無依住智交相為用。然後物我互照。心境雙融。諸佛眾生身土相入。不勞動步。不待擬心。法法徧周。事事無礙。舉目千聖齊現。觸處萬象昭然。一華一香。徧供塵剎。一行一相。充擴無窮。不假神通。不涉情謂。寂場法法本如是也。道場建設竟。

癸二修證節次。分二。子一三七初成定慧。又分為二科。丑一三七功夫。就分為三科。寅初一七禮誦行道。

於初七中。至誠頂禮十方如來諸大菩薩阿羅漢號。恆於六時誦咒圍壇。至心行道。一時常行一百八徧。

溫陵曰。凡所嚮向。以皈依三寶為最初方便。故初七日至誠頂禮如來菩薩羅漢名號。所以假其不思議力發行助道也。○他力也。

寅次二七專心發願。

第二七中。一向專心發菩薩願。心無間斷。我毗奈耶先有願教。

若圖總略。不出四洪。溫陵曰。依毗尼教。專心發願也。行願堅強。則得大勇猛。吳興曰。先有願教者。如梵網經十大願等是也。

寅後三七一向持咒。

第三七中。於十二時。一向持佛般怛囉咒。

溫陵曰。時無間歇。咒無偏限。一向誦持。遂能以精誠感格。進力克功也。

丑二末日定慧。分三。寅一佛現摩頂。

至第七日。十方如來一時出現。鏡交光處。承佛摩頂。

此可見前三七中亦具麤略定心。但兼禮念願咒。非不攝心反聞也。若心水不淨。佛何由而現乎。溫陵曰。鏡交光處。則生佛智照。感應道交也。

寅二定心成就。

即於道場修三摩地。

此方專習反聞。不令一念緣彼聲塵。專注前解聞中妙境。所謂入流亡所也。此應坐習為多。時或經行排遣。但一味反聞無間。

寅三慧心成就。

能令如是末世修學。身心明淨。猶如瑠璃。

首句顯定心為親因。道場持咒等為助緣。因緣力故。所以能令也。末二句。發慧妙境也。身心意兼真妄。約明字。但是真身真心大智慧光明顯現之相。而淨字雖亦說真。兼顯妄身妄心了不可得。為真淨之所以也。末句雙喻明淨。且真身真心即是聞性。聲塵忘而六塵俱捐。故極明淨。此在定中發慧。暫得與寂滅現前境界相應也。三七初成定慧已竟。

子二百日頓證聖果。分三。丑一先防不成由不清淨。

阿難。若此比丘本受戒師。及同會中十比丘等。其中有一不清淨者。如是道場。多不成就。

不成就者。但是不能剋期取證。警擇師友不可濫取非人。

丑二正示期滿有證初果。

從三七後。端坐安居經一百日。有利根者。不起於座得須陀洹。

利根。謂惑障俱輕。慧性明悟者也。孤山曰。陀洹。按位即圓初信。若依涅槃。乃是初入別圓地住也。○依初解。則當齊於動靜不生。斷八十八使。亦但位齊小乘見道。非真取小果也。依後解。則當徹至寂滅現前。位齊別教初地。圓教初住。二釋俱通。涅槃借小乘四果名位。以次當大乘住行向地矣。

丑三後開未成亦見佛性。

縱其身心聖果未成。決定自知成佛不謬。

若依圓師前解。則位在五觀。依後解。則位在十信。次於所證必然之理。即是了了見於佛性。自信本來尊貴。亦不患於不證。所謂已到不疑之地矣。修證節次已竟。

癸三結答酬請。

汝問道場。建立如是。

吳興曰。壇法行相。此土末世行之惟艱。然所誦咒下文亦許不入道場。故使有緣隨器受益。重請說道場已竟。

辛二重請說神咒。分三。壬一會眾重請。又分二。癸一述己自請。又為三。子一述遭術遇救。又三。丑一述多聞未證。

阿難頂禮佛足而白佛言。自我出家。恃佛憍愛。求多聞故。未證無為。

恃愛前已釋過。小乘以四果為無為。

丑二述被邪咒禁。

遭彼梵天邪術所禁。心雖明了。力不自由。

初果力弱故也。

丑三述賴咒轉救。

賴遇文殊。令我解脫。

須補文殊將咒往護。

子二敘蒙咒未聞。

雖蒙如來佛頂神咒。冥獲其力。尚未親聞。

天如曰。昔阿難密承咒力。得解婬難。故曰冥獲未聞。

子三請重宣廣利。

惟願大慈重為宣說。悲救此會諸修行輩。末及當來在輪迴者。承佛密音。身意解脫。

身解脫者。謂消業離苦也。意解脫者。謂破惑證真也。

癸二同眾普請。

於時會中一切大眾。普皆作禮。佇聞如來祕密章句。

壬二如來重說。分二。癸一正說神咒。又三。子一咒前光相。又四。丑一如來放頂光。

爾時世尊從肉髻中涌百寶光。

斯光所表。具足多義。今略分釋之。此科與次科表顯中之密。以自如來當身所現也。肉髻即無見頂。表法身理。從頂放光。表依理起智。光具百寶。表智含萬用。

丑二光中現如來。

光中涌出千葉寶蓮。有化如來坐寶華中。

光中涌蓮。表依智發行。化佛坐蓮。表行嚴妙果。

丑三化佛放頂光。

頂放十道百寶光明。

此科與次科表密中之密。以又從化佛重現也。斯即所謂從佛頂中之佛頂。放寶光中之寶光。表斯咒尊中之尊。妙中之妙也。十光。亦表十力深智。具足萬用。無求不應。見攝受之慈。

丑四光中現金剛。

一一光明。皆徧示現十恆河沙金剛密跡。擎山持杵。徧虛空界。

表無量祕密神用。降伏魔外。無惡不摧。見折伏之威。

子二大眾欽聽。

大眾仰觀。畏愛兼抱。求佛哀祐。一心聽佛無見頂相放光如來宣說神咒。

畏。謂畏其威。愛。謂愛其慈。抱。懷也。衆生以此二懷承順如來。而神化無所留滯矣。咒中密具此諸妙理。故表彰之。

子三神咒章句。

南無薩怛他蘇伽多耶阿羅訶帝三藐三菩陀寫一薩怛他佛陀俱知瑟尼釤二南無薩婆勃陀勃地薩跢鞞弊三毗迦切南無薩多南三藐三菩陀俱知南四娑舍囉婆迦僧伽喃五南無盧雞阿羅漢跢喃六南無蘇盧多波那喃七南無娑羯唎陀伽彌喃八南無盧雞三藐伽跢喃九三藐伽波囉底波多那喃十南無提婆離瑟赧十一南無悉陀耶毗地耶陀囉離瑟赧十二舍波奴揭囉訶娑訶娑囉摩他喃十三南無跋囉訶摩泥十四南無因陀囉耶十五南無婆伽婆帝十六嚧陀囉耶十七烏摩般帝十八娑醯夜耶十九南無婆伽婆帝二十那囉野拏耶二十一槃遮摩訶三慕陀囉二十二南無悉羯唎多耶二十三南無婆伽婆帝二十四摩訶迦羅耶二十五地唎般刺那伽囉二十六毗陀囉波拏迦囉耶二十七阿地目帝二十八尸摩舍那泥婆悉泥二十九摩怛唎伽拏三十南無悉羯唎多耶三十一南無婆伽婆帝三十二多他伽跢俱囉耶三十三南無般頭摩俱囉耶三十四南無跋闍囉俱囉耶三十五南無摩尼俱囉耶三十六南無伽闍俱囉耶三十七南無婆伽婆帝三十八帝唎茶輸囉西那三十九波囉訶囉拏囉闍耶四十跢他伽多耶四十一南無婆伽婆帝四十二南無阿彌多婆耶四十三跢他伽多耶四十四阿囉訶帝四十五三藐三菩陀耶四十六南無婆伽婆帝四十七阿芻鞞耶四十八跢他伽多耶四十九阿囉訶帝五十三藐三菩陀耶五十一南無婆伽婆帝五十二鞞沙闍耶俱嚧吠柱唎耶五十三般囉

婆囉闍耶五十四跢他伽多耶五十五南無婆伽婆帝五十六三補師毖多五十七薩憐捺囉剌闍耶五十
八跢他伽多耶五十九阿囉訶帝六十三藐三菩陀耶六十一南無婆伽婆帝六十二舍雞野母那曳六十
三跢他伽多耶六十四阿囉訶帝六十五三藐三菩陀耶六十六南無婆伽婆帝六十七剌怛那雞都囉
闍耶六十八跢他伽多耶六十九阿囉訶帝七十三藐三菩陀耶七十一帝瓢南無薩羯唎多七十二翳曇
婆伽婆多七十三薩怛他伽都瑟尼釤七十四薩怛多般怛嚂七十五南無阿婆囉視耽七十六般囉帝
揚岐囉七十七薩囉婆部多揭囉訶七十八尼羯囉訶揭迦囉訶尼七十九跋囉毖地耶叱陀你八十阿
迦囉密唎柱八十一般唎怛囉耶儜揭唎八十二薩囉婆槃陀那目叉尼八十三薩囉婆突瑟吒八十四
突悉乏般那你伐囉尼八十五赭都囉失帝南八十六羯囉訶娑訶薩囉若闍八十七毗多崩娑那羯唎
八十八阿瑟吒冰舍帝南八十九那叉剎怛囉若闍九十波囉薩陀那羯唎九十一阿瑟吒南九十二摩訶
揭囉訶若闍九十三毗多崩薩那羯唎九十四薩婆舍都嚧你婆囉若闍九十五呼藍突悉乏難遮那舍
尼九十六毖沙舍悉怛囉九十七阿吉尼烏陀迦囉若闍九十八阿般囉視多具囉九十九摩訶般囉戰
持一百摩訶疊多一摩訶帝闍二摩訶稅多闍婆囉三摩訶跋囉槃陀囉婆悉你四阿唎耶多囉五毗
唎俱知六誓婆毗闍耶七跋闍囉摩禮底八毗舍嚧多九勃騰罔迦十跋闍囉制喝那阿遮十一摩囉
制婆般囉質多十二跋闍囉擅持十三毗舍囉遮十四扇多舍鞞提婆補視多十五蘇摩嚧波十六摩訶
稅多十七阿唎耶多囉十八摩訶婆囉阿般囉十九跋闍囉商羯囉制婆二十跋闍囉俱摩唎二十一俱
藍陀唎二十二跋闍囉喝薩多遮二十三毗地耶乾遮那摩唎迦二十四嘔蘇母婆羯囉跢那二十五鞞

嚧遮那俱唎耶二十六夜囉菟瑟尼釤二十七毗折嚂婆摩尼遮二十八跋闍囉迦那迦波囉婆二十九嚧闍那跋闍囉頓稚遮三十稅多遮迦摩囉三十一剎奢尸波囉婆三十二翳帝夷帝三十三母陀囉羯拏三十四沙鞞囉懺三十五掘梵都三十六印兔那麼麼寫三十七誦者至此句稱弟子某受持烏𤙖三十八唎瑟揭拏三十九般剌舍悉多四十薩怛他伽都瑟尼釤四十一虎𤙖四十二都嚧雍四十三瞻婆那四十四虎𤙖四十五都嚧雍四十六悉眈婆那四十七虎𤙖四十八都嚧雍四十九波羅瑟地耶三般叉拏羯囉五十虎𤙖五十一都嚧雍五十二薩婆藥叉喝囉剎娑五十三揭囉訶若闍五十四毗騰崩薩那羯囉五十五虎𤙖五十六都嚧雍五十七者都囉尸底南五十八揭囉訶娑訶薩囉南五十九毗騰崩薩那囉六十虎𤙖六十一都嚧雍六十二囉叉六十三婆伽梵六十四薩怛他伽都瑟尼　六十五波囉點闍吉唎六十六摩訶娑訶薩囉六十七勃樹娑訶薩囉室唎沙六十八俱知娑訶薩泥帝𠽚六十九阿弊提視婆唎多七十吒吒甖迦七十一摩訶跋闍嚧陀囉七十二帝唎菩婆那七十三曼茶囉七十四烏𤙖七十五莎悉帝薄婆都七十六麼麼七十七印兔那麼麼寫七十八至此句準前稱名若俗人稱弟子某甲囉闍婆夜七十九主囉跋夜八十阿祇尼婆夜八十一烏陀迦婆夜八十二毗沙婆夜八十三舍薩多囉婆夜八十四婆囉斫羯囉婆夜八十五突瑟叉婆夜八十六阿舍你婆夜八十七阿迦囉密唎柱婆夜八十八陀囉尼部彌劍波伽波陀婆夜八十九烏囉迦婆多婆夜九十剌闍檀茶婆夜九十一那伽婆夜九十二毗條怛婆夜九十三蘇波囉拏婆夜九十四藥叉揭囉訶九十五囉叉私揭囉訶九十六畢唎多揭囉訶九十七毗舍遮揭囉訶九十八部多揭囉訶九十九鳩槃茶揭囉訶二百補丹那揭囉訶一迦吒補丹那揭囉訶二悉乾度揭

囉訶三阿播悉摩囉揭囉訶四烏檀摩陀揭囉訶五車夜揭囉訶六醯唎婆帝揭囉訶七社多訶唎南八揭婆訶唎南九嚧地囉訶唎南十忙娑訶唎南十一謎陀訶唎南十二摩闍訶唎南十三闍多訶唎女十四視比多訶唎南十五毗多訶唎南十六婆多訶唎南十七阿輸遮訶唎女十八質多訶唎女十九帝釤薩鞞釤二十薩婆揭囉訶南二十一毗陀耶闍瞋陀夜彌二十二雞囉夜彌二十三波唎跋囉者迦訖唎擔二十四毗陀耶闍瞋陀夜彌二十五雞囉夜彌二十六茶演尼訖唎擔二十七毗陀耶闍瞋陀夜彌二十八雞囉夜彌二十九摩訶般輸般怛夜三十嚧陀囉訖唎擔三十一毗陀耶闍瞋陀夜彌三十二雞囉夜彌三十三那囉夜拏訖唎擔三十四毗陀耶闍瞋陀夜彌三十五雞囉夜彌三十六怛埵伽嚧茶西訖唎擔三十七毗陀耶闍瞋陀夜彌三十八雞囉夜彌三十九摩訶迦囉摩怛唎伽拏訖唎擔四十毗陀耶闍瞋陀夜彌四十一雞囉夜彌四十二迦波唎迦訖唎擔四十三毗陀耶闍瞋陀夜彌四十四雞囉夜彌四十五闍耶羯囉摩度羯囉四十六薩婆囉他娑達那訖唎擔四十七毗陀耶闍瞋陀夜彌四十八雞囉夜彌四十九赭咄囉婆耆你訖唎擔五十毗陀耶闍瞋陀夜彌五十一雞囉夜彌五十二毗唎羊訖唎知五十三難陀雞沙囉伽拏般帝五十四索醯夜訖唎擔五十五毗陀耶闍瞋陀夜彌五十六雞囉夜彌五十七那揭那舍囉婆拏訖唎擔五十八毗陀耶闍瞋陀夜彌五十九雞囉夜彌六十阿羅漢訖唎擔毗陀耶闍瞋陀夜彌六十一雞囉夜彌六十二毗多囉伽訖唎擔六十三毗陀耶闍瞋陀夜彌六十四雞囉夜彌跋闍囉波你六十五具醯夜具醯夜六十六迦地般帝訖唎擔六十七毗陀耶闍瞋陀夜彌六十八雞囉夜彌六十九囉叉罔七十婆伽梵七十一印兔那麼麼寫七十二至此依前稱弟子名婆伽梵七十三薩怛多

般怛囉七十四南無粹都帝七十五阿悉多那囉剌迦七十六波囉婆悉普吒七十七毗迦薩怛多鉢帝
唎七十八什佛囉什佛囉七十九陀囉陀囉八十頻陀囉頻陀囉瞋陀瞋陀八十一虎件八十二虎件八十
三泮吒八十四泮吒泮吒泮吒泮吒八十五娑訶八十六醯醯泮八十七阿牟迦耶泮八十八阿波囉提訶
多泮八十九婆囉波囉陀泮九十阿素囉毗陀囉波迦泮九十一薩婆提鞞弊泮九十二薩婆那伽弊泮
九十三薩婆藥叉弊泮九十四薩婆乾闥婆弊泮九十五薩婆補丹那弊泮九十六迦吒補丹那弊泮九十
七薩婆突狼枳帝弊泮九十八薩婆突澀比嚟訖瑟帝弊泮九十九薩婆什婆嚟弊泮三百薩婆阿播悉
摩犁弊泮一薩婆舍囉婆拏弊泮二薩婆地帝雞弊泮三薩婆怛摩陀繼弊泮四薩婆毗陀耶囉誓遮
嚟弊泮五闍夜羯囉摩度羯囉六薩婆囉他娑陀雞弊泮七毗地夜遮唎弊泮八者都囉縛耆你弊泮
九跋闍囉俱摩唎十毗陀夜囉誓弊泮十一摩訶波囉丁羊乂耆唎弊泮十二跋闍囉商羯囉夜十三波
囉丈耆囉闍耶泮十四摩訶迦囉夜十五摩訶末怛唎迦拏十六南無娑羯唎多夜泮十七毖瑟拏婢曳
泮十八勃囉訶牟尼曳泮十九阿耆尼曳泮二十摩訶羯唎曳泮二十一羯囉檀持曳泮二十二蔑怛唎
曳泮二十三嘮怛唎曳泮二十四遮文茶曳泮二十五羯邏囉怛唎曳泮二十六迦般唎曳泮二十七阿地
目質多迦尸摩舍那二十八婆私你曳泮二十九演吉質三十薩埵婆寫三十一麼麼印兔那麼麼寫三
十二至此依前稱弟子名突瑟吒質多三十三阿末怛唎質多三十四烏闍訶囉三十五伽婆訶囉三十六嚧
地囉訶囉三十七婆娑訶囉三十八摩闍訶囉三十九闍多訶囉四十視毖多訶囉四十一跋略夜訶囉四
十二乾陀訶囉四十三布史波訶囉四十四頗囉訶囉四十五婆寫訶囉四十六般波質多四十七突瑟吒

質多四十八嘮陀囉質多四十九藥叉揭囉訶五十囉剎娑揭囉訶五十一閉嚇多揭囉訶五十二毗舍遮
揭囉訶五十三部多揭囉訶五十四鳩槃茶揭囉訶五十五悉乾陀揭囉訶五十六烏怛摩陀揭囉訶五十
七車夜揭囉訶五十八阿播薩摩囉揭囉訶五十九宅祛革茶耆尼揭囉訶六十唎佛帝揭囉訶六十一
闍彌迦揭囉訶六十二舍俱尼揭囉訶六十三姥陀囉難地迦揭囉訶六十四阿藍婆揭囉訶六十五乾
陀波尼揭囉訶六十六什佛囉堙迦醯迦六十七墜帝藥迦六十八怛嚇帝藥迦六十九者突託迦七十昵
提什伐囉毖釤摩什伐囉七十一薄底迦七十二鼻底迦七十三室隸瑟密迦七十四娑你般帝迦七十五
薩婆什伐囉七十六室嚧吉帝七十七末陀鞞達嚧制劍七十八阿綺囉鉗七十九目佉嚧鉗八十羯唎突
嚧鉗八十一揭囉訶揭藍八十二羯拏輸藍八十三憚多輸藍八十四迄唎夜輸藍八十五末麼輸藍八十
六跋唎室婆輸藍八十七毖栗瑟吒輸藍八十八烏陀囉輸藍八十九羯知輸藍九十跋悉帝輸藍九十一
鄔嚧輸藍九十二常伽輸藍九十三喝悉多輸藍九十四跋陀輸藍九十五娑房盎伽般囉丈伽輸藍九十
六部多毖路茶九十七茶耆你什婆囉九十八陀突嚧迦建咄嚧吉知婆路多毗九十九薩般嚧訶凌伽
四百輸沙怛囉娑那羯囉一毗沙喻迦二阿耆尼烏陀迦三末囉鞞囉建路囉四阿迦囉密唎咄怛斂
部迦五地栗剌吒六毖唎瑟質迦七薩婆那俱囉八肆引伽弊揭囉唎藥叉怛囉芻九末囉視吠帝釤
娑鞞釤十悉怛多鉢怛囉十一摩訶跋闍嚧瑟尼釤十二摩訶般賴丈耆藍十三夜波突陀舍喻闍那十
四辮怛隸拏十五毗陀耶槃曇迦嚧彌十六帝殊槃曇迦嚧彌十七般囉毗陀槃曇迦嚧彌十八跢姪他
十九唵二十阿那隸二十一毗舍提二十二鞞囉跋闍囉陀唎二十三槃陀槃陀你二十四跋闍囉謗尼泮

二十五虎許都嚧甕泮二十六娑婆訶二十七

孤山曰。諸經神咒例皆不翻。五不翻中。即祕密不翻。於四例中。即翻字不翻音。天台會之。不出四悉。天如曰。孤山所引天台四悉檀。悉。徧也。檀。施也。諸聖以四法徧施眾生也。初世界悉檀者。隨方異說。令生歡喜益也。二為人悉檀者。生善益也。三對治悉檀者。破惡益也。四第一義悉檀者。入理益也。○祕咒非但只是梵語。仍是一切聖賢祕密之言。蓋梵語此方不曉。而天竺之人日用共所曉解者也。至於祕咒。非但天竺常人不知。理應下位聖賢不達上位之咒。大端聖賢宏化。例有顯密二教。如醫療病。率有二途。一者授方。則顯說病源藥性。及炮治之法。如佛顯教。二者授藥。則都不顯說。但惟與藥令服愈病而已。不必求知何藥何治。如佛密教。故今祕咒正同授藥。不必求解。若解生則咒喪矣。眾生但當信持之。自蒙諸益也。又祕咒雖不可作解。亦有少分應知。三義略盡。一者詮之理。如此方元亨利貞。亦可避凶致祥矣。二者威德力。謂諸佛菩薩一切權實聖賢威德理法力。謂以一字含無邊妙理而稱為陀羅尼。謂總一切法。持無量義。斯之威力。全具所深重。具大勢力。稱其名號。隨願如意。如今世間有勢力人。亦可假其名聲伏惡脫難也。三者實語力。佛菩薩一切聖賢起大悲心愍眾生故。出誠實語。咒願眾生離苦得樂。革凡成聖。故誦之可以隨言成益。如世之實修行人。尚可咒願吉凶。隨言成就。何況證理入位聖賢。真慈誓願。安可測度。此與咒詛義相當也。略述由此三義。故持之得不測神功。然須確信。專持。功滿。方收成效。若猶豫。間斷。中輟。或壇戒不能如法。而謗咒無功者。招大罪苦。良以世俗咒禁蛇蠍瘡瘧者尚有明驗。而況聖真威靈所寓。安有虛詞。切宜戒之。世人有謂咒之不翻。隱其鄙俚之言。恐人輕笑。此真無知妄謗。少有智者當亦不惑於斯言也。至於四悉利物者不止祕咒。凡佛放光現通說法諸設施。第一便欲人人悟入佛之知見。所謂惟為一大事因緣。即入理益也。其人未能悟入者。則且與第二斷除煩惱種習。即破惡益也。久之障盡。後當悟入矣。其人又未能破惡者。則且與第三令其興起善心。建立善行。善力漸強。惡習自退矣。其人又未能興善。則且與第四令生歡喜。即歡喜益也。亦是與其且種輕少善根。為上三作遠因緣耳。其人或又不能生於歡喜反成憎謗者。則佛早已鑑機。默然無為也。若約一大時教。華嚴正惟入理。而略兼後三。小乘教正惟破惡。而略兼後二。人天教正惟生善。而略兼後一。諸雜趣正惟歡喜。謂且救護拔苦令其生喜。亦可漸向上三矣。今獨論祕咒四悉。諸師所列。皆從劣向勝為序。一世界歡喜者。謂隨方利物。如持之以脫難求財等。而天台所謂誦神王名部落驚懼者。但脫鬼難一途而已。二為人生善者。如未得戒者。令其得戒。未精進者。令其精進等。而天台比於軍號相應無所訶禁者。亦明生善無礙而已。三對治破惡者。如令婬心頓歇等。而天台譬彼貧人詐瞋聞偈頓息者。亦以喻明誦咒之人不自知其惡破之由也。四第一義入理者。如入無生忍等是也。而天台喻以智臣解語餘人不知者。亦但喻其咒力發悟之由人所不測也。大端明祕密。四悉利益。非如顯教可知其故。若可測知。何貴祕密。行人但當確信堅持。無勞思議也。正說神咒已竟。

癸二說咒利益。分二。子一諸佛要用。可見非但眾生離此咒而無賴。諸佛離此而亦缺用多矣。又分為三。丑一指示全名。

阿難。是佛頂光聚。悉怛多般怛囉祕密伽陀微妙章句。

頂光聚三字。據實元於頂光化佛說之。仍各有表。頂表尊勝。光表威靈。聚表神用。伽陀。明其咒中有頌。大段曰章。如分五會是也。細分曰句。微妙者。明其隱微奧妙不可測也。

丑二備彰諸用。又三。寅一總標因果。

出生十方一切諸佛。十方如來因此咒心。得成無上正徧知覺。

出生二字明作密因。得成二字表助極果。見佛初心究竟皆不能離。誠要用總相也。

寅二別列要用。又復分為六科。卯一降魔制外用。

十方如來執此咒心。降伏諸魔。制諸外道。

以咒威力。令無惑亂也。

卯二現身說法用。

十方如來乘此咒心。坐寶蓮華。應微塵國。十方如來含此咒心。於微塵國。

轉大法輪。

乘者。依憑之意。咒心者。但依吳興通指全咒為咒心。即心咒之謂也。蓋祕密藏中精要之法。故稱咒心。若是。則心字是喻。類如般若心經之心。非指悉怛等六字為心也。彼是咒名耳。又詳跢姪他乃即說咒曰。則唵字以下方是正咒。不過八句三十四字。前皆三寶并諸外護威名。及實語助咒之類。若不能全持者。可從唵字持之。亦如準提九聖字之例是也。坐蓮普應者。現佛身成道相也。含者。內祕為本之意。謂本此密理以演顯教也。

卯三自他授記用。

十方如來持此咒心。能於十方摩頂授記。自果未成。亦於十方蒙佛授記。

摩授者。謂以咒加持。令必成佛。此可喻於蜾蠃咒螟蛉也。自蒙授記者。可見有持此咒者。佛知必成佛道。故授記也。

卯四救苦救難用。

十方如來依此咒心。能於十方拔濟群苦。所謂地獄。餓鬼。畜生。盲聾瘖瘂。冤憎會苦。愛別離苦。求不得苦。五陰熾盛。大小諸橫。同時解脫。賊難。兵難。王難。獄難。風火水難。飢渴貧窮。應念銷散。

此中所具八苦。八難。亦與常途別異。尋常以生老病死配冤憎等後四為八苦。今以三塗及根缺配之為八也。而又贅以大小諸横。盡其餘苦耳。如藥師諸横是也。八難亦與諸經不同。今以賊兵王獄風水火飢為八也。饑渴即是饑饉。又贅以貧窮。亦盡其餘難耳。

卯五事師嗣法用。

十方如來隨此咒心。能於十方事善知識。四威儀中供養如意。恒沙如來會中。推為大法王子。

咒力能令四事具足。及得他心。故成事師之用。又能開心。通達法要。故成嗣法之用。

卯六攝親轉小用。

十方如來行此咒心。能於十方攝受親因。令諸小乘聞祕密藏。不生驚怖。

親因。即歷劫親緣也。攝受。如提獎阿難是也。祕密實乘必廢三立一。小乘聞多驚疑。咒力能令決了不疑也。

寅三總結始終。

十方如來誦此咒心。成無上覺。坐菩提樹。入大涅槃。十方如來傳此咒心。於滅度後付佛法事。究竟住持。嚴淨戒律。悉得清淨。

前節從初成道以至入涅槃。次節自正法以至末法。皆憑咒力。可謂始終全用。不能離也。

丑三更明無盡。

若我說是佛頂光聚般怛囉咒。從旦至暮。音聲相聯。字句中間。亦不重疊。經恆沙劫。終不能盡。

此無盡方約諸佛要用已自無盡。非並眾生用也。諸佛要用已竟。

大佛頂首楞嚴經正脈疏卷二十九

大佛頂首楞嚴經正脈疏卷三十

經文卷七之二

明京都西湖沙門交光真鑑述
蒲州萬固沙門妙峰福登校

子二眾生利賴。此眾生理該九界。文多就分二。丑一別指勝名。

亦說此咒名如來頂。

比上全名。此為略目。獨稱佛頂。特顯尊勝。欲眾生至敬奉持勿慢易也。

丑二備彰威力。分三。寅一首示行人必賴以勸持。又二。卯一正示誦方遠魔。

汝等有學。未盡輪迴。發心至誠取阿羅漢。不持此咒而坐道場。令其身心遠諸魔事。無有是處。

夫小乘三果以前。未出分段。故云未盡輪迴。此即如前欲入道場剋期取證者也。不持必定招魔。故前道場中教專持也。今文不持下。反言激勸必當持也。由是而知一切行人。誰不當持哉。今世現見山中靜修叢林多廢持咒。往往發風發顛。縱不成顛。亦多見於怖人媚人境界。皆此弊也。聖言豈有虛乎。問。何無菩薩。答。此有三義不缺菩薩。一者佛用已該。如自果未成蒙佛授記。事善知識推法王子是也。二者借名該大。如七信前借小聖名。十地去為大羅漢。故知圓通道場取羅漢者。決菩薩根性。及已回心而非定性也。三者生有深位。如決定菩提。了知沙劫。悟無生忍。何非菩薩。

卯二開許不誦書帶。

阿難。若諸世界隨所國土所有衆生。隨國所生樺皮貝葉紙素白氎。書寫此呪。貯於香囊。是人心昏。未能誦憶。或帶身上。或書宅中。當知是人盡其生年。一切諸毒所不能害。

白氎。天竺之物。紙類也。有價直無量者。此土無之。

寅二詳伸護生助道以出由。所以必勸持帶者。正由力能護助。故曰出由。又前勸持中略說助道護生。故此言詳伸也。又二。卯一總標二意。

阿難。我今為汝更說此呪救護世間。得大無畏。成就衆生出世間智。

末四句。二句護生。二句助道也。

卯二別列多功。分二。辰一約衆生以顯各益。又三。巳一救護災難。又為二。

午一紀時指人。

若我滅後末世衆生。有能自誦。若教他誦。

午二正明救難。分二。未一惡緣不能成害。

當知如是誦持衆生。火不能燒。水不能溺。大毒小毒所不能害。

未二惡生不能加害。分二。申一不能加害。又三。酉一加咒不著。

如是乃至龍天鬼神精祇魔魅所有惡咒。皆不能著。

酉二加毒即化。

心得正受。一切咒詛厭蠱毒藥。金毒銀毒。草木蟲蛇萬物毒氣。入此人口。成甘露味。

溫陵曰。金銀入藥。或能發毒。○心得正受。咒力持成三昧也。問。上卻惡咒何不須於正受。答。惡咒非形魄之物。可以正咒遮令不得加身。何須自身三昧。今有形之毒已入身中。非自身三昧安能化為甘露。故須正受。

酉三起惡不得。

一切惡星。並諸鬼神。磣心毒人。於如是人不能起惡。

申二仍加守護。

頻那夜迦諸惡鬼王。并其眷屬。皆領深恩。常加守護。

溫陵曰。以誦咒利彼。故諸惡鬼王皆領深恩。救護災難已竟。

巳二助成道業。分六。午一資發通明。為下諸科張本。不先發通明。則隔陰多昏。豈能長劫脫惡生勝以至證果乎。又分三。未一明聖眷護咒。

阿難。當知是咒常有八萬四千那由他恆河沙俱胝金剛藏王菩薩種族。一一皆有諸金剛眾而為眷屬。晝夜隨侍。

約果德。皆深位菩薩。約現身。則力士奮威之相。蓋護災鬼神可以與力。助道非菩薩不可。是以首明菩薩陰侍。

未二舉散心亦從。

設有眾生於散亂心。非三摩地。心憶口持。是金剛王常隨從彼諸善男子

此約悠悠修行之人。未決定常住三摩地者。但常持咒。故亦隨從。非放逸穢惡之輩。

未三況菩提心人。又分三。申一先以標人。

何況決定菩提心者。

此須常住三摩中。而又持咒希求速得圓滿菩提是也。本經所宗。即耳根圓通為妙三摩提。

申二冥加開發。

此諸金剛菩薩藏王。精心陰速。發彼神識。

菩薩能以神力加被。令人心開。陰。暗。速。催也。良以菩薩心精與行人心精通脗。一體無二。而菩薩心力。兼彼咒力。故能暗催行人令其開心矣。

申三圓證通明。

是人應時心能記憶八萬四千恒河沙劫。周徧了知。得無疑惑。

溫陵曰。即所謂成就眾生出世間智也。○記憶雖但似於宿命。然河沙紀劫。而又云周徧。決洞三世。且了知無疑。似涉三明。何況沙劫迥超小乘八萬。當知仍是菩薩殊勝六通三明矣。

午二遠離雜趣。生雜趣中。或染惡習。或墮重苦。深妨道業。修心人皆發願不生雜趣。故此科在助道業中。分三。未一標時至果。

從第一劫。乃至後身。

第一劫。初發決定菩提心時。後身。即因滿降生成佛之身。可見全為中間修行時得無妨礙也。

未二不生神鬼。

生生不生藥叉羅刹。及富單那。迦吒富單那。鳩槃茶。毗舍遮等。并諸餓鬼。有形無形。有想無想。如是惡處。

藥叉羅刹等現觀音圓通。富單那加云迦吒者。亦眷屬類也。

未三不生貧賤。

是善男子若讀若誦。若書若寫。若帶若藏。諸色供養。劫劫不生貧窮下賤不可樂處。

背念曰誦。圖印曰寫。密佩曰藏。貧則困苦。賤則役苦。皆妨道業。離不可樂。定生可樂也。長水曰。以持尊勝也。

午三常生佛前。常隨佛學。修證必速。分三。未一共佛功德。

此諸眾生。縱其自身不作福業。十方如來所有功德悉與此人。

此科尚是生佛界之由。以多福德因緣方生。今持咒能感諸佛惠錫功德。故得定生。彌陀經謂念佛即是多福。當由惠錫。

未二共佛生處。

由是得於恆河沙阿僧祇不可說不可說劫。常與諸佛同生一處。

由是者。由前佛錫功德。故得常共佛生也。

未三共佛熏修。

無量功德如惡叉聚。同處熏修。永無分散。

此方生後功德。既常隨佛。凡佛功德一一有分。故得生必際會。親炙薰染。長劫而不離也。

午四眾行成就。又分為五。未一成具戒行。

是故能令破戒之人。戒根清淨。未得戒者。令其得戒。

未二成精進行。

未精進者。令得精進。

未三成智慧行。

無智慧者。令得智慧。

未四成清淨行。

不清淨者。速得清淨。

未五成齋戒行。

不持齋戒。自成齋戒。

人有宿障。屢欲齋戒。不得成就。咒能成之。或業礙地礙。及無師無壇。不得齋戒。許但持咒。同於齋戒。

午五諸罪消滅。分為四。未一破戒罪滅。又分二。申一輕重齊消。

阿難。是善男子持此咒時。設犯禁戒於未受時。持咒之後。眾破戒罪。無問輕重。一時消滅。

溫陵曰。未受時者。未持咒時也。可見持咒之後不可更造也。

申二食噉並宥。

縱經飲酒。食噉五辛。種種不淨。一切諸佛菩薩金剛天仙鬼神不將為過。

此有三說酌量。觀經之一字。似未持之前經過之事。持咒之後悉皆宥之。非持咒之人縱恣無度也。又或持咒人有不得已偶經此事。並可宥之。亦非縱恣也。或真慈開許不能具齋戒者亦聽持之。旋可消罪。如冰投湯之喻。顯咒殊勝而已。準前未受之語。前二說理長。若參四律三漸之文。則真修希證之人。清淨持之為上也。

未二違式罪滅。分二。申一不淨即淨。

設著不淨破弊衣服。一行一住。悉同清淨。

此亦行頭陀行。清貧不備。令持之勿疑。非富饒故意為此。

申二不壇即壇。

縱不作壇。不入道場。亦不行道。誦持此咒。還同入壇行道功德無有異也。

前之壇法。極難全備。此許無壇持咒。勿疑功德差別也。況若更能常住大定。是真寂滅場地。當亦愈於徒有壇相而不具定心者矣。

未三極重罪滅。

若造五逆無間重罪。及諸比丘比丘尼四棄八棄誦此咒已。如是重業。猶如猛風吹散沙聚。悉皆滅除。更無毫髮。

此未發心持咒之前所犯。可仗咒力滅盡。不可更疑不盡。決非令持咒無畏。肆犯此惡也。孤山曰。比丘四棄。即殺盜婬妄四根本重罪。梵語波羅夷。此云棄。謂犯此者永棄佛法邊外。猶如死屍。大海不受也。比丘尼復加四棄。曰觸。入。覆。隨。即第五不得染心男身相觸。第六不得染心男捉手捉衣。入屏處。屏處共立共語。共行。身相倚。相期等。八事。第七不得覆他重罪。第八不得隨舉大僧供給衣食。即為僧所舉未作共住法者不得隨彼也。通上故名八棄。僧所舉者。即舉訐之義也。

未四極遠罪滅。又分為二科。申一積罪未懺。

阿難。若有眾生從無量無數劫來。所有一切輕重罪障。從前世來。未及懺悔。

申二以咒滅盡。

若能讀誦書寫此咒。身上帶持。若安住處莊宅園館。如是積業。猶湯消雪。

解讀誦者不書亦可。不解誦者。書帶安置兼之尤妙。

午六速悟無生。

不久皆得悟無生忍。

圓實初住便證此忍。別教當在地上。詳前發通。乃是定心成就所發。今悟無生。乃是慧心成就所發。前但了知不昧。未必實證萬法無生應知後位深於前位。況得此忍之後。罪福皆空。聖凡情盡。可以魔佛一如。方能徧涉苦惡諸趣而無礙無擇。故知此科超前諸科。而為助道之成功矣。又所謂出世間智者。發通成始。而無生成終也。按六科前四。即為人生善悉檀。第五對治破惡。第六第一義入理也。而前之救難。後之應求。乃世界歡喜悉檀也。餘可類知。助成道業已竟。

巳三稱遂願求。前救難屬悲。拔苦。此應求屬慈。與樂。分二。午一生前願求。分四。未一求男女。

復次阿難。若有女人未生男女。欲求孕者。若能至心憶念斯咒。或能身上帶此悉怛多般怛囉者。便生福德智慧男女。

未二求長命。

求長命者。即得長命。

未三求果報。

欲求果報速圓滿者。速得圓滿。

此中福利果報。及修行果報。似皆渾含。若修行果報。通上三悉。大端助道業中已有修行果報。此應多是福利果報。

未四求身色。

身命色力。亦復如是。

此是長命。復兼聰明不衰百體康健者也。

午二命終往生。

命終之後。隨願往生十方國土。必定不生邊地下賤。何況雜形。

此約稱願。故別於助道也。約眾生以顯各利已竟。

辰二約國土以顯普益。前明各人誦帶。各得其益。此惟書寫安置以普益合國合邑等。此正世界悉壇也。分三。巳一諸難消除。又分三。午一先舉難處。

阿難。若諸國土州縣聚落。饑荒疫癘。或復刀兵賊難鬪諍。兼餘一切厄難之地。

午二安城迎供。又分為二科。未一教以安咒。

寫此神咒安城四門。并諸支提。或脫闍上。

溫陵曰。支提。此云可供養處。即淨剎之通稱也。脫闍云幢。

未二供佩身家。

令其國土所有眾生。奉迎斯咒。禮拜恭敬。一心供養。令其人民各各身佩。或各各安所居宅地。

午三結難消除。

一切災厄。悉皆消滅。

巳二兆民豐樂。

阿難。在在處處國土眾生。隨有此咒。天龍歡喜。風雨順時。五穀豐殷。兆庶安樂。

此須約舉國咸知信敬。或君臣守令悉遇知音。教民敬重。方獲靈通。譬持咒者多久方靈。暫時豈能速效。此亦如是。至敬方靈。若也咒雖徧有。束之高閣。曾無敬禮。或更置於猥褻之地。塵穢不收。而責咒無驗者。亦惑之甚也。餘皆倣此。思之。

巳三惡星不現。分為二。午一略標。

亦復能鎮一切惡星。隨方變怪。災障不起。人無橫夭。杻械枷鎖。不著其身。晝夜安眠。常無惡夢。

午二詳釋。又分為二科。未一釋諸星現災。

阿難。是娑婆界。有八萬四千災變惡星。二十八大惡星而為上首。復有八大惡星以為其主。作種種形。出現世時。能生眾生種種災異。

溫陵曰。八萬四千。應眾生煩惱業也。二十八。則四方之紀。八。則五行之經。及羅計孛也。順則福應。逆則災應。所謂惠迪吉從逆凶也。能生災異者。亦應其逆而已。如彗孛飛流應同分。非星之為也。

未二釋鎮消方量。

有此咒地。悉皆消滅。十二由旬成結界地。諸惡災祥永不能入。

溫陵曰。以咒力叶乎百順。故惡變悉滅於天。災祥不入其境。祥。吉凶之先兆也。二詳伸護生助道以出由已竟。

寅三承明行人必證以結勸。初科勸持。是舉初修卻魔以示勸。此科結勸明言決定開心。是舉終證以欣勸也。分二。卯一承明故說保安。承明佛說本意多為保安行人爾。又分二。辰一保護安隱。

是故如來宣示此咒於未來世。保護初學諸修行者入三摩地。身心泰然。得大安隱。

辰二遠離魔冤。

更無一切諸魔鬼神。及無始來冤橫宿殃。舊業陳債。來相惱害。

卯二正示無過必證。又三。辰一舉現未之人。

汝及眾中諸有學人。及未來世諸修行者。

辰二明不犯四過。

依我壇場。如法持戒。所受戒主。逢清淨僧。於此咒心。不生疑悔。

四過。謂一壇差。二戒缺。三師穢。四疑悔。犯一則難現生取證。遠因而已。故知前之開許。非許真修之輩也。

辰三決必得心通。

是善男子。於此父母所生之身不得心通。十方如來便為妄語。

父母生身。言不待後身方證也。吳興曰。心通者。據前所說不出三義。一者證果。即端坐百日。有利根者不起於座得須陀洹也。二者發解。謂縱其身心聖果未成。決定自知成佛不謬。三者宿命。是人應時心能記憶八萬四千恆河沙劫。周徧了知。得無疑惑矣。如來重說已竟。

壬三會眾願護。問。咒自有力。何勞人護。答。唵字後方為正咒。前皆歸請三寶威力。或各心咒。以諸聖護生願同故也。又有八部神王名號。固亦有本願。而兼遵佛勅。且以護生功德嚴自果也。至於凡類小神。露咒妙力。脫苦得樂。所謂皆領深恩守護也。是以行人持咒自力。又兼外護他力。由是持帶功德巍巍。不可測知矣。問。真慈之於行人。無不可護。何必令其持咒方護。答。咒有神功。令其先生自力。又假呼請為緣。且咒如天子之勅。故領勅者。尊勝幹國。諸王臣無不護之。否則卑劣無幹。莫之護也。又持咒如讀書人。必為世用。王臣無不作養薦拔之。不讀無用。則養薦何施。又行人如戰士。咒如利刃甲冑。諸聖如助戰之人。故甲兵具者可以助其必勝。不具。則助何益哉。略述少義。足明咒護須兼。持者可勿疑矣。分二。癸一外眾護持。以具世間之相。未標菩薩之號。故云外也。然其權實不定。若權現。則皆內祕菩薩。外乃假名。若實凡夫。則外乃實號也。又分五。子一金剛力士眾。

說是語已。會中無量百千金剛。一時佛前合掌頂禮而白佛言。如佛所說。我當誠心保護如是修菩提者。

此現具執金剛身。不同後之菩薩也。修菩提者。以持咒修耳根圓通為上。後皆倣此。

子二兩天統尊眾。

爾時梵王。并天帝釋四天大王。亦於佛前同時頂禮而白佛言。審有如是修學善人。我當盡心至誠保護。令其一生所作如願。

審。猶果也。一生如願。謂令現生取證。及心通也。此入理悉檀。若作事事如願。即餘三悉矣。

子三八部統尊眾。

復有無量藥叉大將。諸羅剎王。富單那王。鳩槃茶王。毗舍遮王。頻那夜迦。諸大鬼王。及諸鬼帥。亦於佛前合掌頂禮。我亦誓願護持是人。令菩提心速得圓滿。

誓常護。令大果速成就也。

子四照臨主宰眾。

復有無量日月天子。風師。雨師。雲師。雷師。并電伯等。年歲巡官。諸星眷屬。亦於會中頂禮佛足而白佛言。我亦保護是修行人。安立道場。得無所畏。

師伯。亦主宰統尊之稱。年歲巡官。即四直功曹之類。特護道場者。是於剋期取證之人倍護令不畏魔。非全不護隨便修眾也。

子五地祇天神眾。

復有無量山神。海神。一切土地。水陸空行。萬物精祇。并風神王。無色界天。於如來前。同時稽首而白佛言。我亦保護是修行人。得成菩提。永無魔事。

山海神。川嶽主也。土地。地祇類也。水陸空行。舉三居以該多眾也。萬物精祇。如主樹木苗稼等神。以上皆有形之類。下該無形。風神王似舜若多。主空神也。經云。其形如風。無色界天無業果色。皆無形類也。而同言稽首者。或仗佛威光。暫能現身也。溫陵謂補全三界四大亦通。但缺火神。外眾護持已竟。

癸二內聖護持。本跡雙彰。故標內教之聖。分三科。子一指人敘儀。

爾時八萬四千那由他恆河沙俱胝金剛藏王菩薩。在大會中。即從座起。頂禮佛足而白佛言。

證究竟堅固之理。故稱金剛。祕跡護持。故稱藏。慈威尊勝。折攝並行。故稱王菩薩。是其常儀。降魔。則現持杵忿怒金剛之相。故云爾。

子二顯本久護。

世尊。如我等輩所修功業。久成菩提。不取涅槃。常隨此咒。救護末世修三摩地正修行者。

功業久成。即歷位斷證已極。不取涅槃。但不偏取寂滅而實圓住三祕密藏。常隨下。

表其不捨眾生。帶果行因。以酬護生本願。皆自顯其本。

子三正明護持。分為四。丑一定散俱護。

世尊。如是修心求正定人。若在道場。及餘經行。乃至散心遊戲聚落。我等徒眾。常當隨從侍衛此人。

道場經行。俱攝心正定之時。即反聞自性入流亡所等時也。乃至下。亦是發心起修之後。但初心間斷。有時散心。菩薩亦不以其散心而不護也。由是而觀。持咒修行之人亦當自知尊重。不應作破戒穢行以仰愧於菩薩也。

丑二魔魅盡祛。分為二。寅一正明盡祛。

縱令魔王大自在天求其方便。終不可得。諸小鬼神。去此善人十由旬外。

大自在亦色界魔天。

寅二開除發心。

除彼發心樂修禪者。

彼。指諸小鬼神。發心好禪。彼亦自護行人。故不祛除。許令親近。

丑三違越不滅。

世尊。如是惡魔。若魔眷屬。欲來侵擾是善人者。我以寶杵殞碎其首。猶

如微塵。

殞。壞也。寶杵擬之即碎。不待觸擊。孤山曰。以上群靈。皆獲本心。住首楞嚴。能建大義。示現菩薩諸天鬼神等像。護持行人耳。而言以寶杵碎首者。若涅槃殺闡提。仙預誅淨行。皆由住無緣慈。得一子地。乃能如是。

丑四常令如意。

恆令此人所作如願。

如願準前。自初喻華屋請修。以至此文。當為巧修正助周。夫二修雖皆最初方便。而耳門深入是為正修。而道場持咒皆為助行。是知方便修人自分利鈍二根。根稍利者。固不必道場等助。而自可解耳根以入圓通。如阿難是也。根稍鈍而不能促入者。方用後門助之。問。此既一周。何無證悟之人。答。證悟在正行之末。此但助行。故無證悟。其於經題四實法中。正屬修證了義耳。說三摩提。令依妙心一門深入一大科已竟。

戊三說禪那。令住圓定歷位修證。此答阿難妙禪那之請也。然與上科皆不離前性定華屋。前如得門而入。此如升堂入室之次第。但兼前緣了二因。定慧雙融為勝耳。分二。巳一阿難謝教請位。又三。庚一具儀陳白。

阿難即從座起。頂禮佛足而白佛言。

庚二謝請之言。又分為二。辛一述過謝益。此與上科亦可總屬上謝修之尾。奈文理連下。今作謝前請後之科。又二。壬一述多聞未修。

我輩愚鈍。好為多聞。於諸漏心未求出離。

諸漏心。謂微細煩惱住地深惑。不止四住。愚則難明。鈍則難斷。況耽強記而未專求。故久未出離也。

壬二謝蒙教獲益。

蒙佛慈誨。得正熏修。身心快然。獲大饒益。

慈誨。即前選根加行二門開示也。正助分明。進修無惑。故快然饒益也。

辛二正以請位。又分二。壬一確指果前。

世尊。如是修證佛三摩地。未到涅槃。

壬二歷請諸位。

云何名為乾慧之地四十四心。至何漸次。得修行目。詣何方所。名入地中。云何名為等覺菩薩。

乾慧。信前一位也。長水曰。信。住。行。向。及加行。名四十四心也。○前是舉其中位。下乃原始要終。故所謂漸次者。即最初乾慧之前三漸次也。當云其始也。用何漸次發足修行。其終也。詣何方所深入地上。末二句易知。窮極因位也。深研此文。當有錯簡。至何二句當在三摩地下。則始終順序。不費曲釋。今作先舉中位。而後要始終。乃將錯就錯。終不順也。試詳之。此問中所顯五十九位。以彼欲明修因。故但問因位。加妙覺。成六十位矣。

庚三拜同眾仰。

作是語已。五體投地。大眾一心。佇佛慈音。瞪瞢瞻仰。

巳二如來對示緣起。緣起。謂染淨二緣皆依心起。眾生依本覺而起不覺。即染緣起。而遂成十二類生無邊生死。諸聖依不覺而起始覺。即淨緣起。而遂成六十聖位無邊果海。分為三科。庚一如來讚許。

爾時世尊讚阿難言。善哉善哉。汝等乃能普為大眾。及諸末世一切眾生修三摩地求大乘者。從於凡夫。終大涅槃。懸示無上正修行路。汝今諦聽。當為汝說。

懸者。遠也。先也。懸示者。言未及深證。預先懸遠而談所歷諸位。乃至極證寶所亦無不委示也。無上正修者。顯此中所示皆了義修證。非同不了義也。

庚二大眾誠聽。

阿難大眾。合掌刳心。默然受教。

刳者。刳剔也。刳心。謂虛淨其心。絕無疑質辯難。但惟一心渴仰承聽之也。

庚三正以說示。又二。辛一總以略標。復分為二科。壬一所依真如。

佛言。阿難當知。妙性圓明。離諸名相。本來無有世界眾生。

妙性即真如。在生滅門即本覺圓明。謂純是無上知覺。名言未彰。義相未涉。故離諸名相。凡言世界眾生。且兼依正。名相是假法。依正是實法。又首句是圓成實性。為能離。次句是徧計執性。末句是依他起性。為所離也。

壬二所起生滅。依真如而有生滅。分二。癸一略示染緣起。

因妄有生。因生有滅。生滅名妄。

因妄有生者。即依無明而展轉遂至無情發生有情受生也。滅。即無情之壞。而有情之死。此對待必然也。

癸二略示淨緣起。

滅妄名真。是稱如來無上菩提及大涅槃二轉依號。

發真歸元。則世界眾生一皆消殞。由是生滅已復真常。故曰滅妄名真。此是實果。下但稱出果名而已。約名真二字稱菩提。以菩提即真智也。約滅妄二字稱涅槃。以涅槃即無生滅也。然菩提轉煩惱。而涅槃轉生死。故曰二轉依號也。

辛二各以詳示。分為二科。壬一詳示染緣起則偏成輪迴。又二。癸一勸識顛倒。

須識顛倒染果。後可翻取淨果。此所以未談聖位而先敘輪迴之故也。又三。子一按定問意。

阿難。汝今欲修真三摩地。直詣如來大涅槃者。

真三摩地但宗耳門圓通。直詣二字即具含果前諸位。涅槃即極果也。

子二勸先識倒。

先當識此眾生世界二顛倒因。

凡言眾生世界。則世界即情世間。惟正非依。吳興曰。世界顛倒。蓋指正報。即十二類生也。答阿難所入地位。位由悟入。悟必由迷。迷之為凡。悟之為聖。皆正報之事。非器界之謂也。○此蓋於一正報。分約因果成二倒耳。至後自見矣。

子三結歸所問。

顛倒不生。斯則如來真三摩地。

阿難原問佛三摩地中位次。今云不顛倒。即正定。所謂位由悟入也。

癸二徵釋二倒。又二。子一徵釋眾生顛倒。又分為三。丑一徵起。

阿難。云何名為眾生顛倒。

丑二正釋。分三。寅一順流成有。順之一字。即任運所起俱生之惑。窮源而論。

雖遠依無明。雙兼二執。而近約分段親依。仍多界內之思惑耳。成有者。蓋從本無生死中。順流而起生死之業也。分三。卯一推敘從無而有。

阿難。由性明心性明圓故。因明發性。性妄見生。從畢竟無成究竟有。

溫陵曰。性明心。指真如體也。性明圓。言不守自性也。由其不守自性。故因妄明而發妄性。因妄性而生妄見。於是從無相真。成有相妄。○明圓。即能流動之意。故不守自性。乃隨緣義也。妄明即無明。妄性即業識性。妄見即二執俱生。以上並屬於惑。下之從無成有者。即業成必招果報之相。此有字即十二因緣中有支。乃任運趣生之業也。然究竟二字。即展轉取著造作成就之意。故此有且勿作身相會之。下世界內分段二字。方是身相也。

卯二曉示雖有恆無。

此有所有。非因所因。住所住相。了無根本。

上有字即能有之惑。下所有即業也。次句總明無因。蓋明此業非真能因。此惑非真所因也。住者。相續之謂也。方生曰有。相續不斷曰住。蓋有為能住。惑為所住。末句總言二相悉皆無本可據也。既無因無本。所以雖有恆無也。

卯三判決依無妄立。

本此無住。建立世界及諸眾生。

吳興曰。本此無住者。住即依也。推本至末。了無所依也。○無住。即了無根本之惑業也。此世界在眾生之上。而又加一及字。即所兼帶之依報山河大地等也。如云此無住本不但為眾生之本。而山河大地。及與眾生。皆依之而建立也。若是。生先界後。方是說情世間。舊註不達界生先後之辨。有依有正。輒分總別。不顧與上徵辭矛盾。欠研究耳。又真心亦有無住之義。如無住處涅槃。乃不滯一法之謂。非今經意也。順流成有已竟。

寅二邪復成非。邪之一字。即欣厭所起分別之惑。若窮源而論。仍同上科遠依無明。及兼法執。若近約分段親依。亦多界內之見惑也。成非者。蓋因久流生死。疲厭求復。不知出要。展轉邪修也。分為三。

卯一本無可復。

迷本圓明。是生虛妄。妄性無體。非有所依。

妄業不能虧曰本圓。妄惑不能蔽曰本明。此本圓明。即不變之性體。眾生特為迷此不變之性。故生虛妄惑業。而追窮妄性。了無實體。亦無依據。總言真不變而妄本空也。然妄既本空。則妄無可離。真既不變。則真無可復矣。

卯二諸復皆非。既無可離可復。則凡求復者皆非真也。又二科。辰一先以況顯。又二。巳一先明正復猶非。

將欲復真。欲真已非真真如性。

此舉內教小乘及大乘權漸順正理而復真者。尚皆非真得於真如之性。亦以其於無可離者而強離。於無可復者而強復故也。此可見惟圓頓人不離之離不復之復方為得矣。

巳二況顯邪復益非。

非真求復。宛成非相。

此指一切外道。不見正理。種種邪修。盡是非真求復也。宛成非相者。言顯然墮於邪妄因果。展轉支離。違遠圓通。背涅槃城。同後陰魔之黨矣。

辰二後以詳陳。

非生。非住。非心。非法。展轉發生。

此並屬惑。即是見惑。下科方結為業。至後世界方以說身即果。故舊釋身受非是。今非生。即非因計因。謂妄計邪修為生果之因也。非住。即非果計果。謂妄計諸無常處為常住之果也。非心。即邪智也。總攝一切邪妄見解。標樹宗旨。各各自謂明本來心也。非法。即邪境也。總攝一切邪妄修證。建立法門。各各自謂得無上法也。末句總結。謂邪因邪果邪智邪境互相引發。故展轉發生。諸復皆非已竟。

卯三結惑成業。

生力發明。熏以成業。

生力。即邪惑之力。發明。即依惑造作。熏。習也。蓋初熏始稱發明。熏久習定。所謂業已成矣。不可改移也。亦是熏成業種。必招邪果之隨眠也。

寅三總明招感。

同業相感。因有感業相滅相生。

總承前二科俱生分別二種惑業。明招感互滅互生之果報也。良以眾生所以受分段生死者。必親依見思二惑造業招感。然見思互有輕重。或等分。且窮其初起。必思先而見後。故經中前後歷敘之。其於俱生。惑業略而顯妄多。以任運簡易。而妄源不可不首彰也。於分別。則顯妄少而惑業詳。以邪計多端而妄源不勞於重敘也。至此科。乃雙承總明招感也。同業者。以業同必同聚也。相感者。以聚久不無順逆二事互相感動其心也。因有感業者。亦成業種之意。如以順事相感動者。則成恩愛不捨之業種。以逆事相感動者。則成冤恨不捨之業種。末句略彰隔生之酬報。以見惑業所以為生緣也。以冤恨聚者則相滅。以恩愛聚者則相生。此亦約現業以定來果。非正談果報。在下世界顛倒科中。正釋已竟。

丑三結成。

由是故有眾生顛倒。

由是者。即由此二惑二業之故也。故知眾生乃約因而說也。徵釋眾生顛倒一科已竟。

子二徵釋世界顛倒。分三。丑一徵起。

阿難。云何名為世界顛倒。

丑二正釋。分二。寅一釋成世界名數。又二。卯一釋成名字。

是有所有。分段妄生。因此界立。非因所因。無住所住。遷流不住。因此世成。

此科釋成世界二字。前之惑業為能有。今之正報為所有。因果成就。由是分段生死之身從無生而妄生。約此分段根身。建立有情之界。而界之名字由此而得也。又此妄生本非能因所因。本無能住所住。自是念念遷流不住之法。因此三世相續而成。而世之名字由此而得也。

卯二釋成數量。

三世四方。和合相涉。變化眾生。成十二類。

身之四方。即左右前後。此約世界本數交涉。三四四三。宛轉十二。皆應數而成變化。

寅二推由六想成輪。問。既曰推由。豈不是因。答。此取受生時循聲逐色而取著成輪。所謂潤生。而非潤業。故屬果不屬因也。分為三。卯一示吸塵次第。

是故世界因動有聲。因聲有色。因色有香。因香有觸。因觸有味。因味知

法。

吳興曰。最後知法者。知即意根。法即法塵。以後例前。則有聞聲見色等義。況云六亂妄想。是知見聞覺知皆歸妄想。○夫受生雖由外塵引心而最初先由自心發動。方乃聞聲等也。故曰因動有聲。且塵來應心。聲必先至。亦以聲最通遠。而耳又偏利。故聲居六亂之先循聲必至覓色。故次曰因聲見色。近色則必至聞香。聞香則必至覺觸。覺觸則必至嘗味。嘗味則必至知法。知法。謂緣想不捨也。蓋是由疏轉親。漸成逼近取著之相。一切眾生顛倒趣生皆由此也。

卯二明成業輪轉。

六亂妄想成業性故。十二區分由此輪轉。

業者。習也。性者。不可改轉之意。所謂習以性成也。莫作業因會之。塵雖惟六。而一因一有。迭至六句。則成十二。故感十二區分輪轉。且因有二字即根塵故。亦合乎十二數矣。

卯三結循塵旋復。

是故世間聲香味觸。窮十二變。為一旋復。

略舉四塵。仍攝十二。故曰窮十二變。旋復者。周而復始之義也。正釋一科已竟。

丑三結成。此之結成世界文甚詳而多者。要顯染緣起而徧成之輪迴。故翻成淨緣亦有多位矣。分為三。寅一總以結成。

乘此輪轉顛倒相故。是有世界卵生。胎生。濕生。化生。有色。無色。有想。無想。若非有色。若非無色。若非有想。若非無想。

乘此輪倒者。即乘上之根塵旋復。此猶牒上潤生無明。起下文所成之界。是有下。方詳所成世界。每四生各為一聚。後八生不出色想分別。迷真成妄。色心二字盡之矣。此方列名。至下經文自釋。

寅二別以詳列。二。卯一別列類生。夫輪迴顛倒。和合亂想。諸類雖可通具。而各以偏勝。故有差別。又三。辰一卵胎濕化四生。吳興曰。依轂而起曰卵生。含藏而出曰胎生。假潤而興曰濕生。無而忽有曰化生。如是四生。由內心思業為因。外轂胎藏濕潤為緣。藉緣多少而成次第。卵生具四。所以先說。胎生具三。濕生具二。化生惟一。謂思業也。此依瑜伽。分為四科。巳一卵生。

阿難。由因世界虛妄輪迴動顛倒故。和合氣成八萬四千飛沈亂想。如是故有卵羯邏藍流轉國土。魚鳥龜蛇。其類充塞。

溫陵曰。卵惟想生。虛妄。即想也。想體輕舉。名動顛倒。卵以氣交。名和合氣成。想多升沈。名飛沈亂想。故感魚鳥飛沈之類也。十二類各八萬四千者。各由八萬四千煩惱感變也。羯邏藍云凝滑。入胎初位。胎卵未分之相也。○羯邏藍等在胎之位。隨取成文。非各局一也。

巳二胎生。

由因世界雜染輪迴欲顛倒故。和合滋成八萬四千橫竪亂想。如是故有胎遏蒲曇流轉國土。人畜龍仙。其類充塞。

溫陵曰。胎因情有。雜染。即情也。情生於愛。名欲顛倒。胎以精交。名和合滋成。情有偏正。名橫竪亂想。故感人畜橫竪之類。遏蒲曇云皰。即胎卵漸分之相也。○偏正者。按後情想均等。生於人間。正也。情多想少。流入旁生。偏也。世教言人得五常之全。畜得五常之偏。環師意多在後說也。

巳三濕生。

由因世界執著輪迴趣顛倒故。和合煖成八萬四千翻覆亂想。如是故有濕相蔽尸流轉國土。含蠢蝡動。其類充塞。

溫陵曰。濕以合感。執著。即合也。合由愛滯。觸境趣附。名趣顛倒。濕以陽生。名和合煖成。所趣無定。名翻覆亂想。故感蠢蝡翻覆之類也。蔽尸云輭肉。濕生初相也。既不入胎。故無前二位矣。○濕生染香。應改聞香趣附。

巳四化生。

由因世界變易輪迴假顛倒故。和合觸成八萬四千新故亂想。如是故有化相羯南流轉國土。轉蛻飛行。其類充塞。

溫陵曰。化以離應。變易。即離也。離此託彼。名假顛倒。觸類而變。名和合觸成。轉故趣新。名新故亂想。故感報亦爾。蛻。脫故趣新也。如虫為蝶。轉行為飛。如雀為蛤。蛻飛為潛。凡以不同形而相禪。皆轉蛻也。羯南云硬肉。蛻即成體。無輭相也。自下皆稱羯南者。諸類通稱止此。若第五鉢羅奢佉曰成形。則各隨狀貌。非通稱也。吳興曰。無而忽有。理合在茲。天如曰。若論天獄鬼等皆有化相。則岳師無而忽有之說亦有理焉。宜備取之。○化生染處名和合觸成。經云。地獄及諸天。一一皆化生。轉托業化。即宜收盡。以天染處。地獄聞腥。故也。但速疾無難而已。是皆轉托業化。非無而忽有意生妙化也。

辰二色想有無四生。分四。巳一有色。

由因世界留礙輪迴障顛倒故。和合著成八萬四千精耀亂想。如是故有色相羯南流轉國土。休咎精明。其類充塞。

資中曰。事日月水火。和合光明。堅執不捨。名為留礙。障隔不通。名障顛倒。精明顯著。因此受生。故名色相。星辰日月。吉者為休。凶者為咎。至於熠火蚌珠。皆是此類。

溫陵曰。一切精明神物。皆精耀也。其想已結成精耀。故但有色而已。涅槃云。八十神皆因留礙想元。成此精耀。此推至精至神亦未離乎乘彼輪轉。顛倒相也。

巳二無色。

由因世界銷散輪迴惑顛倒故。和合暗成八萬四千陰隱亂想。如是故有無色羯南流轉國土。空散銷沉。其類充塞。

溫陵曰。厭有著空。滅身歸無。名銷散輪迴。迷漏無聞。名惑顛倒。厭有歸無。則依晦昧空。故和合暗成。而名陰隱亂想。即無色界外道類也。此有想無色。而不成業體。故亦稱羯南。又有惑業昏重。形色銷磨。體合空昧。識附陰隱。亦空散銷沉類也。○此之二類。前類即無色界天。未止外道。亦兼凡夫聖人。聖。即鈍根那含。惟無業果色。而有定果也。更應別屬空散。謂散心即空。無色相也。後類即主空神。方純外道。二色俱無。更應別屬銷沈。謂惡取空昧。銷磨沈沒也。又解中謂有想無色。而又不成業體。憑何亦稱羯南。仍當云。雖無業體。不妨業繫有生。故亦稱羯南。取義而稱也。

巳三有想。

由因世界罔象輪迴影顛倒故。和合憶成八萬四千潛結亂想。如是故有有想相羯南流轉國土。神鬼精靈。其類充塞。

溫陵曰。虛妄失真。邪著影像。無所託陰。從憶想生。於罔象中。潛結狀貌。其神不明而幽為鬼。精不全而散為靈。無有實色。但有想相。○罔相者。似無不無之意。蓋神鬼精靈相不可見。而實暗中有相。故曰陰隱潛結。眾生邪慕靈通。逐影憶想。時或恍忽見之。久當生墮其類矣。

巳四無想。

由因世界愚鈍輪迴癡顛倒故。和合頑成八萬四千枯槁亂想。如是故有無想羯南流轉國土。精神化為土木金石。其類充塞。

資中曰。外道計無情有命。金石堅牢。或習定灰凝。思專枯槁。心隨境變。遇物成形。如華表生精。黃頭化石之類是也。溫陵曰。不了諦理。固守愚癡。癡鈍之極。則頑冥無知。而精神化為土木金石也。

辰三有無俱非四生。此之四生妄之甚。誠如溫陵所謂迷情愈妄。化理轉乖也。分四。巳一非有色。

由因世界相待輪迴偽顛倒故。和合染成八萬四千因依亂想。如是故有非有色相成色羯南流轉國土。諸水母等。以蝦為目。其類充塞。

溫陵曰。水母之類。以水沫為體。以鰕為目。本非有色待物成色。不能自用。待物有用。迷失天真。緜著浮偽。彼此異質。染緣相合。故曰因依。資中曰。和合巧偽。屈己從他。或假託因依。遞為形勢。資身養命。業果相循。不從自類受身。故名非有色相等。有情身內八萬戶蟲。並是此類。○此生若約水母。亦有身形。體如豆粉。狀類裀褥。人取食之。故不屬無色。特以待他形用。不能自全色力。而言非有色也。資中取類戶蟲亦似矣。

巳二非無色。

由因世界相引輪迴性顛倒故。和合咒成八萬四千呼召亂想。由是故有非無色相無色羯南流轉國土。咒詛厭生。其類充塞。

溫陵曰。邪業相引。使性情顛倒。而乘咒託識。不由生理。妄隨呼召。即世間邪術咒詛。精魅厭物。因而有生者也。○資中引蝦蟆以聲附卵。收類似寬。不切咒詛。現見世間有咒樟柳木人令其說報吉凶。故溫陵之解為是。此若推論因果。必是生生好為咒詛。害物傷生。因果相酬。等流相似。故受此生也。

巳三非有想。

由因世界合妄輪迴罔顛倒故。和合異成八萬四千迴互亂想。如是故有非有想相成想羯南流轉國土。彼蒲盧等。異質相成。其類充塞。

溫陵曰。二妄相合。性情罔昧。異質相成。生理迴互。如彼蒲盧。本為桑蟲。非有蜂想。而成蜂想。吳興曰。以異質故。非有想相。以相成故。成想羯南。○資中有解。因果似倒。此必因中好為誣罔。取他納為己有。故果中亦被他物取為己有。

巳四非無想。

由因世界怨害輪迴殺顛倒故。和合怪成八萬四千食父母想。如是故有非無想相無想羯南流轉國土。如土梟等。附塊為兒。及破鏡鳥。以毒樹果抱為其子。子成。父母皆遭其食。其類充塞。

若推論此生。原為懷冤圖報而來。故曰非無想也。而輪迴顛倒皆以冤殺為名。且以父母生養。至恩至愛。而被吞食之苦。以子蒙至恩之愛。而返逆吞食。若有映於雪恨者。此誠不忍聞見而怪之甚也。故曰怪成食父母想。此若推論因果。必是蒙人至恩至愛而反以負恩讎害。世間現見此事亦甚多也。而彼冤對來酬此恨。故成斯生。舊註獨此生推原不甚明爽。故別解之。孤山曰。土梟破鏡。按史記孝武本紀云。祠黃帝用一梟鏡。孟康曰。梟。鳥名也。食母。破鏡。獸名也。食父。黃帝欲絕其類。使百祠皆用之。破鏡如貙而虎眼。今云鳥者。恐譯人誤。或鳥字合是等字。後人妄改耳。別列類生已竟。

卯二勒成名數。

是名眾生十二種類。

別以詳列已竟。

大佛頂首楞嚴經正脈疏卷三十

大佛頂首楞嚴經正脈疏卷三十一

經文卷八之一

明京都西湖沙門交光真鑑述
蒲州萬固沙門妙峰福登校

寅三申結互妄。又二。卯一正申互具喻明。

阿難。如是眾生一一類中。亦各各具十二顛倒。猶如揑目。亂華發生。

孤山曰。各具。即互具也。以一一類心。妄種皆具。一則現起。名事造。餘則冥伏。名理具。◯揑華。喻其虛妄也。亂發喻其互具也。

卯二推結倒真成妄。

顛倒妙圓真淨明心。具足如斯虛妄亂想。

上喻虛妄。此推即真。但由顛倒本真故即具足眾妄也。具足者。言總括種現互具。當成一百四十四生。是雖生死無邊。畢竟顛倒非實。而淨明真體固自若也。翻染成淨。而進階聖位。復何難哉。此固對示二緣起之本意也。詳示染緣起則徧成輪迴已竟。

壬二詳示淨緣起則歷成諸位。以真如有不變之體。故能隨緣不定。前既隨染緣而徧成眾生。今豈不隨淨緣而徧成聖位乎。分四。癸一正答因果諸位。此之因果。有縱有奪。若縱之。則前前皆為後後之因。後後俱為前前之果。若奪之。則惟佛為果。而等覺以前皆因也。故知舊註於此判證而不言修。非為確論矣。問。約奪則因有諸位。果惟一位。何以通言因果諸位乎。答。圓融果相。從初發心即自具足。何妨說諸。但有性具修成之別而已。分為十科。子一漸次三位。前問至何漸次得修行目。斯言修習等。正修行目也。此中應知乾慧以前三漸次位。則圓家五品十信盡攝於中。乾慧以後所立十信。乃是初住開出十心。經文顯然。蓋圓家住前不取證。故不列位。所以此經與華嚴皆於信位不分十也至文再指。分二。丑一教立位翻染。又分二。寅一法說。

汝今修證佛三摩地。於是本因元所亂想。立三漸次。方得除滅。

觀此立位之初。便以修證平言。豈可分判前為修而此為證乎。三摩地。即經耳門三昧。舊註不達經文一貫。此處全不知是重敘圓通。以為諸位最初方便。往往別判。致令經文脈絡永不通也。本因亂想。即前飛沈等各八萬四千也。三漸除滅。即教其翻染成淨也。

寅二喻說。

如淨器中。除去毒蜜。以諸湯水並雜灰香洗滌其器。後貯甘露。

既貯毒蜜。何言淨器。蓋須取於本來元淨。而又毒所不能染者。如金玉之器是也。用比根中不生滅性本來元淨。而又具不變之體也。毒蜜。喻五辛婬殺等。湯灰。喻忘塵盡根。甘露。喻所安立聖位也。三漸次法喻可了。

丑二示所立之位。又二。寅一徵起列名。

云何名為三種漸次。一者修習。除其助因。二者真修。刳其正性。三者增進。違其現業。

首二句徵起。一者下六句列名。每各二句。皆上句明修。下句明斷。修指研真。謂入三摩地。漸取耳根圓通也。斷指斷妄。謂除五辛。戒四重。及消十二處也。今初第一修習者。初於聞中。入流亡所時也。蓋始以習學收拾循聲散心。數數。反聞自性。而有間斷。未成一片。故曰修習位也。如其不然。則斷除五辛。言除足矣。而說修習者。修習何事耶。下二倣此。除其助因者。寄此位以明五辛之當斷。蓋五辛非惟但助婬恚。展轉力能引魔。則何惡不至。實乃四重之助因也。故應於此初修即首除之。第二真修者。即所入既寂。動靜不生時也。蓋忘動功夫。入手已成一片。乃至靜塵亦將漸忘。故曰真修。蓋自來持戒不足以當真修之名。而真三摩地始克當耳。刳其正性者。寄此位刮剔淨絕四種根本重罪。乃諸惡之正性。故應此位刳之。良以帶四心而修禪。皆似而非真。必落魔鬼等道故也。第三增進者。即如是漸增。聞所聞盡時也。此與前之圓通增修字同。愈無可疑。且前漸次。修斷異體。而猶未顯明。此則修斷一相。更何疑異哉。良以此中所修者固聞性。而所斷者即根塵故。違其現業者。以流根奔塵即名現業。忘塵盡根即名為違。問。此中方以忘塵盡根。前二位何以遽說忘塵返聞耶。答。前二位漸以修學。此位收功。根塵圓泯。非前漸習豈能

遽至是哉。

寅二條分別釋。就分三。卯一除其助因。又為三。辰一徵起。

云何助因。

此惟徵助因而不徵修習者。以修習在前圓通中說明。而列名處。但表當此位以除助因而已。故至此止惟徵釋助因。不復重徵修習。亦如道場中惟詳說戒之例也。下倣此。

辰二詳釋。又三。巳一標依食住。

阿難。如是世界十二類生。不能自全。依四食住。所謂段食。觸食。思食。識食。是故佛說一切眾生皆依食住。

既言十二類生。即局界內。不能自全者。不能如法性身人無庸於食也。然標必依食住者。見界內眾生身命慧命安危所係。修習者不可不知所檢擇而戒斷也。溫陵曰。四食者。人間段食。謂所餐必有分段。鬼神觸食。但歆觸而飽。禪天思食。食至。或但思之而飽。識天識食。既無形色。但以識想。○歆觸。謂但觸其氣也。禪天無飲食法。宜但取於思之而飽。仍恐但以禪悅為思。非思食物。識想何異思食。殆是惟以識定續命。義言以識為食。此約勝者而言。劣如地獄餓鬼。歷劫但以業識不能斷命。是亦識食思食類也。俟更考之。

巳二教斷辛毒。

阿難。一切眾生食甘故生。食毒故死。是諸眾生求三摩地。當斷世間五種辛菜。

無毒曰甘。非局甜味也。首三句。舉身命安危係於食之甘毒。引明慧命所係尤宜慎擇也。求三摩地。足見當於修習圓通時也。五種辛菜正危慧命之大毒。故應絕之。孤山曰。五辛者。楞伽經云。葱蒜韭薤興渠也。應法師云。興渠。梵音訛也。正云興宜。慈愍三藏云。根如蘿蔔。出土辛臭。慈愍冬至彼土。不見其苗。則此方無。故不翻也。

巳三深明其過。又四。午一發婬增恚過。

是五種辛熟食發婬。生啖增恚。

熟食必壯相火。故發婬。生啖必動肝氣。故增恚。佛智所鑑。不爽毫釐。物性必然。宜敬信而戒之。

午二天遠鬼近過。

如是世界食辛之人。縱能宣說十二部經。十方天仙嫌其臭穢。咸皆遠離。諸餓鬼等。因彼食次。舐其唇吻。常與鬼住。福德日消。長無利益。

今以世人具齋戒者。尚於食辛之人多畏避之。何況天仙。餓鬼歆於不淨。故常親近。天遠故福日消。鬼近故長無利益。嘗見天時疫癘。世人咸謂辛能避瘟。由經觀之。斯蓋招瘟之端。而世人業力所使。顛倒滋禍如此。不可不知所警也。

午三無護遭魔過。

是食辛人修三摩地。菩薩天仙十方善神不來守護。大力魔王得其方便。現作佛身來為說法。非毀禁戒。讚婬怒癡。

上天仙不聽經。此聖善不護定。上招餓鬼。此引魔王。見過轉深也。非禁戒繫縛為小乘。讚三毒無礙為大道。則四重等無惡不造。是誠助諸惡之因。痛宜戒之。

午四成魔墮獄過。

命終自為魔王眷屬。受魔福盡。墮無間獄。

上皆現在惡因。此屬當來苦果。是則世人緣一臭惡之味。引致阿鼻極苦。有何難捨。而不勇斷之哉。

辰三結成。

阿難。修菩提者永斷五辛。是則名為第一增進修行漸次。

觀此首標修菩提者而後言斷辛。足見第一漸次必兼修習圓通。若徒斷五辛。何以遽謂之增進修行乎。而又何以目為修菩提乎。

卯二刳其正性。正性。謂婬殺盜妄等。上之五辛但能助發於此而已。今此正彼本惡之體也。分為三。辰一徵起。

云何正性。

辰二詳釋。又二。巳一教令持戒。又三。午一首示定因戒生。

阿難。如是眾生入三摩地。要先嚴持清淨戒律。

反聞功夫入手。方為入三摩地。所謂真修之位。見其深於前文修習言求也。然要先云者。承前位功夫間斷不能入手。故示特加嚴戒。而後能功夫入手得三摩地。所謂因戒生定也。

午二次示先斷婬殺。又三。未一正教永斷。

永斷婬心。不餐酒肉。以火淨食。無噉生氣。

婬殺為諸惡上首。故令先斷而後可從諸律。婬須從心止絕。不飲酒。預遮昏亂毀犯。不餐肉。即是斷殺。六卷四重律中皆以食肉屬於殺生。以火淨食。又戒殺之至也。凡生鮮之物不經火者皆不敢食。示無情生長者尚不忍損。況有情生活者。豈忍殺害乎。問。至此方斷。豈前位猶許食酒肉乎。答。此為根利而自來未秉齋戒者。故作如是漸斷耳。若先具齋戒者不在此例。又西天權小未斷者多。故令迴心漸斷。此方純秉大乘。凡修行者無不先斷。故無修後斷也。

未二反言決定。

阿難。是修行人若不斷婬。及與殺生。出三界者。無有是處。

相生相殺未已故也。

未三特教觀婬。

當觀婬欲。猶如毒蛇。如見怨賊。

婬為生殺之深源。且根心慣習。最難頓捨。故偏令觀之。溫陵曰。婬如毒蛇怨賊者。

能害法身殺慧命故也。

午三後教漸進戒品。

先持聲聞四棄八棄。執身不動。後行菩薩清淨律儀。執心不起。

此處方全該四重。四棄。即婬殺盜妄。而尼加觸入覆隨。亦多防婬也。執身謂禁七支。

猶麤。下進菩薩律儀。方細。準前道場中說菩薩亦但於四重律從心止絕一念不生為細。非

三千八萬也。

巳二戒成利益。分二科。午一生死解脫。又二。未一斷婬殺所脫。

禁戒成就。則於世間永無相生相殺之業。

斷婬則不相生。斷殺則不相殺。蓋無生殺業因。則無生殺果報也。

未二斷偷劫所脫。

偷劫不行。無相負累。亦於世間不還宿債。

偷謂竊取。劫謂強取。無負累者。無負債之業累也。據經文似惟說盜。吳興補大妄語。及判觀行。似有理據。其略曰。不妄故不還宿債。以大妄語負其供養故。約位言之。此應在圓家觀行之中。即別十信而小七賢也。

午二業報清淨。

是清淨人修三摩地。父母肉身。不須天眼。自然觀見十方世界。覩佛聞法。親奉聖旨。得大神通。遊十方界。宿命清淨。得無艱險。

清淨人躡前持戒。三摩提次表大定。然定是正行。戒但助行耳。肉眼觀見十方。即色陰盡相。後文云十方洞開無復幽暗是也。按位當在初信。齊小初果。舊判觀行。於後違經。至陰魔中詳辨。今並別判。勿泥舊聞。次四句受陰盡相。後文云。去住自由。無復留礙。又云。得意生身。隨往無礙。今言覩佛聞法。又言親奉。則須親到。非遙見聞。而下更言得通游界。則愈與後文合也。按位當在二三兩信。齊小二果。末二句想陰盡相。後文云。於覺明心。如去塵垢。一倫生死。首尾圓照。今言宿命清淨。則明是去塵垢而照生死也。又言得無艱險者。既以徹通宿命。除己願力。永不誤入惡趣。所謂離諸生死險難惡道也。

按位當在四五兩信。對小三果。此之業報。略假戒為助行。全本耳門妙定修發。通該十信前五。備顯六根清淨。觀見十方。則眼根清淨。聞法親奉。則耳根清淨。得通游界。則鼻舌身根清淨。以三皆合知。相依遠到也。宿命無艱。則意根清淨。

辰三結成。

是則名為第二增進修行漸次。

此中前半以諸戒助成正定。即觀行位。後半業報。即齊五信。并小三果。在圓通中方至動靜不生。

卯三違其現業。分三。辰一徵起。

云何現業。

辰二詳釋。分為三科。巳一根塵雙泯。又為二。午一牒前持戒離塵。

阿難。如是清淨持禁戒人。心無貪婬。於外六塵不多流逸。

前文屢牒三摩地。而此不牒者。以前初心全假戒扶。則戒相顯著而定相隱微。恐人忘定。故屢牒之。此中全彰旋於妙定。故不勞牒定。但惟牒戒為後定因。以見因戒生定之妙旨也。故首舉清淨持戒之人。即牒前半所持諸戒。而特申無貪婬者。固因其為四重之首。壞定之魁。以警人必除之意。然亦自此句下。正牒後半果報中五信三果諸人。以印許其力量所至也。蓋五信三果。則欲界九品思惑以盡。豈留婬心。故許其心必無貪婬也。仍是忘塵極功。故復許其六塵不多流逸。然許其不多。而不許其絕無者。以根未盡而相待仍存。故但以無漏而熏有漏。從多漸少而已。非全無漏。故不全許耳。全分無漏在下科中。

午二進獲塵忘根盡。

因不流逸。旋元自歸。塵既不緣。根無所偶。返流全一。六用不行。

首句躡上忘塵功夫也。蓋心無貪婬。猶是戒相。而塵不流逸。即顯定成。但淺而非深。今復躡之以進銷根性。故深於前。即圓通漸增位也。應是六信。次下。表彰反聞契性也。中二句正明因忘塵而必至盡根。以根全倚塵而立故也。末二句結成入一忘六。所謂但得六銷。猶未忘一。小乘涅槃正當此際準圓通。即聞所聞盡時也。按位當在第七信位。齊小之四果。

巳二妙性圓彰。此中三子科。即應是圓通中覺空滅之三結。而前二科語不相類者。以菩薩所談是解結功夫。此中表彰。即彼功夫所證境界。惟第三科語意全同。足驗前二亦不謬矣。分三。午一依報明淨。

十方國土。皎然清淨。譬如瑠璃。內懸明月。

此即盡聞不住所證境界。首二句。即山河大地應念化為無上知覺。正由不住內自覺境。法執蕩然。故融及世界。無復情器之分。皎然。洞開之貌。下喻但表明徹。蓋明月在有礙物中不能透徹。便如二乘但明內境。不與外法融通也。今菩薩覺所覺空。表裏洞徹。故如月在琉璃。豈有不透徹者乎。此當八信相似色自在也。

午二正報妙圓。

身心快然。妙圓平等。獲大安隱。

此即空覺極圓所證境界。前方空智。此復空空。既不為智所勞。亦不為空所縛。故身心快然。極為脫灑。蓋是法身蕩然真心廓爾之意。妙圓者。無縛故妙。無礙故圓。平等有三。一身量心量俱周法界。二有情無情同體不分。三自心生佛胳無高下。此當九信相似心自在也。以身心一如。身亦心也。

午三諸佛理現。

一切如來密圓淨妙。皆現其中。

此則顯然全同寂滅現前。但彼約自心。此約佛理。二義平等也。密謂祕密。深固幽遠。無人能到之境也。圓謂圓融。交徹互攝。重重無盡之境也。淨謂清淨。明相精純。纖塵不立之境也。妙謂神妙。一切變現。皆不為礙之境也。此四佛境現菩薩依正之中。此當十信相似慈雲覆涅槃海也。蓋圓頓理融。故令似位全似地上耳。

巳三許速證位。

是人即獲無生法忍。從是漸修。隨所發行。安立聖位。

此之結尾。是預許後之諸位。故言從是漸修。即者。速也。即獲者。猶言不久當證也。

無生法忍即初住所證聖位。通指徹於等覺也。溫陵曰。華嚴十忍第三曰無生法忍。謂不見有少法生。不見有少法滅。離諸情垢。無作無願。安住是道。名之曰忍。吳興曰。此中別指初住以上名為聖位。若下文云。以三增進故。能成五十五位真菩提路。

辰三結成。

是則名為第三增進修行漸次。

漸次三位已竟。

子二乾慧一位。此位分明束前漸次中所含十信總成一位。而孤山說合十信為乾慧理在不疑。但亦有圓滿成就之意。舊註非之者。祇因彼見通教乾慧名同。務欲同之。不知此名若同通教。餘名當同別教。今餘位既皆借別名圓。此位亦應借通名圓。何得名實皆同於通教乎。當知通教乾慧在於信前。但對五品。此圓乾慧乃在信後。圓收十信。豈惟於文為順。而實於理大通也。分三。丑一不受後有。

阿難。是善男子欲愛乾枯。根境不偶。現前殘質不復續生。

此科束前七信而顯其圓滿成就也。由前心無貪婬。故至此而欲愛乾枯。蓋前位但得身心俱斷。此則復將斷性亦無。故曰乾枯。是欲界生緣迴不相及也。由前六用不行。故至此而根境不偶。蓋前位但得六塵初泯。此則復至心境絕待。故曰不偶。蓋根塵雙絕。種現俱銷。是三界生緣迴不相及也。末二句正明不受後有也。現前殘質。果縛僅存也。不復續生。

子縛永絕也。蓋續生以根境為因。欲愛為緣。乾枯不偶。則因緣雙絕。果報無托。不受後有復何疑哉。此顯實分段身已盡。無界內繫縛也。問。菩薩不取涅槃。何言不受後有。答。此言不受業縛之後有。非如羅漢并無悲願自在之妙身也。問。此與前永無相生相殺等何異。答。大不同也。彼但且免生殺酬償惡報而已。善淨生緣尚未絕也。觀下淨報猶云父母肉身。蓋可驗矣。此則二十五有無復生緣。無復業牽之身。但隨悲願自在去住自在受生而已。舊註強以抑同五品。故不得不以彼而濫此耳。況在根境不偶之後。顯是七信。顧乃執言名義雖同。麤細有異。豈有名義全同而猶分麤細者乎。甚非的確之論也。

丑二定名乾慧。

執心虛明。純是智慧。慧性明圓。瑩十方界。乾有其慧。名乾慧地。

此科束後三信而顯其圓滿成就也。執心。岳師謂即人法二執之心是也。若爾。豈合在十信前耶。由前身心快然等。故至此則二執惑盡雙空智純也。由前國土皎然等。故至此則慧體圓明。而照用徧界也。由前佛理全現。故至此則成就慧身。不由他悟也。末二句遂以結成乾慧之名。釋義在下科中。

丑三出其所以。

欲習初乾。未與如來法流水接。

現種習三。習氣最細。今言欲習初乾者。謂欲愛最細習氣即斷性也。初得乾枯也。而未得如來真如法流之水以潤之。故曰乾有其慧也。入初住分真。則與真如法流水接矣。又說結名。元承多義。而釋義單約欲言。似偏缺也。或可欲作欲愛。習作二執習氣。乾。即盡也。詳之。此位分明相似等覺金剛心中初乾慧地。而名亦相同。益可見也。通論三漸次位。第一位名字位中初向觀行。第二位合五品。及前五信。第三位後五信耳。然此信等諸位皆依天台圓位。非取別教。又經文但分三漸。本不曾分信等。今因有三了簡。故須指明。一者顯後非信。以經文於此位後別有十信。名借常途義開初住。卻將常途十信暗含三漸次中。若不分明釋出。鮮有不將後信濫於常途如舊註所云也。二者顯牒圓通。此三漸位。但是重束圓通助正始末。以為後位。初心方便。然圓通歷證三空。實居十信。若不此處指明。人見經文後有十信。將屈圓通墮於觀行。因茲所以一一指明也。舊註錯亂。惟孤山說乾慧合十信為是。然亦不說三漸中已含十信。乾慧合之。前別後總成四位耳。乾慧一位已竟。

子三信位十位。此中論名。全與常途信名不差一字。論義。則與常途信義迥不相同。況後初住明言發此十心。又云十用涉入。圓成一心。故孤山說為初住開出理無可疑。且於中六位皆標住字更是可憑。舊註非之。不當。其引金剛十八住。而云何必住位方受住名。即應五十五位通名為住。何獨於住前十位特特以加之乎。其為住位開出愈無疑矣。故今立科名從十信。而義惟遵經銷歸初住耳。就分十。丑一信心。

即以此心中中流入。圓妙開敷。從真妙圓。重發真妙。妙信常住。一切妄

想滅盡無餘。中道純真。名信心住。

此心者。躡前乾慧心。中中流入者。按修圓通初心。雖直觀聞性不著空有。是亦絕待靈心之中道。而麤垢先落。人法雙消。未免任運趨於圓明之空性。非中道純真也。至此位俱空不生。前之中道於斯益純。故曰中中流入。蓋言中而復中。順法流水而深入也。六根互用曰圓。情器雙超曰妙。開敷者。如花始開也。次二句。明乘此心開益增進也。從真妙圓者。言此非同前位似妙似圓。乃真妙真圓也。重發真妙者。略一圓字耳。蓋使真妙者益進於妙。真圓者益進於圓。應是根塵互周。身土重重漸廣。如花正開也。妙信者。親見心佛眾生三無差別。非同比量之信。常住者。堅固不動。非同前位輕若鴻毛也。妄想滅盡者。固是我想法想及非法想俱時蕩盡。亦是聖凡見息。因果情忘耳。末二句總攝前意。結成信心。蓋純中道。非同前位兼帶趨空也。親見此理。深忍樂欲。故名信心。乃成就之相。住。即常住不退也。後皆倣此。此即五根中之信根。又此位既攝前乾慧所成。而乾慧合前三漸所含十信。故知此位乃究竟前之十信而抵於成就。所以獨標信住。若作常途十信初心。豈能當此圓妙常住無餘等義乎。

丑二念心。

真信明了一切圓通。陰處界三不能為礙。如是乃至過去未來無數劫中。捨身受身一切習氣皆現在前。是善男子皆能憶念得無遺忘。名念心住。

初二句全躡前位。真表非似。明了。由親見也。圓通即前圓妙。以根根塵塵無不交徹。故稱一切圓通。下文方成本位念心。由前一切圓通。故陰不覆處不局界不隔也。因此遂能遠憶過未至無數劫。習氣者。業力所熏隨眠種習也。按惟識不出三種。謂名言我執有支也。今言捨受。多是有支。即異熟識也。然一切之言亦兼餘二。又在我執位中。即是種子。若在法執位中。乃種子所遺微細習影。如畢凌之慢身子之瞋是也。今過去多我位麤者。未來多法位細者。且捨受與習氣二事。若未來習氣已盡。而獨憶捨受。若悲願習氣出三種外。亦盡未來。問。入住菩薩何有捨受之事。答。圓頓人不取變易。常於分段得大自在故也。此屬宿命漏盡二通。五根中念根故結念住。常途二信。圓通尚遠。今斯位即云一切圓通。豈是常途。在住位無疑矣。又前位是深信本有佛性。此位是憶念近習種性。此二位所以別也。

丑三精進心。

妙圓純真。真精發化。無始習氣通一精明。惟以精明進趣真淨。名精進心。

首四句躡前二位以成就一精字。初二句躡信心。初句正躡。解在本位。次句明其積久而能化也。真精者。言妙圓純真之觀力漸久精明也。發化者。觀智強而能起鎔妄之力用也。蓋由精故化。至化益精耳。次二句躡念心。上句正躡。解在本位。下句明其并前習影鎔盡無餘。而皆成智慧也。故曰通一精明。蓋前位本有近習。未融為一。至此盡鎔為一精明智體矣。次二句躡前精字。加以進字。而雙以成就精進二義。蓋精明即菩提體。亦如如智體。真淨即涅槃體。亦如如理體。今言以精明而進趣真淨。蓋純以如如智契如如理矣。問。理智一如。何言進趣。答。體雖無二。而方便隨順。不無趣相。所謂不趣之趣。性不礙修之旨也。末句結名精進。五根中進根也。

丑四慧心。

心精現前。純以智慧。名慧心住。

溫陵曰。妄習既盡。故心精現前。○前位雙兼智理而成。此位別約智成。上位方言轉惑習而成智慧。此惑破故。真心顯現。心現故。菩提之體無復妄雜矣。末句結名。

丑五定心。

執持智明。周徧寂湛。寂妙常凝。名定心住。

此位別約理成。以寂照分屬。寂定屬理故耳。首句躡前位也。前位以見心朗徹。故智慧純明。而此智明若無定力以執持之。則妄念起而偏局不徧。正念失而間斷不常。所謂無寂之照。如風中之燈矣。故第二句明徧寂。第三句明常寂。皆大定之相也。末句結名。五根之中定根也。以上屬五根。如果木之種。初插根於地也。

丑六不退心。

定光發明。明性深入。惟進無退。名不退心。

自此以下屬五力。如果木結根既久。有不可拔之力用也。此科進力也。首二句復雙躡定慧。蓋定慧偏枯。多遭退失。首句定以發慧。心不動而理畢現也。次句慧以入定。鑑既徹而定愈深也。定慧互資。交發無盡。故有進無退。末句結名。

丑七護法心。

心進安然。保持不失。十方如來氣分交接。名護法心。

此定力也。首句躡前進力。而言心進者。明非麤行事相可見者。乃自心寂照雙流之精進也。而又安然者。申前位雖云不退。而勤勇無間。尚覺涉於功夫。此不覺用力。故曰安然。保持同前執持。顯屬定門。蓋進安已成定力。故恆保持無所漏落。如來氣分即法身氣分。不出妙覺真精。此亦由定境冥周。故能與諸佛心精通脗。末句結名。護法者有二義。若約保持為護。則是內護心法。若約定力伏魔。亦能外護佛之法輪也。

丑八迴向心。

覺明保持。能以妙力回佛慈光。向佛安住。猶如雙鏡。光明相對。其中妙影。重重相入。名迴向心。

此慧力也。首句躡前定力所持覺體。妙力即慧力也。次二句。蓋言前位如來氣分初接。已即蒙佛慈光攝受。而尚有自他之分。此則久與融一。他佛慈光即己心佛慈光。然不妨自他歷然。故復迴此慈光。仍向他佛智境朗然安住。而亦實無二體。然約不妨歷然。故如二鏡相寫。傳耀無盡。蓋惟兩鏡對照。影中含影。即已重重。不必多鏡。故惟喻自他二佛。而諸佛在於言外可知。亦不必加。末句結名回向亦有二義。若向他佛。是向佛道。若向自佛。是向真如。前位二義。與此位二義。皆以前一義為正。而後乃餘義。亦所必有也。

丑九戒心。

心光密迴。獲佛常凝無上妙淨。安住無為。得無遺失。名戒心住。

此信力也。首句躡前位明自心與佛光脗合。得佛不動之體。次二句明得理。次二句明不動。常凝即佛大定。屬心。無上妙淨即大寂滅海。屬境。得佛此理心境恆一如也。安住無為者。遠離有為功用。住持無功用道。無遺失者。毫髮不漏落於有為之境。總是不動之意。末句結名戒心者。以不犯遺失之過故名為戒。然此以一念有為即名破戒。可謂甚深戒乎。又奉戒依於篤信。故五力中屬信力。

丑十願心。

住戒自在。能遊十方。所去隨願。名願心住。

此念力也。首句躡前戒心。而言自在者。以前位尚局不動之體。至此漸發自在之用也。中二句。即隨願往生淨土無所留難。乃得大自在之意耳。結名願心。屬念力者。願即心念。而生淨土者全憑想念故也。前位住佛法身。此位參佛色身。又通論十心。前六修自心。後四合佛德矣。信位十位已竟。

子四住位十位。住有二意。一者堅固常住意。對前漸次中所含諸信。雖不同別教輕如鴻毛。然亦未同斯位行念皆不退也。二者生住佛家意。以今現文全顯生法王家也。亦是安住華屋。非同三摩提三漸次中方得入門。故大科名令住圓定。實自斯位始矣。就分為十。丑一發心住。

阿難。是善男子。以真方便發此十心。心精發輝。十用涉入。圓成一心。名發心住。

以真下二句。總躡前十位之言也。真。即真如心也。蓋真如心中本來具足十心妙用。不以方便發之。終不顯現。故今即依本真如心。方便發起十種妙心。然謂之真方便者。亦顯非比常途十信相似方便而已。次句心精發輝者。即十種心光顯現也。十用涉入圓成一心者。蓋初從一心而發十用。後攝十用圓成一心。則十心一心安有二體。且斯位元因發此十心名發心住。則知離前十心無此住體。又知此位合十為一。便知前位開一為十。何言非開出乎。此當即如中陰。攬先業而初成陰體也。

丑二治地住。

心中發明。如淨瑠璃。內現精金。以前妙心。履以成地。名治地住。

初句躡前所發之心。而言心中發明者。蓋心為能發明之智。理為所發明之境。下琉璃喻智。精金喻理。而言以前妙心者。即以前十用所成初住之心。履以成地者。智契於理。令理精明。結名治地住也。此如中陰。乘彼業力結為境界。於中妄成依止處也。

丑三修行住。

心地涉知。俱得明了。遊履十方。得無留礙。名修行住。

首句躡前心地。而言涉知者。蓋心與地互相涉知也。以心即智。亦即始覺。地即理。亦即本覺。同一覺體。故曰俱得明了。遊履無礙者。以見之明而行之到也。此如中陰。見遠如在目前。所去速疾山壁不礙也。末句結名。

丑四生貴住。

行與佛同。受佛氣分。如中陰身。自求父母。陰信冥通。入如來種。名生貴住。

首句躡前修行也。言與佛同者。以依理起行。行不越理。本始同一正覺故也。此如中陰。與父母業同。故相會合矣。孤山曰。分真智與究竟智等。名行與佛同。分證理與究竟理等。名受佛氣分。如中陰下以喻明之。究竟權智如父。實智如母。任運相合。名自求父母。密齊果德。如陰信冥通。斯即秉佛遺體。初託聖胎也。

丑五具足住。

既遊道胎。親奉覺胤。如胎已成。人相不缺。名方便具足住。

首句躡前入胎。而言遊者。如永嘉云。潛幽靈於法界。又云。常獨行。常獨步。達者同遊涅槃路。此正遊道胎時節也。如有福中陰處母胎見華林殿堂。親奉覺胤者。謂攬佛權實二智凝結聖胎也。如中陰攬父母赤白二陰而結凝滑等也。形成不缺者。謂見聞等圓通妙用具足一切方便善巧。克肖於佛。無所之少。如中陰六根成就克肖父母也。末句結名。華嚴釋名。言此菩薩多諸方便善巧也。

丑六正心住。

容貌如佛。心相亦同。名正心住。

孤山曰。容貌喻應用。心相喻理智。○首句躡前外貌同佛。而加以內心亦同。以成此正心之位。然圓師所謂理智。固指真中二理權實二智。而法界無障礙之理智亦應分同。

丑七不退住。

身心合成。日益增長。名不退住。

首句躡前外貌內心。而言合成者。謂表裏如一。成佛身心也。日益增長。謂深以擴充。漸成熟也。末句結名。前第六信定慧不退。此相性不退也。

丑八童真住。

十身靈相。一時具足。名童真住。

雙躡前外身內心增長。至此皆已具足。以十身中除菩提法智屬於內心。餘皆屬於外身故也。溫陵曰。十身者。菩提身。願身。化身。力身。莊嚴身。威勢身。意生身。福身。法身。智身也。資中曰。十身靈相。即盧舍那也。聲聞身。緣覺身。菩薩身。如來身。法身。智身。國土身。業報身。眾生身。虛空身。則師云。溫陵所解菩提身等。即是資中所解如來身中之所開出者也。

丑九王子住。

形成出胎。親為佛子。名法王子住。

形成二字躡前十身具足也。而言出胎者。以前位十身初成。未大顯著。至此赫奕熾盛。故說出胎。親為佛子者。按華嚴。此位菩薩習學法王十種親密之事。自善巧以至讚歎。故云爾也。末句結名。是知凡稱法王子者。皆須九住後也。

丑十灌頂住。

表以成人。如國大王以諸國事分委太子。彼剎利王世子長成。陳列灌頂。名灌頂住。

首句躡前出胎之後。又以長成也。孤山曰。表以成人。堪行佛事也。太子世子。異其文耳。春秋曰。會太子於首止。禮云。文王世子。皆天子之子也。陳列灌頂者。華嚴云。轉輪聖王所生太子。母是正后。身相具足。坐白象寶妙金之座。張大網縵。奏諸音樂。取四大海水置金瓶內。王執此瓶灌太子頂。是時即名受王職位。菩薩受職亦復如是。諸佛智水灌其頂故。名為受大智職菩薩。彼第十法雲地名灌頂菩薩。今此十住亦分得也。然圓教分真以來。悉有應用。論智力不無優劣。故初住百佛世界現十界相利祐眾生。位位豎入。倍倍增勝。經中所明。各就一義。若論一位具諸位功德。則十義俱徧。十住既爾。下去皆然。○約位至此。統界實多。華嚴此位。世界眾生皆稱無數。而斯經文如分委之喻。似亦可分統藏海之剎種也。其所謂智水灌頂者。按華嚴。此位菩薩其已成就。及當習學。共二十種智。故云爾也。又若對權教。此齊十地。而彼妙覺密齊二行。於四禪天。諸佛智光悉灌其頂。今此位鄰近。而加以圓人智強。故即灌頂矣。溫陵曰。自發心至生貴。名入聖胎。自方便具足至童真。名長養聖胎。至王子住名出胎。○至此乃名灌頂王子再通上喻之。十信前六心。如人回心初造善業。後四心。如人加以念佛造往生淨業。初住。如以一生十種善淨之業。圓成報終往生之中陰。二三住。如往生陰。無繫縛也。四住。如中陰求佛接引入蓮胎也。五住至八住。如華中長養也。九住如華開見佛。十住如親蒙授記也。以喻詳法。歷然可見。住位十位已竟。

子五行位十位。前十住方生佛家。乃至領佛家業。此十行乃攝行佛事也。又大乘初心。固即二利兼行。而信住位中利他未勝。故此經前二十四位中。並無顯標度生事業。今十行中。利他之事漸彰顯矣。以華嚴對校。明是六度。而後五度乃開智度為五。亦不與常途十度同也。就分十。丑一歡喜行。

阿難。是善男子成佛子已。具足無量如來妙德。十方隨順。名歡喜行。

此施度也。華嚴首標此菩薩為大施主也。成佛子已。躡上出胎灌頂也。具足諸佛妙德者。按華嚴。此菩薩學習諸佛本所修行。乃至演說諸佛本所修行。如是十句。皆言諸佛本所修行是也。十方隨順者。即廣行布施也。華嚴云。隨諸方土有貧乏處。以願力故。往生於彼。豪貴大富。財寶無盡。行財施。乃至身肉不悋。行法施。則與說三世平等。乃至菩提涅槃。是為十方隨順也。結名歡喜者。華嚴云。眾生乞求。菩薩倍復歡喜。曰此眾是我福田。是我善友等也。亦云令諸眾生歡喜滿足是也。而餘文亦有體達三空不著相意。無煩備引矣。

丑二饒益行。

善能利益一切眾生。名饒益行。

此戒度也。華嚴此行首標護持淨戒。而以不著色聲等五欲為本。乃至不生一念欲想。何況從事。善能利益眾生者。華嚴云。令一切眾生住無上戒。乃至菩提涅槃。又自得度。令他得度。乃至自快樂令他快樂。凡有十句。皆雙標二利。故結名饒益。以戒德而饒益也。

丑三無瞋行。

自覺覺他。得無違拒。名無瞋恨行。

此忍度也。華嚴首標此菩薩常修忍法。彼名無違逆行。即無違拒也。凡有辱來。違拒不受。即是不忍。今無違拒當即是忍。華嚴謂無量罵辱打辱。皆能歡喜忍辱是也。今言自覺覺他得無違拒者。亦如華嚴云。菩薩思惟。自身與苦樂皆無所有即自覺也。又云。我當解了。廣為人說。即覺他也。又總結云。自得覺悟。令他覺悟。與今經文全同。皆謂覺悟毀辱虛妄。應無違拒也。結名無瞋行者。如金剛云。若有我相人相等。於支解時應生瞋恨。是知無瞋恨方為真忍也。

丑四無盡行。

種類出生。窮未來際。三世平等。十方通達。名無盡行。

此進度也。華嚴首標此菩薩修諸精進。且自第一精進。乃至普徧精進。共十種精進。種類出生。華嚴謂阿鼻盡出。皆得成佛。皆入無餘涅槃。然後自果方成。夫眾生極至阿鼻成佛。則盡其種類。即如金剛所謂十二類生皆入無餘涅槃而滅度之謂也。出生。即出生諸佛也。盡未來際者。謂海滴剎塵盡劫苦行。終無一念悔恨是也。三世平等者。文云。但為知三世平等性故而行精進是也。十方通達者。文云。但為知一切法界而行精進是也。以十方即十法界故耳。夫種類出生即第一心。盡未來際即常心。三世平等即不顛倒心。十方通達即廣大心。四皆無盡。故結名無盡之行。然華嚴無屈撓行。直表精進而已。此申四種無盡。見精進之殊勝也。

丑五離癡亂行。

一切合同種種法門。得無差誤。名離癡亂行。

此禪度也。華嚴首言此菩薩心無散亂堅固不動等是也。一切合同種種法門。即以一念定心持一切法也。華嚴云。能持出世諸法言說。乃至能持建立受想行識自性言說。又云善入一切諸禪定門。知諸三昧同一體性是也。得無差誤者。如云菩薩聞無量法經無量劫不忘不失是也。結名無癡亂者。良以定中不能持諸法門。是為癡定。於諸法門不免差誤。仍是亂心。今持種種法。而又無差誤。是癡與亂俱離也。又梵語禪那。此云靜慮。今離癡是慮。離亂是靜。故屬禪度無疑。

丑六善現行。

則於同中顯現群異。一一異相各各見同。名善現行。

此智度也。此下五行與華嚴名雖多同。而義實不類。亦與常途後五度迥殊。細詳乃是總一智度而開之為五種甚深般若。例如六根本惑而開見為五也。所以融前五度中萬行皆令成至德矣。今此一行。乃理事無礙智。亦二諦融通智也。同中現異者。即理不礙事。亦真融通於俗也。異相見同者。即事不礙理。亦以俗融通於真也。而結名善現行者。明此菩薩於一一行事理雙顯真俗並融矣。

丑七無著行。

如是乃至十方虛空滿足微塵。一一塵中現十方界。現塵現界。不相留礙。名無著行。

此事事無礙智。即十玄門中廣狹無礙自在門也。然亦略舉一門。而此菩薩應亦十玄並融也。十方微塵現十方界者。如經云。華藏世界無數塵一一塵中見法界是也。溫陵曰。此由善現行充擴圓融也。塵中現剎名現界。不壞塵相名現塵。○不相留礙者。界入塵而界不小。是小不留礙於大也。塵含界而塵不大。是大不留礙於小也。結名無著行者。明此一有執著。安能小大並融如此。三祖云。極大同小。永無邊表。極小同大。忘絕境界。永無與忘絕即無著也。

丑八尊重行。

種種現前。咸是第一波羅蜜多。名尊重行。

此究竟彼岸智也。種種現前等。躡前二無礙智而明其取證究竟自利之極果也。梵語波羅蜜多。此云到彼岸。蓋生死為此岸。涅槃為彼岸。今言第一。即佛無餘大涅槃也。又種種咸是者。如四卷云。種種變現皆合如來涅槃妙德是也。然全屬般若者。以前五度若無般若皆墮事相。惟招果報。不達涅槃。今五度萬行皆以法界無障礙智融之。所以皆達彼岸。

莫非第一波羅蜜也。結名尊重行者。以大涅槃是佛極果。亦即如來頂相故也。華嚴名難得行者。行行皆到彼岸。誠不易得矣。

丑九善法行。

如是圓融。能成十方諸佛軌則。名善法行。

此軌物生解智也。華嚴此行專明說法無礙。如是圓融等。亦躡前二無礙智而明其建立究竟利他之教法也。而諸佛軌則者。即開示眾生無量法門。然既躡二無礙之圓融則惟取六相十玄等。所謂一字法門。海墨書而不盡者也。末句結名可知。

丑十真實行。

一一皆是清淨無漏。一真無為。性本然故。名真實行。

此不違實相智。亦會緣入實智也。一一者。固躡二無礙自利利他諸行。而實總前九度俱該也。清淨無漏。謂非貪染於凡外欲有無明。一真無為謂非劬勞於權小肯綮修證。性本然故者。作二句之由。意明從性起修。不妨全修即性。所以清淨不屬諸漏。本然不墮有為也。又解。清淨無漏揀異三界有漏。一真無為揀異二乘有為。性本然故揀異權漸修成。亦通。結名真實者。由無漏則非雜妄修。究竟成真因也。故名真行。由無為則非所作性。畢竟有實果也。故名實行。又通論智度所開五行。前二是般若之體。以二法界無障礙智乃甚深般若故也。次二是般若之用。謂波羅蜜乃趨果自利之用。佛軌則乃說法利他之用故也。

末一攝前體用。並前五度萬行。總以銷歸自性會性歸元也。行位十位竟。

大佛頂首楞嚴經正脈疏卷三十一

大佛頂首楞嚴經正脈疏卷三十二

經文卷八之二

明京都西湖沙門交光真鑑述
蒲州萬固沙門妙峰福登校

子六回向十位。準華嚴。回向即是發願。圭峰謂不過三處。即眾生佛道真如也。華嚴文極浩瀚。意多偏兼三處。今經文簡。各有隱顯。如眾生顯。餘二則隱。佛道真如顯隱亦然。顯者正當發揮。而隱者亦以意含。非全無也。故此經與華嚴文雖不類。而旨無不合也。又華嚴位位多明菩薩修證德業。故文義汪洋。此經多推得名所以。故文詞省約也。此二經差別之意。就分為十。丑一離相回向。

阿難。是善男子滿足神通成佛事已。純潔精真。遠諸留患。當度眾生。滅除度相。回無為心。向涅槃路。名救護一切眾生離眾生相回向。

此與次位皆回向眾生也。是善男子。指已修十行人也。滿足神通。總攝前八行也。蓋從初行以至第八。現塵現界。神通已極。無少欠缺。成佛事已。躡第九行也。蓋成佛軌則即成佛事。純潔精真。躡第十行也。蓋清淨無漏即純潔。一真無為即精真。遠諸留患。總攝十行而結定也。蓋十行備成。則界內不為諸有留患。界外不為滯空留患。即雙超世出世間也。此上皆躡前文。向下方屬本位。華嚴首標六波羅蜜。全同今經躡上十行之意。當者正也。蓋言正度眾生之時即滅度相。表非前後也。度即滅度之度。然此二句全同金剛經云。我皆令入無餘涅槃而滅度之。實無眾生得滅度者。次二句乃釋成回向二字。專承滅除度相而來。夫既度盡眾生不取度相。則回有為行入無為心。是回入真因也。背生死途向涅槃路。是趨向真果也。二句各說。同成一趣真之意。非以上句成就下句。若作成下之意。當云回入無為以趨向涅槃。良以常處有為而不回入無為。終不能達涅槃之路故也。此之十位。理應圓滿中道。以從賢向聖。故方言度生而隨滅度相。彰中道也。舊註謂回真智而向俗悲。既不順其文。而亦不得其意也。十向之後。更當詳申。結名救護眾生者。如華嚴始於救離三塗。而極至住佛所住。當亦是破五住。離二死。方為畢竟救護也。末句同於滅除度相。華嚴亦謂不著眾生相。以至想見不顛倒是也。二經旨同。斯經取要言之耳。

丑二不壞回向。

壞其可壞。遠離諸離。名不壞回向。

壞。即上文滅除也。可壞。即上文度相也。諸離。即上文離眾生相也。蓋離眾生相時。則於眾生之四相五蘊皆離。故曰諸離。應即是我法二空相也。今復遠離於此者。蓋不畢竟取著於我法二空相也。如云。雖滅除度相而超乎愛見之境。亦不取著二空而壞乎度生之悲。華嚴云。雖知一切法空寂而不於空起心念是也。結名不壞者。即不壞度生事業也。華嚴此位依舊廣興布施是也。合上位論之。上位言雖度生而不著生相。此位言雖不著相而不妨度生。正悲智雙運自他二利之中道也。

丑三等佛回向。

本覺湛然。覺齊佛覺。名等一切佛回向。

此下四位皆回向佛道也。此位先明智同佛智。蓋即本覺智同佛究竟覺智也。本覺湛然者。心佛顯現。覺海澄停。如華嚴謂廣大清淨是也。覺齊佛覺者。謂與一切如來心精。通脗稱合。妙覺法身。圓滿無二。結名等一切佛者。謂與諸佛法身平等。所謂我與如來寶覺真心無二圓滿也。

丑四至處回向。

精真發明。地如佛地。名至一切處回向。

此位次明境同佛境。蓋即因地境界同佛果地境界也。精真。即本覺體。發明。即發揮妙用。地如佛地者。正表發揮自己因地心中所含無邊境界。全同諸佛果地理上所現無量剎土也。結名至一切處者。即盡佛境界之意。華嚴此位說菩薩廣修供養徧至佛處。而後言三業普入一切世界以作佛事。乃至於一毛孔中普入一切世界等是也。

丑五無盡回向。

世界如來。互相涉入。得無罣礙。名無盡功德藏回向。

此躡前二位而成互融也。世界即所至之處。如來即所等之佛。前二位中猶分自他。故說自覺佛覺。自地佛地。今此融一不分。故但言世界如來。即自他渾具也。互涉之意。如云以世界而涉如來。則一一毛孔中有無量寶剎莊嚴微妙。以如來而涉世界。則一一微塵內有無量如來轉大法輪。得無罣礙者。言世界正涉如來時。不礙如來即入世界。如來正涉世界時。不礙世界即入如來。問。前二位中元以智境分釋。似以性相為對。今既雙承。何又變為依正互涉之對耶。答。佛於智同之位結名處。即言等一切佛。已即取於證智人身。故此位但承二結名語以言如來身與世界涉也。若取智性與境相對言。則一無形。一有形。說涉不便。況依正之相。非智性不融。故說互融時。智性在其中矣。結名無盡功德藏者。以佛身佛界各具無量莊嚴。備表無盡功德。故云爾矣。華嚴明此菩薩以普賢大願行為根本。以華藏無邊世界莊嚴顯功德故。其文如雲如林。此經乃復言簡而盡。義富而妙矣乎。

丑六平等回向。

於同佛地。地中各各生清淨因。依因發揮。取涅槃道。名隨順平等善根回向。

此佛地即躡前功德之藏。菩薩。證此即同如來果地。則是因前已先具足佛果。蓋圓頓上乘先以頓同如來果地。法應爾也。地中各各者。以此藏中功德無盡。如六度萬行。萬德莊嚴。皆其本有。故言各各爾。生清淨因者。依彼本有。一一隨緣各起無修之修。譬如依金造器。器器皆金。豈不純一清淨。故云生清淨因。依因發揮取涅槃道者。蓋前則從果生因。此復乘因剋果。實乃因果互徹性修雙即之旨也。涅槃是佛究竟極果。故此地與前住位所履之地不同。彼是自心理地。此是如來果地。結言隨順平等者。順自心與佛心平等也。足見不達自心與佛果地全同。不是從果修因者。皆非順性之修。言善根者。表此方是成佛真因。必生實果矣。華嚴名堅固善根。文與斯經稍不類。多言布施身命回向眾生而已。

丑七等觀回向。

真根既成。十方眾生皆我本性。性圓成就。不失眾生。名隨順等觀一切眾生回向。

此位文似回向眾生。而實是回向佛道。首句躡上清淨因。及平等善根。即真根也。此根全修即性。而此性攝盡眾生。故曰皆我本性。然我根既成。眾生齊成。故曰性圓成就。蓋成就真根。即成就佛道也。不失眾生者。以若觀見生非心外。一成皆成。則無生可度。失大悲心。不可也。菩薩雖見自他圓成。不妨仍度苦惱眾生。是以華嚴此位依舊廣行二施。結言隨順等觀者。順自心與生心平等也。足知不見一成一切皆成。不於成就而仍行悲度者。皆非隨順自性也。然謂之等觀眾生者。觀其自他同根。而仍以見智悲無礙而已。合前位。則心佛眾生三無差別之理彰矣。

丑八真如回向。

即一切法。離一切相。惟即與離。二無所著。名真如相回向。

此下三位皆回向真如也。即一切法者。如華嚴初文。不過世出世間諸法。所謂世界眾生法門業行等也。離一切相者。即後文云。不著世間。不取眾生。知一切法無有自性皆悉寂滅等也。即離無著者。如後文。又廣陳譬如真如一百七十相。細詳其意。但以此經不即不離似便該盡。足見斯經以約收博之妙。蓋不著即。超有也。不著離。超空也。乃雙超空有之中道也。華嚴於真如相後說十平等。即中也。結名真如相者。真如以無著為相故也。若準前相躡而解。則前之度生成佛。攝盡萬法。即一切法也。離眾生相。同本來佛。離一切相也。下方是本位。於此即離二無所著。方契真如相矣。足見入理轉深之意。

丑九解脫回向。

真得所如。十方無礙。名無縛解脫回向。

首句躡二無著。已得與真如一相也。十方。即十法界也。無礙。即法界無障礙大解脫。蓋前位理無礙。此位則理事事事二無礙也。華嚴以六十二番無著無縛解脫心修普賢行彌滿法界。且得一百五十六種甚微細智。其於法界安往而不自在乎。結名無縛解脫者。即入法界不可思議解脫。良以前位方得離繫解脫。此位轉得自在解脫。故結名。

丑十無量回向。

性德圓成。法界量滅。名法界無量回向。

首句躡前二位而來。蓋無著獲性德之全體。無礙獲性德之大用。體用備具。故言性德圓成。若依孤山所謂三德妙性圓成。亦躡前合後。則無著即般若。無礙即解脫。無量即法身矣。法界量滅者。良由體無不徧。而用無不周。是以一塵一毛皆等法界無復限量。是則量滅者即無量也。華嚴此位專以法施善根莊嚴一切佛剎。從徧法界無量自在身。乃至徧法界無量利生善根。共二十句。皆言法界無量。復有住法界無量。及安住法界無量。共三十六句。皆法界量滅之意。結名可知。問。八結真如。九十不結。何以俱言回向真如。答。一九之無礙。十之無量。皆真如相。故三同一處也。三處雖以區分。而實位位圓滿中道。一悲不礙智。二智不壞悲。三本妙合覺。四因果同地。五依正互融。六性修雙即。七自他同根。八即離雙超。九真俗自在。十體用圓極。所以華嚴說位至此。動地雨花。諸天供養歌讚也。又此名位在別教稱為外凡。而此圓實位中。自初住已即齊彼地上。至此更超彼佛一十八位。大非別教所仰視也。回向十位已竟。

子七加行四位。檇李曰。據瓔珞等經。皆不別列四加行位。若唯識等論。則以地前四十心為外凡資糧位。十回向後別明煖等為內凡加行位焉。吳興謂借別明圓者。名意略同。而實不同也。唯識謂加行者。加功用行。以近初地見道。從凡入聖。是大關節。須加功行。此即名意略同之處。問。此經佛判六十聖位。何同唯識。復分凡聖。答。與奪。同別。二俱無礙。若約圓初頓悟本佛。故與其同是聖位。若斟別淺深。則信解之視真修。不妨有凡聖之別。但此圓凡已超別聖遠矣。分為二。丑一結前起後。

阿難。是善男子。盡是清淨四十一心。次成四種妙圓加行。

溫陵曰。四十一心者。乾慧一。信住行向各十。小乘通教皆有四加。而非妙非圓。故此特標妙圓加行。〇以先悟本成。而後起無修證之修證。故曰清淨。然特謂之妙圓者。以從初位至於住滿。雖皆純用中道。而文中未嘗顯言利生之事。是則趣真之智居多。十行位中始以明言度生。是則出俗之悲最勝。十回向文中。顯然真俗互融悲智等運。位位願願。圓滿中道。故今躡十向而談加行最為妙圓。謂於諦理非三非一曰妙。即一即三曰圓。問。華嚴位位俱有度生。何無真俗中之次第。答。二皆佛言。各有所主。當互發明。前不云乎。華嚴演功業。故詞泛廣而渾同。楞嚴原立名。故詞切要而區別。相資而不相礙也。問。既由純中而趨真出俗。又由真俗而圓滿純中。即應極證。此位何以復加。而十地何以復修乎。答。十信似修。而實但滿其信心。三賢似修。而實但極其解心。皆非真修也。今信解滿極。將入真修。故說加行矣。是則尚非真修。豈可輒言證極乎。問。信前豈無信解修耶。答。皆似信似解而已。縱有修相。亦但發似信似解之功夫耳。尚非似修。豈濫真修。又未入五品。與既入之位。復有散定二心之別。然則進修次第思過半矣。夫歷六十而均稱聖位者。

尊其頓悟也。列十科而區分諸位。不廢修成也。達性修之無礙者。斯可與議道哉。

丑二別明四位。此異唯識位位各有能發定所發觀及所觀法。今詳經文。但以心佛二字對辨四句而成四位。蓋是以心攝眾生。以佛攝真如。即是總躡前三處也。不止第十開出。就分四。寅一煖地位。

即以佛覺用為己心。若出未出。猶如鑽火欲然其木。名為煖地。

據相攝之義。固十向總躡。據顯然之文。仍有別躡之處。此位似躡覺齊佛覺而來。則師云。前之佛覺雖曰能齊。未能正證。今將趨聖果。故即用佛覺為己因心。復加功行以求正證。初入因位。未即得果。故譬鑽火方得煖相。〇前但發願希求。此則實用進取。又前佛見未忘。未能泯為己心。此方泯佛見而但惟一心。猶云佛即心也。因位即指本位。果則指初地也。唯識此位入明得定。發下尋思觀。創觀名義自性差別皆空而已。

寅二頂地位。

又以己心成佛所履。若依非依。如登高山。身入虛空。下有微礙。名為頂地。

此位似躡地如佛地而來。以所履即地相也。吳興曰。依煖地心。修佛果智。智觀於心。故如足履地。心相垂盡。故若依非依。高山喻當位之心。虛空喻所依之理。〇心相未盡。

故下微礙。礙至於微。明心相無多也。蓋前位佛見雖泯。心見猶存。至此則復泯心相而但惟一覺。猶云心即佛也。唯識此位入明增定。發上尋思觀。重觀名等四法皆惟心變也。

寅三忍地位。

心佛二同。善得中道。如忍事人。非懷非出。名為忍地。

此位但以總承前二位雙存心佛。故曰二同。猶云即心即佛也。因果交徹。故曰善得中道。溫陵謂因果兩忘。乃濫下位矣。其以將證未證配非懷非出不差。於忍事而言非懷非出者。蓋既能容忍。非如常人之懷恨。故曰非懷。然尚存忍受。非如至人之頓忘。故曰非出。其於所忍之事將忘未忘。比於忍地菩薩將證未證恰相似也。唯識此位入印順定。發下如實觀。印前四法是空。

寅四世第一位。

數量銷滅。迷覺中道二無所目。名世第一地。

首句標。此亦總承前三位而雙泯心佛。故曰數量銷滅。蓋有心有佛。因果位別。皆是數量。此則方是因果兩忘。猶云非心非佛也。次二句釋數銷也。以迷覺二字雙貫下之中道。然迷中道者。非謂迷了中道。蓋迷即未覺位也。故迷中道者。即未覺位中因人所修之中道耳。覺中道者。亦非謂覺了中道。蓋覺即大覺位也。故覺中道者。即大覺位中果所證之中道也。是則迷中道仍是菩薩因心。覺中道仍是佛之果智。於此二無所目者。蓋下不見自心上不見佛智。而心佛兩忘。不存數量。於世間法中最為第一。是顯登地方為出世。成佛方為出世第一也。唯識此位入無間定。發上如實觀。印二取空。伏除二障俱生分別也。夫初位佛即是心。次位心即是佛。三位即心即佛。四位非心非佛。故不離心佛二字。而四位章章矣。然此中特引唯識者有三意。一令人就明唯識。以彼名既同此。安可不察其義。二顯彼不同此。蓋既達彼義。便見名同義別。三明此深彼淺。蓋彼初地方齊此之初住。故彼地前四加即此住前十心。所以四定四觀。略似十心中定慧根力。而實偏圓異旨。況此四加已超彼佛一十八位之上。豈可同年語哉。又孤山謂此十向開出。義亦無差。理猶未盡。蓋凡進證一位。必有入住出之三心。今四加在向地兩楹之際。應是十向出心而初地入心。倘不另開。合前合後無不可者。後之等覺金剛倣此推之。加行四位已竟。

子八地上十位。溫陵曰。十地者。蘊積前法至於成實。一切佛法依此發生。故謂之地也。○約此則有二義。一者成實義。蓋地以堅實為體故也。二者發生義。蓋地以發生為用故也。據前四卷末。如來但立因果二地。文云。得元明覺無生滅性為因地心。然後圓成果地修證。則是但以初住圓通本心為因地。而以佛究竟妙覺為果地。中間皆圓成果地之位也。今考禪那聖位本文。二住即名治地。而以前妙心履以成地。又回向第四云。精真發明。地如佛地。至四加位。位位稱地。此皆因地也。蓋地亦訓階。良以十地方是真因。而地前說地。乃此真因之階地也。今此十地應亦果地攝也。雖佛地方是真果。而此十地乃進證真果之階地也。又以修證而言。則十地既稱真修。影顯地前皆是似修。佛位既是真證。則十地但惟似證。是則初心究竟理雖頓同。而歷位淺深序仍不濫。圓融行布。二無礙矣。就分為十科。丑一歡喜地。

阿難。是善男子。於大菩提善得通達覺通如來。盡佛境界。名歡喜地。

大菩提者。五菩提中應是無上菩提。據本經四卷佛自結名無上菩提者。乃以非一切即一切及雙離雙即三如來藏為全體。以一多相即。大小無礙。乃至徧包融攝為大用是也。此位方以通達而未證極。仍是明心菩提。見道位也。前云三有眾生。出世二乘。以所知心不能測度。今則惟許此位菩薩不惟通達而且善通達也。然此二句似方標定。次二句乃釋此也。覺通如來者。即自心本覺與佛心妙覺圓融無二。所謂惟妙覺明圓照法界。即覺通也。盡佛境界者。亦以三藏四義四相全體大用攝盡佛之妙境。此二句表其正由覺通如來盡佛境界所以通達無上菩提。然通之一字。乃實證親見。非同文字比知。又當知覺通二句。乃躡前四加中即心即佛。彼方將證未證。此則實證。又彼縱覺通而未盡境。此則不但通而且盡。所以增勝而為聖位矣。華嚴說此菩薩善知諸地障與對治等。十句皆言善知。亦似通達。末後結以轉入佛地。方似盡境。然通達地上修因之事。恐未合此無上菩提。二經之旨似稍別也。智者詳之。結名歡喜者。於所希望初得通達故也。金光明云。初證得出世之心。昔所未得而今始得。於大事用。如其所願悉皆成就。生極喜樂也。

丑二離垢地。

異性入同。同性亦滅。名離垢地。

躡前位則覺通如來。即九界異性入一佛境名異性入同。始證必不忘於佛境。而佛境當情。即此便為清淨本然中之微垢也。是須將此同性。亦復滅除。方所謂離垢清淨。又若躡前四加中非心非佛。彼方加功。此亦實證也。又彼非心非佛。數量銷滅。方是異性入同。此復將此同性亦滅。進證離垢。亦見增勝而成二地聖位矣。華嚴金光皆表離諸破戒之垢。旨似頓異。不必強同。若以墮異墮同即名破戒此固甚深。而亦似強合矣。

丑三發光地。

淨極明生。名發光地。

淨極二字全躡離垢而言。前位方以離垢。未至離離。今復將離垢之離亦復遠離。是為淨極。真覺顯露。是為明生。譬如古鏡。離垢之後更加拂拭。則淨而生明。自然之理。蓋生佛異同情垢細障既淨無餘。則本有照用顯洩而不容遏密。所謂淨極光通達也。華嚴明此菩薩大發真淨六種神通。意相似也。結名發光。即生明也。

丑四燄慧地。

明極覺滿。名燄慧地。

明極躡前明生。蓋前位如火始然。光明始生。未至明滿。此位則如火熾然成大猛聚。唯識與金光皆言燒煩惱薪。此雖理深。亦必有微細惑障為其所爍絕也。而言覺滿者。蓋明稱性。故言覺滿。所謂寂照含虛空也。華嚴此位全修助道三十七品。所謂菩提分法。似正燒薪之意。然文中乃表生法王家。似同此經四住。不可不詳。細玩此諸地上文。多約其所證理之淺深以立位次。不同彼經多陳修斷。來哲無黨。但究義而較分劑。不可祇觀文之廣略而分勝劣也。結名燄慧者。表如燄之慧。有爍絕之勝用而已。

丑五難勝地。

一切同異所不能至。名難勝地。

首二句。以初地覺通如來異性滅而惟一佛境。二地同性滅而佛境亦忘。初復清淨本然了無罣礙。自此復經兩地。由淨而明。由明而滿。則前之異同遠離之久。故至此杳不相及。蓋理極圓融。無復同異之可見。結名難勝者。一切世出世間迴不能齊。況能過勝乎。唯識謂此地真俗兩智行相相違。合令相應。極難勝故。是彼真俗似類同異。然彼合之最勝。此則迥脫難齊。權實偏圓。旨趣有殊。但相似而已。

丑六現前地。

無為真如。性淨明露。名現前地。

夫自地前加功用行。由賢希聖。乃至入地銷異滅同。明生覺滿。由是迴超同異。而有為功用最勝勝極無能勝者。然而極盡有為。則無為真如性方顯現。故以現前名地。良以圓頓人發心。即頓悟真如妙性。忘情佛境。然而五住未破。心垢未除。其於真如尚屬比知。豈即親證。今由似修而歷真修。極盡有為功行。將至無功用行。故於斯地真如方始顯現。初得親證。然而真如全體大用當在八九兩地。而八地真無功用。此地方到無為。始顯真如而已。又此但約性顯而名現前。華嚴金光多明功行顯現。似亦殊旨。故不煩引也。

丑七遠行地。

盡真如際。名遠行地。

前位真如方得顯現。尚未全彰。況能行盡。此則盡其實際。莫不徹至。溫陵曰。同異不至。則真如淨性明露現前矣。真如現前。分證則局。盡際乃遠。迥超極造。故名遠行。吳興曰。盡真如際者。斯是無際之際。理既無際。行豈近乎。○此經從五地同異不至。則有為功用即已畢竟。六地無為真理即已現前。至此則真際全彰。華嚴此地方明功用極至。且但言功用殊勝。而總不言本理顯現。似亦殊旨。智者詳之。

丑八不動地。

一真如心。名不動地。

溫陵曰。既盡其際。乃全得其體。一真凝常。故名不動。○六地真如方以顯現。七地方以全彰。而實未即用為己心。今言一真如心者。己心佛心二俱圓泯。惟一真如本心。即一真如法界而已。名以不動者。動。即變也。而如理精真。一無變異。故云爾也。菩薩當住此地。根身器界。一塵一毛。悉是真如自心。所謂徹法底源。無動無壞。故以不動名之。蓋自初心領悟者至此而親證不謬矣。華嚴此地方明十身互作。又於此地而列十地別名。亦有童真之號。至偈明乎八住。頗似同此經八住。合前四住生貴之意推度。不可不甄別也。更俟後文以通伸詳辯。

丑九善慧地。又二。寅一正明本地。

發真如用。名善慧地。

前位是得真如全體。此位是發真如大用。稱體起用。自然之理。華嚴金光多指功行。而此經似說本真自體自用。前位如一塵一毛皆清淨本然周徧法界。此位則一一互攝互入即徧即包等十玄業用皆真如用也。結名善慧。應即法界無障礙智也。問。七行之塵界互現。五向之依正互涉。與斯何異。答。七行方有是行。五向方有是願。未說親證本真自體自用法爾本具者顯現發揮。此真修位中相似親證。故大不同。詳此十聖行相與華嚴多所不同。故推聖言以求至理。非敢妄生去取。若華嚴。唯識。金光。皆言此地具四無礙辯。為大法師。最善說法。然華嚴發明說法境界亦大不思議。謂其能令有情無情徧演法音等。資中曰。華嚴名此菩薩具四無礙智。作大法師。演說無量阿僧祇句義無有窮盡。故名發真如用。○予謂說法固亦可以說為發用。然方是大用中一用耳。故明用不遺說法。而說法豈盡大用耶。

餘地皆不盡同。此何必同乎。故須具足十玄方為稱真之用。然亦豈遺說法。

寅二結釋通名。

阿難。是諸菩薩從此已往。修習畢功。功德圓滿。亦目此地名修習位。

諸之一字。非但只指九地。已往者。乃通指上位。或惟四加以至九地。以佛於四加前總結過四十一心。顯彼是修位前諸方便心也。此復總結。故宜但從四加顯修位耳。修習下二句。以自初心頓悟妙真如性。由是歷位修斷。以至於此。真如全體大用親造實到無欠無餘。故云爾也。又若二句別以分屬。自四加至六地修習畢功。以次位即入無為故也。自七地至九地功德圓滿。謂真如本具性功德畢顯。又後位但惟取證故也。末二句。明標自此地以前通名修習。而實彰顯後三位修意少而證意多也。此亦不違相宗。但以十地總修習位也。

丑十法雲地。

慈陰妙雲。覆涅槃海。名法雲地。

舊解多種。似各偏缺。而名義亦不相顧。吳興以上句屬於慈而次句以眾生本寂滅相為涅槃海。是但利生也。溫陵亦以上句總屬於慈。而但標為自己果德。卻以下句為如來果海。謂兩相稱合。是乃人分自他。而法惟自果也。又法雲二字。唯識謂大法智雲。含眾德水。充滿法身。金光明謂法身如虛空。智慧如大雲。皆能徧滿覆一切故。華嚴謂受大智職。增長無量智慧功德。名為住法雲地。是皆似以法為法身。雲為智雲。總是理智孚契之意。今別解之。上八字為義。末四字結名。義中慈妙是法。慈目利他之悲。妙指自利之智。陰雲是喻。陰取庇潤之相。雲取充滿之體。悲如陰而智如雲。二者俱有蓋覆之意。故下句覆者。稱合圓徧也。良以悲智陰雲是十地圓滿因德。涅槃海是十地將證未證之果德。涅槃略取圓寂為義。真無不圓而妄無不寂之謂。海者。喻此果德之量橫亙豎窮廣無邊。而深無底。菩薩悲智圓滿。切鄰斯果。故於斯地方以稱合而無少欠闕也。故知前非無智無悲。但至此而稱合涅槃為勝耳。然亦不說稱合佛德恐濫等覺。結名法雲地者。以名召義。則法之一字雙含悲智。雲之一字該攝於陰。而攝用歸體。以此二字之名。召上八字之義。可謂名義相孚矣。通上經論考之。經固佛言。論亦佛意。豈敢妄生敬慢。輕起抑揚。但旨寓於文。而聖語錯綜。實無定相。固不可私於所習而失其公評。亦不應避嫌而隱佛實義。夫唯識金光文義皆同。雖華嚴事用洪廣。語意亦無大殊。獨此經文辭簡而義迴殊。了無符同之相。且華嚴四地方說生法王家。而此經四住明言譬如中陰。自求父母。陰信冥通。入如來種。似全同彼生法王家。至於四地但言明極覺滿。了無生貴之意。又華嚴八地方說十身相作。而異名中亦言是童真住。此經八住已云十身。靈相一時具足名童真住。至八地但云一真如心。了無十身童真之語。又華嚴九地明言法王子住。而此經獨於九住受法王子名。至九地但云發真如用。杳無王子之稱。又華嚴十地顯言灌頂受職。而斯經十住明言如國大王分委太子陳列灌頂等。至十地但云慈陰妙雲覆涅槃海。了無灌頂之相。是華嚴四八九十地位皆同斯經住位。餘地亦但名字多同。義亦不類。至於兩經住位。亦但名字多同。而義各差殊。凡若此者。豈可謾不加察哉。吳興遽以地住十身之同而抑華嚴為別。固大不可。以二經皆但借名別教以誘彼而已。而義實皆天淵也。管見責之固當。然但高推華嚴。亦不詳訂異同之由。似亦未盡理也。今有比度。試與智者商之。非敢執為定說也。斯經具二無礙法界各一分。意旨頗同華嚴。但辭有廣略耳。然亦未有更比華嚴超越之理。問。今何現以十住同華嚴之十地耶。答。佛語自在。應有兩途。一者融攝意。蓋圓旨一攝一切。則初住即應攝初行初向初地。如是乃至十住。即應攝十行十向十地。若此則應十十各同。何止住地四位之同耶。二者開合意。蓋佛語無定。或開前而合後。或合前而開後。今楞嚴恐或合華嚴住行向為十信。亦如天台合別家二十三位為後三信是也。請言其相。答。以五根初植為住義。以進定二力收定散諸行。以第八慧力明言回向。九戒十願皆向意也。由此十信合彼三十。故得以此經十住遂對華嚴十地。問。若是。則住後諸位復是何位。答。俱應是等覺開出耳。問。等覺一位安得有此多義。答。華嚴十定。十通。十忍。與斯後位法數正均。但建立異耳。楞嚴分取同他。謂每於十位皆分取定通忍三。而同他權教立行向加地之名。亦所以誘引於彼也。請明其相。答。如十行中。前四度是忍。皆須勤勇無間故也。禪度是定。後五智度是通。神通與智互相資發故也。十向。則初三是忍。蓋十忍中無生最勝。二向無生可以意得也。中五是通。一總四別。總意可知。至一切處不過十方三世。乃眼耳宿命三通也。次三向。神境漏盡他心如次三通也。後三真如皆自性定。可以意得。加地則三別一總。四加全作於忍。勤勇無間意也。初地至四地是通。蓋通達盡境。則眼耳神境宿命他心皆極增盛。離垢可當漏盡。明生。明極。仍是最勝三明。五地至九地是定。前一引起。後四皆自性增勝定也。十地是三之總。慈悲無緣。忍也。智慧無障礙。通也。稱合涅槃。定也。此之開合。但因二經住地之位既同。恐須如是開合。理或然矣。又華嚴等覺一位含攝甚多。恐是楞嚴行等諸位。然上聖境界。惟證乃知。終不執定。姑存之以供智者玩適。取捨隨心。亦不必深詺也。**地上十位已竟。**

子九等覺一位。起信等諸經論中亦有於十地後不開此位者。乃合入十地耳。或目為果。合入妙覺。然而因有多分。果惟一位。合入十地為正。總不若今經另開。問。行向地等既即定通忍。應即等覺。憑何又開。答。等覺義長攝廣。前義不攝覺際入交。何妨另開。分為二科。丑一正明本位。

如來逆流。如是菩薩順行而至。覺際入交。名為等覺。

此位將明菩薩始覺等於如來妙覺。故先舉如來而言逆流者。蓋謂如來已先證入妙覺果海。無復進取。但惟不捨眾生。倒駕慈航逆流而出。而此菩薩乃言順行而至者。謂其進取未竟。方趣果海。順流而入也。覺際入交者。菩薩始覺與佛妙覺分劑正齊。但有順逆之不同耳。譬如入海採寶者。前商已得諸寶。逆流而出到於海門。後商方以進取。順流而入。亦到海門。是二船恰齊。但前商船頭向外後商船頭向內為不同耳。吳興曰。瓔珞經云。等覺照寂。妙覺寂照。即其義焉。溫陵曰。十地菩薩混俗度生與如來同。但所趨逆順與如來異。蓋如來逆流出同萬物。菩薩順流入趨妙覺。已至覺際。故名入交。與佛無間。故名等覺。即解脫道前無間道也。

丑二出所得慧。

阿難。從乾慧心至等覺已。是覺始獲金剛心中初乾慧地。

首二句通前總躡。見始終同名乾慧。而實名同義別耳。言從乾慧至等覺者。中間所攝五十四位并能攝二位共五十六。總以結盡。是覺即指等覺。金剛心者。解脫道前無間極力至堅至利。能斷無明生相微細惑體。故云爾也。然連此以稱乾慧者。顯是究竟乾慧。揀異前之初心乾慧也。溫陵曰。前名乾慧。以未與如來法流水接。此名乾慧。以未與如來妙莊嚴海接。吳興曰。以障妙覺無明初乾。未與究竟如來法流水接故也。○初乾即是始獲。蓋表前位皆未能得此慧。至此始得初乾矣。諸師於此或但合入等覺。或更別開一位。愚謂詳玩是覺始獲四字。則合於等覺固無不可。然更玩至已二字。斷是等之後心。則別開亦通。今但取五十五位。則合之為是。取單複十二及六十聖位。則開之乃宜。以佛語自在。類多開合無定。不應執於一也。

子十妙覺一位。

如是重重單複十二。方盡妙覺。成無上道。

初八字結上因位盡也。一字但局一位為單。一字總包十位為複。十二者。或單或複共成十二也。當依溫陵取一乾。二信。三住。四行。五向。六煖。七頂。八忍。九世。十地。十一等。十二金也。於中乾煖頂忍世等金七位為單。信住行向地五位為複也。末八字正明究竟果位。總前位皆趨此果。至此方收成功。獲無上正真之實果也。盡妙覺者。謂因位初心圓人始覺雖漸次而深。以本始未一。能所未忘。皆未盡妙。乃至等覺亦但能齊。而尚未能一。今於最後一剎那間證入斯位。但惟本覺。無別始覺。能所淨盡。寂照一如。萬事萬理劃然一體。故稱為妙也。究實其體不越前四卷中三如來藏。其用不越彼四義四相。所謂十玄德相十玄業用一時具足。而窮玄極妙不可思議矣。無上道者。以圓頓初心雖與如來同一覺道。而圓融不礙行布。位位皆以前前為下。後後為上。則知因中諸位莫不有上。斯位則證極而無復加上。故云無上道也。所謂無上菩提無上涅槃等皆其異號。正答因果諸位一大科已竟。

癸二總揀非實非染。

是種種地。皆以金剛觀察如幻十種深喻。奢摩他中。用諸如來毗婆舍那清淨修證。漸次深入。

種種地。即指上因地與果地也。果地雖一。因地重重。故言種種。金剛者。即前所謂金剛王寶覺。蓋自初住圓通之位已即分證。位位轉深。至等覺則究竟金剛心也。故知金剛乃甚深般若之名。是即實相之觀照。所謂如珠有光。還照珠體。前劣後勝。一體而已。觀察者即以金剛寶覺照之也。溫陵曰。種種地。單複十二位也。十喻者。幻人。陽燄。水月。空華。谷響。乾城。夢。影。像。化也。○深喻者。喻此金剛所照之修皆如幻等。所謂如幻三摩提。無一實體。終不著相。永明云修習空華梵行等是也。總表無修之修。正以揀彼凡小執於事相之實修也。奢摩他。前文考佛答處已作自性本具圓定。而以照見於此為微密觀照。至於毗婆舍那。前文問答皆無是名。按深密經。佛以無分別觀為奢摩他。以差別觀為毗婆舍那。似分照真俗之意。今詳味斯經語脈。似不全同彼意。良以無分別之語固不違於性定。而差別云者仍可參詳。今言奢摩他中。顯是於自性定中。又言用諸如來毗婆舍那。而下復贅以清淨修證。顯是從性起修。則毗婆舍那全歸修意。蓋是不離自性定中。雙用即定之慧。與夫即慧之定。而定慧圓融之意也。然更須知仍是合性修兼定慧雙收前二以結歸禪那而已。末言漸次深入者。蓋是圓融不礙行布。而務臻究竟寶所。終不化城中止矣。

癸三歸重初心勸進。

阿難。如是皆以三增進故。善能成就五十五位真菩提路。

此之歸重初心以勸進。欲人由下學以上達也。良以圓人頓悟。雖窮盡因果。而發足進取須重初心。故今此經談位既始於三種漸次。而學者豈可不從此以策力哉。故此節深意誠在此耳。吳興曰。三增進者。即漸次也。前三文下皆結示云是名增進修行漸次。又云從是漸修隨所發行安立聖位。五十五位者。除前乾慧。由信至等覺是也。問。何故除乾慧而又不取妙覺。答。既言真菩提路。則顯乾慧非真。妙覺非路。

癸四判決邪正令辨。

作是觀者。名為正觀。若他觀者。名為邪觀。

欲人捨邪而歸正也。吳興曰。須知圓教之外三乘所修皆屬邪觀。○此對勝揀劣為邪。

非叛道之邪也。孤山曰。圓教地位。以六即配。則十信為相似即。初住以後為分真即。妙覺為究竟即。○此天台所判圓教所獨。漸教有六無即。頓教有即無六。今行布不礙圓融。故六而常即。所以六位皆佛。圓融不礙行布。故即而常六。所以六位不濫。至於諸位所斷無明所證真如。隨佛自在分合而為多少。何敢定數。華嚴百界倍增。但可準知。未必定依其數也。良以斯經位次不定依彼故耳。一正說經一大科已竟。

丁。二說經名。夫義者名之實。而名者義之表。是故因義以定名。由名以表義。名義常相須也。今正宗委談三分。所詮經義略備。而能詮經名不彰。則何以辨義而成總持耶。故即說經名焉。溫陵曰。正宗未終而遽結經名。由初示密因。次開修證。而卒乎極果。則經之正範畢矣。結經後文尚屬正宗。舊名助道分者。特助道而已。故後別列。乃正助之辨也。分二。戊一文殊請名。又二。己一具禮陳白。

爾時文殊師利法王子。在大眾中。即從座起。頂禮佛足而白佛言。

初以阿難當機者。欲進多聞人於大定也。而終以文殊為請名。表總持全經。非根本大智不可也。

己二請名問持。

當何名是經。我及眾生云何奉持。

凡問經名。必兼請持法。而答名之後多不詳答奉持。略結而已。良由名以略文總攝多義。得其名。即得其總持之要矣。故不別答受持之法也。

戊二如來備說。分五。己一從境智為名。

佛告文殊師利。是經名大佛頂悉怛多般怛羅無上寶印。十方如來清淨海眼。

首句標告。及是經二字。文局第一。義通五題。下不重標。詳玩五題皆顯密雙彰。而義則互通。以顯密無二。但廣略持解。力用異宜而已。今第一名初十三字。彰密楞嚴也。分雖各屬。而釋則合用。下皆倣此。密題全當科之境字。境。即諦也。為智所對。文用三重喻表。一佛頂。二白傘。三寶印。雖亦是喻。而直以稱法。非待法合。此之謂表法也。首三字表理體。屬真諦。前總題中通表。蓋是因題立意。此對下文但表理體也。大之一字貫下白傘。仍作稱讚之詞。佛頂具二義。一無上而最尊。二無見而最妙。正以表一真法界。故以大稱。悉等六字此云白傘蓋。七卷中元有摩訶二字。故亦應有大意。今因上大字貫下。故不重標。傘蓋雖亦可作二物。今以含覆用同。故但為一。此對佛頂。當表事用俗諦。若連摩訶。即當體大。而以白傘當相用二大。今緣佛頂表體大。已代摩訶。故得六字皆但屬於相用。白。眾色之本。今表萬用清淨乃即真之俗非同染著之用也。傘蓋。正表萬德張施。慈悲普覆。為佛果要用。作眾生依怙也。末句總攝上體用真俗而為第一義諦。以圓融絕待。更無法能過之。故云無上也。寶印者。即海印心印也。華嚴云。二諦融通三昧印。又云。海印三昧威神力。法句經云。森羅及萬相。一法之所印。即諸佛祖以心印心相傳之心印也。

末八字。顯題也。十方如來。明諸佛同證也。清淨者。離分別絕能所之意。海即心海。眼即智也。謂照心海之智眼也。上密題中所詮表之三諦。是即心海全體大用。以智圓照此之心海。名曰海眼。然須離諸分別。一念不生。方以默契。又如珠之有光。還照珠體。體即照而照即體。始為清淨海眼。

己二從機益為名。

亦名救護親因。度脫阿難。及此會中性比丘尼。得菩提心。入徧知海。

諸題顯密分明。獨此題似乎惟顯無密。然準四推之。當亦意具。良以救度慶喜性尼皆憑咒力。故此題前十八字當是稱祕咒之功能也。而阿難登伽正以舉此經之當機也。故凡務多聞而未全定力者皆準阿難。凡欲惑熾然不思出要者皆準登伽。末八字表利益也。菩提心。即前三諦圓融之心徧知海。即前徧照三諦之海眼也。此蓋但於前題中加當機獲益勸人欣此入此也。問。前總題中不許立諦。只言三藏。今何說諦而不說藏。答。前為斥絕三觀。故並諦不許。今為明境用諦。而三諦仍即三藏而已。

己三從性修為名。

亦名如來密因修證了義。

亦名下。上四字為密。下四字為顯。總題中分屬明白。以如來密因為性具者。蓋諸佛須見自心果性本有。依此起修。方成真因。權小皆所不知。故曰密因。修證了義者。言雖知本有。不墮無修無證。不妨有修有證。然依無修證而起修證。故曰了義。非同染實之修。不了義也。又盡理顯談。非就機覆相也。廣如總題中解。蓋密因仍是前之境智。但加修證而已。恐悟人具見自心。理智天然。而不加修證。亦終不能究竟。所以勸人不可徒欣。仍當修此證此也。

己四從要妙為名。

亦名大方廣妙蓮華王。十方佛母陀羅尼咒。

亦名下。上七字為顯。為最妙。大方廣。取起信釋。乃一心所具三義。華嚴作所證之法。三字以次為體相用之三大。此乃三字並列。不同總題之讚詞也。此大乃直目性體。橫亙竪窮。無邊無底。相乃義相德相。具足恆沙性功德故。大方二字。即性相對也。廣指用言。以上性相皆屬於體。稱體之用。無盡無量無障無礙。如十玄妙用是也。益以見斯經旨同華嚴矣。蓮華取義甚多。且略取於方華即果處染常淨二義。亦即表於一心三大之法。因果交徹本具而非修生。染淨不二融即而非擇滅。王以自在為義。因果染淨俱得自在。故稱為王。益見斯經旨同法華矣。然則性相體用交徹圓融。至妙無以加焉。末八字為密。為最要。佛母表其有出生義。陀羅尼此云總持。明其具含攝意。七卷說咒利益中。亦稱其能出生一切諸佛。顯文中亦言十方薄伽梵一路涅槃門。俱佛母意也。陀羅尼既總一切法持無量義。合於上佛母一表出生多佛一表含攝多義。豈非至道要術哉。此蓋復於有志希修證者具示以最妙最要之處。信乎可以彈指超無學也。

己五依因果為名。

亦名灌頂章句。諸菩薩萬行首楞嚴。汝當奉持。

亦名下四字為密。餘皆顯也。吳興曰。此經從天竺灌頂部中流出。蓋約密言名灌頂章句。有誦持者。則如來智水灌其心頂。亦如剎利之受職也。○此中所取因果有二。一者密題為果。以灌頂受佛職故。職即果也。下皆屬於因行。以諸菩薩萬行為別行。如前四度。首楞嚴三字為大定之名。乃定慧雙融。後一度也。前之四度皆依此而運。方成第一波羅密。故為總行。若準起信論中五行。則此之萬行即彼前四行。此之首楞嚴即彼第五止觀雙融行也。合此總別因行。方以感彼佛職之果。欲欣果者務修行也。二者密題中既曰智水灌頂。即屬文殊大智。菩薩萬行。即屬普賢大行。智行總之為因。首楞嚴。即毗盧萬德圓融究竟堅固之大果也。良以佛說斯經。無非欲眾生修大因而證大果。故此末題終歸因果也。如華嚴法華二題可類見矣。汝當奉持。文局於此。而義總結五題。以上五中境智。機益。性修。要妙。因果。皆當信奉受持。蓋必以智照境。隨機受益。從性起修。盡其要妙。滿其因果。方為能奉持也。夫既說全經。而又備陳經目。則如來所以應求而說者。可謂悉委悉盡矣。故如來委說一大科已竟。

大佛頂首楞嚴經正脈疏卷三十二

大佛頂首楞嚴經正脈疏卷三十三

經文卷八之三

明京都西湖沙門交光真鑑述
蒲州萬固沙門妙峰福登校

丙。三阿難悟證。阿難示現多聞遲鈍。初以一果聞經。中間但表開悟。並無敘證。今至經終方明進證。無非大權引物耳。分二。丁。一敘所聞。又三。戊一結標時眾。

說是語已。即時阿難及諸大眾。

戊二聞經義理。

得蒙如來開示密印般怛羅義。

此舉密稱顯。見顯密同義也。密印者。祕密心印也。如偈云。真非真恐迷。我常不開演。正祕密意也。奢摩他中三如來藏。三摩提中圓妙耳門解巾示結。皆所以傳心印也。大白傘蓋本以名咒。今言示彼之義。即指顯文。並文所詮。莫非無外之心清淨之體普覆之用。是大白傘三字可以收盡全經。所以但舉於此義而敘所聞經也。

戊三聞經名目。

兼聞此經了義名目。

前之五名。皆詮盡理直指之了義。非就機覆相之名目也。蓋名標總相。義演別相。得其別相可以開悟。得其總相可以奉持。蓋開悟宜詳。而奉持宜簡。然總別互收。利益齊等。故雙述顯益也。

丁。二敘悟證。分二。戊一同悟禪那。

頓悟禪那修進聖位增上妙理。心慮虛凝。

前標時眾非止阿難。故知此悟乃大眾同悟也。首句標悟禪那者。按經從初歷談。但言奢摩他及三摩提而未言禪那。直至此處始一稱之。下連修進聖位。足顯談聖位處乃是說禪那耳。蓋即全性而修。三一圓融。妙極難思之定慧也。然其實體即前三如來藏之正因。略兼了緣二因而已。其曰修進聖位。足見諸位多行位也。增上。殊勝也。蓋迥超權漸。乃圓頓之極則焉。心慮虛凝者。全經朗徹。萬象一心。海印森羅。言思不及之境也。

戊二別證二果。

斷除三界修心六品微細煩惱。

悟雖同眾。證則各別。故此二果別就阿難。非大眾皆但證二果也。溫陵曰。修道所斷之惑。小乘於三界九地。地各九品。斷欲界前六品而證二果。斷後三品而證三果。斷上界各九品而證無學。○思惑於修道位中斷之。故曰修心。然全分即通三界。故言三界修心。所謂言通也。六品仍在欲界斷之。所謂意別也。微細。揀非見惑之麤耳。阿難備聞全經而但進二果。既由示表多聞之劣。不勞曲會。強增華嶽之高矣。請位至此名圓位因果周。經中具示妙定始終已竟。

乙二經後別詳初心緊要。此後諸文仍是正宗。問。正宗未盡。何遽結經。答。順序而談。無所隔間。義窮言盡。故應結成。如由悟而入。由入修證。從因至果。性定歸元。言義俱周。豈不應結乎。然而正談三分。速欲知其始終。故文中雖亦略言諸趣諸魔。不暇詳敘。恐葛藤恣蔓。而支離間隔於本文也。其奈義有關要。理應委知。故於經後詳發。是則既不隔間於正文。又以不失於要義也。其關要深故。待於各科首發明之。分為二。丙一談七趣勸離以警淹留。修楞嚴者。於人仙天趣不應耽戀其果。於脩羅三塗不應誤犯其因。然後能迴超有漏而速階聖位也。故自經初每曰輪轉。曰諸趣。曰輪迴。曰淪溺。乃至十二類生皆以謂此。而不及詳言。故此委談勸離所以警淹留也。又分二。丁一阿難請問。又為二。戊一述謝前益。

即從座起。頂禮佛足。合掌恭敬而白佛言。大威德世尊。慈音無遮。善開眾生微細沉惑。令我今日身心快然。得大饒益。

問。此既謝前得益。何不分屬上文。答。此之禮拜雙具二意。一則謝前。一為請後。

若屬前文。則請後無拜。禮有缺也。故屬下可兼二意。經中凡訶斥處皆屬折伏之威。凡示勸處皆屬攝受之德。慈音無遮者。至教無悋惜。下愚不檢擇也。巧示曰善開。微細惑開。謝破妄也。身心快然。謝顯真也。其實進修取證。皆所以終破妄顯真之功耳。故二意謝盡全經。

戊二更請後談。分二。己一總問諸趣。又分三。庚一領惟心真實。又二。辛一心體本真。

世尊。若此妙明真淨妙心本來徧圓。

此先直就心體以領徧圓。所謂彌滿清淨中不容他也。

辛二萬法惟心。

如是乃至大地草木蝡動含靈。本元真如。即是如來成佛真體。

此方就萬法以會徧圓。即是如來四字應在本元之上。下言本如。即性具之理。佛體。即修成之實。所謂物物闡遮那之形。名名播如來之號。

庚二問何有諸趣。

佛體真實。云何復有地獄餓鬼畜生脩羅人天等道。

首句躡上萬法惟心無障無礙。云何下敵體翻之。以問如何卻有障礙違心之七趣。以有等字該仙。蓋約方聞未證之時觀之。現見違礙自心不得自在。故言云何復有等也。

庚三質自然因緣。

世尊。此道為復本來自有。為是眾生妄習生起。

本來自有者。疑是無因本具也。因緣可知。

己二別詳地獄。七趣雖皆障礙。而地獄猶劇苦處。更當謹戒。是以復詳問之。分為三。庚一略舉墮人。婬怒癡為三毒惡習。招獄之最重者。故略舉之以該其餘也。分二。辛一貪婬墮者。

世尊。如寶蓮香比丘尼。持菩薩戒。私行婬欲。妄言行婬非殺非偷。無有業報。發是語已。先於女根生大猛火。後於節節猛火燒然。墮無間獄。

此犯有三。一犯婬。二謗戒。三誤人。漸至極重。故墮阿鼻。報則有二。一現報。謂身火燒然。二生報。即墮無間獄也。

辛二怒癡墮者。

瑠璃大王。善星比丘。瑠璃為誅瞿曇族姓。善星妄說一切法空。生身陷入阿鼻地獄。

此二合說。琉璃屬怒。善星邪見屬癡。溫陵曰。琉璃。匿王太子。廢父自立。挾宿嫌誅釋種。佛記其七日當入地獄。王泛海以避。水中自然燒滅。○宿嫌。舊恨也。有遠近二因緣。遠謂琉璃多劫前曾為大魚。釋種前身共食之。此為遠因。近謂琉璃今世為釋種之甥。因禮來賓。強坐佛座。釋種罵之。懷恨誓殺。此是近緣。善星亦佛堂弟。撥無因果。經文甚明。生陷者。謂連肉身陷下。具足現生二報。以業力強勝故耳。

庚二雙質同別。

此諸地獄。為有定處。為復自然彼彼發業各各私受。

吳興曰。問意有二。謂別業同報。別業別報。初問婬殺妄三。即別業也。為有定處。即同報也。為復自然下次問別業別報。據下答意。皆是別業同報耳。

庚三求示護戒。

惟垂大慈。開發童蒙。令諸一切持戒眾生聞決定義。歡喜頂戴。謹潔無犯。

開發童蒙者。以此屬人天乘事。故言開發幼童蒙昧也。令諸下明其嚴戒。正此更詳地獄之本意。然於三摩提中道場之始所以嚴戒四重者豈不大有助乎。

丁。二如來詳答。分二。戊一讚許。

佛告阿難。快哉此問。令諸眾生不入邪見。汝今諦聽。當為汝說。

快哉者。合意而喜之讚辭也。下二句明其所以。蓋犯婬無報。法空無果。皆顯然邪見。琉璃為瞋心所蔽。不復知有惡報。亦隱然有邪見為主宰也。凡墮阿鼻。多由邪巧之見。至於脩羅。乃至仙與人天。凡有耽戀而視之為樂為脫。殊不知其為苦為縛者。皆邪見攝。況皆障首楞嚴。故佛云耳。

戊二說示。分三。己一備明諸趣。又二。庚一略示升墜根由。又為三。辛一約積習分判情想。又為二。壬一依真妄分內外。

阿難。一切眾生實本真淨。因彼妄見。有妄習生。因此分開內分外分。

本真淨者。蓋言妄染招報之因。皆依無妄無染之真心中起也。妄見即惑。妄習即業。此二為因。故分內外。下自釋之。

壬二釋成墜升所以。眾生但見六趣升墜。而不知正因。故與釋之。分二。癸一釋墜所以。墜謂三塗。分三。子一略釋其名。

阿難。內分即是眾生分內。

但言貪戀本趣而不求出離者俱為內分。則不勞辯難。蓋凡在升墜不定之時。若但戀於本位而不求增進者必至於墜。事事皆然復何疑乎。

子二轉愛屬水。人間水惟趣下。而情皆化水。足知從墜無疑矣。又二。丑一正明愛水。

因諸愛染。發起妄情。情積不休。能生愛水。

愛有總別二意。總謂諸情皆屬於愛。愛即情也。別如世說喜怒哀樂愛惡欲為七情。愛居其一而已。今總意也。良以七情中怒惡似與愛反。而實由人之損我所愛。方怒方惡。縱曰性情之正。是亦惑境為實。皆愛情為本。故總屬愛也。最初對境起著為愛染。深貪極戀。堅執不捨為妄情。情積不休者。慣習深厚。潛滋貪業也。能生愛水者。墜業已成。不墮所不免也。

丑二歷舉驗證。

是故眾生心憶珍羞。口中水出。心憶前人。或憐或恨。目中淚盈。貪求財寶。心發愛涎。舉體光潤。心著行婬。男女二根自然流液。

此但舉事以驗情心化水而已。恨雖恨彼害己。實亦憐己受害之苦而發悲。是即七情中怒惡。貪財光潤者。曾聞有人忽拾大銀一錠。舉身流汗是也。餘皆易知。

子三結墜原名。

阿難。諸愛雖別。流結是同。潤濕不升。自然從墜。此名內分。

流即流水。結謂受縛。上皆從墜所以。末句原其因此立名內分也。墜之所以竟。

癸二釋升所以。分三。子一略釋其名。

阿難。外分即是眾生分外。

明非本趣也。

子二轉想屬飛。飛必上升。而想必飛騰故也。分二。丑一正明想飛。

因諸渴仰。發明虛想。想積不休。能生勝氣。

初聞勝境發心希望為渴仰。想極神馳意常遠越為虛想。想積不休者。想久觀成也。能生勝氣者。必成超舉之妙因也。

丑二歷舉驗證。

是故眾生心持禁戒。舉身輕清。心持咒印。顧盼雄毅。心欲生天。夢想飛舉。心存佛國。聖境冥現。事善知識。自輕身命。

亦舉事以驗想必成飛而已。然此外分雖但局在界內。至於引事乃是廣取。豈皆局哉。持戒漸離業累故輕清。雄毅者。亦有高舉無畏之狀。以乘咒神力故也。輕身命。亦視如鴻毛。無復重累。故亦屬於超脫。餘皆可知。

子三結昇原名。

阿難。諸想雖別。輕舉是同。飛動不沈。自然超越。此名外分。

約積習分判情想已竟。

辛二約臨終別示升墜。分二。壬一約臨終相現。

阿難。一切世間生死相續。生從順習。死從變流。臨命終時。未捨煖觸。一生善惡俱時頓現。死逆生順。二習相交。

孤山曰。生從順習死從變流者。以一切眾生皆愛生而惡死也。是故生則順其習。死則逆其習。此文辭互略。應云生從存住故順習。死從變流故逆習也。未捨煖觸。謂現陰之末。中後陰之初也。溫陵曰。逆順相交。謂方死方生之間也。一切善惡之業。即於是時隨其情想輕重而感變焉。〇末二句似乎當在煖觸之下為順。恐是謄譯之訛耳。

壬二判墜升分量。又三。癸一升而不墜。又二。子一先示純想極升。又二。丑一無兼止於天上。

純想即飛。必生天上。

論生天應從四王以上。蓋生於天上而卜居於天。不同游者。又按下純情惟局極重阿鼻。此之純想乃統三界諸天。故知純情報狹。而純想報寬也。

丑二有兼往生佛國。

若飛心中兼福兼慧及與淨願。自然心開。見十方佛。一切淨土。隨願往生。

兼。謂除善禪之外。而有兼行六度願見諸佛者也。

子二後示雜想差別。又二。丑一正論雜想。

情少想多。輕舉非遠。即為飛仙。大力鬼王。飛行夜叉。地行羅剎。遊於四天。所去無礙。

輕舉非遠者。謂豎不越四天。橫不出輪圍。遊者。暫到而已。不同生者得常居住。喻如群臣至天子宮闕。暫時非久。去。往也。真際曰。情少想多。此通舉也。理宜等降。四類分之。一情九想。即為飛仙。二情八想。為大力鬼王。三情七想。為飛行夜叉。四情六想。為地行羅剎。

丑二兼論護教。

其中若有善願善心護持我法。或護禁戒。隨持戒人。或護神咒。隨持咒者。或護禪定。保綏法忍。是等親住如來座下。

綏。安也。法忍。如無生法忍之類。住佛座下者。即溫陵所謂八部之類是也。

癸二不升不墜。

情想均等。不飛不墜。生於人間。想明斯聰。情幽斯鈍。

均等即五情五想。孤山曰。由昔情想。感今聰鈍。是知言均等者。總報之業也。言幽明者。別報之業也。由所習情想各在強弱。致有聰鈍之異。蓋於人中分於二類。意謂想明即是想強情弱。所以世間有聰明者。情幽即是情強想弱。所以世間有暗鈍者。此說似通。但恐違於均等。然予別有說焉。〇圓師所說聰鈍。但於總報大概俱有一分聰處。如覺觀知解。推度事理。勝彼下趣。故佛表其由具五想。想體明達。所以有此聰利也。俱有一分鈍處。如不具神通。不能飛舉。劣彼上趣。故佛表其由具五情。情體幽閉。所以有此暗鈍也。

癸三墜而不升。分為二。子一先示雜情差別。又分三。丑一墜畜生。

情多想少。流入橫生。重為毛群。輕為羽族。

情多想少者。真際謂六情四想是也。溫陵曰。橫生者。情多故淪變。帶想故飛舉。而業重不能。但為毛群耳。

丑二墜餓鬼。

七情三想。沈下水輪。生於火際。受氣猛火。身為餓鬼。常被焚燒。水能害己。無食無飲。經百千劫。

真際曰。七情三想。墜為餓鬼。溫陵曰。俱舍說大地最下有金水風輪。有八寒八熱地獄在三輪之上。此文說沈下水火風輪。又似地獄在三輪之下。疑此所指非地下三輪。乃地獄三輪也。言水輪火際。即寒獄第八也。受氣猛火。謂受火氣以成身。故常被火燒。或得水飲。亦化為火。故曰水害己也。

丑三墜地獄。

九情一想。下洞火輪。身入風火二交過地。輕生有間重生無間二種地獄。

真際曰。八情二想生有間獄。九情一想生無間獄。○經文缺八情二想。意中必有。節師補之是也。然諸師皆謂八獄前七為有間。第八為無間。今詳後文另有極重阿鼻獨為一獄。則知前八俱稱無間。但較之後一或苦稍輕。或時少短。其有間獄。當如後文十八等獄方通也。溫陵曰。下洞火輪。即八熱獄也。身入風火二交過地。謂超寒獄入熱獄也。

子二後示純情極墜。分二。丑一無兼止於阿鼻。

純情即沈入阿鼻獄。

溫陵曰。阿鼻此云無間。謂受罪苦具身量劫數壽命五者皆無遮間。名五無間。此惟情業最重者墜入。至劫壞乃出。

丑二有兼更生十方。

若沈心中。有謗大乘。毀佛禁戒。誑妄說法。虛貪信施。濫膺恭敬。五逆十重。更生十方阿鼻地獄。

溫陵曰。若兼謗大乘等。則此刼雖壞。更入十方阿鼻。無有出期。以謗令無窮人墮邪見故。

辛三結有處以顯別同。

循造惡業。雖則自招。眾同分中。兼有元地。

前問此諸地獄為有定處為各私受。此答造雖各私。報有定處。乃是別造同受也。元地即答定處耳。一略示升墜根由已竟。

庚二詳示墜升因果。上科示情想為升墜因由。清濁雖殊。要之皆為繫縛三界之羈鎖。非解脫世間之法。故總屬於惑。此科所言因果。應即是業與苦也。諸天雖樂。而亦壞行二苦所攝。故不出三道也。分為七大科。辛一地獄趣。此雖諸趣並列。而本科兼答。別詳地獄。分二。壬一發明因習果交。又分三。癸一躡前標後。

阿難。此等皆是彼諸眾生自業所感。造十習因。受六交報。

此文分明連結上科。似非別起。然上科情想意足。下更無文。且向下相連七趣俱有詳文。故知別為詳示。但前論情想。自勝向劣。今詳因果。自劣向勝。二劣相接。語勢就便。躡之以起。非仍屬上也。感字。非同凡小但是招意。此乃化意。謂地獄本無。自心業力之所化作。悟之即空。故華嚴偈云。應觀法界性。一切唯心造。能破地獄。經中所謂一一皆了元因。信哉。下文因果中一切苦具。皆顯心之化作。其旨深矣。

癸二開因示果。又分二。子一列十習因以明感招。十習。謂一婬。二貪。三慢。四瞋。五詐。六誑。七冤。八見。九枉。十訟。既云為習。即當屬業。而貪等仍帶惑名。則分屬亦兼惑業。今以根隨分之。貪瞋慢見。四根本也。婬即貪業之首。冤即隨瞋之恨。詐即隨貪之諂。誑亦貪分之隨。枉訟即隨瞋之害。又約成業以十惡收之。婬正身三之一。而瞋冤攝殺。詐誑攝盜。詐誑又攝妄言綺語兩舌之三。枉訟又攝妄言兩舌惡口之三。貪瞋即意三之二。見即攝於癡分。則身三口四意三無不周備矣。雖亦有果。但是帶言。說因為多。故單言十因也。就分十。丑一婬習。溫陵曰。惡業起於情惑。而婬為情惑之最。故前後皆首明之。分四。寅一正明感招。

云何十因。阿難。一者婬習交接。發於相磨。研磨不休。如是故有大猛火光。於中發動。

首四字總徵十科。凡言交者。結搆之始。發者。臨時之動。後皆倣此。接者。染心會合。磨者。貪求觸樂。感火之故。下喻自明。舒王云。婬習研磨不休。自耗其精。則火界熾然。於其生也。尚有痟渴內熱等疾。則其死也見大猛火宜矣。

寅二即喻驗知。

如人以手自相磨觸。煖相見前。

寅三所感苦事。

二習相然。故有鐵牀銅柱諸事。

二習。現行種子也。所謂業習種習之二。蓋業習所以熏種。種習所以辦果。下皆倣此。相然。謂成焚燒之事也。鐵牀等。即火床火柱。準別經中。皆言化玉女引罪人抱之即燒也。

寅四引聖示戒。

是故十方一切如來。色目行婬。同名欲火。菩薩見欲。如避火坑。

色目者。命名呼召之意。猶言名色名目也。欲火者。隨因示果。令知驚懼也。菩薩避婬。非是勉強忍愛。乃是惟見其為火坑而驚避之。無毫髮之愛也。以菩薩了見過去婬火劇苦如在目前故也。此蓋欲人敬畏。佛戒而勉學菩薩耳。後皆倣此。

丑二貪習。貪乃吸取諸欲之總名。而婬為上首。既以別開。則財食等餘欲皆此習收之。分四。寅一正明感招。

二者貪習交計。發於相吸。吸攬不止。如是故有積寒堅冰。於中凍冽。

計。執也。謂執我我所故起貪也。吸者。攬取為己有也。貪之感水。如人思食口則水出。而吸之感寒。下喻自明矣。

寅二即喻驗知。

如人以口吸縮風氣。有冷觸生。

寅三所感苦事。

二習相陵。故有吒吒波波羅羅青赤白蓮寒冰等事。

陵。侵也。奪也。業習起貪。主於侵取。種習起苦。竟以奪欲。吒吒等。忍寒聲也。蓮。冰色也。

寅四引聖示戒。

是故十方一切如來。色目多求。同名貪水。菩薩見貪。如避瘴海。

瘴者。癘氣也。能令人輒病。或復致死。海已當避。何況更有瘴癘之氣。甚言可驚避也。餘意準上。

丑三慢習。分四。寅一正明感招。

三者慢習交陵。發於相恃。馳流不息。如是故有騰逸奔波。積波為水。

陵。欺也。虐也。恃。倚也。如倚財倚勢等也。馳流。逆上奔流也。慢情本屬於水。而性高舉。如水逆奔。故曰馳流不息。如是下。方明其感招於水也。

寅二即喻驗知。

如人口舌自相綿味。因而水發。

綿味。即舌自絞嗽也。

寅三所感苦事。

二習相鼓。故有血河灰河熱沙毒海融銅灌吞諸事。

鼓。如風之鼓物。皆上騰之意也。

寅四引聖示戒。

是故十方一切如來。色目我慢。名飲癡水。菩薩見慢。如避巨溺。

見慢。謂見自心之慢。非謂見他慢也。後皆倣此。孤山曰。癡水者。或云西土有水。飲之則癡。如此方之貪泉也。○溺者。以水兼泥。易陷難拔之處。巨溺益可畏矣。

丑四瞋習。分四。寅一正明感招。

四者瞋習交衝。發於相忤。忤結不息。心熱發火。鑄氣為金。如是故有刀山鐵橛劍樹劍輪斧鉞鎗鋸。

交衝。即彼此抵突也。忤。欺陵也。結而不息。積久轉盛也。溫陵曰。心屬火。氣屬金。瞋者由心作氣而反動其心。加之衝擊抵忤。則心火轉盛。氣金轉剛。故云爾也。○肺屬金而主氣。亦妄理相應之謂。橛。即棍也。此亦方明感招。如脩羅之雨等也。

寅二即喻驗知。

如人銜寃。殺氣飛動。

望氣者能見其相。

寅三所感苦事。

二習相擊。故有宮割斬斫剉刺槌擊諸事。

擊。觸也。亦發也。截根曰宮。刖殘曰割。斫則斷首。剉乃碎屍耳。

寅四引聖示戒。

是故十方一切如來。色目瞋恚。名利刀劍。菩薩見瞋。如避誅戮。

名利刀劍。直以果召因也。

丑五詐習。亦分為四。寅一正明感招。

五者詐習交誘。發於相調。引起不住。如是故有繩木絞校。

誘。哄誘也。調。以諂言勾引也。如是下亦方明感招。諂言引誘。如繩牽柙於人。故感繩絞木校也。孤山曰。校。枷也。易云履校滅趾。荷校滅耳。

寅二即喻驗知。

如水浸田。草木生長。

行諂詐者。必浸漬之久而後能繫縛於人不能動脫。故如水浸田。草木滋蔓也。

寅三所感苦事。

二習相延。故有杻械枷鎖鞭杖檛棒諸事。

鎖者繩類。餘皆木也。

寅四引聖示戒。

是故十方一切如來。色目奸偽。同名讒賊。菩薩見詐。如畏豺狼。

惟此即因定名。溫陵曰。讒賊。奸詐敗正者也。

丑六誑習。上習主於浸引。斯習主於眩惑。此詐誑之分也。亦分四。寅一正明感招。

六者誑習交欺。發於相罔。誣罔不止。飛心造奸。如是故有塵土屎尿穢汙不淨。

欺。瞞也。罔。誣也。誣虛為實誣有為無等也。飛心。運心也。造奸。設智也。神出鬼沒。令人迷惑。墮其計中。溫陵曰。誑者。以狂言欺人。其志誣罔其心飛揚者是也。

寅二即喻驗知。

如塵隨風。各無所見。

溫陵曰。如風鼓塵。使人無見也。

寅三所感苦事。

二習相加。故有沒溺騰擲飛墜漂淪諸事。

誑能陷害於人。故受沒溺。誑須飛心鼓揚。故受騰舉拋擲也。飛墜。自騰而溺。漂淪。自溺而騰也。

寅四引聖示戒。

是故十方一切如來。色目欺誑。同名劫殺。菩薩見誑。如踐蛇虺。

此坐以至重至毒之名。乃所以深戒之也。

丑七冤習。亦分為四。寅一正明感招。

七者冤習交嫌。發於銜恨。如是故有飛石投礰。匣貯車檻。甕盛囊撲。

嫌。憎也。投。即墜也。礰。亦石也。常思以毒中人之所感也。匣貯等。皆暗藏冤害所感也。孤山曰。囊撲。囊貯而撲殺之。史記。始皇以囊撲兩弟。

寅二即喻驗知。

如陰毒人。懷抱畜惡。

上句喻能感之心。下句喻所感之相。畜。積也。

寅三所感苦事。

二習相吞。故有投擲擒捉擊射抛撮諸事。

吞。亦滅沒之意。不出上二所感。惟撮屬藏害。餘皆毒中之感耳。

寅四引聖示戒。

是故十方一切如來。色目寃家。名違害鬼。菩薩見寃。如飲酖酒。

違害鬼。違背正理暗中害人。鬼之最惡者也。酖鳥最毒。毛羽瀝酒。令腸寸斷。

丑八見習。五利惡見。執邪謗正。令無量人墮大陷坑。所以罪莫大焉。分四。

寅一正明感招。

八者見習交明。如薩迦耶見戒禁取。邪悟諸業。發於違拒。出生相反。如是故有王使主吏證執文籍。

明。妄分別也。違拒。相反。諍論也。溫陵曰。見習有五。一薩迦耶。此云身見。謂執身有我。種種計著。二邊見。於一切法執斷執常。三邪見。邪悟錯解。撥無因果。四見取。非果計果。如以無想為涅槃之類。五戒禁取。非因計因。如持牛狗戒為生天因之類。此五總名惡見。順邪反正。故云發於違拒出生相反。由其違反。故感王吏證執之境。權詐鞫推之報。○經缺邊見。該在諸業之中。又見戒禁取巧收二見。謂見取見。與戒禁取見。即五利使也。

寅二即喻驗知。

如行路人。來往相見。

溫陵曰。路人相見。一往一回。喻所見違反也。○邪見不特與正違反。亦自互相違反。如斷常互違等。此猶違他。亦復違自。如自語相違自教相違等是也。

寅三所感苦事。

二習相交。故有勘問權詐考訊推鞠察訪披究照明。善惡童子手執文簿辭辯諸事。

交。對待也。邪見無不對待。此皆邪妄分別謗正所招諸苦事耳。

寅四引聖示戒。

是故十方一切如來。色目惡見。同名見坑。菩薩見諸虛妄偏執。如臨毒壑。

溫陵曰。是五惡見能陷法身。故名見坑。能致業苦。故如毒壑。行人當疾滅之。

丑九枉習。以本無之事誣賴於人為枉。亦分四。寅一正明感招。

九者枉習交加。發於誣謗。如是故有合山合石碾磑耕磨。

加。謂加罪於人也。合山。謂見兩山來合。罪人無逃避處也。合石。謂二石夾之也。餘皆可知。溫陵所謂逼壓於人感報如之是也。

寅二即喻驗知。

如讒賊人。逼枉良善。

上句喻能感惡因。下句喻所感惡境。蓋讒賊逼枉良善。如惡業必招惡境。且感應相似也。

寅三所感苦事。

二習相排。故有押捺槌按蹙漉衡度諸事。

排。擠挫也。相排者。業習排人。種習排己。押捺。壓伏。槌按。打撲也。蹙漉。榨淋出血。衡度。以迫窄孔中衡度其身如拔絲之狀也。

寅四引聖示戒。

是故十方一切如來。色目怨謗。同名讒虎。菩薩見枉。如遭霹靂。

溫陵曰。讒能傷人。故名讒虎。以可驚怖。故名霹靂。

丑十訟習。上習誣人本無。此習詰人所覆。然以奏於君告於官為大訟。而私下表揚於眾。亦訟之類而已。舊說反言非訟於官。豈彼官訟反非地獄之業哉。分四。

寅一正明感招。

十者訟習交諠。發於藏覆。如是故有鑑見照燭。

諠。諍也。藏覆者。人陰私隱暗惡事也。鑑等。即所謂業鏡臺前。蓋好發人之隱惡。而感招陰府。乃照出己私。正感應之妙也。

寅二即喻驗知。

如於日中。不能藏影。

我發人覆。如好立於日中。神照我私。如不能藏身影也。今現見攻人之惡者人亦攻其惡。此必然之理也。

寅三所感苦事。

二習相陳。故有惡友業鏡火珠披露宿業對驗諸事。

陳。獻白也。業習中獻白人事。種習中獻白己事。故曰二習交陳。惡友。冤家執對也。火珠照同業鏡。

寅四引聖示戒。

是故十方一切如來。色目覆藏。同名陰賊。菩薩觀覆。如戴高山履於巨海。

惟此習示戒不同。諸文皆戒本習。此文本是訟習。訟乃發人之覆也。今不戒訟而戒覆。意欲拔惹訟之根本。故自在變其文耳。溫陵曰。陰賊發則自害。覆罪適足以自壓自墜。故如戴山履海也。○問。總標十習。而文中各言二習。環師釋為能所。一向宗之。今言業習與種習。雖亦稍明。似未極顯。請更詳之。答。諸文首二句。即業習所為之實事。是招果之因也。第二句不休不止等。積熏成種也。如是下。即命終之初種習所發之境。是引果之緣也。如人下取喻令驗其妄理相應耳。二習下方言果中所受實事。故皆結以諸事。良以業習具因。種習發緣。眾生平日既以恣造業因而不知能招後苦。命終復以領著境緣而不達妄發。由是因緣具足。豈不成辦地獄種種苦事。所以文中至此皆承上而言二習相然相陵等。以顯由因緣而後事辦耳。故知下品往生者。雖具苦因。而火車相現。急急念佛。是但不領種習所發之境緣。遂壞苦事。不成獄果。此所謂有因無緣即不生也。但彼仗憑佛力。非己智分。則夫悟心之人。不但地獄一切繫縛事業平日固當努力突絕其因。更記臨終勿領其緣。有轉身處則陰境現前。不隨他去。方於生死少分得其自在。切須自忖。若也道力未充。未能作主。則念佛往生。更仗他力。萬無一失矣。生死要關。故此詳敘。智者宜究心焉。列十習因以明感招科已竟。

子二列六交果以明報應。分二。丑一徵標。

云何六報。阿難。一切眾生六識造業。所招惡報從六根出。

吳興曰。造業招報。根識必俱。今以識為業而報從根者。蓋業並由心。報多約色故也。所名六交報者。璿師云因與果交。今則不爾。但是果時六根於惡報互徧也。

丑二徵列。惡報從六根出者。是上標中所釋。故復徵也。分六。寅一見報。又三。卯一臨終見墜。

云何惡報從六根出。一者見報。招引惡果。此見業交。則臨終時。先見猛火滿十方界。亡者神識飛墜乘煙入無間獄。

首二句。亦是總徵六報之義。寄居此耳。次句仍是總標見報。此見下方是釋本科文斯固眼根所出果報。然由果推因。是乃因中眼識及眼家俱意識造業偏多。故惡報所出偏以眼根為主。如世因貪美色而造罪者是也。溫陵曰。見覺屬火。故感猛火。六交皆直入無間者。就重言耳。成論云極善極惡皆無中陰。所以直入。

卯二本根發相。

發明二相。一者明見。則能徧見種種惡物。生無量畏。二者暗見。寂然不見。生無量恐。

此已入獄最初所發。非同上科先見等方是引果之緣。然每報俱有二相。多是前文所說十二塵相。溫陵曰。畏見於境。恐藏於心。

卯三正詳交報。

如是見火。燒聽。能為鑊湯洋銅。燒息。能為黑煙紫燄。燒味。能為焦丸鐵糜。燒觸。能為熱灰爐炭。燒心。能生星火迸灑。煽鼓空界。

此決由於造業之時雖眼識為主。而諸識必互助之。如貪美色者雖由眼識所取。而耳取婬聲身著婬觸等何所不全。而今互報。固其宜矣。譬如世之罪人。分正佐耳。岳師引體知用背為釋。不必然矣。此無本根燒見但是闕文。不必曲為之說。溫陵曰。聞聽屬水。故燒聽能為鑊湯洋銅。鼻嗅主氣。故燒息能為黑煙紫燄。舌主味。九糜。味類也。身主觸。灰炭。觸類也。心正屬火。燒之轉熾。故迸洒煽鼓。

寅二聞報。分三。卯一臨終見墜。

二者聞報。招引惡果。此聞業交。則臨終時。先見波濤沒溺天地。亡者神識降注乘流入無間獄。

溫陵曰。聞聽屬水。故觀聽旋復。則水不能溺。依之造業。則能感波濤。

卯二本根發相。

發明二相。一者開聽。聽種種鬧。精神愗亂。二者閉聽。寂無所聞。幽魄沈沒。

文變開閉二聽。意仍動靜二塵。

卯三正詳交報。

如是聞波。注聞。則能為責為詰。注見。則能為雷為吼。為惡毒氣。注息。

則能為雨為霧。洒諸毒蟲周滿身體。注味。則能為膿為血。種種雜穢。注觸。則能為畜為鬼。為糞為尿。注意。則能為電為雹。摧碎心魄。

溫陵曰。注聞發聲。故為責罪詰情之事。注見能為雷吼者。聞波屬陰。見火為陽。陰陽相薄成雷故也。注息為雨霧。水隨氣變也。注味為膿血。水隨味變也。注觸為畜鬼。水隨形變也。注意為電雹。意出於心。水火交感也。一切物理。莫不因五行乘陰陽以變化。故此隨根轉變之事皆不出此。〇岳師引易經離為目為火。坎為耳為水。亦此意也。大抵萬物不出陰陽五行。世智所知。非窮源見。萬化不出自心六根見聞等所變。乃世智之所不知。而世尊窮源之論意在明此。諸師引之釋文。就末明本則無不可。而結歸皆不出此。相符世間。顛倒本末。則大不可。甚哉。世智之迷人也。義學者著眼辨之。

寅三嗅報。亦分為三。卯一臨終見墜。

三者齅報。招引惡果。此齅業交。則臨終時。先見毒氣充塞遠近。亡者神識從地涌出入無間獄。

資中曰。鼻根造業。貪齅諸香。故招毒氣以受其報。

卯二本根發相。

發明二相。一者通聞。被諸惡氣熏極心擾。二者塞聞。氣掩不通。悶絕於地。

二塵顯然。

卯三正詳交報。

如是齅氣。衝息。則能為質為履。衝見。則能為火為炬。衝聽。則能為沒為溺。為洋為沸。衝味。則能為餒為爽。衝觸。則能為綻為爛。為大肉山。有百千眼。無量咂食。衝思。則能為灰為瘴。為飛沙礰擊碎身體。

溫陵曰。質。礙也。履。通也。嗅業所依。不離通塞。故衝息為能質履也。衝見為火炬。衝聽為沒溺洋沸。則見覺屬火聞聽屬水明矣。飢餒乖爽。由味隨氣變也。綻拆爛壞。由體隨氣變也。衝思為灰沙。氣依土感也。

寅四味報。亦分為三。卯一臨終見墜。

四者味報。招引惡果。此味業交。則臨終時。先見鐵網猛燄熾烈周覆世界。亡者神識下透挂網。倒懸其頭。入無間獄。

孤山曰。準眼耳鼻云見聞齅。此應云嘗報。言味報者。從所嘗為名也。貪味。則網捕燒野以取禽獸。故見鐵網猛燄之相。〇反逆弄兵。火攻陷陣。更是首惡。皆應墮此。言透網倒懸。足顯墜時皆頭向下耳。

卯二本根發相。

發明二相。一者吸氣。結成寒冰。凍冽身肉。二者吐氣。飛為猛火。焦爛骨髓。

不取嘗苦嘗淡。而取吸氣吐氣。亦自在變用而已。吸氣必寒。吐氣必熱。故以發明二種苦相耳。

卯三正詳交報。

如是嘗味。歷嘗。則能為承為忍。歷見。則能為然金石。歷聽。則能為利兵刃。歷息。則能為大鐵籠彌覆國土。歷觸。則能為弓為箭。為弩為射。歷思。則能為飛熱鐵從空雨下。

孤山曰。為承為忍。謂發言承領。忍聲甘受也。溫陵曰。舌噉生命。使彼承忍。故歷嘗發苦。使己承忍。依見貪味。故能為然金石。依聽發惡。故能為利兵刃。依嗅恣貪。籠取群味。故能為大鐵籠。觸味傷物。故感弓箭以自傷。緣味思物。故感飛鐵以充味。

寅五觸報。又分三。卯一臨終見墜。

五者觸報。招引惡果。此觸業交。則臨終時。先見大山四面來合。無復出路。亡者神識見大鐵城。火蛇火狗。虎狼獅子。牛頭獄卒。馬頭羅剎。手執鎗矟驅入城門。向無間獄。

獨此見相偏惡偏多者。以婬者染合貪觸。積罪如山。敗化傷倫。起殺起盜。無所不至。孤山曰。合山刀劍。並由貪著男女身分而感也。

卯二本根發相。

發明二相。一者合觸。合山逼體。骨肉血潰。二者離觸。刀劍觸身。心肝屠裂。

二塵顯然。觸身即分身。屠裂即剖析。皆離相也。

卯三正詳交報。

如是合觸。歷觸。則能為道為觀。為廳為按。歷見。則能為燒為爇。歷聽。則能為撞為擊。為剚為射。歷息。則能為括為袋。為考為縛。歷嘗。則能為耕為鉗。為斬為截。歷思。則能為墜為飛。為煎為炙。

溫陵曰。道趣獄路也。觀。獄王門闕兩觀也。廳。按。皆治罪之處。皆身觸所依也。括袋。所以收氣也。思業飄蕩。故感飛墜之事。剚。插刃於肉也。剚射考縛。則相因旁舉也。

寅六思報。分三。卯一臨終見墜。

六者思報。招引惡果。此思業交。則臨終時。先見惡風吹壞國土。亡者神識被吹上空。旋落乘風。墮無間獄。

溫陵曰。思屬土而飄蕩。故先見惡風吹壞國土之事。

卯二本根發相。

發明二相。一者不覺。迷極則荒。奔走不息。二者不迷。覺知則苦。無量煎燒痛深難忍。

此當生滅二塵。今改為迷覺。而又皆反言於迷而說不覺於覺而說不迷耳。溫陵曰。思業所依。不出迷覺。荒奔。迷思也。知苦。覺思也。

卯三正詳交報。

如是邪思。結思。則能為方為所。結見。則能為鑑為證。結聽。則能為大合石。為冰為霜。為土為霧。結息。則能為大火車。火船火檻。結嘗。則能為大叫喚。為悔為泣。結觸。則能為大為小。為一日中萬生萬死。為偃為仰。

溫陵曰。思必有所。故結思則為受罪方所。見能鑑證。故結見則為證罪人事。結聽則為大合石等。水土交感也。車。船。檻。乃息氣乘亂思所變也。嘗即舌根。聲所自發也。

大小以下皆言其身。乃觸業乘亂思所變也。開因示果已竟。

癸三總結妄造。

阿難。是名地獄十因六果。皆是眾生迷妄所造。

迷妄所造者。言其但是自心循業妄發。如夢如幻。更無外境。非如諸經且就實談也。地獄如是。餘趣皆然。經云一一皆了元因。信不誣矣。行人儻能悟徹。尚當習住無生法忍。努力莫循其業。斯境了不可得。不然。達妄雖明。仍以玩習而循其業。則自心地獄忽然現前。則極力擺脫亦難矣。可不懼哉。發明因習果交一大科已竟。

壬二分析因殊果別。上科但明地獄因以習成果以交報。已知大分因果俱是如此。然地獄數有多少。苦有重輕。各各差別。未審何等因入何等獄。故與略分析之。令人觸類而知也。然大約因以圓兼者為重。單獨者為輕。果以因重者獄少。因輕者獄多也。分二。癸一約惡業根境以分重輕。於圓造者渾言惡業。於別造者分說根境。根即六根。境即十習。蓋泛論根所對境。惟云六塵。今別約墮獄之因。乃取十習中所具六塵為境。舉能該所。故云境即十習也。分二。子一依圓別以判。非各非兼為圓有各有兼為別也。又為二。丑一極圓極重無間。

若諸眾生惡業圓造。入阿鼻獄。受無量苦。經無量劫。

資中曰。六根十因具足同造。入阿鼻獄大無間也。○經無量劫。極長時也。於五無間。

偏舉劫數及壽命耳。因中更說於一切時無不圓造。方與下異時有別。又詳此文。則極重無間分明獨為一獄。不在下八之中。故譯人不翻阿鼻。意在別下文耳。何必旁引曲釋。狃為下八之一耶。

丑二稍別稍輕無間。

六根各造。及彼所作兼境兼根。是人則入八無間獄。

首句明根因全而但不同時。及彼下。又有根境同時。但缺而不具。各兼根兼境。境。即因也。吳興曰。此亦六根具造十因。但前後異時。故云各耳。若加二三等。則名兼境兼根。不經多劫。故知此罪次重於前。

子二依具缺以判兼三為具。不兼為缺。分為三。丑一具三入重獄。

身口意三作殺盜婬。是人則入十八地獄。

此除上無間以下之獄。而別論三品以分乎重輕。若望上無間。惟當是輕也。身口意兼三根也。殺盜婬。兼三境也。故云具造。問。此與上兼根兼境何異。答。有二不同。一者。註加二三。更等四五。此則惟三。二者。彼約一時。兼二三等。若論一生具犯六根十習。此則一生惟兼三者而已。故不同也。十八獄者。吳興引泥犁經云。火獄有八。寒獄有十。數既符合。證之何礙。即謂十八鬲子。意亦無差也。

丑二缺一入中獄。

三業不兼。中間或為一殺一盜。是人則入三十六地獄。

一殺一盜。謂具殺盜之二而缺一婬也。然或字表有影略之文。更當具云或為一殺一婬。或為一婬一盜。又據下文既雙論根境之缺。此亦應然。若錯落具陳。應有九句。一身口犯殺盜。二身口犯殺婬。三身口犯婬盜。四身意犯殺盜。五身意犯殺婬。六身意犯婬盜。七口意犯殺盜。八口意犯殺婬。九口意犯婬盜。方盡根境各皆具二缺一之數也。至於此與下科地獄名目。既無考據。闕之可耳。

丑三缺二入輕獄。

見見一根。單犯一業。是人則入一百八地獄。

見見者。依吳興作能見所見。此指人偏見偏好之一事。但一根境。各缺於二。此不難見。亦有九句。蓋以身殺身盜身婬為三句。而口意亦然。故成九句。岳師謂各有根本方便不同。劫數長短差別等。此意應有。觀彼獄數之多。或亦緣此別別處之故也。又此亦但論於根業同缺。尚未論及根業互以具缺相對。更有十二句。如以身口意犯二惡則有三句。復以殺盜婬對二根亦有三句。皆上具而下缺。可以意得。又以身口意犯一惡則有三句。復以殺盜婬對一根亦有三句。皆可以意得也。約惡業根境以分重輕科已竟。

癸二結別造同受以明妄發。

由是眾生別作別造。於世界中入同分地。妄想發生。非本來有。

吳興曰。上文五節惡業不同。即別作別造也。所感獄報各從其類。即入同分地也。妄想發生。並酬阿難疑問。〇阿難前疑為有定處。為各私受。今結答入同分地非私受也。又疑為本自有。為生妄習。今結答妄生。非本有也。夫知生之由己。應悟滅亦由己。滅之何如。絕其惡業而已。學人慎勿聞其虛幻。遂忽略而不絕其業。當知虛幻不但地獄。即今目前苦事亦是虛幻。由前業力。宛然堅實。卒難得脫。卒難堪忍。豈可不自忖乎。是知佛慧不可不領。而佛戒亦不可不遵矣。地獄已竟。

大佛頂首楞嚴經正脈疏卷三十三

大佛頂首楞嚴經正脈疏卷三十四

經文卷八之四

明京都西湖沙門交光真鑑述
蒲州萬固沙門妙峰福登校

辛二諸鬼趣。此與諸趣並列為七。世俗及淺學皆不揀別。故合中陰與地獄一概悉謂之鬼。今與揀明。有二不同。一者與中陰不同。蓋人之初死。罪福皆劣者未即受生。倏然有身。名中陰身。此屬無而忽有之化生也。類多躶形三尺。自覺六根皆利。去來迅疾。無所隔礙。他觀如影而已。七日死而復生。長壽者不過七七。短者於二三七即受生矣。俗謂鬼魂。非鬼也。二者與地獄不同。世俗咸謂地獄中即皆是鬼。若然二趣應合為一。何得分為二趣。應知多種不同。今且論其受生之異。論明地獄純是化生。而鬼具胎卵濕化。間有父母兄弟等眷屬。但其勝者稱神。劣者名鬼。世俗卻不知神即福德之鬼。然斯趣勝少劣多。論分九品。惟上上品謂之多財。即諸名神。上中以下即皆不堪。若從上趣墮者多在上上。今從地獄出。必參中下。應非上上也。分為三。壬一躡前起後。

復次阿難。是諸眾生非破律儀。犯菩薩戒。毀佛涅槃。諸餘雜業。歷劫燒然。後還罪畢。受諸鬼形。

非破下直至燒然。躡前也。初三句略舉重罪。非。謗也。破。犯也。不惟犯一切戒。且謗一切戒為妄立。或言無罪無福。自陷陷人。故罪重也。次句惟犯無謗。又菩薩律儀該於輕細。不盡麤重。故稍輕也。第三句屬於謗法。涅槃至理尚毀謗之。餘法可知。此即斷滅佛種。故罪非輕。若三句各自單犯。略分輕重。若一人全犯。乃是戒乘雙絕。其罪莫過此者。良以佛用戒乘二事拔濟世間。互為緩急。尚且不可。何況雙滅絕之。塞斷眾生出苦之路。故罪至重焉。四句該餘輕重諸罪也。以上略舉地獄惡因。第五句略結地獄惡報。末二句起後鬼趣可知。

壬二詳列諸鬼。夫地獄既以十習為因。今出為鬼。離前餘習。當以何為種性乎。環師謂其不必局配。是厭於推詳也。若隨情釋之。其不至於遺背佛旨者幾希。今皆推詳配之。非鑿也。懼遺背也。但佛語自在。稍不次焉。分十。癸一怪鬼。

若於本因貪物為罪。是人罪畢。遇物成形。名為怪鬼。

此貪之餘習也。環師謂吝著不釋。故附物為怪是也。如金銀鏡劍等。又依石附木者皆是也。此習分明是貪攝。

癸二魃鬼。

貪色為罪。是人罪畢。遇風成形。名為魃鬼。

此婬之餘習也。原因貪美色而造罪。不正求和。傷正和氣。餘習為風魃鬼。能令亢旱無雨。況婬多致殺。殺尤召旱也。

癸三魅鬼。

貪惑為罪。是人罪畢。遇畜成形。名為魅鬼。

此誑之餘習也。惑。即誑惑也。誑者。改形變幻。迷惑於人。故為鬼附於妖獸怪禽。如倀鬼附虎。及雞鼠成精等是也。

癸四蠱毒鬼。

貪恨為罪。是人罪畢。遇蟲成形。名蠱毒鬼。

此瞋之餘習也。瞋毒餘習。故附毒虫蠱害於人。南方有妖術。令人成蠱病。皆此鬼主之也。

癸五癘鬼。

貪憶為罪。是人罪畢。遇衰成形。名為癘鬼。

此冤之餘習也。冤者。追想宿恨不忘。伺衰求報。故為疫癘之鬼。散瘟行瘧等類是也。

癸六餓鬼。

貪傲為罪。是人罪畢。遇氣成形。名為餓鬼。

此慢之餘習也。環師所謂傲者虛驕恃氣。故乘飢虛氣為餓鬼是也。予謂婬之召旱。慢之感飢。皆增上報也。雖非等流。亦非無因。以彼惑之深重轉致之力也。如婬重轉致於殺。殺以召旱。即其因也。論謂餘習為人。種田仍感風雹。增上報也。故知慢重轉致於悋。悋以感飢。即其因也。良以慢之隨惑即是於驕。儒典謂驕吝互相資生。今觀驕慢者於己財法無不慳悋。蓋護己所長。欲以驕人之短故也。問。餓鬼為一趣總名。何於慢者獨受其稱。又餓乃苦報也。經言腹大咽小。歷劫不聞漿水。常被焚燒。今詳十習。地獄苦均。何至為鬼。慢獨苦重耶。答。唯識論說鬼之全趣分九品。上之勝者。神通可移河嶽。富樂亦如人天。下之劣者。具受小咽炬口之苦。究其從來。有四不同。一勝趣貶墜。二修帶瞋殺。此二多居上品。三獄前華報。四獄後餘殃。而聖人示現者不與焉。然獄前多居下品。獄後多居中品。故知此之慢感餓鬼。罪畢從輕。非下品之極苦。仍是苦均十種者也。彼九種者亦各有苦。但慢感與餓相應。故受總中別名。非獨苦也。況餓為一趣總名。乃從多受稱。以此趣上中與下皆不免飢虛。但輕重之間耳。問。此並論七趣。應取全分。何得只取從獄出者。答。佛急欲人之厭苦故從地獄順序而談。一期之論也。然惟鬼趣偏取從獄出者。畜人偏取從鬼從畜。而全分則以意中該之。餘趣不然。不應為例。斯就總名故辯。

癸七魘鬼。

貪罔為罪。是人罪畢。遇幽為形。名為魘鬼。

此枉之餘習也。罔。即誣枉。逼魘良善。而為鬼魘覆於人令不能動。固其餘習分明也。

癸八魍魎鬼。

貪明為罪。是人罪畢。遇精為形。名魍魎鬼。

此見之餘習也。明。為私作聰明而無正慧。精如十卷說諸年老成精是也。求邪見。尊邪師。所謂貪明也。故餘習惟附精靈為魍魎鬼焉。

癸九役使鬼。

貪成為罪。是人罪畢。遇明為形。名役使鬼。

此詐之餘習也。諂詐誘人。貪成己私。所謂貪成為罪也。明。咒也。此因中專以詐術牽制驅使於人。故為鬼專被人咒術役使。不得自在。而翻以成就人之咒願也。

癸十傳送鬼。

貪黨為罪。是人罪畢。遇人為形。名傳送鬼。

此訟之餘習也。訟者結黨朋證。所謂貪黨也。故遇人成形。即環師謂附巫祝而傳吉凶是也。良以因中結黨以傳遞人隱暗之事而訐露之。今為鬼亦附人發洩傳說吉凶。正合其餘習也。詳列諸鬼已竟。

壬三結妄推無。

阿難。是人皆以純情墜落。業火燒乾。上出為鬼。此等皆是自妄想業之所

招引。若悟菩提。則妙圓明本無所有。

按前文獨阿鼻為純情。除阿鼻外。八情二想生有間。九情一想生無間。今言皆純情者。一者舉重該輕。二者顯情獨為墜落根本。業火燒乾者。以情屬水。情罪報盡。故曰燒乾。總表地獄因窮果盡。下句方明升於斯趣。此等下。結妄也。若悟下。推無也。悟菩提者。如從夢醒。何法可得。妙則不受業縛。圓則不容他物。明則了無幽暗。諸趣皆空。何況鬼趣。故曰本無有也。諸鬼趣已竟。

辛三畜生趣。畜生亦有上趣貶墜。及修帶瞋殺者。如龍王迦樓羅王等。今亦順序而談。惟取從鬼來者。餘以意該之。分四。壬一躡前起後。

復次阿難。鬼業既盡。則情與想二俱成空。方於世間與元負人冤對相值。身為畜生。酬其宿債。

鬼業下躡前。岳師謂情即地獄之純情。想即鬼趣之妄想。非前文外分之想。此意詳之非是。上言七情三想為鬼。何得無想。但以純情乾得三分。便作三分之想。非新起勝想也。今言二空。亦但是舊業餘習已盡。方於下起後。償債之意耳。夫情想俱空。當以何者潤生畜趣。正取前造惡因時冤對無量。今為酬錢酬命。了此二種宿債。故受畜生之身耳。

壬二詳列諸畜。亦分十。癸一梟類。

物怪之鬼。物銷報盡。生於世間。多為梟類。

物銷者。所著之物毀壞也。報盡者。彼鬼隨亦壽終而死也。梟。不孝惡鳥也。生食父母。及其養雛。亦遭雛之食噉。此鬼生為梟類者。謂死而轉生梟中。世俗不知鬼死方趣生也。後皆倣此。然所以為梟之由。固如環師所謂土梟附塊。即邪著餘習也。以此鳥不卵。但取汙穢之土塊卵之成雛。此惟取其有似於怪鬼之著物而已。其彼餘習之惡餘報之苦豈無深故。況佛總標酬債。此酬何債耶。當知怪鬼既由貪習。而貪習重者。多相傾奪。互為坑殺。乃是酬斯債耳。又環師謂各言多者。約業習多分言之。未必盡然。斯言是矣。後皆倣此。由是而知貪習之輕者未必盡為梟類也。

癸二咎徵。

風魃之鬼。風銷報盡。生於世間。多為咎徵。

環師謂咎徵乃凶事前驗。如鼯鼠呼人商羊舞水之類是也。夫旱魃為災。而變畜仍以兆災。固其餘習也。

癸三狐類。

一切異類畜魅之鬼。畜死報盡。生於世間。多為狐類。

一切異類。如止觀所說十二時中察彼子鼠丑牛等一切畜鬼是也。然魅鬼原於誑惑之習。而轉為妖惑之狐固宜。

癸四毒類。

蟲蠱之鬼。蠱滅報盡。生於世間。多為毒類。

毒類。蛇蠍等也。

癸五蛔類。

衰癘之鬼。衰窮報盡。生於世間。多為蛔類。

癘鬼原由冤習作疫癘入人身中為病。今乃囚閉人身中與之銷食同其安危。習使然也。

癸六食類。

受氣之鬼。氣銷報盡。生於世間。多為食類。

慢習驕吝。負欠必多。作鬼受飢。為畜充食。償負欠也。

癸七服類。

緜幽之鬼。幽銷報盡。生於世間。多為服類。

緜。著也。幽。暗也。暗中魘著於人之鬼也。服類。環師謂蠶蟲牛馬二意也。蠶蟲能成衣服。則服類者。衣服之類也。牛馬可以服乘。則服類者。服乘之類也。枉魘之習作鬼魘人。為畜乃被人衣之乘之者。酬其逼壓於人之債也。

癸八應類。

和精之鬼。和銷報盡。生於世間。多為應類。

明見之習。作鬼和諸精靈。故為應類之畜。環師謂能知節序。即社燕塞鴻之類是也。

癸九休徵。

明靈之鬼。明滅報盡。生於世間。多為休徵。

明靈者。於明咒呈靈驗也。滅者。咒力盡也。蓋咒以持力發靈。力盡無驗。鬼亦報終而轉生。休徵之畜。環師謂嘉鳳祥麟之類。問。此習此鬼。何幸為此吉善美慶之畜耶。答。此鬼由業力故。雖被咒所驅使。而或遇三寶。咒力資熏。稍稍銷其惡習罪苦。故得參預禎祥善類也。若遇邪驅殺盜等咒。未必盡為休徵也。問。如來總標酬債。此等蕭散之物酬何債耶。答。或被網羅售賣。籠縶玩好。或利益人。或遞相吞噉。如斯等類。何者非酬債處耶。

癸十循類。

一切諸類依人之鬼。人亡報盡。生於世間。多為循類。

首二句。明附巫之鬼亦多種也。所附巫死。而鬼亦報終。為循類者。如貓犬等依順人者是也。詳列諸畜已竟。

壬三結妄推無。

阿難。是等皆以業火乾枯。酬其宿債。旁為畜生。此等亦皆自虛妄業之所招引。若悟菩提。則此妄緣本無所有。

是等下顯獄鬼二趣。旁者橫行也。故亦名旁生。然旁寬畜狹。以畜者養也。明其無力自活。待人畜養。不該有力自養者。故狹也。此等下。方是結妄推無。以亦皆之言準上可知。

壬四通前結答。

如汝所言寶蓮香等。及瑠璃王。善星比丘。如是惡業。本自發明。非從天降。亦非地出。亦非人與。自妄所招。還自來受。菩提心中。皆為浮虛妄想凝結。

三塗已畢。將入善趣。故此總申結之。意欲塞斷三塗之路耳。如汝下。牒前所問墮獄之人。如是惡業四字。是例上三人。並該一切墮落三塗之惡業也。蓋阿難偏詳地獄。如來並結三塗。明其同一罪罰之苦趣故也。本自發明者。良以眾生自心如來藏中無所不具。儻自循於何等之業。即自發明何者之報。譬如米中諸味皆具。成糖。成醋。成酒。隨其造時。即自發明。不從外得。非從下。乃至來受。正明不從外也。此意學人還更著眼。不同世間所說自惹官刑之意。蓋世間雖知禍是自招。而猶執官刑乃是外境。今表三塗皆是自心變化妄境。全如夢中。並無外物。故云菩提心中虛妄凝結。彼韓歐等謂佛自私造恐嚇於人。何曾夢見斯旨耶。由是應悟不但三塗。現今目前所對世間山河大地苦事樂事。皆是虛想凝結。住此悟境。則萬法本空。豈待造作。但須時中不昧而已。祖云。放過即不可。欽哉至訓也。

畜生趣已竟。

辛四人趣。此趣來處。除聖人示現。諸趣皆通。以人趣為修進通途。諸趣皆願為之。求轉身之速也。故諸佛但於人中成佛。裴公序圓覺。勉勸詳矣。且勝劣無量差別。富貴慈善者似天。聰明者似仙。剛暴似脩羅。貧賤者似鬼。愚癡者似畜。囚繫者似獄。夫相似既多。則知來處必多。今此亦由順序而談。故偏取從畜來者。餘並意中該之耳。分三。壬一躡前警起。夫此一科頗似前趣餘文。再四研之。當是警起人趣之文也。良以獄後諸趣皆以復次發端。今談畜畢而以復次起之。至下列人科頭別無復次之語。意可知也。且夫地獄苦盡。鬼趣習終。而畜又債畢。今起為人。將何為潤生之由乎。故此文中徵剩索命二意。乃諸畜所以潤生而為人也。然則斯段經文非畜起為人之端乎。而科言警起者。用表佛意欲人警悟。於諸畜生有心而不可過其力。止殺而不可賤其命也。分二。癸一負債反復徵償。又分為三。子一明本償先債。

復次阿難。從是畜生酬償先債。

鬼之為畜。元以酬債為潤生之端。故前趣起結皆有酬債之言。既云酬債。債滿即住。則兩無干矣。

子二因越分反徵。

若彼酬者分越所酬。此等眾生還復為人。反徵其剩。

分越者。所償過於本債也。徵剩者。索還所過之數也。即乘此因緣還復為人矣。問。酬滿壽終。或轉別生。則可無越。若酬滿而彼自不死不轉。則凡心何以知其當止乎。答。喂養不到。非禮苦役。鞭策過度。則必分越。於此切宜存心。至於死轉必有冥主之者。不足慮也。

子三隨勝劣償直。分為二。丑一有力人償。

如彼有力。兼有福德。則於人中不捨人身。酬還彼力。

有力。謂有保持人身之力也。兼有福德者。則不但不失人身。且為富貴之人也。有力而遇反徵。必遭彼之負奪。福德而遇反徵。但惟濫叨過償之類而已。

丑二無力畜償。

若無福者。還為畜生。償彼餘直。

無福當是無力。若有力而但無福。仍以人償。已現上科。還為畜生者。是人轉為畜也。償彼餘直者。酬還彼畜生餘剩之債也。負債反覆徵償已竟。

癸二負命吞殺不已。又分三。子一先明剩債易償。

阿難當知。若用錢物。或役其力。償足自停。

此科乃是說反償餘直者元所欠也。若用錢物。如馱腳售錢之類。或役其力。如自供使用之類。蓋言於此二端分越所酬。則止欠彼之錢力而不欠彼命。或以人償。或變畜償。償足自停。言無難也。

子二正明負命難解。

如於中間殺彼身命。或食其肉。如是乃至經微塵劫相食相誅。猶如轉輪。互為高下。無有休息。

此科方言若不但過用錢力。而又於中殺命食肉。則生生相讎相殺無了期也。高下。即強弱也。強則能食能誅。弱則被食被誅。互換強弱。遞相食誅也。

子三惟許法佛能止。

除奢摩他。及佛出世。不可停寢。

奢摩他是法。乃返妄契真之正定。明自力得道也。佛出世則與之釋冤。明他力解救也。

惟二事方得停止。若除此二事之外必不能止。甚言當警戒之。不宜恣殺食也。躡前警起科已竟。

壬二正列人類。亦分為十。癸一頑類。

汝今應知。彼梟倫者。酬足復形。生人道中。參合頑類。

頑。謂惡而且愚。不可化為一毫之善者也。則師謂梟以附塊相食。故餘習頑嚚不義是也。言參合者。雜廁於其中也。蓋人之每類亦有勝劣。十畜但以類習相似者參雜於中。非彼頑之一類皆梟所化也。且如頑嚚亦有富貴等者。必非梟化。以彼初自三塗而出。必匙福力。是知十類參合。皆取近貧賤者是也。

癸二異類。

彼咎徵者。酬足復形。生人道中。參合異類。

則師謂咎徵本於妖婬。餘習復為妖異者是也。然即旱時所生頂上口眼等小兒。及一切身根返常怪異者皆是也。魃鬼無形。此已人形。出必兆災。仍咎徵之餘孽也。

癸三庸類。

彼狐倫者。酬足復形。生人道中。參於庸類。

庸者。鄙也。則師所謂庸鄙無識是也。惑人之報。理必感愚。今此類原因誑惑之習墮為妖惑之狐。初得為人。豈不庸鄙無識哉。

癸四很類。

彼毒倫者。酬足復形。生人道中。參合很類。

害物無慈曰很。此類易知。

癸五微類。

彼蛔倫者。酬足復形。生人道中。參合微類。

則師謂蛔以衰氣附物。故衰微不齒是也。如鄙賤寒苦。百事不利者是也。

癸六柔類。

彼食倫者。酬足復形。生人道中。參合柔類。

則師所謂食倫出於餓噉。故柔怯不勇也。

癸七勞類。

彼服倫者。酬足復形。生人道中。參合勞類。

則師謂勞役不息者是也。然既云酬足。非復酬債。祇為自勞耳。又觀此服參勞類。足知前取牛馬服乘之義居多也。

癸八文類。

彼應倫者。酬足復形。生人道中。參於文類。

參文類者。通字義。解陰陽。流落不偶人也。

癸九明類。

彼休徵者。酬足復形。生人道中。參合明類。

由乘明咒之力。故附世智辯聰之類。效人小用。無大智焉。

癸十達類。

彼諸循倫。酬足復形。生人道中。參於達類。

達者。諳練世故。曉解人情者也。循畜久久依人。故為人附於斯類。則師云。是等皆非正報。乃餘習所偶。故云參合。後三皆便巧雜伎世智辯聰者。非賢達文明之事也。正列人類已竟。

壬總結可憐。

阿難。是等皆以宿債畢酬。復形人道。皆無始來業計顛倒。相生相殺。不遇如來。不聞正法。於塵勞中法爾輪轉。此輩名為可憐愍者。

宿債畢酬者。齊為畜時償債已滿。少有不滿。不得為人。足知十類復形。多取徵剩一分。非論全趣。故此等凶多吉少。苦多樂少。是以動佛哀愍耳。業計顛倒者。不忘債與命也。為徵債而相生。為索命而相殺。皆非好緣聚會。遇如來方與解釋。修正法方得解脫。不逢此二。則生殺無休。所以可憐憫也。觀此結處與前警起全合足知彼科乃人趣正文也。人趣已竟。

辛五諸仙趣。前三途順序而談。不出十習為業種。人趣雖善。以躡諸畜酬足復形。是以偏取一類初得人身下劣眾生。故皆猶帶十習餘氣。今惟從此仙趣以上。方與十習無干矣。夫仙道起於眾生厭懼無常。想身常住。妄設多途。無非志於長生不死。不知此身乃真心中顛倒錯認。與依草附木者勝劣雖殊。而剋論顛倒。一等無異。今因怖死而又妄修長生。是錯之又錯。展轉支離。迷不知返。可勝惜哉。然西竺上古外道宗摩醯首羅天為主。及佛出世。號一切智人。隨機權立。尚列人乘。豈無仙道。亦聞觀音為仙乘教主也。顧此方大乘機純。小乘猶不傳習。豈務雜乘。故藏教未聞其至也。此方仙道與儒同源。而老莊皆儒之太上清淨者也。學仙者附會之。及詳味於張馬丘劉等方術。皆略祖老氏而盛宗太極乾坤坎離之說。淵源於易。然亦志在於長生不死而已。分三。壬一躡前標後。

阿難。復有從人不依正覺修三摩地。別修妄念。存想固形。遊於山林人不及處。有十種仙。

從人者。但從人身修。即人身證。非局前十類之人。正覺。即本覺真心。三摩地。即首楞嚴正定。不如是正覺正修。而邪悟五蘊身中有性命可修養之使長不死。所謂存想固形。十類修法不同。而存想固形乃摠妄念也。山林人不及處。即名山洞府。神仙隱跡之鄉。經中謂七金山中有一山乃神仙所居。道家謂崑崙倒景應即此山。非須彌也。夫人既不及。純是仙居。即同分總報。長水謂無別總報非是。

壬二正列諸仙。此但約其固形之術不同而分之也。未及論其持戒積德之事。至下練心處明之。分十。癸一地行仙。

阿難。彼諸眾生堅固服餌而不休息。食道圓成。名地行仙。

前五行字作平聲讀之。從地至天。皆約步履重輕近遠高下分勝劣也。應是從劣至勝為序。以見漸至遺世高蹈之意。然此科與下科分重與輕也。且二俱是藥。而此言餌者。蓋炮煉和合為丸作餅之意。於此服食而得功效。故曰食道圓成。地行仙者。但百體康壯。壽年延永。而未得輕飛。止於地上行者也。

癸二飛行仙。

堅固草木而不休息。藥道圓成。名飛行仙。

草木。如紫芝黃精菖蒲松柏之類。然此且作久服身輕。行步如飛。乃至升高越壑之意。以飛空尚在後文故也。此言藥而異前餌者。熟與生之別也。又此對下科近遠之分耳。

癸三遊行仙。

堅固金石而不休息。化道圓成。名遊行仙。

堅固金石。如烹煎鉛汞。煉養丹砂。號九轉大還者是也。化道遊行者。化銷凡骨而成輕妙之身。瞬息萬里。周行不怠者也。

癸四空行仙。

堅固動止而不休息。氣精圓成。名空行仙。

堅固動止者。如撫摩搬弄。運氣調身。動靜以時。起居必慎者也。氣精圓成者。所謂煉精還氣。煉氣還神。煉神還虛也。空行者。方是羽化飛昇。虛空遊行也。然與下科仍有高下之分。以空非天上故也。

癸五天行仙。

堅固津液而不休息。潤德圓成。名天行仙。

此是吐故納新。如環師所謂鼓天池嚥玉液是也。能令水升火降而結內丹。故曰潤德圓成。此復超空行而能至天上。故號天行也。

癸六通行仙。

堅固精色而不休息。吸粹圓成。名通行仙。

此下五行字方作去聲讀之。功行之謂也。堅固精色名通行者。如環師所謂服虹飲霧。

粹氣潛通是也。予亦曾見仙書。言朝閉目以向東方而採日精飲之。夜採月華。乃至服五星等。是謂精色。而言通行者。亦以精神流貫而與造化交通也。

癸七道行仙。

堅固咒禁而不休息。術法圓成。名道行仙。

此專持咒自成仙道。內教持準提等亦許成仙道是也。兼以咒棗書符以愈瘡病。禁毒驅魅以利群生等。有濟世道心。故名道行也。

癸八照行仙。

堅固思念而不休息。思憶圓成。名照行仙。

環師所謂澄凝精思。久而照應。或存想頂門而出神。或繫心臍輪而煉丹。皆思憶圓成也。此文似失次。應以或存二句釋堅固思念。思憶圓成。後以澄凝二句釋照行。方為順序。予又見仙書。初繫心臍下。透尾閭。升夾脊。乃至達泥洹。方以衝頂出神。皆思憶所謂也。

癸九精行仙。

堅固交遘而不休息。感應圓成。名精行仙。

環師謂內以坎男離女匹配夫妻是也。所謂嬰兒姹女。即坎離交遘。而取坎填離以結仙胎之謂也。至於用女子為鼎器而採助婬穢。內教固闢為魔論。而仙道亦鄙為下品。此為投人之欲。狂迷者多惑之。正人君子絕口遠之可也。嘗謂道教末流順人之欲。故人易從。內教本來奪人之欲。故人難奉。今夫財色長壽。人之大欲也。道者以鉛汞泥水二種金丹投其財色之欲。又以精氣內丹順其戀生之心。誰不樂從。至於內教檀度梵行逆其財色之心。而又令觀身如毒蛇。棄身如涕唾。苟不達其深故。誰不難之。曾不知存三為生死之根。棄三為解脫之要。茲欲窮其深故。更待後文詳之。

癸十絕行仙。

堅固變化而不休息。覺悟圓成。名絕行仙。

此悟通化理。能大幻化。如劉根左慈之類。甚至移山倒水。妙絕一世者。故稱絕行仙也。此中覺悟。如莊子觀化譚子達化之悟。非正覺中真悟。正列諸仙已竟。

壬三判同輪迴。

阿難。是等皆於人中鍊心。不修正覺。別得生理。壽千萬歲。休止深山。或大海島。絕於人境。斯亦輪迴妄想流轉。不修三昧。報盡還來。散入諸趣。

上之十種。乃修門各別。此之鍊心。乃操行總同。如持戒積德。救濟累功。而言不修正覺者。以不達本心真常萬形自體。又不了死因生妄生死二非。顧乃怖死留生。長生為號。

豈覺言長僅以勝短。說生終以待滅。詎識無生之至理。本常之妙體哉。故云不修正覺也。別得生理者。謂於正覺外別得延生妄理。壽千萬歲者。妄修功滿。妄理相應也。問。世無不貪生為樂。惡死為苦。今羅漢菩薩動經累劫方成。縱一生得歸淨土者。亦不免於現死。忽聞仙道現世壽千萬歲。志見不定者多興苟就之心。何以示之。答。妙哉問也。誰不為斯言所誤哉。蓋彼言現世長生者。亦約多生功滿。至末後一生方見其現得也。若推彼前身。其苦修不得而死者不知其幾世也。豈人人初修而即現得哉。若但觀其果之現成。而不推其因之久積。則佛惟六年成道。而佛會聞法者。立談之間證果入位。不可勝數。豈獨神仙現世可成哉。問。初修何知必不現得。答。初修者。前生已成短壽定業因種。或數世仙業未圓。則無生成仙骨。故不現得。必宿世仙道染心。生生苦積功力。乃成長壽定業因種。方得生有仙骨。自然現求現得矣。是知末後成仙。必不易形方得長生。縱令尸解。亦是隱形而去。非真死也。吳興謂其命終轉生。非是休止下。明其不雜人居。亦非天上。宛然自為同分耳。斯亦下。方是正判輪迴。是知神仙千萬歲滿。但是。後死。非真不死。譬如松柏。但是後彫。非真不彫。第以過人之壽。人不見其死而已矣。妄想流轉者。以身中本無性命主宰而迷執為有。生死俱如夢幻而妄生愛憎。非妄想而何。不修三昧者。不習住楞嚴定也。報盡受輪者。以仙劣於天。天尚不出輪迴。況於仙乎。夫初修不能現得。得之不出輪迴。何如念佛求生西方。一生即得。金身浩劫。永出輪迴。而無緣不信者。痛哉痛哉。問。修仙者妄謂釋教修性不修命。萬劫陰靈難入聖。惑此言者甚多。請此附辯。以覺深迷。答。彼所說性命。二俱非真。蓋指身中神魂為性。身中氣結命根為命。故說單修性者。但得陰魂鬼仙。無長生身形。兼修命者。方得輕妙長生之身。而誇形神俱妙。安知佛所說性。是人人本有真如性海。乃無量天地無量萬物之本體。證此性者。豈惟但能現無量妙身。兼能現無量天地萬物。其所現者。豈惟但能令住百千萬歲。雖塵沙浩劫亦可令住。且欲收即收。一塵不立。欲現即現。萬法全彰。得大自在。得大受用。方謂真如佛性。斯言信不及者。請細閱前文顯性處。自然悟彼無知而妄謗矣。諸仙趣已竟。

辛六諸天趣。天趣與仙趣迥然不同。世人仙天不分。而學仙者濫附於天。且謂諸天皆彼祖仙。今略辯之。仙以人身而戀長生。最怕捨身受身。諸天皆捨前身而受天身。豈其類哉。又仙處海山。如蓬萊崑崙皆非天上。四王忉利尚無卜居。況上界乎。況色界乎。是知天趣最為界內尊勝之流。迥非仙與鬼神之類也。分二。壬一正列諸天。又分為三。癸一六欲。此乃自須彌腰頂二天。以至空居四天。共有六重。皆有飲食婬欲睡眠。具足三欲。故號欲天。其男女嫁娶妻妾亦如人間。又二。子一分欲重輕。就分六。丑一四王天。

阿難。諸世間人。不求常住。未能捨諸妻妾恩愛。於邪婬中。心不流逸。澄瑩生明。命終之後。鄰於日月。如是一類。名四天王天。

六欲天福固總由十善而致。今惟約欲以分者。因名究實也。以此六總名欲天。而婬為上首。故約婬之重輕以分下上次第。至於十善。乃三界總因。不待言也。不求常住四字。亦三界總因。以不求出世間。修本當理。但希世間有盡樂果。諸天皆然。況於仙乎。當知此句文局於此。而義通最後也。己色為婬。非己之色為邪婬。此人妻妾皆具。而但於非己之色不外流逸。必言心者。言其不但身不敢犯。而心亦無一念也。澄瑩生明者。以欲念有節。意多收斂。皎潔不汙。心地光明。然須更兼十善精研方能如是。後皆倣此。言命終之後。顯是捨前身而方受天身。非同仙道。問。轉生何反勝於長生。答。長生如補澣舊衣。終無殊勝。諸天轉生。如脫弊垢而換珍御。勝劣天淵。特愚人扭於戀身鄙習。顛倒謂長生為勝耳。況天身化生姸妙。豈同胎生苦穢。誠非彼所夢見也。此天住須彌腰正齊日月。故鄰之也。名四王者。以山腰四面有持國等四王各據一面而居之矣。

丑二忉利天。

於己妻房。婬愛微薄。於淨居時。不得全味。命終之後。超日月明。居人間頂。如是一類。名忉利天。

此人但有一妻。仍於妻之婬愛減少疏淡。而不頻數濃厚。淨味不全者。間有婬念起時。然亦勝前多矣。超日月明者。前天僅齊。此高一倍故也。在須彌山頂。以非空居故。猶為人間之頂。又首二句勝前。次二句劣後。孤山曰。忉利。此云三十三。帝釋統焉。

丑三燄摩天。

逢欲暫交。去無思憶。於人間世。動少靜多。命終之後。於虛空中朗然安住。日月光明。上照不及。是諸人等。自有光明。如是一類。名須燄摩天。

此人不逢欲境。婬念必不自起。逢時未交之前亦自起念。暫交者。但了一時之念。無留戀之情。去即釋然。不復追想。此於淨中必有全味。漸向定心。故言動少靜多。齊此能感空居朗住也。問。空居者。宮殿池樹皆何所踞。答。七寶琉璃。大地無異。但欲下時。即虛豁無礙。例如人間大地。聖賢天鬼皆能上下虛豁無礙。當知萬法虛妄。業力使然。故虛實並現。昧者誠未達也。此天較須彌更高一倍。故日月不及。而身殿自光徧周互照。須燄摩。此云時分。環師謂以蓮華開合分晝夜是也。又當知此人不逢無念勝前天也。逢之暫念。劣後天也。

丑四兜率天。

一切時靜。有應觸來。未能違戾。命終之後。上升精微。不接下界諸人天境。乃至劫壞。三災不及。如是一類。名兜率陀天。

此人比前人一切時中自己全無婬念。但應彼婬境迫觸。不能拒絕。準下詳此必於交時不能無味。精微。即內院妙境。精而非麤。微而難見。麤心眾生所不能窺。外院尚不知處。

何況餘天。故言不接等也。三災不及者。即法華所謂我此土不毀。而眾見燒盡之意也。問。此論七趣輪轉之事。似與外天相應。何乃單舉內院。而反遺外天。以致餘天不倫。嘗聞三菩薩修兜率內院。尚未全昇。當必別有修門。豈此少欲。即能昇耶。答。按後文諸天中聖凡備悉。如五那含等是也。豈此處肯不言內院耶。但疑梵本或先言外天而後兼內院。譯者過於省文而分析欠詳。以致宛似全遺外院。而實不全遺。今私意推度。首三句。似正外天之因。而缺其果。命終下。似正內院之果。而缺其因。因果互影略耳。不知是否。不然此天何幸以少欲劣功。而遽獲超三禪之勝報哉。或者曰。佛自省文。以勝該劣。而外天但令人意得之。亦通。

丑五變化天。

我無欲心。應汝行事。於橫陳時。味如嚼蠟。命終之後。生越化地。如是一類。名樂變化天。

此人無念應境皆同前人。但交時無味勝前人耳。橫陳者。即現前婬境迫摎。力不自由也。彼則畢竟無心。故全無味。如嚼蠟然。越化者。能超越下天。能變化樂具。樂其自所變化。故名樂變化。此以心拘自化。因果俱劣後天。

丑六他化天。

無世間心。同世行事。於行事交了然超越。命終之後徧能超出化無化境。如是一類。名他化自在天。

無世間心者。心希上界。不樂世間。但隨世間。權同妻室。至於交時。不但無味。而且神遊外境。了不干涉也。溫陵曰。化。即第五天。無化。即下天也。諸欲樂境不勞自化。皆由他化而自在受用。名他化自在。○是因之心超。勝前心拘。果之他化。勝前自化。分欲重輕已竟。

子二判屬欲界。

阿難。如是六天。形雖出動。心迹尚交。自此以還。名為欲界。

動字單約欲躁動為言。世人於此無節制者。其動最亂莫可羈勒。若瀑流。若逸火。若奔馬。無可為喻。昏狂累墜。常溺三途。故此六欲諸天。以漸節制而向於靜。故曰出動。蓋初天且止外動。二天內動亦滅。三天遇境方動。四天境迫不違。五天交中無味。六天形合心超。皆是以漸出離欲中亂動。心迹尚交者。謂前四天尚兼心交。以有味故。後二天但是迹交。以無味故也。自此以還者。齊此天以下直至阿鼻。皆欲界攝也。以三欲事同。男女相具也。岳師引天台言十善外。前三天各兼功行。後三天各兼禪定。不但只輕婬欲。希生天者不可不知。其引俱舍六天受欲重輕。乃果中事。非今經修因之旨也。俱舍頌云。六受欲交抱。執手笑視婬。彼解異予所聞。曾聞教中有偈云。四王忉利同一道。燄摩執手兜率笑。化樂相視他暫視。此是六天真快樂。一道應即交抱。而分形交勾抱亦可。且統紀謂形交無液。非同人間也。夫婬欲乃墜縛根本。六欲以輕而漸升。四禪以絕而高舉。是則不捨欲心。上界猶不可希。況望出三界。修三摩地耶。此所以阿難必緣是而起教也。緣縛習重。卒不能斷者。亦須慚厭發願。或往生。求畢竟離。慎勿附會華嚴等上聖境界。以自欺自陷於魔說也。此間別有欲界魔天。欲境威權皆出諸天之上。此經攝於第六。故不別說。六欲已竟。

大佛頂首楞嚴經正脈疏卷三十四

大佛頂首楞嚴經正脈疏卷三十五

明京都西湖沙門交光真鑑述
蒲州萬固沙門妙峰福登校

經文卷九之一

癸二四禪。溫陵曰。自此而上。明十八天雖離欲染。尚有色質。故通名色界。又通名梵世。為已離欲染也。通號四禪。為已離散動也。欲天但十善感生。此天兼禪定感生。然特有漏禪觀六事行耳。六行者。厭欲界是苦是麤是障。欣色界是淨是妙是離。此則凡夫伏惑。超欲界道也。◯前天亦間有禪定。而此界方名禪者。以前結云。形雖出動。心迹尚交。足知自此以上絕無女人。心迹俱離。無所交接。兼無食眠。三欲俱妄。稍涉飢倦。即入禪定。出定則飽滿精明。是但以禪悅為食為息。稍離麤重身心矣。略分四重。各有本定。故云四禪。詳分十八重。但疑亦有同處。而區分勝劣為類者。未必十八皆以上下為次也。至文再詳。分二。子一正分四禪。就分四。丑一初禪三天。此三天雖入禪侶。而戒德偏勝。雖顯戒偏勝。而後二天略顯定慧。至文自見。又二。寅一示三天別相。又三。卯一梵眾天。

阿難。世間一切所修心人。不假禪那。無有智慧。但能執身不行婬欲。若行若坐。想念俱無。愛染不生。無留欲界。是人應念身為梵侶。如是一類。

名梵眾天。

首言世間。顯非出世。而亦言修心者。以凡迷冥修。誰不自謂真正修心。魔鬼尚謂得無上道。何況禪天。然諸經皆謂禪天靜慮等持。靜即是定。深於六欲。慮即是慧。揀於四空。故權教之佛寄此而成。今言不假禪那無正智慧者。顯彼惟有漏靜慮伏欲六行而已。非無漏真三摩地妙圓通矣。此義亦應通後。向下方是本天別文。此天且獨顯戒德。而未彰定慧。先言執身者。表異六欲縱強妄情。不免身犯。此身全遠。梵行方成。若行下。表非不攝心。身心俱潔。故下無卜居。而上界同侶矣。眾。即梵世之庶民也。

卯二梵輔天。

欲習既除。離欲心現。於諸律儀。愛樂隨順。是人應時能行梵德。如是一類。名梵輔天。

環師言此天戒與定共。首二句。表上天但初離欲。清淨心相未至顯現。此則離欲清淨心相顯發著明。前天如病初愈。未至康壯。此天如已康強光澤。諸律。即梵行戒品。愛樂則悅豫。隨順則輕安。即與定共之相也。行梵德者。不但清淨身心。亦且弘揚德化。亦以內心外儀無間故生天。既輔化。即天臣矣。

卯三大梵天。

身心妙圓。威儀不缺。清淨禁戒。加以明悟。是人應時能統梵眾。為大梵王。如是一類。名大梵天。

此天乃顯戒與慧俱。初天執身。次天心現。此天雙攝。故言妙圓。又初天由執身而攝心。次天由心現而行德。此之身心。得一如無二之妙。滿足分量之圓。威儀不缺者。行住坐臥皆妙圓也。次二句。正戒與慧俱之相。明悟。亦即六行之智等增明而已。前天之德。能輔王化。臣道也。此天之德。能統梵眾。猶體仁足以長人。君道也。亦慧愈前天故勝耳。示三天別相已竟。

寅二結苦離漏止。

阿難。此三勝流。一切苦惱所不能逼。雖非正修真三摩地。清淨心中。諸漏不動。名為初禪。

溫陵曰。已離欲界八苦。故曰苦惱不逼。已離散動欲心。故曰諸漏不動。俱舍論云。此名離生喜樂地。謂離欲界雜惡趣生。得清淨樂也。孤山曰。禪有四類。一有漏禪。即今四禪也。二無漏禪。謂九想八背等。三亦有漏亦無漏禪。謂六妙通明等。四非有漏非無漏禪。即今經首楞嚴王中道理定。今云雖非正修真三摩地。此以第一簡非第四耳。○自此以上皆稱勝流。表勝欲界諸趣。此三天頗疑恐非豎分。夫天民天臣天王各居一層。何成一統。

且臣民尚許眾多。而天王何至滿天。獨居一層。彼此皆王。何所使令。但恐如四王臣於忉利。上下居之。然忉利別有臣民同居。卻非全取於四王。或者大梵天子諒亦非多。彼之一天。廣列王居。惟以同其眷屬。而下之臣民供役者。暫升寄居。無事退居本天。若是。則仍是上下豎分。然未有的據。尚俟參考。初禪三天已竟。

丑二二禪三天。前天定力尚假戒扶。此則不假戒扶而自不動。定勝發光。以光之勝劣為次。吳興曰。地持論目第二禪名喜俱禪。此定生時。與喜俱發。分二。寅一示三天別相。就分三。卯一少光天。

阿難。其次梵天。統攝梵人。圓滿梵行。澄心不動。寂湛生光。如是一類。名少光天。

統攝二句元似大梵所為。故此天疑從彼天中修來。蓋躡前行而但加圓滿則升此天。環師亦謂躡大梵之行升進者是也。澄心下。方是此天勝處。澄湛生光。如水澄成映。而靜極發照用也。問。此與菩薩寂照何殊。答。人法二執毫髮未動。但以離欲得定。定深生照而已。此其別也。下皆倣此。

卯二無量光天。

光光相然。照耀無盡。暎十方界。徧成瑠璃。如是一類。名無量光天。

溫陵曰。定力轉明。妙光迭發。境隨光發。徧成琉璃。真際曰。映十方界者。約其定光。隨所受用東西南北等言之。非徧十方世界也。○按此天雖不能映諸大千。而於本界亦覆小千。當滿一千箇四天下。何無十方界乎。

卯三光音天。

吸持圓光。成就教體。發化清淨。應用無盡。如是一類。名光音天。

此以光明代其言音。以宣彼梵行教化。如世間以文字代其言音而亦以宣諸教化。與用光明作佛事者同也。發化二句。明其闡揚梵教其妙無窮也。沇師緣此遂謂二禪以上俱無語言。恐未必然。如世紙墨文字雖代言教。豈盡廢其言語哉。示三天別相已竟。

寅二結憂離漏伏。

阿難。此三勝流。一切憂懸所不能逼。雖非正修真三摩地。清淨心中。麤漏已伏。名為二禪。

懸。不安也。前天言苦惱。乃麤重切於身心。此憂懸輕細。但涉於心念而已。今亦不逼。喜樂可知。溫陵曰。二禪離憂。得極喜樂。故云憂懸不逼。初禪方得漏心不動而未能伏。此天已伏麤漏。俱舍云。此名定生喜樂地。謂有定水潤業。憂懸不逼也。吳興曰。懸。或作愁。字之誤也。二禪三天已竟。

丑三三禪三天。吳興曰。地持論目第三禪為樂俱禪。此定功德與徧身樂俱發故。前二禪雖有樂支。為喜支所障。今滅喜純樂。故得其名。分二。寅一示三天別相。分三。卯一少淨天。

阿難。如是天人。圓光成音。披音露妙。發成精行。通寂滅樂。如是一類。名少淨天。

溫陵曰。由上圓光教體披露妙理。發成精行。離前喜動而生淨樂。恬泊寂靜。名寂滅樂。能通而已。尚未能成。以猶劣故。名少淨也。○精行。亦與披露妙理相應之淨行也。寂滅樂。亦定深心安所發。不可濫於本性寂體。蓋名同而體異耳。下文云久必壞生。其意蓋可見矣。

卯二無量淨天。

淨空現前。引發無際。身心輕安。成寂滅樂。如是一類。名無量淨天。

首句言前但得淨。此更發空。漸以虛豁。至無邊際。前通寂滅。但樂內心。此加身心內外安樂。積中發外。廓然廣大。故稱無量淨也。

卯三徧淨天。

世界身心。一切圓淨。淨德成就。勝託現前。歸寂滅樂。如是一類。名徧

淨天。

前但身心。此加世界。通成虛寂。故曰圓淨。此但定力所使。所謂境隨定變而已。非唯心觀力所使也。淨德一句躡上而言。既世界身心圓淨。豈非淨德成就。勝託二句。將謂真實安身立命清淨極樂之家鄉矣。前雖發外。仍是身心虛曠之境。未融世界。今並融之。故稱徧淨。示三天別相已竟。

寅二結安隱喜具。

阿難。此三勝流。具大隨順。身心安隱。得無量樂。雖非正得真三摩地。安隱心中。歡喜畢具。名為三禪。

具大隨順者。異初禪隨順律儀。非大隨順。此隨順淨樂。至無量周徧。故具大隨順。安隱。即自在受用也。無量樂。即樂之至極。故界內以三禪為極樂處也。此地名離喜妙樂。而仍言歡喜畢具者。以有安隱心中四字揀之故也。良以喜是動心所發。樂是靜心所融。若在飛動心。縱說樂而仍是喜支。若在安隱心。縱說喜而仍是樂支。岳師謂名同體異是矣。又言不以辭害義者。不達已有安隱心中為揀別也。三禪三天已竟。

丑四四禪九天。溫陵曰。自此而上。明四禪凡有九天。然四禪報境但有三天。第四無想。乃第三廣果別開。是外道報境。此四之上有五不還天。乃聖賢別修靜慮。

與凡夫不同。分二。寅一四勝流天。因佛總結此四勝流。故作是科。不揀第四外道。以同是捨俱禪耳。故佛同判。又當知四禪取捨不出三受。前天捨苦受而住樂受。此天二受雙捨而住捨受耳。又二。卯一示四天別相。又為三。辰一示前二天。前三天雖為一聚。而第三與無想分歧。故此兩兩為科也。分二。巳一福生天。

阿難。復次天人。不逼身心。苦因已盡。樂非常住。久必壞生。苦樂二心。俱時頓捨。麤重相滅。淨福性生。如是一類。名福生天。

不逼二句。結前二禪。明苦已離。蓋初禪苦惱離。二禪憂懸盡。皆不逼也。欲是苦因。諸欲杜絕。故苦因盡。樂非二句。結後一天。明樂亦不當受之意則可了。苦樂下。乃躡此樂之有壞。故起雙捨之心。正是本天功行。蓋既已離苦。亦不受樂。樂既不受。壞亦不生。麤重相滅者。苦壞雙超也。淨福性生者。有樂不受。福自積漸生也。命名可知。

巳二福愛天。

捨心圓融。勝解清淨。福無遮中。得妙隨順。窮未來際。如是一類。名福愛天。

前天初專於捨。未免偏空。此既純熟。漸不礙有。故曰圓融。勝解清淨者。解此清淨。比前最勝。前以離欲離苦為清淨。此則苦樂雙離。復不礙有故也。蓋空即捨定。有即福德。

遮。限也。妙隨順者。大自在也。蓋大福者有所願求。無有遮限。得大自在也。窮未來際者。如岳師所謂福資二路。非止當天是也。更望上二天中受報無窮之意。非真常住之謂也。名福愛者。言此天福德。於有為界中亦可愛樂也。又此天所積福德別有愛求。即希上二歧路也。

辰二判二歧路。

阿難。從是天中。有二歧路。

是天即福愛天。從是天而入歧路者。心念行業各別也。下科自見其意。溫陵曰。一直往道趣廣果。一迂僻道趣無想。○又嘗因此詳味之。語上升。則循序者多。頓趣者少。如世升官類也。語下墜。則直墮者多。循序者少。如世謫官類也。今經所明。似皆從下一天修之。升上一天。皆單約循序之意。便於演說而已。餘可以意得之。

辰三示後二天。即二歧路。就分二。巳一廣果天。

若於先心無量淨光。福德圓明。修證而住。如是一類。名廣果天。

先心。即福愛天中妙隨順心。能令所求如意。然此心以定福相圓融為體。今無量淨光。即捨俱禪定深而發光也。於此光中。滋令福德增盛圓明。剋取修證。資中曰。以四無量心熏禪福德。離下地染。廣果所感。名廣果天也。

巳二無想天。

若於先心。雙厭苦樂。精研捨心。相續不斷。圓窮捨道。身心俱滅。心慮灰凝。經五百劫。是人既以生滅為因。不能發明不生滅性。初半劫滅。後半劫生。如是一類。名無想天。

先心同前。但廣果天令福德增盛。此天乃令捨定增盛。正因妄謂依此可得涅槃。此兩天分歧之故也。首二句。躡前心也。精研下三句。加功修因也。精研者。深搜細絕也。相續者。勤勇無間也。圓窮者。必求究竟也。身心三句。定成剋果也。言在定中渾成晦昧。冥然一空。雖只言身心。必兼滅界。正彼妄取為涅槃果也。經五百劫。大劫也。自初生以至壽終。得此長時而已。是人下四句。出其無常之故。正由向二種根本錯亂修習耳。初句明其錯依六識生死根本為本修因強令灰凝。次句明其反迷識精明元圓湛不生滅性而全不知用故也。末二句。明始終皆墮無常。初半劫滅者。初生習定半劫始滅想也。後半劫生者。報盡定銷半劫復生想也。問。身界俱空。何異四空。答。出定則有。故不同也。然亦但有身界。非並起於雜想耳。四天別相已竟。

卯二結不動純熟。

阿難。此四勝流。一切世間諸苦樂境所不能動。雖非無為真不動地。有所得心。功用純熟。名為四禪。

同修雙捨。故二境莫動。溫陵曰。四禪不為三災所動。名不動地。然彼器非真常。情俱生滅。雖非無為真境。而有為功用。至此已純熟矣。○問。不為三災所動。何言器非真常。答。他經明此天天人生時。宮殿園林隨之而生。死時隨之而滅。但無總壞相耳。又通論四禪。初禪共戒。戒德增上。二禪喜俱。光明增上。三禪樂俱。淨樂增上。四禪捨俱。而於中前三天福德增上。後一天捨定增上。此其別也。四勝流天已竟。

寅二五那含天。溫陵曰。第三果人。斷欲界九品修惑盡即生此天。不復欲界受生。資中曰。俱舍云。雜修靜慮有五品不同。故生五淨居天。雜修者。以有漏無漏間雜而修也。靜慮者。定慧均等之謂也。五品者。下。中。上。上勝。上極也。○五品五天既皆從劣向勝。則五天按品分之似亦無差。又既有勝劣。豈不約斷惑之淺深而分居之。若是。則前四天似以次而斷本界四地之惑。第五天既名色究竟。似斷上無色界四地之惑。比量判之。以俟參考。既非決定。縱有小差。非過也。分三。

卯一標聖果寄居。

阿難。此中復有五不還天。於下界中九品習氣俱時滅盡。苦樂雙忘。下無卜居。故於捨心眾同分中安立居處。

溫陵曰。不復欲界受生。故曰不還。亦名五淨居。謂離欲淨身所居也。習氣。思惑也。與現行皆滅。故曰俱盡。○齊此以上。是表聖人斷惑之事。明其有異四禪也。蓋凡夫伏惑而不能斷。此聖凡之分。下界。即欲界也。習氣。即思惑種子。思惑。謂貪瞋癡慢。是任運而起輕細之惑。非同分別中麤惑也。分八十一品斷之。蓋於三界九地。地各九品。今此九品。乃欲界五趣雜居地之九品。於上中下。復各分三。天上人間。經於七生。往返斷之。而言俱時滅盡。約最後一剎那斷盡。證三果也。齊此以下。乃是表五天寄居此地之由。明其有同四禪處也。伏問云。何故上下懸絕。偏居此地。答云。由彼欲界惑盡。麤苦已除。三禪淨樂又復不受。其所入定。復是苦樂雙忘捨俱禪耳。夫苦忘。則五趣雜居地無卜居處。樂忘。則三禪三地無卜居處。以非其同分也。然既捨俱禪定。與此捨念清淨地獨為同分。所以獨於此地卜安處也。住此以斷七十二品最細貪癡慢。希成阿羅漢矣。

卯二示五天別相。就分五。辰一無煩天。

阿難。苦樂兩滅。鬬心不交。如是一類。名無煩天。

按五品。此天似在下品。亦似應斷離生喜樂地中。九品思惑也。鬥心即欣厭二心。蓋苦樂未忘時。則厭苦欣樂。交戰胸中。故曰鬬心。今已兩忘。故曰不交。盛熱曰煩。亦狀其內心鬱陶熱中之象。有鬬心者所不能免。此方不交。初得清涼。故名無煩。

辰二無熱天。

機括獨行。研交無地。如是一類。名無熱天。

此天似當中品。似應斷除定生喜樂地九品思惑也。機即弩牙。狀念之放也。括即囊括。

狀念之收也。放收亦起止也。獨行。言其惟一捨念。或放起。或收止。更無餘念雜於其間。到此全不見欣厭研交之地。意表前此雖不研交。猶見交地耳。微煩曰熱。并熱亦無者。捨念清淨既加勝。則意地清涼。了無熱惱矣。

辰三善見天。

十方世界。妙見圓澄。更無塵象一切沈垢。如是一類。名善見天。

此天似當上品。似應斷除離喜妙樂地九品思惑也。十方世界。即一大千之量也。妙見。即天眼也。既與四禪同分。天眼亦應同四禪見大千總相。圓。即滿大千也。澄。清徹也。塵象約境言。明其更無障隔之境也。沈垢約心言。明其更無留滯之念也。若作思惑。而復言一切。豈思惑至此天而即盡耶。名善見者。表此天定體澄清。善於鑑照矣。

辰四善現天。

精見現前。陶鑄無礙。如是一類。名善現天。

此天似當上勝品。似應斷除捨念清淨地九品思惑也。前天定體圓。而定用未勝。此天體用兼勝。故首躡前天之妙體。次句發此天之勝用。陶鑄無礙者。亦同摩醯首羅隨心造化一切萬物。如陶之燒瓦。鑄之鎔金。得其自在。問。聖人豈亦同魔所為。答。既與同分。亦當同具此能而已。豈並同其貪權妄宰耶。名善現者。表具變現之用耳。

辰五色究竟天。

究竟群幾。窮色性性。入無邊際。如是一類。名色究竟天。

此天似當上極品。似應斷四空四地中三十六品思惑。問。憑何度量。此偏多斷。答。既名色究竟。便以盡色為義。而四空皆究竟離色。故知然也。況準前皆重惑獨斷。輕惑共斷。今度末後最輕。一天可共斷也。吳興曰。究竟。研窮之謂也。幾者。動之微也。研窮多念至於一念。故曰究竟群幾。以雜修五品。初用多念無漏熏多念有漏。乃至最後用一念無漏熏一念有漏。名上極品。故俱舍云。成由一念雜。是也。問。此豈不與子所說前少後多相違耶。答。此約能斷之智。前繁後簡。我約所斷之惑。前重後輕。如多念有漏豈非重惑。故一天惟斷九品。後乃漸少。豈不末後最輕。況輕惑復分多品。所以一天可獨斷之也。窮色性性者。即岳師所謂心既熏多至少。色亦窮麤至微。是也。言性性者。以凡外謂極微為色性。猶言微而復微也。入無邊際者。入四空邊際也。色究竟者。色至此而淨盡無餘也。示五天別相已竟。

卯三結四天不見。

阿難。此不還天。彼諸四禪四位天王獨有欽聞。不能知見。如今世間曠野深山聖道場地。皆阿羅漢所住持故。世間麤人所不能見。

唯識謂二禪以上不分王臣。此言四王者。或推尊上首略似於王。餘亦不必如下界之臣。

故亦可言有王無臣也。有聞無知見者。斷惑與伏惑。無漏與有漏。聖人與凡夫。麤細懸殊。故但仰嘉名。不知其受用。不見其依正也。如今下。取例人間也。聖道場地。如天台竹林等是也。雖言羅漢。亦兼菩薩。如五臺峨眉。亦但欽聞。不知見也。因此疑五天似但居廣果。方如聖寄人間。欽聞不見。若上下懸絕。何必云此。況佛初只言此中。而未言此上。猶可見也。正分四禪已竟。

子二結屬色界。

阿難。是十八天。獨行無交。未盡形累。自此已還。名為色界。

孤山曰。獨行無交。俱無情欲故。未盡形累。尚有色質故。○又上句明所離。下句明所住。自此以還者。自色究竟天以下直至梵眾同一色界矣。四禪已竟。

癸三四空。溫陵曰。自此而上。明無色界四天也。無色者。無業果色。有定果色。依正皆然。乃滅身歸無捨厭天人雜處。其類不一。皆無色蘊也。四天皆依偏空修進。初厭色依空。二厭空依識。三色空識三都滅。而依識性。四依識性以滅窮研。而不得真滅。是皆有為增上善果。未出輪迴。不成聖道者也。○此中盡色趣空凡夫。是其正居。定性聲聞寄居。而異計外道雜處也。分五科。子一標歧除聖。

復次阿難。從是有頂色邊際中。其間復有二種歧路。若於捨心發明智慧。

慧光圓通。便出塵界。成阿羅漢。入菩薩乘。如是一類。名為回心大阿羅漢。

溫陵曰。色竟天居有色頂。與無色鄰。名色邊際。四禪皆依捨念修定。此言捨心。指有頂因心也。吳興曰。色究竟天第三果人根有利鈍。故分二路。其利根者。發無漏智。斷盡修惑。即出三界。其鈍根者。復由定心。欣上厭下。生無色界。○智慧即人空智。思惑盡而空智滿。名慧光圓通。成阿羅漢。即出三界。入菩薩乘。則復離單空。下結回心有二意。一約回心羅漢。則回其欣上厭下之心而頓出三界。二約回心菩薩。則回其捨大取小之心而速入大乘。然此之一類。元是不定性人而又根利者也。反顯定性而又鈍根者方入四空耳。此亦順序而談。故就便直約色究竟人說其入四空天。其實凡夫廣果外道無想俱與空鄰。俱可上入四天。請觀後出墜聖凡。其意可見。

子二正列四天。分四。丑一空無邊處天。

若在捨心。捨厭成就。覺身為礙。銷礙入空。如是一類。名為空處。

首二句躡前天。次二句明本天。溫陵曰。厭已形礙。堅修空觀。滅身歸無。即厭色依空者也。名空處定。故報生空處也。長水曰。捨心有二。一者。若於有頂用無漏道斷惑入空。即樂定那含也。二者。若於廣果用有漏道伏惑入空。即凡夫外道也。

丑二識無邊處天。

諸礙既銷。無礙無滅。其中惟留阿賴耶識。全於末那半分微細。如是一類。名為識處。

首句躡前天果相。次句以下。即本天功行果相。溫陵曰。諸礙既銷而無。則不依於色。無礙之無亦滅。則不依於空。惟留阿賴末那。即厭空依識者也。名識處定。故報生識處。賴耶第八識。末那第七識也。而末那所緣色空識三。此位厭色空而依識。則色空麤緣已無。故惟全半分微細也。○問。按唯識。末那不緣外境。但內執八識見分為我。環師何謂亦緣色空。答。七緣色空。固無此理。但既內執賴耶為我。亦任運外執色為他。所以色空若在。全分末那俱在。今色空既盡。故惟半分末那入微細也。問。末那賴耶羅漢未了。凡外那含何以知之。答。此自如來明眼了見與之作名。非許彼知也。在彼固自以為離色空即性真也。迷同無想。法華云。眾生住於諸地。惟有如來如實知之是也。

丑三無所有處天。

空色既亡。識心都滅。十方寂然。迥無攸往。如是一類。名無所有處。

首句躡前天果。次句下。本天因果。識心。即前末那賴耶。而言都滅者。憑深定力。二識現行俱伏不行。例如無想伏六現耳。彼伏五百劫。此伏六萬劫。問。現行何狀。滅之何如。答。七緣第八。能所歷然。名為現行。即是前天。更進深定。能所緣息。暫名都滅。即是此天。故知此滅非如羅漢種現俱斷之謂也。寂無攸往者。滅識定中所證境界廓然冥然。不復能前進矣。此外道昧為冥諦之處也。末句命名。謂色空識三者皆無所有也。

丑四非非想處天。

識性不動。以滅窮研。於無盡中。發宣盡性。如存不存。若盡非盡。如是一類。名為非想非非想處。

環師見此言識性不動。故說前天方亡識心未亡識性。不審心性何分。至此又釋識性為幽本。亦不審何為幽本。若以識心為現行。識性為種子。則似理通。而種子眠伏藏識。誠為幽本。不動者。以凡外未秉佛斷種法門。那含未盡思惑。故皆覺其堅確不可動搖。以滅窮研者。強憑滅定之力。窮之欲盡。研之欲透也。下二句判決其卒不可盡有二意。若約賴耶本體。即是藏性。則凡聖皆無可盡之理。若約種子。則凡外既無斷法。終不可盡。那含復是鈍根。亦非盡時。而於此天初心。皆強以發宣欲盡其性。不可得也。以上皆是生此天之因。即所用功力也。次下二句方是住此天之果。蓋於二識如殘燈然。半滅半明而已。良以滅定所逼。故如存不存。似燈半滅也。種體莫動。故若盡非盡。似燈半明也。末後環師承如存不存以結非想。承若盡非盡以結非非想。得其語脈矣。蓋非想即非有想。非非想即非無想耳。正列四天已竟。

子三聖凡出墜。

此等窮空。不盡空理。從不還天聖道窮者。如是一類。名不迴心鈍阿羅漢。若從無想諸外道天窮空不歸。迷漏無聞。便入輪轉。

此科專明住無想者八萬劫滿。聖類即出三界。凡類即墜輪迴。各有終相而已。舊註全不達此。故羅漢仍作那含。說後半但遮無想。了無關要。無謂之甚也。請詳今解。首二句通判無色。渾包聖凡。此即非想。等即前三窮空者。初天窮色令銷。二天窮空令無。三天窮識令滅。四天窮性令盡。蓋前二窮境。後二窮心。欲令心境俱空。故總謂窮空。不盡空理者。凡外未了人空之理。小聖不達法空之理。何況圓頓之旨。心境本空。豈待銷滅。故總斷其不了耳。向下方分言聖凡出墜不同。言彼住非想者。若元從五天修習聖道而來。此之一類。八萬劫滿。思惑斷盡。即出三界。成阿羅漢。而言不回心者。亦有二意。若追過去。乃責其不於色頂早回欣厭之心速成羅漢。若按未來。乃明其必且不回趣空之心向菩薩乘。以彼是定性聲聞。非前不定性矣。又言其鈍者。以彼備歷四天。比前利根者多修二十萬劫故也。問。前於色頂已判思惑斷盡。不審斯人在四空中何所修斷。答。前約利根。鈍豈能同。鈍根在五天時。前四斷惑同於利根。至第五天不回欣厭之心。但加功銷礙。求生四空。後半之惑期於彼天斷之。則四空四地。應於每地各斷九品。故至非想劫滿方盡也。準此。則上極一品當連色頂通該五天。比度應然。再俟參考。此明聖出已竟。向下方明凡墜。言彼住非想者。若元從無想廣果諸天但惟修習有漏禪定窮空而來者。則八萬劫滿無所歸托。即當下墜入輪迴矣。問。後經謂無想妄執涅槃。而臨終謗佛墮獄。今何許至非想。答。岳師正因此惑而謂不來。不知後經所云。但時間或有之。而根性萬殊。豈箇箇皆然耶。問。佛云諸外道天。何知亦該廣果。答。尋常對佛天乘為內教。則無想獨為外道。今對佛小乘為內教。故並呼諸天皆外道也。云不歸者。言其一味窮空。更不回心歸順聖乘。至此力竭途窮。無所歸托。只得下墜。又言迷漏無聞者。出其由過以警後人也。言彼特因迷有漏因作無為解。闕於多聞。但勤小行之故。所以至此無歸而直墮也。由是而知上言不回心鈍羅漢者。亦出過以示警也。言彼特因不早回心。以致遲鈍。經久方成。此意詳味之。

子四通分凡聖。

阿難。是諸天上各各天人。則是凡夫業果酬答。答盡入輪。彼之天王。即是菩薩遊三摩地。漸次增進回向聖倫所修行路。

前科但判非想聖凡終盡之事。此則通判三界現住天人孰凡孰聖。合是諸天總結。宜居下科之後通前總結科中。誤居此耳。天人。謂臣民也。業果酬答者。十善八定為實功業。而六欲四禪之果所以酬答之也。答盡入輪者。即永嘉所謂勢力盡箭還墜也。問。上界無惡。何亦有直墮三塗者。答。藏識雜種。遠劫不忘。次第而熟。不能逾越。今天福報終。隨彼熟種任運而墮。豈揀三塗。此如來所以苦勸念佛以橫出也。漸增回聖。寄修進也。然以菩薩位配諸天王。諸經約教不同。名位參差。不敢詳定。環師引華嚴三地方配天王。亦大略而已。予記天台配詳。再容考定。

子五結屬無色。

阿難。是四空天。身心滅盡。定性現前。無業果色。從此逮終。名無色界。

初二天全無身境。故曰身滅。後二天七八現行俱伏不行。故曰心滅盡也。定性現前者。約在定時有定果色。即則師引顯揚論說為定自在所生色。蓋隨化依正。自在受用矣。無業果色者。約出定時身心俱寂。依正皆空。聖眼觀之。三尺識神似中有也。從此逮終者。從初天至四天也。結名無色者。但憑定力。二十萬劫暫無依正。非真蘊空。永絕業果。正列諸天已竟。

壬二通前總結。

此皆不了妙覺明心。積妄發生。妄有三界。中間妄隨七趣沈溺。補特伽羅。各從其類。

此自六欲以至非想通結之也。妙覺明心。即近具根中遠包萬法者也。本無生死識心曰妙。本無冥頑色空曰覺。本無無明惑障曰明。現具而不自見。故曰不了。積妄二句。言長劫執著取捨。故三界永成。實有長眠大夢也。中間二句。以此為結諸天故。言諸天雖浪施功力。特未明心。故終不免同溺生死。同名七趣。甚憐惜之以示警也。末二句明分類之由。

補特伽羅此云數取趣。即中有也。以能數數受生取於諸趣。故命斯名。蓋言諸天中有身。各隨己業同類受生。名為一聚。故文中每言如是一類也。諸天趣已竟。

辛七脩羅趣。按佛序談七趣。皆從劣向勝。此趣具有勝劣。四趣分攝。故居於此。按本經所判同分。但空水天處而已。岳師引阿含。謂南洲金剛山中有脩羅宮治。六千由旬欄楯行樹等。然一日一夜三時受苦。苦具自來入其宮中。予亦藏中屢見之。恐是乘通入空者。亦同旦遊虛空暮歸此宿耳。不然。應與下劣同類。散處地上者也。尚當闕之。以俟考證。分二。壬一總標名數。

復次阿難。是三界中。復有四種阿脩羅類。

以是俱攝。故渾標三界。實但居於欲界。環師以非天譯名。謂其多瞋。有天福而無天行。亦云無端正。以夫醜婦美。從男受稱。亦云無酒。以瞋無和氣。任釀不成。四類。下文自分之。

壬二別釋趣攝。分四。癸一卵生鬼攝。

若於鬼道。以護法力。乘通入空。此阿脩羅從卵而生。鬼趣所攝。

鬼道是此類前因。言彼元從鬼趣發心護經咒禪戒等。皆名護法。所生福力升此趣中。乘神通入空界居之。似與三夜叉天為鄰。卵生飛空。因果類鬼故屬鬼攝也。

癸二胎生人攝。

若於天中降德貶墜。其所卜居鄰於日月。此阿脩羅從胎而出。人趣所攝。

天中。是其前身也。降德是因。言在天中或有損德之過。或天福已盡。俱是降德。貶墜是果。即沈此趣。胎生類人。故人趣攝。

癸三化生天攝。

有脩羅王。執持世界。力洞無畏。能與梵王及天帝釋四天爭權。此阿脩羅因變化有。天趣所攝。

執持世界者。亦能驅役鬼神。禍福人間。如孔雀經亦云脩羅所罰。其意可見。但其專權不及諸天。故每怒而爭之。洞。通也。徹也。力洞無畏者。言其威力通徹諸天。無所恐怖也。經稱化身十六萬八千由旬。手撼須彌。諸天震恐。帝釋四天常與戰鬥。今言梵王亦爭者。帝釋或不勝時。則梵天以下俱助力也。荊溪謂法華四類。是此一類無疑矣。化生福力俱等於天。故天趣攝也。此趣獨不言其住處。既勝前趣。似應更居於上。然終未聞脩羅鄰於忉利。恐與前趣同居。此或是脩羅王。而前乃脩羅眾耳。再俟考定。

癸四濕生畜攝。

阿難。別有一分下劣脩羅。生大海心。沈水穴口。旦遊虛空。暮歸水宿。

此阿修羅因濕氣有。畜生趣攝。

海心水口者。予閱起世經。言須彌入水八萬四千由旬。修羅分四級居。即此類也。生居劣下。故以畜攝。餘意可知。備明諸趣已竟。

己二結妄勸離。所以備明諸趣者意正在此。分三。庚一藥病雙舉。七趣皆病。而此經大定是藥。如來所以深明病態者。意在激其速進藥也。又三。辛一總舉妄病。

阿難。如是地獄餓鬼畜生。人及神仙。天洎修羅。精研七趣。皆是昏沈諸有為相。妄想受生。妄想隨業。於妙圓明無作本心。皆如空華。元無所著。但一虛妄。更無根緒。

精謂詳熟。研謂窮究。蓋升沈往復百千萬迴不知出要故也。皆是下。出其病態。昏沈惑也。有為。業也。受生隨業。果也。所謂惑業苦三如惡叉聚也。於妙下。總明其妄。先舉真心以反顯之。業果不縛曰妙。空有不墮曰圓。惑障不覆曰明。不由取捨修證曰無作。此即人人本有妙心。七趣在此心中。如空華在太虛中。豈有毫末住著。豈有根蒂頭緒之可得哉。

辛二指病深根。

阿難。此等眾生。不識本心。受此輪迴。經無量劫。不得真淨。皆由隨順

殺盜婬故。反此三種。又則出生無殺盜婬。有名鬼倫。無名天趣。有無相傾。起輪迴性。

溫陵曰。前問妙心徧圓。何有獄鬼人天等道。故此結示由殺盜婬三為根本也。○上言無根緒。而此又指病根者。蓋妄雖無體。起固無因。而妄理相應。續非無故。故復指也。不識下。先牒三道之相續。本心即上科妙心。不識。即惑道也。受此下。即永為業果二道所輪。不得真淨者。言欲界固不淨。而上界離欲離色。自謂已淨矣。而無奈隨眠畢竟非真淨也。皆由下。正指病根。言隨順即成三惡。反之則成三善。正皆是三道相緒之病根也。問。三善何為病根。答。因回向三有。同障出要也。有名四句。正表其同是繫三界之根本也。有之而成三惡。固是鬼倫。攝三塗也。無之而成三善。亦但天趣。同人仙也。脩羅隨攝分之。傾。即奪也。奪有成無。從下升上。奪無成有。從上墜下。互奪不已。善惡俱無出期。故曰起輪迴性也。

辛三定藥能除。

若得妙發三摩提者。則妙常寂。有無二無。無二亦滅。尚無不殺不偷不婬。云何更隨殺盜婬事。

當知詳敘七趣。揭露病根。全為此科勸修大定也。妙三摩提者。剋體對機。即耳根圓通也。妙常寂者。聞性三德相也。妙即圓通二真實。常即常真實。寂即自性本定也。又妙則本無七趣繫縛。常則本無七趣生滅。寂則本無七趣流轉。故能反聞常住此性者。則有無云云。有即三惡。無即三善。二俱遠離曰有無二無。此先得人空。出三界也。無二。即小乘涅槃。此更復滅。成法解脫。越二乘也。所謂忽然超出世出世間。圓師亦謂雙超生死涅槃。末二句。猶言輕病尚無。何況重病。圓師復補云。尚無無二。云何隨二。亦好。大抵深激其修大定也。藥病雙舉已竟。

庚二同別俱妄。

阿難。不斷三業。各各有私。因各各私。眾私同分。非無定處。自妄發生。生妄無因。無可尋究。

溫陵曰。前問地獄為有定處。為復自然。彼彼發業。各各私受。故此牒答。三業。即殺盜婬也。據此。是通結七趣。不斷二字應兼有無。前問處。但是疑受果報時。同受耶。私受耶。同受。則同分之地共居之。私受反此。今佛結首二句。明造業各私也。次二句。明受報有同分地也。末三句總結其徹底虛妄。而言自妄發生者。不從心外也。生妄無因者。亦無初相也。無可尋究者。畢竟無體也。

庚三正勸須除。三。辛一欲修須除。

汝勖修行。欲得菩提。要除三惑。

勖。勉也。奮力之意。三惡三善總皆是業。而由不達此三為繫縛之本。障智之端。故呼為三惑。除者。不但只除有三。而無三亦除之也。

辛二不除必墮。

不盡三惑。縱得神通。皆是世間有為功用。習氣不滅。落於魔道。

除世惡而不除世善。則對待不盡。縱得神通者。仙天之類也。伏現行而不除種子。遇緣復起則終落魔道。

辛三增偽自取。

雖欲除妄。倍加虛偽。如來說為可哀憐者。汝妄自造非菩提咎。

倍加虛偽者。如各自謂得無上道。實皆假世智以妄研。乘神通而造業。違遠圓通。背涅槃城。枉費功力。翻成惡因。故如來深憫之也。此結似但勸界內。而後文二乘亦未出五魔。當亦兼勸之也。復言汝妄自造非菩提咎者。歸初問也。阿難初問佛體真實。云何復有諸趣。故明咎因自造。非佛體咎。佛體即菩提也。所以教其惟止自造。莫咎菩提也。結妄勸離已竟。

己三判決邪正。

作是說者。名為正說。若他說者。即魔王說。

此雖欲其總不謬於七趣全文。而尤重結妄勸離。惟許必結妄而必勸離者乃真佛說。如讚殺盜婬而言無礙。勸住三有而謂真實。即皆魔語耳。深警其著眼辨識。而亦應速捨以修三摩提矣。談七趣勸離以警淹留大科已竟。

大佛頂首楞嚴經正脈疏卷三十五

大佛頂首楞嚴經正脈疏卷三十六

經文卷九之二

明京都西湖沙門交光真鑑述
蒲州萬固沙門妙峰福登校

丙二談五魔令辨以護墮落。上科於結妄處助其悟。勸離處助其入。此於辨魔處助其修。不退處助其證也。分二。丁一無問自說五陰魔境。當機但知請定。而定中所發微細魔境。非其智力所及。故無問。佛既開導大定。而魔軍勝敗。實大定成壞所關。利害非細。故動深慈。不待問而自說也。三。戊一普告魔境當識。又三。己一將罷迴告。

即時如來將罷法座。於師子牀。攬七寶几。迴紫金山。再來凭倚。普告大眾。及阿難言。

將罷法座。表最後開示。迴身再來。顯不盡真慈。

己二陳所欲言。又分為二。庚一先明已說。

汝等有學緣覺聲聞。今日迴心趣大菩提無上妙覺。吾今已說真修行法。

無學四陰已破。但餘第五。天魔鬼神等麤外魔境皆已不至。故此全談五陰魔。曲為有學。是以特舉真修行法。即反聞也。

庚二後示未說。即魔事也。又二。辛一總標魔害。

汝猶未識修奢摩他毗婆舍那微細魔事。魔境現前。汝不能識。洗心非正。落於邪見。

尚不知問。何況能識。奢摩等。雙舉性修二定合言。乃大定全體。此中所發魔事最為微細。不識。則以邪為正。墮於邪見而不自覺矣。夫力能引邪。邪排正盡。此魔之大害。故此先標。

辛二略陳魔相。又為二。壬一略示前三內外魔相。

或汝陰魔。或復天魔。或著鬼神。或遭魑魅。心中不明。認賊為子。

或汝陰魔者。色陰中十種。方是初心自現。尚無外魔。故言汝陰魔也。受中十種。已召外魔。然且潛入身中。而魔未現身。想中十種。方有天魔鬼神魑魅。若不聞知。則認賊為子在所不免。或自任為聖。或認魔為聖。皆名認賊為子。

壬二略示後二心見魔相。

又復於中得少為足。如第四禪無聞比丘。妄言證聖。天報已畢。衰相現前。謗阿羅漢身遭後有。墮阿鼻獄。

行陰所發十種心魔。識陰所發十種見魔。皆無外境。但是自心邪見。得少為足。四禪等者。舉一以例餘也。無聞者。因其但修無想。不務多聞。故自誤不覺。阿羅漢遭後有者。環師謂謗佛妄說羅漢不受後有。因此墜墮也。據見魔中有無學羅漢。但其魔事輕微。故召告單。舉有學以並攝之也。

己三勅聽許說。

汝應諦聽。吾今為汝子細分別。

不但分別。而更許子細者。一以魔相幽微難見。一以魔害酷烈難堪。故勞真慈如此也。

普告魔境當識已竟。

戊二會眾頂禮欽承。

阿難起立。并其會中同有學者。歡喜頂禮。伏聽慈誨。

聞害悚動。承慈感激。見許歡喜。故起拜領。

戊三正以詳陳魔事。分三。己一標示動成之由。謂動魔之由。及成害之由。又二。庚一驚動諸魔由定。二。辛一推真妄生滅相關。若無相關。則真定不驚妄魔矣。又四。壬一先明本覺同佛。

佛告阿難。及諸大眾。汝等當知。有漏世界十二類生。本覺妙明覺圓心體。

與十方佛無二無別。

本有之覺。圓故同佛。徧在諸佛心中。如千燈共室。不同則不圓。不圓則不同也。溫陵曰。覺圓心體。所謂真元是也。

壬二次示妄生空界。又二。癸一迷妄有虛空。

由汝妄想迷理為咎。癡愛發生。生發徧迷。故有空性。

妄想。通舉本末無明。迷理為咎。即根本無明。所謂迷真也。癡即業相。愛即轉相。所謂執似也。末二句言境界相發。先將全法界。俱迷為頑空也。

癸二依空立世界。

化迷不息。有世界生。則此十方微塵國土非無漏者。皆是迷頑妄想安立。

首二句。即空晦暗中結暗為色。則此下。總明其依妄立也。非無漏者。明簡方便實報。偏取同居。為其動魔也。故岳師並推振裂者。不必然也。妄想。總體。迷頑。二功能也。迷則能生有情見分。頑則能生無情相分。故皆彼立也。

壬三比況空界微茫。

當知虛空生汝心內。猶如片雲點太清裏。況諸世界在虛空耶。

溫陵曰。空生大覺中。如海一漚發。又喻片雲。以明世界虛幻微茫。易以消殞矣。

壬四歸元必壞空界。

汝等一人發真歸元。此十方空皆悉銷殞。云何空中所有國土而不振裂。

發真歸元者。言住大定入圓通者。真顯妄破。歸前無二本心也。空銷殞者。應念將化無上知覺也。國土振裂者。內動外感。凡事皆然。況大定乎。問。凡聖各皆萬法一心。彼此無干。故諸佛成道。生界依然。今一人歸元。何干眾界而振裂耶。既能振裂。何不俱銷。願請決疑。答。凡聖同一法界。非自非他。非離非即。譬如千燈共室。正同處時。雖各有照。而滿室之光。誰能分其彼此耶。若忽一燈出室。雖與諸燈無干。正當出時。諸光豈不悉成搖動。既出之後。諸燈依舊無干。詳之可了。推真妄生滅相關已竟。

辛二示大定致魔之相。分四。壬一定合聖流。

汝輩修禪。飾三摩地。十方菩薩。及諸無漏大阿羅漢。心精通脗。當處湛然。

飾。嚴護也。行人於行住坐臥中或反聞。或休歇。住此理中。不昧不斷。毫髮無滲漏處。下言諸聖心通脗者。以聖凡元一法界。特凡迷馳擾。別成邪聚。不隔而隔。今一旦悟後歸元。故不離當處。一念不生。與諸聖心泯同一際。湛然虛明。無別無二。

壬二諸有壞動。

一切魔王。及與鬼神。諸凡夫天。見其宮殿無故崩裂。大地振坼。水陸飛騰。無不驚慴。

魔王攝臣民。故言一切。凡天當兼外道。大地水陸飛騰當兼人畜。凡在三界。自天以及諸畜。不求出要。耽戀諸有者。盡屬魔所攝持。故安危事同。無不驚慴。

壬三諸魔不容。又為二。癸一先除凡愚訛謬。

凡夫昏暗。不覺遷訛。

此凡夫單指人言。昏暗者。謂不具五通也。不覺者。謂不能覺知是行人入定將證之故。遷訛者。言彼見大地動搖。房屋崩壞。或訛言陰陽失度。或謬傳神鰲動目等也。

癸二後示魔通必知。

彼等咸得五種神通。惟除漏盡。戀此塵勞。如何令汝摧裂其處。

惟除漏盡者。六通中但未證乎漏盡一通也。夫五通既具。必知是汝定力所為。既戀塵勞。必護所居之處。故決定不容也。

壬四故來惱亂。

是故鬼神。及諸天魔魍魎妖精。於三昧時。僉來惱汝。

僉。同也。動雖徧界。獨魔偏重。故惟彼眾同來惱亂。意欲破其禪定彼始安也。驚動諸魔由定科已竟。

庚二成就破亂由迷。分為三。辛一分客主而推破亂。又二。壬一示喻客不成害。

然彼諸魔雖有大怒。彼塵勞內。汝妙覺中。如風吹光。如刀斷水。了不相觸。汝如沸湯。彼如堅冰。暖氣漸鄰。不日消殞。徒恃神力。但為其客。

彼在塵勞。縱有神通。殊為渺小。此居妙覺。則湛然空廓周徧十方。故如風三句。喻彼無傷於汝也。汝如四句。喻汝反消於彼也。蓋魔之擾定。遠望分明近反不見。故遠處發瞋。近漸恐怖。所以如暖消冰也。末二句出其深故。良由彼雖憑仗神通。而實勞擾無停。暫留不住。故但為客。

壬二正推迷亂由主。

成就破亂。由汝心中五陰主人。主人若迷。客得其便。

五陰主人。則飾定者當人自己。不可定其真妄。雖離真無體。而尚在五陰。亦非即真也。大抵魔擾行人。如賊劫主。若主人深居不動。賊乃莫測。愈近愈恐。俗云強賊怕弱主。以是退散者多。若或主人自守不定。驚慌出走。為賊所執。方得其便。此意若以法一一對喻思之。足知患在主也。

辛二約悟迷而示勝敗。分二。壬一悟則必能超勝。又為三。癸一直斷無奈。

當處禪那。覺悟無惑。則彼魔事無奈汝何。

禪那指人言。即上五陰主人在禪定者也。覺悟無惑者。了知如上所云。彼無傷我。我能銷彼。又達我主彼客。彼怖我安。由是一心不動於彼善惡境界不欣不怖。不愛不憎。但惟照理。一切不顧。所謂山鬼伎倆有盡。我之不倸無窮。則彼魔事真無可奈何矣。

癸二示其所由。

陰消入明。則彼群邪咸受幽氣。明能破暗。近自消殞。

此表其無奈之故。由以明而消暗也。毗盧遮那。此云光明徧一切處。眾生本亦同此。但為五陰重重覆之全成暗昧。若陰未消時。與魔同分在幽暗中。故魔可見可擾。今禪定得力。陰漸消而明漸發。諸魔受幽氣者漸與光明隔別。如梟入曉。羅叉向陽。尚不可見。豈能肆擾。故必至於消殞矣。

癸三總結必祛。

如何敢留。擾亂禪定。

言其必喪魄而去矣。

壬二迷則必成敗墮。

若不明悟。被陰所迷。則汝阿難必為魔子。成就魔人。

不明悟者。不能如上覺悟也。被陰所迷者。於彼虛幻境界欣怖憎愛。亡失照理正念。墮為彼類無疑矣。所以深警之也。約迷悟而示勝敗已竟。

辛三舉前墮而較淺深。前墮者。最初墮婬室也。分二。壬一示墮婬害淺。

如摩登伽殊為眇劣。彼惟咒汝破佛律儀。八萬行中祇毀一戒。心清淨故。尚未淪溺。

孤山曰。以婬女比天魔。人眇劣也。以一戒比全身。事眇劣也。舉劣況勝。勖彼深防。初果道共戒力自然無犯。故曰心清淨等也。

壬二示墮魔害深。

此乃隳汝寶覺全身。如宰臣家。忽逢籍沒。宛轉零落。無可哀救。

隳。壞也。壞全身者。不但壞盡道果。亦且入無間獄。豈不與宰臣貴鄰天子遭籍沒。則不但喪盡官位也。且不免刑律者事相類哉。是宜警懼而慎察識矣。孤山曰。籍沒。漢書除其屬籍是也。標示動成二由科已竟。

己二詳分五魔境相。夫上科知動魔由於定切。則於魔之發端不驚。而預防無患。知成亂由於主迷。則於魔之究竟不動。而自守惟堅。然而所現境相多端。不詳剖析。未必其不迷也。故今詳與分辨之。就分為五。庚一色陰魔相。謂當色陰將破未破之際。有此等境應當了知。又分三。辛一具示始終。色陰未開為始。既開為終。各有境相。今先令其識此兩頭境相。而次方詳列中間也。又二。壬一始修未破區宇。又為三。癸一銷念工夫。

阿難當知。汝坐道場。銷落諸念。其念若盡。則諸離念。一切精明。動靜不移。憶忘如一。

坐道場有二。一。兼事道場。即七卷中土壇鏡像等。端坐於中。以習反聞正定是也。二。惟理道場。則不假壇等。不局身坐。但取前詳釋聞中境界為道場。以一切時中四威儀內反聞專注為坐道場。銷落諸念。不同徑直止念。此但專務反聞而萬念自銷也。功淺未必念盡。功深自然念盡耳。則諸離念者。即起信所謂心體離念。等虛空界也。一切精明者。得常不昧。念頭入手之意。非發光之謂也。又銷念即寂寂。精明即惺惺耳。注聞本不注境。故境之動靜安能移之。聞性無干意識。故識之憶忘安能變之。且識忽起而為憶也。如影現鏡中。曾不障於鏡也。識忽滅而為忘也。如影滅鏡內。而鏡體愈如故也。此正禪家打成一片時節矣。

癸二在定相狀。

當住此處。入三摩地。如明目人處大幽暗。

此處者。即銷念精明。惺寂雙流境中也。三摩地。即耳門圓照三昧定成之號也。由上功夫入手。故三昧現前名為入也。如明下。狀其在定境界也。散心但對目前現境。惟覺一區光明。曾不覺知餘處皆暗。譬如黑夜對一室燈光。而室外無邊昏黑也。今一旦不顧目前現境。專注聞中無邊法界。此定成就。則現境都失。方覺十方悉皆黑暗。譬如吹滅室燈。室也沒了。通天徹地。渾成黑暗。故曰如明目人處大幽暗也。龍潭吹燈發明德山。正令入此三昧耳。問。尋常說本心現有照體。明踰日月。何得有此黑暗。答。照體固自不滅。黑暗亦自非無。例如經初所云。此但無明。見何虧損。問。此暗何緣而有耶。答。眾生本性與遮那無二。光明徧一切處。猶如醒人無不明了。從本以來具足有五陰無明蓋覆之。盡法界俱成暗相。如醒人被昏沈壓覆。故全成昏昧。至於目前朗見山河等境。乃無明幻出。能見所見。皆無明所為。如二卷所明顛倒見妄也。譬如醒人被昏沈逼壓。起種種夢。自謂所見分明。而實居黑暗之中。若但取目前所見山河分明不昧。遂謂真實光明。何得聚見於眼。開眼則明。合眼則暗。見不脫於根塵。光全居於黑暗。執之為實。何有悟期。何以故。以尚不覺全在陰覆之中。何緣而有開時耶。如夢中人不知是夢。但見目前明朗。謂為實明。了無迷悶。全不覺在昏沈黑暗之中。豈有醒夢之時耶。故今入三摩地者。要須頓捨目前幻身幻境。絲毫不緣。努力反聞。當在此中。方覺無邊黑暗。故如明目人處大幽暗也。即同夢中人覺知是夢。捨彼夢境不復更緣。努力求醒。方覺昏沈黑暗覆壓迷悶也。以法對夢。

一一可了。

癸三結成區宇。

精性妙淨。心未發光。此則名為色陰區宇。

離念自體。精而不雜。曰精性。迥脫根塵。中道自在。曰妙。雙超空有。不染二邊。曰淨。心未發光者。色陰未開。心光未洩。無邊幽暗。虛靜而已。問。既曰脫根塵。超空有。何又幽暗而未發光乎。答。此但解空了性。循中入定。初心定力所使。非是開證之境。故正在幽暗之中。然定境虛融。亦在妙處。行人不識。取著無進。禪家謂之墮一色邊。彷彿在茲也。末二句言正在色陰之內。如暗室區覆。牆宇局滯也。達此豈肯生住著哉。

壬二終破顯露妄源。

若目明朗。十方洞開。無復幽黯。名色陰盡。是人則能超越劫濁。觀其所由。堅固妄想以為其本。

首二句言心光發越。不用肉眼。十方洞照。而前之黑暗。如風約雲開。內徹五臟百骸。外徹山河大地。天上人間。悉如指掌。雖未至三千圓鑑。亦應洞達一界。或至小千等。以佛未的實格量。不敢定耳。名色陰盡者。如五重衣服。初脫最上一重也。問。諸色尚見。何以言盡。答。圓融中道。豈盡色成空耶。但盡陰不蓋覆而已。良由真心元能隨緣現色。

而色不異心。本自明徹。如珠有光。還照珠體。但緣無始迷己為物。徧成障隔。又認物為己。而聚見於眼。是以永沈黑暗。盡失其徧界之明。豈惟不知本明。兼亦不覺現暗。今緣奢摩他中開示四科七大元一藏心。各各自知心徧十方。彼時有學者尚屬比量而知。方以覺得現暗。未能現量而見。豈即親證本明。到此躡解成行。入三摩地。於幽暗中忍住一番。功夫到日。忽爾色陰雲開。親證本明。一切堅頑暗昧根塵。皆如琉璃。內外瑩徹。且不聚見於眼。而心體周徧。無復遠近。皆如目前。是之謂色陰盡。豈壞色成空者可比其萬一哉。常途劫濁。以人壽百歲時運入劫濁。總統五濁。名為惡世。今此自晦昧為空。結暗為色。即入劫濁。無量劫來。長眠黑暗生死之中。然此濁體。全依色陰幽暗為之。離彼色陰。畢竟無體。故今色陰盡時。晦昧即開。故曰超劫濁也。觀其所由。如伐樹者去其覆土方以見根。今劫濁既開。觀見色陰之由。自然之理也。堅固妄想者。堅執。固結。妄情。癡想也。於外四大堅執為心外實有。於內四大堅執為心所住處。由是固結不解。成此色陰黑暗之體也。佛後自釋惟約身言者。且圖自身親切。容易覺知而已。其實十一色法俱是色陰。皆屬堅固妄想。前偈云。想澄成國土。知覺乃眾生。足可證之。然佛雖就身發明。尚欲其察近而悟遠。觸類而引伸。不然。若但色陰惟局一身。則色陰盡時。應只說言身中朗徹。何言十方洞開乎。準此。餘四陰體皆有言近指遠之意。方顯一一徧周。孚前七大也。此雖談魔。而修進下手之旨存。故詳釋之。幸勿厭繁也。具示始終已竟。

辛二中間十境。中間者。即色陰將破未破中間。所謂交互之處也。良以藏心統含四土。不離當處。不越毫端。只因色陰所覆。豈惟不見上三。而於同居一土。現前朗見能幾何哉。剋論現見。特塵剎中一剎。一剎中一界。一界中一洲。一洲中一國。一國中一邑。即於一邑之中。亦但於所住所到之處一區之明而已。一區之外悉皆不見。既皆不見。悉是黑暗之境。然此黑暗中。一國一剎。乃至塵剎四土無不包含。今入定者既復捨彼一區之明。而全處無邊之暗。當色陰未開之際。反聞逼拶之深。心光所流。或近徹身境。或遠照十方。或淺射同居。或深臻三土。所謂忽遠忽近。乍淺乍深。皆色陰將開之前兆。暫爾非常。有此十相。行人於此作證不作證間。魔佛異路。可不戒慎而加察哉。就分十。壬一身能出礙。

阿難。當在此中。精研妙明。四大不織。少選之間。身能出礙。此名精明流溢前境。斯但功用暫得如是。非為聖證。不作聖心。名善境界。若作聖解。即受群邪。

此中者。即前惺寂雙流境心不擾之中。亦即幽暗之中。後凡言此中皆即此中。妙明。即指聞性。精研。即反聞時著力深窮也。如禪家所謂著些精彩挨排將去也。四大不止說身。內外俱該。以此說流溢前境。非談內徹也。不織者。境界虛融。如雲如影。不復密織堅實也。少選者。不多時也。身能出礙者。偶爾透過牆壁。豁然無礙也。然上句言少選者。正說此境但暫時如此。非常能也。此名下。判其名令詳其義。精明。指心光而言。流溢者。融洩之意。前境。即目前堅礙之境也。蓋真心虛融光寂。少有發洩於境。即得虛豁無礙。斯但下。斷其故而明其不久。功用暫得者。明其特因精研功夫逼拶之極。偶令心光洩露。暫得前境虛融。隨即失之。非為聖證者。非同聖人證果。一得永得也。不作聖心者。言行人遇此。知是功用偶然。略不掛意。如近世悟人云。上得秦公嶺。望見四部洲。從他四部洲。依然顧話頭。是也。名善境界。言此亦足驗功夫得力。心妙非虛可增信心。可誘精進。亦是過去宿習善根發相。未來入位開心先兆。誠是善祥境界。本無過咎也。若作聖解者。言行人若無見識。及缺涵養遇此一境。輒起證聖之解。即受群邪者。言魔得其便。將進欺誑。漸成大害。至不可救矣。從斯但下數句之意後皆倣此說之。

壬二內徹拾蟲。

阿難。復以此心精研妙明。其身內徹。是人忽然於其身內拾出蟯蛔。身相宛然。亦無傷毀。此名精明流溢形體。斯但精行暫得如是。非為聖證。不作聖心。名善境界。若作聖解。即受群邪。

首二句同前。內徹者。心光忽照身內五臟開明。如揭蓋覆。親見蟯蛔。以手拾出。身無傷毀。流溢同前。但內融形體為異。斯但下。意皆同前。

壬三聞空說法。

又以此心內外精研。其時魂魄意志精神。除執受身。餘皆涉入。互為賓主。忽於空中聞說法聲。或聞十方同敷密義。此名精魄遞相離合。成就善種。暫得如是。非為聖證。不作聖心。名善境界。若作聖解。即受群邪。

首二句。環師所謂前之精研。初能外虛。次能內徹。此復內外精研俱虛徹是也。醫經謂魂藏於肝。魄藏於肺。意藏於脾。志藏於膽。或曰左腎再俟考證。精藏於腎。神藏於心。除執受身者。除彼身形安然不遷改也。餘皆涉入者。即環師所謂魂魄等皆失故常遞互相涉是也。互為賓主者。岳師所謂餘五入魂。則魂為主餘為賓。乃至入神。則神為主而餘亦為賓是也。聞空中說法者。賓聞主說也。聞十方同敷者。主聞賓說也。遞相離合者。岳師謂精離本位而合於魂。或魂離本位而合於精等是也。蓋離即失本位。合即入他位。成就善種者。即環師所謂夙昔聞熏自能發揮而有所聞也。今夫刻意凝神討論之極。則奇文麗藻。未嘗經意。往往煥然得於夢寐。則精神激發。神者偶現。類可知也。愚謂五臟。內境也。空中十方。外境也。由功夫內外精研。故內外合一。而說聽交互。周匝徧滿也。餘皆同上可知。此上三科。皆近徹身境也。

壬四境變佛現。

又以此心澄露皎徹。內光發明。十方徧作閻浮檀色。一切種類。化為如來。於時忽見毗盧遮那。踞天光臺。千佛圍繞。百億國土。及與蓮華。俱時出現。此名心魂靈悟所染。心光研明。照諸世界。暫得如是。非為聖證。不作聖心。名善境界。若作聖解。即受群邪。

此當反聞功盛。雖始本一如。然澄露皎徹似始覺之智。定光融透也。內光發明似本覺心光發洩也。無情徧成金界。有情盡作如來。又見毗盧。乃至蓮現。此即華嚴所明。文義全似。而言心光靈悟所染者。似曾於維摩華嚴等經聞熏成種。今於反聞妙定之中。心光被研。發明照灼於此實報莊嚴諸殊勝界尊特身也。問。既言徧作化為。恐非實界實佛。何言即是報土。答。四土除後一。而餘三皆同幻化。何妨說化。特於光流灼見之時。穢土忽滅。淨土忽現。而說徧作化為耳。若此即言非實。則前之五臟後之暗室皆非實耶。又何彼徧實而此徧虛耶。問。實報深位所居。豈此初心遽能親見。答。圓融心海。本無障礙。復加圓人勝解本具。勤勇無前。尚當不久超證。何妨定中暫一先見之耶。固知此為報土無疑矣。況文亦言照諸世界。豈皆言化為耶。

壬五空羅寶色。

又以此心精研妙明。觀察不停。抑按降伏。制止超越。於時忽然十方虛空成七寶色。或百寶色。同時徧滿。不相留礙。青黃赤白。各各純現。此名抑按功力逾分。暫得如是。非為聖證。不作聖心。名善境界。若作聖解。即受群邪。

此中說功夫勇勝處倍過諸科。所見妙境非同淺淺。觀察不停者。反聞功切。照理緜密。無絲毫間斷也。制。即忍也。止。即定也。抑按降伏制止超越者。以圓人見解。入反聞妙門。於時圓伏五住。深忍深定。超越二乘及菩薩境。彷彿切近寂光妙土。故非身非土。但見十方無量寶色而已。然同時徧滿不相留礙者。多分不礙同滿也。青黃赤白各各純現者。交雜不礙各純也。此名抑按功力逾分者。重言圓伏之力絕勝所發。故有過分之境。蓋此非身非土彷彿寂光之境非初心分所宜見。特定力逼發暫一見耳。即環師所謂妙明逼極。煥散而現也。問。寂光非身非土。宜無色之可見。今既見色。能所宛然。豈敢目為寂光。答。明言切近。非謂全即。但此已越一切妙身妙土。惟餘虛空寶色。故言切近寂光耳。況準天台亦言寂光尚有金寶。奚止寶色。所謂因滅是色獲得常色等。當知常寂光土。不可定執同灰斷境。問。此何異於四禪中青黃赤白等定耶。答。彼禪定中有心而取。此反聞內無心而現。又彼但各現而已。豈如此之分不礙滿。雜不礙純耶。斯固難思妙境。寂光前兆。故言超越逾分。若反同於界內事定。則何超越逾分之有哉。此上四五兩科。所謂深臻後三土矣。

又以此心研究澄徹。精光不亂。忽於夜半在暗室內見種種物不殊白晝。而暗室物亦不除滅。此名心細密澄其見。所視洞幽。暫得如是。非為聖證。不作聖心。名善境界。若作聖解。即受群邪。

壬六暗中見物。

研究者。挨摎也。澄徹者。靜極光通也。精光不亂者。心光凝定。不為明暗境移也。忽於下。正明暗中見物也。先言種種物者。非室內所有之物。乃暗中出現之異物也。蓋鬼神精魅恆雜人居。互不相見。今為心光密澄。幽隱發露之時。故種種出現也。曾聞有人在靜室中。忽見一人自地而出。一人從壁中來。對語良久。各沒原處。又有見三五躶形人。高一二尺。竊室中米。傍若無人。類難盡舉。後言暗室中物亦不除滅者。方是說室中原有之物。亦朗然不昧不遷變也。心細密澄所視洞幽者。惺寂緜密。無絲毫滲漏。故靜明之極。而心光徹照矣。

壬七身同草木。

又以此心圓入虛融。四肢忽然同於草木。火燒刀斫。曾無所覺。又則火光不能燒爇。縱割其肉。猶如削木。此名塵併。排四大性。一向入純。暫得如是。非為聖證。不作聖心。名善境界。若作聖解。即受群邪。

圓入等者。反聞功切。虛融之極。忘身如遺。故燒斫皆不覺也。又則下文雖重。亦稍不同。上燒不覺。皮肉未必無傷。此不能燒。皮肉略無傷毀。上言斫而未削。此言削去如泥。是其別也。塵併下三句。出其不覺無傷之由。即環師所謂五塵併消。四大排遣。純覺遺身。故無傷觸也。此上六七二科。約當土境身最近之事也。

壬八覩界覩佛。

又以此心成就清淨。淨心功極。忽見大地十方山河皆成佛國。具足七寶。光明徧滿。又見恆沙諸佛如來徧滿空界。樓殿華麗。下見地獄。上觀天宮。得無障礙。此名欣厭凝想日深。想久化成。非為聖證。不作聖心。名善境界。若作聖解。即受群邪。

清淨者。純理無雜之謂也。功極忽見。亦淨極光通也。然忽見下。見同居諸淨土也。又見下。見淨土現在諸佛也。下見三句。見同居諸穢土也。略佛不言可知。又佛淨穢無殊。故不另說穢土佛也。欣厭凝想。非今定中作是覺觀。蓋是未入定前。諸經教中聞說淨土穢土。隨起欣淨厭穢之念。熏習成種。今於定中反聞逼極。心光所灼。故悉發現。雖說化成。亦非虛境。雖是實境。仍同幻化耳。

壬九遙見遙聞。

又以此心研究深遠。忽於中夜。遙見遠方市井街巷親族眷屬。或聞其語。此名迫心逼極飛出。故多隔見。非為聖證。不作聖心。名善境界。若作聖解。即受群邪。

研究深遠者。窮極反聞。廓然周徧也。言中夜者。偏取心境俱靜時也。但多在此時。未必局定也。此則顯然是為實境。予亦親見河南常僧在路。偶然靜坐。忽見鄉間市井宛然。見其兄於路被官責打。此是白晝。計其時日。不久。鄉人至路。問之。乃分毫不爽。此必宿習禪定善根。故偶遇如此。惜其僧不知自重也。此名下。出其原由也。飛出者。即心光飛出也。此上八九二科。不離同居而見遠境耳。總上九科。不出四土身境。一二三六七共五科。同居近相也。四五兩科。後二土相也。八九兩科。同居遠相也。方便土相未特顯著。或可該攝於同居淨土之中。智者研審之。

壬十見善知識。

又以此心研究精極。見善知識形體變移。少選無端。種種遷改。此名邪心含受魑魅。或遭天魔入其心腹。無端說法。通達妙義。非為聖證。不作聖心。魔事消歇。若作聖解。即受群邪。

上之九科。皆初心反聞入三摩地。定心逼極所發善境。非魔所為。要須作證。方成招魔之端。今此第十之科。是大定中不為上之九境所遷。竭力窮研。到至精至極之地。正是與諸聖心精通脗時節。而色陰將破。振裂動搖。魔心荒越。萃於斯時。故魔擾於是而發端也。然不出兩端。或發其妄見。或發其狂慧。皆能令行人自疑證聖。然後得其便而乘間以入也。故今皆與示其相而明其故。令先覺焉。但其文先後顛倒。稍難分辨。試與分之。見善下。發其妄見也。首四句。先以示其相也。見善知識等者。即行人靜中自見也。形體變遷等者。即變現佛菩薩天龍男女諸像也。次二句。後以明其故也。邪心含魅者。言其但是行人防心不密。領受妄境。故鬼物眩惑。現此虛影。非真實見聖也。或遭下。發其狂慧也。首二句。先以明其故也。天魔入心者。魔入行人身中持其心神也。次二句。後以示其相也。說法達妙。即指行人自說。皆魔力持之使然。非真實心開也。此方與下非為聖證等語脈投合。舊說善知識即作實人。如後飛精所附。說法。亦即指彼所說。非為聖證等復亦指彼。通乖前之諸文。決無此理。當知行人用功。自淺而深。魔魅肆擾。由微而著。故此節與下受陰十境。皆且暗中入心。令自發亂。直至想陰中。方以飛附旁人。顯然誑惑。豈有發端之初。即遣實人來惑亂哉。不作下。言若依此先覺。魔自消歇。反此。則大發魔事不待言也。中間十境已竟。

辛三結害囑護。分三。壬一示因交互。

阿難。如是十種禪那現境。皆是色陰用心交互。故現斯事。

交即岳師所謂禪觀與各陰妄想交戰是也。互。謂互為勝負。如色中每一善境界發。即是觀力暫勝妄想。故得心光洩露。然但暫開隨閉。即是妄想復勝觀力。依然不能動也。故前十境皆當此時而現。後皆倣此。

壬二迷則成害。

眾生頑迷。不自忖量。逢此因緣。迷不自識。謂言登聖。大妄語成。墮無間獄。

頑謂無知。迷謂倒想。不自忖量者。謂不度己功力未久。迷不自識者。又不察暫開復閉。何有聖證。固乃妄言登聖。安得不墮哉。後皆倣此。詳前十境。皆是深定所逼。決是位在觀行。非名字所能也。

壬三囑令保護。

汝等當依如來滅後。於末法中宣示斯義。無令天魔得其方便。保持覆護。成無上道。

當依如來者。奉行其宣示覆護之意也。宣示。謂結集流通。及現身說法。令其自明。覆護。謂冥加神力。令不至惑也。後皆倣此。色陰魔相已竟。

大佛頂首楞嚴經正脈疏卷三十六

大佛頂首楞嚴經正脈疏卷三十七

經文卷九之三

明京都西湖沙門交光真鑑述
蒲州萬固沙門妙峰福登校

庚二受陰魔相。亦分為三科。辛一具示始終。又分二。壬一始初未破區宇。分二。癸一躡前色陰盡相。

阿難。彼善男子修三摩提奢摩他中色陰盡者。見諸佛心。如明鏡中顯現其像。

修三二句。止觀雙修也。返聞時入流之觀。亡所之止。色陰盡者。言於上之十境或備經或不備經。或相類而更多。大抵俱要明識。不為所惑。功夫到日。色陰忽有盡時。後皆倣此說之。即前如明目人處大暗室者。到此偏成光明。即色盡相也。前於十方洞開下已詳釋之。見諸二句。環師謂諸佛心即我妙覺明心是也。洞開無暗是其心相。眾生向外馳思。擬度佛心。終不能見。今於自心開處見之。本不在外。豈不親切明白。故喻如鏡中現像也。準八卷第二漸次所定。此位已入初信。不依舊判猶在觀行。以此明言親見佛心如鏡現相。豈非正信已發。況佛心即阿耨菩提之心。諸師判位皆以發菩提心為初信。此何非初信耶。更有防難。待後六十聖位下再當辯之。

癸二狀示受陰區宇。

若有所得。而未能用。猶如魘人。手足宛然。見聞不惑。心觸客邪而不能動。此則名為受陰區宇。

若有所得者。既是自心。而復親見。豈不即若實得其體。而未能用者。未能稱體發自在用也。下科即見用處。下以喻明。睡中被魘之人。明見醒中之境而不能動。正如色陰已開。受陰覆人之狀也。手足二句喻若有所得也。心觸二句。喻不能用也。客邪者。以魘字從鬼。似亦外感鬼物之所覆壓而然。故魘鬼正以喻受陰也。

壬二終破顯露妄源。

若魘咎歇。其心離身。反觀其面。去住自由。無復留礙。名受陰盡。是人則能超越見濁。觀其所由。虛明妄想以為其本。

首句即受陰盡。其心下。即能發自在用也。心本不局身中。無始迷執。非局而局。生局現陰。死局中陰。無時不局於身。安有離身自由之分。要皆受陰以為結縛之本。故受纔盡。便離身觀面去住自由也。當知此不同坐脫而不能復來者。彼但於前幽暗位中憑定力以坐脫耳。所以九峰不許泰首座也。此則色受俱開。體用俱稱。去來無滯。洞山法慶等是其人矣。身見為諸見之本。受盡離身。身見解脫。故能超越見濁。方以現見親證心本不在身中。但受陰妄為領納。虛以發明而已。依前判其位當二三兩信。待後想陰之初六十聖位下再當辯之。具示始終已竟。

辛二中間十相。此十相中。分五對十隻釋之。就分十。壬一抑己悲生。此與下科抑揚生佛對也。故此抑己者。抑責自己也。悲生者。悲愍眾生也。又三。癸一發端現相。

阿難。彼善男子。當在此中得大光耀。其心發明。內抑過分。忽於其處發無窮悲。如是乃至觀見蚊蝱。猶如赤子。心生憐愍。不覺流淚。

此中。即色陰已開受陰未破之中也。得大光耀。即十方洞開也。其心發明者。謂悟得一切眾生皆同具此光明妙理。枉受淪溺。內抑過分者。卻乃自責己之執迷。不早悟度生。此悲心所由發也。究而論之。固同體之悲。本亦非咎。但內抑觀見等展轉過甚。則招致魔附之端也。

癸二指名教悟。

此名功用抑摧過越。悟則無咎。非為聖證。覺了不迷。久自消歇。

功用抑摧過越者。本欲興悲策進以破受陰。但由自抑自責太過。失於慈柔。故成過悲。若能悟此本因。不作聖證之想。漸悟漸止。復還正念。故曰久則消歇也。

癸三示迷必墜。

若作聖解。則有悲魔入其心腑。見人則悲。啼泣無限。失於正受。當從淪墜。

作聖解者。自謂已同諸佛大悲。或謂與菩薩一殊勝中同一悲仰。自以為是。悲慼不止。則魔以類入心失定。以起無量顛倒邪念。故必墜也。已入位而不防淪墜。其深故在想陰中貪求善巧科下詳辯。

壬二揚己齊佛。揚己者。高舉己靈也。齊佛者。頓同至聖也。又分三。癸一發端現相。

阿難。又彼定中諸善男子。見色陰消。受陰明白。勝相現前。感激過分。忽於其中生無限勇。其心猛利。志齊諸佛。謂三僧祇一念能越。

色開受明者。如脫外衣明見內衣也。勝相。如見佛心鏡中現相等也。感激過分者。謂一向雖聞心佛無二。未能親見。今因色開親證實見。故感激而發大勇猛也。志齊諸佛者。言現見心佛無二。一念謂可速超。何待三祇。問。頓教不立階級。一超直入。於此何殊。答。彼為高推聖境自限蹭蹬者施應病之藥耳。非一向以圓融而礙行布也。請詳宗門信位人位之旨。則頓教人未必全廢於位也。

癸二指名教悟。

此名功用陵率過越。悟則無咎。非為聖證。覺了不迷。久自消歇。

陵率過越者。言本為進破受陰。而忽高舉齊佛之念。妄謂三祇不歷一念能超。故為陵節麤率。過分越禮。悟而止之。可復消磨於無過矣。

癸三示迷必墜。

若作聖解。則有狂魔入其心腑。見人則誇。我慢無比。其心乃至上不見佛。下不見人。失於正受。當從淪墜。

若自謂同於諸聖勇猛。妄任不已。則魔亦以類附之。我慢失定。必墜何疑。

壬三定偏多憶。此與下科定慧憶狂對也。分三。癸一發端現相。

又彼定中諸善男子。見色陰消。受陰明白。前無新證。歸失故居。智力衰微。入中隳地。迥無所見。心中忽然生大枯渴。於一切時沈憶不散。將此以為勤精進相。

前無新證。受陰未破也。歸失故居。色陰已盡也。當此之際。但應定慧等持。入流亡所。久可剋功。顧乃智力衰微。莫能照見於受體本空。不記塵忘根盡。迷悶無所趣進。故曰入中隳而無見也。忽然下。方表其偏用定心枯渴沈憶。以為破受精進之功也。

癸二指名教悟。

此名修心無慧自失。悟則無咎。非為聖證。

此名修心者。即偏用定力以修治其心也。無慧自失者。無照見塵亡根盡受體本空之智。自失其方便也。悟。謂省解其慧少定多。而還復等持。庶無過咎而已。何有於聖證哉。

癸三示迷必墜。

若作聖解。則有憶魔入其心腑。旦夕撮心。懸在一處。失於正受。當從淪墜。

作聖解者。以此心沈憶之定。妄謂證聖當然。故憶魔以類附之。撮。即攝也。攝心高懸失其本定也。問。古人謂置心一處。無事不辦。何以異此。答。彼為與散亂世緣者一期應病而已。非一向懸心為精進也。或復以偏法界為一處。則圓偏境界與此大不同矣。

壬四慧偏多狂。又分三。癸一發端現相。

又彼定中諸善男子。見色陰消。受陰明白。慧力過定。失於猛利。以諸勝性懷於心中。自心已疑是盧舍那。得少為足。

慧力二句。以見自性殊勝。令其慧心增勝。蓋是過於尊重己靈。所謂太尊貴生也。故言勝性懷心。自疑盧舍也。當知此異前來齊佛之科。前但謂佛可速成。念越多劫。修之無難。此見自性即是。不假修證。其過比前更甚矣。問。宗門皆言本來是佛。不待修證。何不為過。答。祖師為人惟執修成。孤負己靈。故抑揚之耳。然亦有時令人大死一番。竿頭進步。極盡今時。如是一類之語不可勝紀。何嘗偏重己靈。全撥修證哉。

癸二指名教悟。

此名用心亡失恆審。溺於知見。悟則無咎。非為聖證。

亡失恆審者。謂不能恆常審試自德與佛德為有差別為無差別。溺於知見者。蓋過信過恃身中自有如來知見。以性礙修。故至於此。若能省解。審知五陰尚未全空。安能齊佛德用。可還無過矣。

癸三示迷必墜。

若作聖解。則有下劣易知足魔入其心腑。見人自言我得無上第一義諦。失於正受。當從淪墜。

作聖解。即自任舍那。執迷不返。則類魔相附。大發狂顛。當知言我言得。具足人法二執。第一義諦豈有是哉。

壬五覺險多憂。此與下科險安憂喜對也。又分三。癸一發端現相。

又彼定中諸善男子。見色陰消。受陰明白。新證未獲。故心已亡。歷覽二

際。自生艱險。於心忽然生無盡憂。如座鐵牀。如飲毒藥。心不欲活。常求於人令害其命。早取解脫。

上半與定偏科同。歷覽二際者。觀察色受二邊際也。自生險憂者。慮恐遭退失也。過憂不止。展轉成顛。故發如坐下諸妄事也。

癸二指名教悟。

此名修行失於方便。悟則無咎。非為聖證。

言其本是勤修警懼。心中不覺太甚。無復解慰方便。故至於此。祖師云。大道迂闊。忙作甚麼。又云。默默自知田地穩。騰騰誰放肚皮憨。又云。放四大。莫把捉等。無量方便。皆可忘憂。還復正念矣。豈可以多憂為聖哉。

癸三示迷必墜。

若作聖解。則有一分常憂愁魔入其心腑。手執刀劍自割其肉。欣其捨壽。或常憂愁。走入山林。不耐見人。失於正受。當從淪墜。

若以多憂為聖心宜然。憂之不止。則魔類附而發執刀等大風顛矣。

壬六覺安多喜。分三。癸一發端現相。

又彼定中諸善男子。見色陰消。受陰明白。處清淨中心安隱後。忽然自有無限喜生。心中歡悅。不能自止。

此因色開受現境界亦甚可樂。於此生喜。本亦非過。若耽著恣情。展轉不止。必致過生。祖云。設有悟證。快須吐卻。即此之謂也。

癸二指名教悟。

此名輕安無慧自禁。悟則無咎。非為聖證。

悟證境中妙樂即輕安也。若有慧照察此方淺證。何須深樂。喜風自止。今無斯慧。故不能禁也。

癸三示迷必墜。

若作聖解。則有一分好喜樂魔入其心腑。見人則笑。於衢路傍。自歌自舞。自謂已得無礙解脫。失於正受。當從淪墜。

若謂樂道乃聖心宜然。由是放浪。縱喜不止。則魔附發顛不復覺也。

壬七見勝慢他。此與下科見慧自他對也。分二。癸一發端現相。

又彼定中諸善男子。見色陰消。受陰明白。自謂已足。忽有無端大我慢起。如是乃至慢與過慢。及慢過慢。或增上慢。或卑劣慢。一時俱發。心中尚輕十方如來。何況下位聲聞緣覺。

自謂者。不求師印。惟憑己見妄憶也。已足者。即自滿自高之意。發慢之由也。無端即無故。亦無量也。大我慢雖七慢之一。似諸慢之總。七慢者。開蒙云。單過慢增邪我卑也。彼釋云。於劣計已勝。於等計已等。為單慢。於勝計已等。於等計已勝。為過慢。於勝計已勝。為慢過慢。未得謂得。計劣已多。為增上慢。自全無德。謂已有德。為邪慢。對多勝者自甘劣少。不敬不求。為卑劣慢也。今經惟缺邪慢。總別合論。具彼六慢。心中下。雖諸慢心併力所使。然高推己靈。下視諸聖。剋體而言。慢過慢也。當知此復比前慧偏多狂之過為更甚焉。彼但謂本來同佛而已。此則更謂超越諸佛故也。問。祖師門下呵佛罵祖何以異此。答。祖師極欲人悟一性平等心外無佛。劃絕佛見而已。豈真增長高慢。反失平等哉。

癸二指名教悟。

此名見勝無慧自救。悟則無咎。非為聖證。

見勝者。因見殊勝之性。勝氣所使若有省察之慧既悟平等之性。便不見一眾生可慢。何況惑未袪而行未滿。安敢慢諸聖哉。

癸三示迷必墜。

若作聖解。則有一分大我慢魔入其心腑。不禮塔廟。摧毀經像。謂檀越言。

此是金銅。或是土木。經是樹葉。或是氎華。肉身真常。不自恭敬。卻崇土木。實為顛倒。其深信者。從其毀碎。埋棄地中。疑誤眾生入無間獄。失於正受。當從淪墜。

若終執迷。無復省過。魔附發顛。誤己誤人。不可救矣。近世此輩徧於天下。毀佛相為金銅土木。以自身為活佛。毀佛經為紙墨文字。以自言為真經。真是魔說。宛是魔民。以今經證之。當入阿鼻猶如射箭。豈不甚可憐憫。儻有微緣。聞經速當改悔。實大幸矣。

壬八慧安自足。又分三。癸一發端現相。

又彼定中。諸善男子。見色陰消。受陰明白。於精明中圓悟精理。得大隨順。其心忽生無量輕安。己言成聖。得大自在。

精明。即佛初示識精明元。後稱耳門聞性。元從此中入三摩地。今即於此中色開受現。見諸佛心如鏡現像。故曰圓悟至精之理也。得大隨順者。言欲見即見。無復隔礙也。輕安者。即身心離諸麤重。豁悟自在之意。遂自以為滿足。成聖。得大解脫矣。此比上科其過似輕。以但自足不進。非更慢他也。

癸二指名教悟。

此名因慧獲諸輕清。悟則無咎。非為聖證。

當知前見此慧體相各別。見是分別心路。慧是開悟境界。因慧獲輕清者。因色開時。覺得身心如雲如影。離重濁而獲輕清。此但一時豁悟快足之境。豈有聖證。何足自滿哉。行人逢此。當依如是悟也。

癸三示迷必墜。

若作聖解。則有一分好輕清魔入其心腑。自謂滿足。更不求進。此等多作無聞比丘。疑誤眾生。墮阿鼻獄。失於正受。當從淪墜。

迷而不悟。魔附自晝。展轉如無想比丘。不但自誤兼誤多人。加以悔恨謗佛。遂成大墜落矣。

壬九著空毀戒。此與下科空有毀恣對也。又分三。癸一發端現相。

又彼定中諸善男子。見色陰消。受陰明白。於明悟中。得虛明性。其中忽然歸向永滅。撥無因果。一向入空。空心現前。乃至心生長斷滅解。

明悟中。即十方洞開。豁然明朗。寂爾無法可得。故著空淨而沈永滅也。見得無作無受。故撥因果以納於斷空邪種。皆由取著虛明遂至於此。

癸二指名教悟。

悟則無咎。非為聖證。

若悟沈空滯寂非究竟法。則可無過。

癸三示迷必墜。

若作聖解。則有空魔入其心腑。乃謗持戒名為小乘。菩薩悟空。有何持犯。其人常於信心檀越飲酒噉肉。廣行婬穢。因魔力故。攝其前人不生疑謗。鬼心久入。或食屎尿與酒肉等。一種俱空。破佛律儀。誤入人罪。失於正受。當從淪墜。

既為魔附。展轉不覺。失盡本心。誤陷多人。其過無量。究其根本但因著空。近世有等白衣。專說大虛空為本性。一切佛事皆謗著相。一切俗事卻言無礙。亦有一二破齋戒者。共讚之曰汝何徹悟至此。若不聞經悔悟。則婬穢屎尿之顛。將來必漸恣矣。此中雖亦有婬。而偏破諸戒。故以毀戒為科名。誤入人罪者。令人誤入罪咎之事也。

壬十著有恣婬。經言生愛。即著有也。分三。癸一發端現相。

又彼定中諸善男子。見色陰消。受陰明白。味其虛明。深入心骨。其心忽有無限愛生。愛極發狂。便為貪欲。

此與上科雖皆從虛明而來。上於虛明之理明悟空見。此於虛明之味耽著愛樂。愛極發狂。縱成婬欲。故上是慧病。此是定過也。蓋禪定中發於妙觸自在受用不可為喻。有言過於婬樂者。即引婬欲之端也。止觀中詳誡不可耽味。正恐發狂成此咎耳。又當知上科見惑所攝。此科思惑所攝矣。

癸二指名教悟。

此名定境安順入心。無慧自持。誤入諸欲。悟則無咎。非為聖證。

定境安順入心。明其是定中妙觸受用也。此當用慧觀察。一切不受。方為正受。豈可於此耽著受用。由是捨置透過。即無過矣。

癸三示迷必墜。

若作聖解。則有欲魔入其心腑。一向說欲為菩提道。化諸白衣平等行欲。其行婬者。名持法子。神鬼力故。於末世中攝其凡愚其數至百。如是乃至一百二百。或五六百。多滿千萬。魔心生厭。離其身體。威德既無。陷於王難。疑誤眾生。入無間獄。失於正受。當從淪墜。

此魔附恣婬陷墜自他之事。文皆易解。然近世尚未見此。僻陋之處稍隂有似此者。未必如是之盛。佛言不妄。當來末法之深將必有矣。中間十境已竟。

辛三結害囑護。分三。壬一示因交互。

阿難。如是十種禪那現境。皆是受陰用心交互。故現斯事。

言其受陰未開時防此過生。交互意同前科。而指文小異。如得光耀。乃至得虛明性。觀力勝妄想也。發無窮悲。乃至無限愛生。妄想勝觀力也。是亦交戰互勝之意。

壬二迷則成害。

眾生頑迷。不自忖量。逢此因緣。迷不自識。謂言登聖。大妄語成。墮無間獄。

迷不自識者。即不能諳其名字。不覺是過。謂言登聖。即作聖解也。末二句。示大害而警覺其驚悟也。

壬三囑令保護。

汝等亦當將如來語。於我滅後。傳示末法。徧令眾生開悟斯義。無令天魔得其方便。保持覆護。成無上道。

全同色陰結意。然此十種。魔事已成。非但如前方為引發之端。然亦但言魔以類至。而不歷言天魔飛精。又魔即暗入本行人心。令其不覺自顛。亦不同於後十。待至後文自見。

受陰魔相已竟。

庚三想陰魔相。諸陰體相解現二卷。分四。辛一具示始終。就分為二。壬一始初未破區宇。又分二。癸一躡前受陰盡相。

阿難。彼善男子修三摩地受陰盡者。雖未漏盡。心離其形。如鳥出籠。已能成就從是凡身上歷菩薩六十聖位。得意生身。隨往無礙。

按前判當在信之二三。故言漏未盡也。以七信不受後有方為漏盡。心離其形者。以真心周徧。本不局身。無始迷執。非局而局。前此任其比解徧周。無奈見聞但隨身轉。何有暫時解脫之分。縱前色盡。聞見徧周。亦無離身自在之用。如迷方者。縱有人分明說與。亦卒然難轉。此皆受陰覆之之故也。是以受盡方得離身。如鳥脫籠之自在也。已成就下四句。判其決定能以凡身歷聖位也。蓋別教皆實取證。故經生累劫。證得一分方到一位。豈能以凡身而頓歷諸位哉。此圓頓最利之根。不實取證。即以凡身速疾上歷諸位。故住前多不列位。住後有位亦超。亦但顯其圓融不礙行布而已。非如別教鈍修實證。故言以凡身而歷六十位也。六十位者。於五十五位。卻前加乾慧後加妙覺為五十七。若并前三漸。恰滿六十。但第一漸次方斷五辛。似未可當於聖位。況第二漸次清淨業報中。顯然方入常途信位。故應前除初漸。後開金剛為六十位。問。佛既從受盡方言歷位。則孤山謂受盡方入信位似順佛言。今何以色盡便入初信耶。答。佛語自在。特緣受盡妙用顯彰。因表其必能歷盡聖位。未必聖位便始於此也。以前位十方洞開。佛心如鏡。當是妙體披露。正信現前。豈不為初信。而亦何非聖位乎。請合二漸淨報之文再詳玩之。孤山曰。其間有賢有聖。皆是三世諸佛所歷之位。故通稱聖位。意生身。喻如意去速疾無礙。而有三種。一。入三昧樂意生身。謂心寂不動。即相似初信至七信入空位也。二。覺法自性意生身。謂普入佛剎。以法為自性。即相似八信出假位也。三。種類俱生無作意生身。謂了佛所證法即九信十信修中位也。嘗笑學仙者以出陽神為勝事。不知釋宗淺位三意生身妙超無比。何況深位之十身乎。而顧妄謂陰神真無知之言也。

癸二狀示想陰區宇。

譬如有人熟寐寱言。是人雖則無別所知。其言已成音韻倫次。令不寐者咸悟其語。此則名為想陰區宇。

前於受覆喻魘不動。表見聞雖周而全無用。故受開喻發寱言。雖似明其比前有用。而實表其尚為想覆。蓋寱說夢事。非是醒言故也。無別所知者。即未能圓照生死也。言已成次者。即能於聖位次第上歷也。不寐悟語者。如二漸中言其得通遊界。覩佛聞法。親奉聖旨。則諸佛誰不親知面見。非同般若。但是冥中知見而已。

壬二終破顯露妄源。

若動念盡。浮想消除。於覺明心如去塵垢。一倫生死。首尾圓照。名想陰盡。是人則能超煩惱濁。觀其所由。融通妄想以為其本。

大意如圓師所謂覺明如鏡。浮想如塵。想盡心明是也。倫。類也。一倫生死。即三界異生。雖區分十二而生死大同。故言一類。圓師謂首尾即始終。蓋生死各有始終。如生住異滅也。圓照。謂洞見分明。正如明鏡當臺。一塵不度矣。想雖居於五陰中間。而前二後二。皆依妄想。而麤細不同耳。何況一切根隨煩惱。離想陰畢竟無依。此所以想盡超煩惱濁也。溫陵曰。想能融變。使心隨境。使境隨心。如想酢梅。能通質礙。故曰融通妄想也。具示始終已竟。

辛二中間十相。就分為十。壬一貪求善巧。頗似神變。然意在取人信服以行教化。故言善巧也。又曲分七。癸一定發愛求。

阿難。彼善男子受陰虛妙。不遭邪慮。圓定發明。三摩地中心愛圓明。銳其精思。貪求善巧。

虛。謂見聞偏周。妙。謂離身作用。不遭邪慮。謂中間不為十境所惑。圓定發明。即發明受陰已盡境界。後皆倣此。心愛下三句。即新起愛求。愛圓明者。蓋起心喜愛圓滿發明一切妙用。故勇銳精思。貪其善巧。其意將以悚動人心以行其教化也。

癸二魔遣邪附。

爾時天魔候得其便。飛精附人。口說經法。

前雖總結天魔。而未歷言。今節節言。見受盡定深。天魔經意也。亦不親來。但遣魔黨而已。故飛即速遣之意。如軍門飛檄官府飛票之類。精。即魔黨諸精魅也。然亦各以類至。下文佛自各出名字。附人者。另附他人素受邪惑者也。蓋受盡者不能入其心腑。故假旁人惑之。轉令自亂耳。後皆倣此。

癸三客邪投擾。

其人不覺是其魔著。自言謂得無上涅槃。來彼求巧善男子處敷座說法。其形斯須或作比丘。令彼人見。或為帝釋。或為婦女。或比丘尼。或寢暗室。身有光明。

其人。即所附之人。不覺者。即此人不自覺也。蓋魔入心人豈能自覺。來彼下。方到行人之所。故知上之自言。非對行人之言。良由彼既不覺魔著。自怪無端善說經法。疑謂已成佛道。然後任運來惑行人。皆魔默附使之然也。後倣此。變形放光。正善巧動人之事也。此方是遣實人來變化相惑。故知前見善知識。但是靜中虛影。不同此也。

癸四主人惑亂。

是人愚迷。惑為菩薩。信其教化。搖蕩其心。破佛律儀潛行貪欲。

蓋緣投其心所愛求。不得不迷惑也。向使無所愛求。何至惑亂。行人但宜安心息愛求也。末二句。是魔惑行人徹底主意。蓋行人三學無缺。策進如飛。魔宮震恐。而魔之設謀擾亂。惟期破戒導婬。則定慧俱納於邪。身為魔子。魔乃晏安。若智強者於此。反為驗魔之要。任其神變莫測。但察毀戒誘婬。即知是魔。何至迷惑。後文種種婬事。及毀戒事。皆倣此意。

癸五按其言狀。

口中好言災祥變異。或言如來某處出世。或言劫火。或說刀兵。恐怖於人。令其家資無故耗散。

災。即咎徵。祥。即休徵。變異。怪誕非常也。或言下。近世閭閻蒙昧之人多有斯言令人棄家逃散。及至臨期。了無其事。

癸六出名示害。

此名怪鬼年老成魔。惱亂是人。厭足心生。去彼人體。弟子與師。俱陷王難。

怪鬼。即遇物成形者也。多年乃得為魔使者。故曰年老成魔。然此鬼即天魔所飛遣之精靈。佛至此方出其名字。令人辨識而已。非前是天魔。至此又換作鬼神。蓋舊註以未達飛精即是遣鬼。故作兩節說之。致令文理謬戾不通。後皆倣此。魔有威福故去後方禍。吳興曰。弟子與師。即求巧之子。說法之師。下皆例此。

癸七教悟戒迷。

汝當先覺。不入輪迴。迷惑不知。墮無間獄。

先覺。即按經察辨。識其是魔也。故免墮落。迷而不悟。歸依順從。故必墮獄。圓師謂受開以後應無墮義。正當此處辯之。彼特領佛上歷聖位一語。似應不退。而遂違佛二十八位俱墮無間之明言。且自意比度豈敢遽抗於聖言量乎。宜虛心求。不可輒臆斷也。或曰。教中聖位俱無墮義。圓師參據非臆斷也。殊不知權漸中經劫歷位。剋定取證。故證聖即無墮義。如走者登山。匍匐梯層。節節歇息。遲則遲鈍。有升無墜。圓頓不歷僧祇。一超直入。中間更不取證。直以初住為第二峰頭。方言不退。故佛既言從是凡身。足見不取聖果。又曰上歷聖位。足見但是速以歷過而已。豈一一取證哉。如飛者升山。舉翼即過無數梯層。中間更無息處。速則速疾。升墜不定。或驚疑於上。或摔愛於下。緩翼之間。已落千巖之下。故知識陰未開。未入圓通以來。不妨有墮義也。或曰。若是則圓頓反劣於漸教矣。曰。是何言歟。圓頓歷時無幾。而彼教聖前。往復紆迴。何止如圓頓之升墜乎。且圓頓以悟為要。如飛者恃翼。墜固易墜。升無難升。如經文云悟則無咎。即將墜而復升也。況秉圓頓上根者。多能愛求念絕。凡聖情忘。自無招魔僭聖之愆。而佛慈曲為囑護。以誡備不虞而已。固非必無墮義。而亦非多有沈淪者也。智者當深研之。

壬二貪求經歷。分七。癸一定發愛求。

阿難。又善男子受陰虛妙。不遭邪慮。圓定發明。三摩地中心愛遊蕩。飛其精思。貪求經歷。

此飛。奮起之意。經歷。即如今人心好遊方之類。但此志大。欲如諸佛遊剎土也。

癸二魔遣邪附。

爾時天魔候得其便。飛精附人。口說經法。

癸三客邪投擾。

其人亦不覺知魔著。亦言自得無上涅槃。來彼求遊善男子處敷座說法。自形無變。其聽法者。忽自見身坐寶蓮華。全體化成紫金光聚。一眾聽人。各各如是。得未曾有。

翻前自變。乃變他成佛。然身既成佛。則遊蕩之心何愁不遂。亦所以投其欲也。

癸四主人惑亂。

是人愚迷。惑為菩薩。婬逸其心。破佛律儀。潛行貪欲。

婬逸其心者。自恃遇聖。放蕩無畏也。

癸五按其言狀。

口中好言諸佛應世。某處某人。當是某佛化身來此。某人即是某菩薩等來化人間。其人見故。心生傾渴。邪見密興。種智消滅。

言佛菩薩來某處應化。即遊行世間之事。亦投其所好。故渴慕之。漸以生邪背正也。

癸六出名示害。

此名魃鬼年老成魔。惱亂是人。厭足心生。去彼人體。弟子與師。俱陷王難。

魃鬼。即遇風成形者也。

癸七教悟戒迷。

汝當先覺。不入輪迴。迷惑不知。墮無間獄。

此諸餘意並準前科。

壬三貪求契合。分七。癸一定發愛求。

又善男子受陰虛妙。不遭邪慮。圓定發明。三摩地中心愛緜湣。澄其精思。貪求契合。

愛緜湣者。環師所謂欲密契於妙理是也。澄。靜深不動也。契合者。不假形聲。默然開悟也。

癸二魔遣邪附。

爾時天魔候得其便。飛精附人。口說經法。

癸三客邪投擾。

其人實不覺知魔著。亦言自得無上涅槃。來彼求合善男子處敷座說法。其形及彼聽法之人外無遷變。令其聽者未聞法前。心自開悟。念念移易。或得宿命。或有他心。或見地獄。或知人間好惡諸事。或口說偈。或自誦經。各各歡娛。得未曾有。

翻前外變以現內開。溫陵曰。自開悟下。皆密契之事也。

癸四主人惑亂。

是人愚迷。惑為菩薩。緜愛其心。破佛律儀。潛行貪欲。

緜愛者。纏緜生愛。欲以遂其所求也。

癸五按其言狀。

口中好言佛有大小。某佛先佛。某佛後佛。其中亦有真佛假佛。男佛女佛。菩薩亦然。其人見故。洗滌本心。易入邪悟。

見者。見其密默開心之勝事。遂并其妖言總信受也。

癸六出名示害。

此名魅鬼年老成魔。惱亂是人。厭足心生。去彼人體。弟子與師。俱陷王難。

魅鬼。即遇畜成形者也。

癸七教悟戒迷。

汝當先覺。不入輪迴。迷惑不知。墮無間獄。

壬四貪求辨析分七。癸一定發愛求。

又善男子受陰虛妙。不遭邪慮。圓定發明。三摩地中心愛根本。窮覽物化性之始終。精爽其心。貪求辨析。

心愛根本。即環師所謂愛窮萬化之本是也。窮覽二句。即如佛言現前松直棘屈等皆了元因也。此佛智邊事。初心希求。真妄想也。精爽其心。猶言奮精神竭心力也。求辨析者。欲現前一一分明也。

癸二魔遣邪附。

爾時天魔候得其便。飛精附人。口說經法。

癸三客邪投擾。

其人先不覺知魔著。亦言自得無上涅槃。來彼求元善男子處敷座說法。身有威神。摧伏求者。令其座下雖未聞法。自然心伏。是諸人等。將佛涅槃菩提法身。即是現前我肉身上。父父子子。遞代相生。即是法身常住不絕。都指現在即為佛國。無別淨居。及金色相。

威神。即魔力也。諸人。即領魔法旨。遞相轉化者也。將佛下。即轉化之言。涅槃。菩提。法身。三常住果也。此中推世法而謬濫佛法。反撥無淨土金相。近時滿耳皆此魔言。即魔使者。聞者速掩耳避之。

癸四主人惑亂。

其人信受。亡失先心。身命歸依。得未曾有。是等愚迷。惑為菩薩。推究其心。破佛律儀。潛行貪欲。

亡失先心者。以先心本欲辨析萬法深本。今因魔摧伏。反以肉身相生最鄙淺事為化理元。而謂佛三常住果亦不出此。乃至撥無佛境。但執目前。是則初求妙智。終淪至愚。豈非大失其辨析之初心。甚顛倒也。

癸五按其言狀。

口中好言眼耳鼻舌皆為淨土。男女二根。即是菩提涅槃真處。彼無知者信是穢言。

大意無非誘人恣婬破戒壞大定耳。

癸六出名示害。

此名蠱毒魘勝惡鬼年老成魔。惱亂是人。厭足心生。去彼人體。弟子與師。俱陷王難。

蠱鬼。即遇蠱成形者也。

癸七教悟戒迷。

汝當先覺。不入輪迴。迷惑不知。墮無間獄。

壬五貪求冥感。分七。癸一定發愛求。

又善男子受陰虛妙。不遭邪慮。圓定發明。三摩地中心愛懸應。周流精研。貪求冥感。

懸應。即多生有緣諸聖來應化也。周流者。求之不止也。精研者。竭誠求之也。冥感者。即希感動於本善知識也。

癸二魔遣邪附。

爾時天魔候得其便。飛精附人。口說經法。

癸三客邪投擾。

其人元不覺知魔著。亦言自得無上涅槃。來彼求應善男子處敷座說法。能令聽眾暫見其身如百千歲。心生愛染。不能捨離。身為奴僕。四事供養。不覺疲勞。各各令其座下人心。知是先師本善知識。別生法愛。粘如膠漆。得未曾有。

正詐現於冥感懸應之魔事也。

癸四主人惑亂。

是人愚迷。惑為菩薩。親近其心。破佛律儀。潛行貪欲。

癸五按其言狀。

口中好言我於前世於某生中先度某人。當時是我妻妾兄弟。今來相度。與汝相隨。歸某世界。供養某佛。或言別有大光明天。佛於中住。一切如來所休居地。彼無知者。信是虛誑。遺失本心。

此詐陳於冥感懸應之言。皆投其愛求之欲也。

癸六出名示害。

此名癘鬼年老成魔。惱亂是人。厭足心生。去彼人體。弟子與師。俱陷王難。

癘鬼。即遇衰成形者。

癸七教悟戒迷。

汝當先覺。不入輪迴。迷惑不知。墮無間獄。

壬六貪求靜謐。此科似是貪求宿命。以詳玩魔事皆宿命通。恐與下科顛倒差誤。又與上科皆為宿命。但上多示知過去。此多示知未來。分為五。癸一定發愛求。

又善男子受陰虛妙。不遭邪慮。圓定發明。三摩地中心愛深入。尅己辛勤。樂處陰寂。貪求靜謐。

深入。即窮極定境也。陰寂靜謐皆禪定極境。法華所謂深固幽遠無人能到之處也。初心不應躁欲求之。然且不但只求寂靜。意欲靜極發通。備知幽隱之事。此所以招感魔事也。

癸二魔遣邪附。

爾時天魔候得其便。飛精附人。口說經法。

癸三邪惑事言。又三。子一邪附人至。

其人本不覺知魔著。亦言自得無上涅槃。來彼求陰善男子處敷座說法。

子二現邪惑事。

令其聽人各知本業。或於其處語一人言。汝今未死。已作畜生。勅使一人

於後蹋尾。頓令其人起不能得。於是一眾傾心欽伏。有人起心。已知其肇。佛律儀外。重加精苦。誹謗比丘。罵詈徒眾。訐露人事。不避譏嫌。

溫陵曰。邪定能具五通。本業。即宿業也。畜生。後報也。此二宿命通也。知肇。他心通。訐露。眼耳通也。○彼雖實具五通。誑惑豈肯盡實。如先世妻妾。預變畜生。皆憑威力。詐現非實。特以他心眼耳前知等通不虛。故并其誑惑詐現亦不敢不信也。重加精苦。如斷五味躶四肢等。謗訐雖似言語。猶是狀其行事惑人之態也。

子三說邪惑言。

口中好言未然禍福。及至其時。毫髮無失。

據此。乃知此中雖備四種通。而未來宿命通偏多也。

癸四出名示害。

此大力鬼年老成魔。惱亂是人。厭足心生。去彼人體。弟子與師。俱陷王難。

大力鬼。即上上品神通力大之鬼也。

癸五教悟戒迷。

汝當先覺。不入輪迴。迷惑不知。墮無間獄。

壬七貪求宿命。詳玩魔事。酷似靜謐之事。蓋寶藏符讖皆陰寂隱微之類。且不似上科了然顯於宿通也。我故疑恐譯人一時誤相倒換。理或有之。再詳。分五。癸一定發愛求。

又善男子受陰虛妙。不遭邪慮。圓定發明。三摩地中心愛知見。勤苦研尋。貪求宿命。

愛知見者。即欲通達宿命。

癸二魔遣邪附。

爾時天魔候得其便。飛精附人。口說經法。

癸三邪惑事言。又三。子一邪附人至。

其人殊不覺知魔著。亦言自得無上涅槃。來彼求知善男子處敷座說法。

子二現邪惑事。

是人無端於說法處得大寶珠。其魔或時化為畜生。口銜其珠。及雜珍寶。簡策符牘諸奇異物。先授彼人。後著其體。或誘聽人。藏於地下。有明月珠照耀其處。是諸聽者得未曾有。多食藥草。不餐嘉饌。或時日餐一麻一麥。其形肥充。魔力持故。誹謗比丘。罵詈徒眾。不避譏嫌。

是人。皆指貪求本人而言。聽法得珠。令其心惑也。魔化銜寶。蓋未附人時先現此而後方附之也。彼人。卻指被附邪人。誘聽人而藏珠者。先以暗埋。後對眾出之。誘人驚信也。食藥食少而能肥充。皆惑人之事也。

子三邪惑之言。

口中好言他方寶藏。十方聖賢潛匿之處。隨其後者。往往見有奇異之人。

詳其言意。皆但陰隱之事。不似宿命。宜味之。

癸四出名示害。

此名山林土地城隍川嶽鬼神年老成魔。或有宣婬。破佛戒律。與承事者潛行五欲。或有精進。純食草木。無定行事。惱亂是人。厭足心生。去彼人體。弟子與師。俱陷王難。

癸五教悟戒迷。

汝當先覺。不入輪迴。迷惑不知。墮無間獄。

壬八貪求神力。亦分為五。癸一定發愛求。

又善男子受陰虛妙。不遭邪慮。圓定發明。三摩地中。心愛神通種種變化。研究化元。貪取神力。

雖言神通。實多神變。異前多取諸通。溫陵曰。化元。萬化之本也。欲乘之以發神變耳。

癸二魔遣邪附。

爾時天魔候得其便。飛精附人。口說經法。

癸三邪惑事言。分三。子一邪附人至。

其人誠不覺知魔著。亦言自得無上涅槃。來彼求通善男子處敷座說法。

子二現邪惑事。

是人或復手執火光。手撮其光。分於所聽四眾頭上。是諸聽人頂上火光皆長數尺。亦無熱性。曾不焚燒。或水上行。如履平地。或於空中安坐不動。或入瓶內。或處囊中。越牖透垣。曾無障礙。惟於刀兵不得自在。自言是佛。身著白衣。受比丘禮。誹謗禪律。罵詈徒眾。訐露人事。不避譏嫌。

種種皆神變惑人之事。而不堪刀兵。顯是邪魅。身著下。皆引誘壞教之意。

子三說邪惑言。

口中常說神通自在。或復令人旁見佛土。鬼力惑人非有真實。讚歎行婬。不毀麤行。將諸猥媟以為傳法。

癸四出名示害。

此名天地大力山精海精風精河精土精。一切草木積劫精魅。或復龍魅。或壽終仙。再活為魅。或仙期終。計年應死。其形不化。他怪所附。年老成魔。惱亂是人。厭足心生。去彼人體。弟子與師。多陷王難。

癸五教悟戒迷。

汝當先覺。不入輪迴。迷惑不知。墮無間獄。

壬九貪求深空。分五。癸一定發愛求。

又善男子受陰虛妙。不遭邪慮。圓定發明。三摩地中心愛入滅。研究化性。貪求深空。

入滅非涅槃。但欲空身。存沒自在。

癸二魔遣邪附。

爾時天魔候得其便。飛精附人。口說經法。

癸三邪惑事言。又三。子一邪附人至。

其人終不覺知魔著。亦言自得無上涅槃。來彼求空善男子處敷座說法。

子二現邪惑事。

於大眾內。其形忽空。眾無所見。還從虛空突然而出。存沒自在。或現其身洞如瑠璃。或垂手足作栴檀氣。或大小便如厚石蜜。誹毀戒律。輕賤出家。

溫陵曰。欲入滅定以趣空寂也。從空出沒等。因其好空。故依該惑。○厚味濃也。夫身淨肢香而又便蜜。真可以駭俗惑人。卻乃毀戒律而賤出家。故愚人不敢不遵依。不知毀戒等即可以驗其為魔。而神怪何足畏乎。

子三說邪惑言。

口中常說無因無果。一死永滅。無復後身及諸凡聖。雖得空寂潛行貪欲。受其欲者。亦得空心。撥無因果。

撥無因果。違佛背經。顯是魔而惑之者。真由主人自心狂迷而已。宜悟之。

癸四出名示害。

此名日月薄蝕精氣。金玉芝草。麟鳳龜鶴。經千萬年不死為靈。出生國土。年老成魔。惱亂是人。厭足心生。去彼人體。弟子與師。多陷王難。

金玉等雖無情物。而精怪依附。遂成類生無想之屬。即草木精魅久成魔黨也。

癸五教悟戒迷。

汝當先覺。不入輪迴。迷惑不知。墮無間獄。

壬十貪求永歲。分五。癸一定發愛求。

又善男子受陰虛妙。不遭邪慮。圓定發明。三摩地中心愛長壽。辛苦研幾。貪求永歲。棄分段生。頓希變易細相常住。

此中所希羅漢境界。行開之後自然得之。今此躁求。故招魔事。孤山曰。變易者。斷見思盡。生法性土。故受變易。今頓欲變麤身為細質。易短壽為長齡。從此分段。延入彼土也。

癸二魔遣邪附。

爾時天魔候得其便。飛精附人。口說經法。

癸三邪惑事言。又為三。子一邪附人至。

其人竟不覺知魔著。亦言自得無上涅槃。來彼求生善男子處敷座說法。

子二現邪惑事。

好言他方往還無滯。或經萬里。瞬息再來。皆於彼方取得其物。或於一處。在一宅中。數步之間。令其從東詣至西壁。是人急行。累年不到。因此心信。疑佛現前。

瞬息萬里。五通中神境通也。今乃自現神境。至遠成近。令他數步。至近成遠。故淺智寡聞。驚異其為佛也。

子三說邪惑言。

口中常說十方眾生皆是吾子。我生諸佛。我出世界。我是元佛。出世自然。不因修得。

夫眾生諸佛等皆由他生。即是無始元佛。其長壽豈有紀極。亦所以投其愛求之本念也。

癸四出名示害。

此名住世自在天魔。使其眷屬。如遮文茶。及四天王毗舍童子。未發心者。利其虛明。食彼精氣。或不因師。其修行人親自觀見稱執金剛與汝長命。現美女身。盛行貪欲。未逾年歲。肝腦枯竭。口兼獨言。聽若妖魅。前人未詳。多陷王難。未及遇刑。先已乾死。惱亂彼人。以至殂殞。

孤山曰。自在天。即欲界第六天上別有魔王居處亦他化自在天攝。溫陵曰。陀羅尼經有遮文茶毗舍童子。即毗舍遮鬼。隸四天王。已發心則護人。未發心則害人。以彼定力虛明為利。故食其精氣。或不因師者。不因魔附之師。而親見魔現也。○獨言。即被惑行人言也。既自見魔現。與之行欲。他人不見。謂彼獨言。彼實與魔言也。若妖魅者。即此行人亦即似妖魅矣。前人彼人。皆指被惑行人而言未詳者。未能審察其是魔非聖也。

癸五教悟戒迷。

汝當先覺。不入輪迴。迷惑不知。墮無間獄。

中間十境已竟。

辛三示勸末世。分二。壬一預示魔事。又分三。癸一妄稱極果。

阿難。當知是十種魔。於末世時。在我法中。出家修道。或附人體。或自現形。皆言已成正徧知覺。

言出家修道者。或附比丘。或自現比丘等。按前十種。惟第十有自現金剛美女。餘皆附人。行人當知凡現通稱佛必魔無疑。以聖必不洩也。

癸二以婬成化。

讚歎婬欲。破佛律儀。先惡魔師。與魔弟子。婬婬相傳。如是邪精。魅其心腑。近則九生。多逾百世。令真修行。總為魔眷。

魔師魔子且指前十。婬婬下。明其害延後世多壞行人也。溫陵曰。涅槃經云。末世魔眷屬現比丘羅漢等像混壞正法非毀戒律。其意同此也。

癸三陷魔墮獄。

命終之後。必為魔民。失正徧知。墮無間獄。

汝今未須先取寂滅。縱得無學。留願入彼末法之中。起大慈悲。救度正心深信眾生。令不著魔。得正知見。

壬二深勸悲救。又二。癸一正申勸詞。

觀佛遺囑。足知阿難四分入滅亦假示現。而依佛留願在世冥救也必矣。即今法教弘通。孰非尊者悲救之力哉。正心。謂見諦真正。深信。謂樂欲無厭。正知見。謂慧眼圓明。洞照魔奸也。

癸二轉激報恩。

我今度汝。已出生死。汝遵佛語。名報佛恩。

欽聞斯囑。而不痛心淚下者。木石人也。

辛四結害囑護。又分為三。壬一示因交互。

阿難。如是十種禪那現境。皆是想陰用心交互。故現斯事。

壬二迷則成害。

眾生頑迷。不自忖量。逢此因緣。迷不自識。謂言登聖。大妄語成。墮無間獄。

謂言登聖者。言其不惟惑魔為聖。兼亦自任聖流也。

壬三囑令保護。

汝等必須將如來語。於我滅後。傳示末法。徧令眾生開悟斯義。無令天魔得其方便。保持覆護。成無上道。

阿難所以結集流通令普聞經即其事也。想陰魔相已竟。

大佛頂首楞嚴經正脈疏卷三十七

大佛頂首楞嚴經正脈疏卷三十八

明京都西湖沙門交光真鑑述
蒲州萬固沙門妙峰福登校

經文卷十之一

庚四行陰魔相。此陰前於二卷五陰科中。彼約迷位。故取其麤。譬如瀑流。此約修位。故取其細。喻同野馬。以前三已空。而所餘行陰最為深細。分三。辛一具示始終。又二。壬一始初未破區宇。又二。癸一躡前想陰盡相。

阿難。彼善男子修三摩地想陰盡者。是人平常夢想消滅。寤寐恆一覺明虛靜。猶如晴空。無復麤重前塵影事。觀諸世間大地山河如鏡鑑明。來無所粘。過無蹤迹。虛受照應。了罔陳習。惟一精真。

前來十種若具透過。或始終不起愛求。或魔來便能先覺。如是久久。想陰自有盡時。故此科示想盡之相。寐。即睡也。寤。即醒也。寐中有夢。寤中有想。然夢乃寐中之想。想乃寤中之夢。皆獨頭意識所為。想陰之體相也。故想陰盡者夢想皆滅。由寐無夢而寤無想。故寤寐恆常一念不生。自是性覺妙明之體。豈不恆常。虛而無窒礙。靜而無喧雜。如雲散空澄。且麤重塵影即是法塵。全依想陰為體。想盡塵自無依。故言無復麤塵等。此以上。約心之自體妙。觀諸下。約心之照境妙也。又上。獨影先虛也。以下。性境亦虛也。如鏡鑑明者。蓋言心照山河等如鏡現影。無罣礙也。過者。離境之後也。無迹者。如鏡還空。無留滯也。虛受照應者。收束上文。言心之觸境。但虛受照應而已。明心境皆虛融也。末二句。總言想盡真純以結之也。罔。無也。宿積深厚曰陳習。即習氣也。蓋浮想擾心。誠宿積難除之習氣。今乃一旦滅盡。故言了罔。謂了不可得也。惟一精真者。純一虛靜覺明之體也。

癸二狀示行陰區宇。

生滅根元從此披露。見諸十方十二眾生畢殫其類。雖未通其各命由緒。見同生基。猶如野馬。熠熠清擾。為浮根塵究竟樞穴。此則名為行陰區宇。

生滅。指分段生死而言。三界眾生所以生滅無停根元皆是行陰所遷。前三陰未破。則此根元終不可見。今前三盡除。第四自現。殫。盡也。十二類生該盡天上人間。四空不出行苦正謂此耳。故曰畢殫其類也。環師謂由緒為識陰。而生基為行陰。見二陰深淺之殊。圓師謂各命為別相。同分為總相。定二陰細麤之別。皆宜深玩之也。莊子註中已辯野馬但是陽燄。非是塵埃。且熠字從火。既表光明閃爍。足顯與燄為順。乃田間地氣。春晴伏地可見。狀如水而光如燄也。清擾。言動之細微也。燄喻正表隱微難見。若通前後俱用水喻。

則想陰尚如大浪。行陰乃如細浪。識陰則如無浪流水。真覺性體當如湛然不動之水。故行陰為分段根元。識陰為變易根元。前後較量麤細妄真歷然指掌。故知惟一精真亦縱許也。浮根塵。即浮根四塵。謂肉身也。究竟樞穴。謂遷謝老死之深本全在於此矣。末結行陰區宇。蓋獨取熠熠清擾為其相也。

壬二終破顯露妄源。

若此清擾熠熠元性。性入元澄。一澄元習。如波瀾滅。化為澄水。名行陰盡。是人則能超眾生濁。觀其所由。幽隱妄想以為其本。

首舉行陰。而稱元性。明其為生滅之根元性體也。水浪停息曰澄。元澄。即識陰也。性入元澄者。蓋細浪之行水。收歸無浪之識海。元習即行陰種子。一澄元習者。永絕行陰之種習更不起也。下喻可明。全乎前之水喻。溫陵曰。生滅不停。業運常遷。名眾生濁。故行陰盡則超之。行陰密移。曾無覺悟。故曰幽隱妄想。具示始終已竟。

辛二中間十計。變境言計者。顯此但是自緣定中所見而生種種邪計。非有外境魔事之擾也。就分十。壬一二種無因。又為三。癸一標由示墜。

阿難當知。是得正知奢摩他中諸善男子。凝明正心。十類天魔不得其便方得精研窮生類本。於本類中生元露者。觀彼幽清圓擾動元。於圓元中起計

度者。是人墜入二無因論。

此下十計。既當想陰已破行陰未破中間所起。故此科牒敘想破行現以為發端。是得正知者。即不遭邪慮也。奢摩他中者。即圓定發明也。凝不動也。即始終不起愛求。明。不迷也。即魔來先覺不惑。正心。即雙承不動不迷而頭正尾正也。如是。則上來十類天魔畢竟不得方便。方得精研者。始能力破想陰也。窮生類本者。初得徹至行陰也。此上方以歷述想破行現竟。於本下。卻說正因行現而遂起十種邪計。良以想破之後。天魔無可奈何。不復更至。惟是自心邪解作孽。所謂心魔也。本類。即十二類生。元。即行陰也。露。顯現也。圓者。徧十二類也。幽清擾動即微細動相。圓元勒成行名。二無因論。乃先世外道修心邪解所立違理背正之惡見耳。今行現之解適與之同。故即墜彼論中。如後車蹈前車之覆轍。故即同墮一坑塹也。後文諸論皆倣此意。

癸二分條詳釋。又二。子一本無因。此約過去不得遠因而立。又分三。丑一據己見量。

一者是人見本無因。何以故。是人既得生機全破。乘於眼根八百功德。見八萬劫所有眾生。業流灣環。死此生彼。祇見眾生輪迴其處。八萬劫外冥無所觀。

前二句標定。下徵釋之。生機。發動之本。即指行陰破。乃顯意。非盡也。見屬於眼。故乘眼功德。八百八萬。其數相應而已。不必分約過未。數反不合。蓋乘眼根全分功德。合乎定力。能徹見於過去諸類業流。即宿命通也。問。此何不為別相。答。亦多總見類生展轉生死無停而已。非一一各詳也。若能各詳。則不成自然之執。待下執自然處再當明之。其處者。八萬劫以內也。蓋其通力分量止於此數。故數外冥無所見矣。

丑二謬成邪計。

便作是解。此等世間十方眾生。八萬劫來。無因自有。

以不見處而起無因之計。約此則名無因外道。岳師謂即冥諦是也。蓋眾生三道展轉相因。窮極無始。惟佛眼能徹。菩薩尚有分限。何況凡小。故凡小極其通力但此而止。岳師責其不知因識非是。縱知因識。亦豈能窮乎。

丑三失真墮外。

由此計度。亡正徧知。墮落外道。惑菩提性。

邪計。故非正知。不了業道無始。故非徧知。末言已墮邪覺終迷正覺矣。

子二末無因。此約未來無後因果。分三。丑一據己見量。

二者是人見末無因。何以故。是人於生既見其根。知人生人。悟鳥生鳥。

烏從來黑。鵠從來白。人天本豎。畜生本橫。白非洗成。黑非染造。從八萬劫。無復改移。

標徵同前。據釋詞。乃是詳推過去。例定未來。生。即劫內類生。根。即劫外無因。蓋即以無因為類生元本。知人下。詳明皆本無因。自然而然也。故此轉計名為自然外道。然此驗知但是總相見於多分眾生長時不變。輒起斯計。如人總觀鬧市。但見人行。不見坐立。若能一一別察。則少分坐立者亦應知之。良以十二類生。惟人類易轉。而餘皆長時難變。今由總見。不能別觀。故約多分而成自然之計。是以末二句結成無變。岳師註此意同。但引鶖子觀鴿之事。應不盡同。彼能別相而見。如來故擇常不變者令其別觀。欲勉其進也。且四果羅漢行開識現。便能別見各命由緒。終不執於自然。

丑二謬成邪計。

今盡此形。亦復如是。而我本來不見菩提。云何更有成菩提事。當知今日一切物象皆本無因。

上科全是詳推過去。此科方以例定未來。盡形者。盡未來也。亦復如是者。決定其皆不改移也。下釋成之。本來不見菩提者。言八萬劫前。元不見其從菩提性起也。云何下。言例知八萬劫後亦終不成也。當知下。遂以判決執成邪計矣。岳師謂本字合是末字是也。

末無因者。言八萬劫盡。終成斷滅。無復因果而已。蓋以從無因而起者。還復無因。返於冥初之意。但是推前而知。不言觀後而見。疑恐行陰未破。不能前後劫同。不然。何用種種推前。再詳。

丑三失真墮外。

由此計度。亡正徧知。墮落外道。惑菩提性。

準上可知。

癸三結成外論。

是則名為第一外道立無因論。

二種無因已竟。

壬二四種徧常。分三。癸一標由示墜。

阿難。是三摩中諸善男子。凝明正心。魔不得便。窮生類本。觀彼幽清常擾動元。於圓常中起計度者。是人墜入四徧常論。

大意但因窮至行陰。尚猶被覆而未見其幽隱遷流。遂於未徧未常者早計徧常。是謂常見外道。然四種雖皆不離行陰起計。而前三皆兼窮他法。且以法之廣狹而分劫之多少。惟第四則無所兼。而亦不言劫量。此其別也。長水曰。行陰生滅。相續不失。故名常。所計四種徧一切法。故名圓。溫陵曰。徧即圓也。故此標名徧常。後結名圓常。

癸二分條詳釋。分四。子一心境計常。

一者是人窮心境性二處無因。修習能知二萬劫中十方眾生所有生滅。咸皆循環。不曾散失。計以為常。

首二句。言是人想破行現。乘此心開。遂以窮研內心外境本元自何而起。然窮之不遠。但見二萬劫前無因自有。良以所窮之法麤略而狹。故其見量止此而已。修習者。即窮心境之修習。能知下。蓋言二萬劫外固冥無知見。而二萬劫內親見眾生生滅不斷。故不計劫外斷滅。惟計劫內相續為徧常。以是異前。後三準此。

子二四大計常。

二者是人窮四大元四性常住。修習能知四萬劫中十方眾生所有生滅。咸皆體恆。不曾散失。計以為常。

此亦乘心開而窮化元。見萬法皆從四大和合而成。故作意窮之。見其體性常住。洞照眾生生死劫量至於四萬。比上所窮之法稍為詳廣。故其照劫數倍於前。然計常之故。亦準前人但據劫內而已。

子三八識計常。

三者是人窮盡六根末那執受。心意識中本元由處性常恆故。修習能知八萬劫中一切眾生循環不失。本來常住。窮不失性計以為常。

根字決是識字之訛。不必能所曲釋。蓋末那執受既是七八。前是六識無疑。況下復以心意識逆次收束八七六識猶可驗知。舊註諸師疑此處行陰未開。豈能窮徹八識。殊不知八識但是此人乘開心後所用進修法門。徹固未徹。窮乃許窮。例如聲聞窮四諦法。但盡生滅。豈能徹無作底。至於本元由處。岳師謂別指行陰是也。以彼尚為行覆。故所徹性元但止行陰。而妄謂真常耳。特以所窮八識法門深廣詳切。倍前四大。故所知劫數亦倍前人。至遠窮八萬也。至於劫內觀生計常。不殊前計矣。

子四想盡計常。

四者是人既盡想元。生理更無流止運轉。生滅想心今已永滅。理中自然成不生滅。因心所度。計以為常。

斯人於想盡行現之後。無復窮研之力。便計為常。比之第一尚為淺劣。何況二三。故不復立能知之劫量。度其所知。必不逮於二萬劫矣。以是推知前文本無因中所以照八萬劫者。亦應乘眼功德。更加窮研之力。方始能之。非想盡即能也。溫陵曰。想元。想陰也。生理。行陰也。妄謂流轉生滅皆屬想心。今已永滅。則不生滅理自然屬行。不知行陰即生滅元也。

癸三結成外論。

由此計常。亡正徧知。墮落外道。惑菩提性。是則名為第一外道立圓常論。

非徧圓而計徧圓。非真常而計真常。故墮邪覺而失正覺矣。此中不必取舊註強分屬於五陰。而言前廣後狹。反顛亂於本文矣。四種徧常已竟。

壬三四種顛倒。合前二計觀之。二無因。似觀劫外斷處而計無常。四遍常。似觀劫內續處而計常。各皆單計而已。今此乃是雙計常與無常也。分三。癸一標由示墜。

又三摩中諸善男子。堅凝正心。魔不得便。窮生類本。觀彼幽清常擾動元。於自他中起計度者。是人墜入四顛倒見。一分無常一分常論。

此於想盡行現之後。窮研自他。而起邪妄分別。更是或單或雙。不離自他而已。非一一雙兼也。首楞定中。須了一切事究竟堅固方為正覺。今乃常與無常等分計之。故成顛倒見。

癸二分條詳釋。分四。子一雙約自他。

一者是人觀妙明心徧十方界。湛然以為究竟神我。從是則計我徧十方。凝明不動。一切眾生。於我心中自生自死。則我心性名之為常。彼生滅者真無常性。

吳興曰。觀妙下。重舉觀行。湛然下。正明起計。亦由不了行陰生滅。妄謂此處心性湛然。以為神我言神我者。外道名主諦。謂一切法皆是我所。悉以此神而為其主。○此蓋二十五諦中末後諦也。二卷說有真我徧滿十方。亦即此耳。當知自心無生滅。即計自是常。眾生於我心中生死。即計他是無常。故為雙計。

子二約他國土。

二者是人不觀其心。徧觀十方恒沙國土。見劫壞處名為究竟無常種性。劫不壞處。名究竟常。

既曰不觀其心。顯是單觀他法即惟觀國土也。吳興曰。三禪以下。終為三災所壞。名無常種性。四禪以上。災不能壞。名究竟常。

子三約自身心。

三者是人別觀我心。精細微密。猶如微塵。流轉十方。性無移改。能令此身即生即滅。其不壞性。名我性常。一切死生從我流出。名無常性。

身心皆自。而別觀心能細轉不變為常。令身生死變壞為無常。然外道所計我相有三。

一微細我。二廣大我。三大小我。此微細我也。精言非雜。細言非麤。微言非著。密言非顯。如微塵。言細小難見知也。流轉二句。即計其自心常不生滅。能令下。即計其自身無常生滅也。末四句牒定常與無常。上二句牒心。下二句牒身。豈非單約自而成計耶。

子四雙非他自。

四者是人知想陰盡。見行陰流。行陰常流。計為常性。色受想等今已滅盡。名為無常。

此觀前四陰而起計。以自他不純。故言雙非。計行則非他。以行是自心故。計三陰則非純自心。以色有外六塵故。若約自他多少。以少從多。亦可科云約自四陰。今圖四義不缺不重。故作是科。其分常與無常。文易可了。

癸三結成外論。

由此計度一分無常一分常故。墮落外道。惑菩提性。是則名為第三外道一分常論。

此蓋所約自他雖單雙不定。而所計常與無常皆同雙計也。四種顛倒已竟。

壬四四種有邊。文中雖雙計有邊無邊。理實但是邪計邊見而已。非真得於無邊理體。故以正教判之。但名有邊。詳其立意。殆以有邊為有限際。非勝法也。以無邊為無限際。是殊勝法。例如雙計常與無常。而惟取常為勝也。分三。癸一標由示墜。

又三摩中諸善男子。堅凝正心。魔不得便。窮生類本。觀彼幽清常擾動元。於分位中生計度者。是人墜入四有邊論。

溫陵曰。分位有四。謂三際分位。見聞分位。彼我分位。生滅分位。

癸二分條詳釋。分四。子一約三際。

一者是人心計生元流用不息。計過未者名為有邊。計相續心名為無邊。

溫陵曰。生元流用。行陰也。因遷流計三際。以過者已滅。來者未見。故名有邊。現在相續。故名無邊。○既取現心續處為無限際。則必以過未斷處為有限際。然現心無限際者。以當念觀心浩渺無涯岸之謂也。

子二約見聞。

二者是人觀八萬劫。則見眾生八萬劫前寂無聞見。無聞見處名為無邊。有眾生處名為有邊。

此與前計相反。岳師所謂回互倒計是也。前計過未為有邊。似計無見聞處也。計現在為無邊。似計有見聞處也。今卻計劫內有見聞處為有邊。以其限於八萬之數也。計劫外無見聞處為無邊。以其無窮極而不可測知也。吳興曰。後八萬劫亦合如前。今恐存略。

子三約彼我。

三者是人計我徧知。得無邊性。彼一切人現我知中。我曾不知彼之知性。名彼不得無邊之心但有邊性。

首三句自任無邊之性。下言彼人現我知中者。謂彼性但在我性之中也。我曾不知彼性者。謂我於自性之中。不見別有彼之知性也。亦明彼性不能外於我性之意。末二句遂判彼為有邊性也。

子四約生滅。

四者是人窮行陰空。以其所見心路籌度一切眾生一身之中。計其咸皆半生半滅。明其世界一切所有。一半有邊。一半無邊。

窮行陰空者。蓋斯人窮至行陰。不了區宇未空。而遂謂真空寂滅之性。故下半生半滅。乃據見妄度眾生身中自想陰以前半屬於生。自行陰以後半屬於滅。更判生為有邊。滅為無邊。而意取行陰空寂為無限際之勝性也。

癸三結成外論。

由此計度有邊無邊。墮落外道。惑菩提性。是則名為第四外道立有邊論。

四種有邊已竟。

壬五四種矯亂。分三。癸一標由示墜。

又三摩中諸善男子。堅凝正心。魔不得便。窮生類本。觀彼幽清常擾動元。於知見中生計度者。是人墜入四種顛倒不死矯亂徧計虛論。

知見生計者。據彼定中所知所見而倒計也。溫陵曰。以邪倒故。於知見中狂解不決。遂矯亂其語也。今之邪人妄謂得道。而中無主正。矯惑於人者。多類此四。資中曰。準婆沙論釋。外道計天常住名為不死。計不亂答得生彼天。若實不知而輒答者。恐成矯亂。故有問時。答言祕密言辭不應皆說。或不定答。佛法訶云此真矯亂。故名不死矯亂虛論也。

癸二分條詳釋。又為四。子一八亦矯亂。

一者是人觀變化元。見遷流處名之為變。見相續處名之為恆。見所見處名之為生。不見見處名之為滅。相續之因。性不斷處名之為增。正相續中。中所離處。名之為滅。各各生處名之為有。互互亡處名之為無。以理都觀。用心別見。有求法人來問其義。答言我今亦生亦滅。亦有亦無。亦增亦減。於一切時皆亂其語。令彼前人遺失章句。

長水曰。於一生滅行陰。分為八義別見。謂變恆生滅增減有無也。答中略舉六義。以不能定其道理。但兩楹而答。故云亦生亦滅等。○八義雖皆依行而起。而實約行陰中所見萬象以別記也。故言相續之因性不斷者。此是由象推性。方成增計。所以別於恆也。增者。多餘也。正相續中所離者。蓋凡言相續。必是前後相續。故中間亦必有缺乏之處。如出入二息相續。則必缺於中交是也。缺少。即減也。互互亡處即各各減處也。前人。即問義之人也。失章句有二意。一謂答者既自矯亂。聞者自難憶持。故隨聞隨失也。二謂言既兩持。是非不決。能令聞者翻疑平日舊習經論。猶言喪其所守也。

子二惟無矯亂。

二者是人諦觀其心。互互無處。因無得證。有人來問。惟答一字。但言其無。除無之餘。無所言說。

岳師釋得證。謂悟一切法皆無也。蓋執拗而不順於理為矯。心無主正為亂。今詳第一第四。言皆兩可。亂意為多。而終非順理。亦兼於矯也。第二第三。言惟一偏。矯意為多。而終非主正。同歸於亂。故總名矯亂。勿疑一字為非亂也。

子三惟是矯亂。

三者是人諦觀其心。各各有處。因有得證。有人來問。惟答一字。但言其是。除是之餘。無所言說。

不言有而言是。以所見既偏於法法皆有。則隨所問莫不皆是。故作如是答也。

子四有無矯亂。

四者是人有無俱見。其境枝故。其心亦亂。有人來問。答言亦有即是亦無。亦無之中。不是亦有。一切矯亂。無容窮詰。

枝者。如木一本而分二枝。即空有歧二。兩楹不定之意。吳興曰。從二至四。於前八中有無分出也。二三單計。第四兩亦。有即是無。如冰是水也。無不是有。如水非冰也。四句之中。但涉三句。未見雙非。其計猶麤。

癸三結成外論。

由此計度矯亂虛無。墮落外道。惑菩提性。是則名為第五外道四顛倒性。不死矯亂偏計虛論。

虛無。謂虛妄非實也。顛倒性。明其見非真正。未判屬於偏計執性。見其執繩為蛇妄之至也。四種矯亂已竟。

壬六十六有相。分為三。癸一標由示墜。

又三摩中諸善男子。堅凝正心。魔不得便。窮生類本。觀彼幽清常擾動元。於無盡流生計度者。是人墜入死後有相。發心顛倒。

資中曰。無盡流。即行陰也。由見無盡。故言死後有相。○真悟無生。了知初生本即有滅。是知生前尚空洞而無相。何況死後豈可妄計有相耶。

癸二詳釋其相。又二。子一正成本計。又二。丑一分條例顯。

或自固身。云色是我。或見我圓。含徧國土。云我有色。或彼前緣隨我迴復。云色屬我。或復我依行中相續。云我在色。

此即外道六十二見中四計也。初自固身者。堅持護養也。云色是我者。同彼即色是我也。二我含國土。云我有色者。同彼我大色小。色在我中也。三前緣隨我。云色屬我者。同彼離色是我也。前緣。沇師謂即目前之色是也。迴復。即運用也。既云屬我。顯是我所與我為二。非即我矣。四我依行中。云我在色者。同彼色大我小。我在色中也。沇師謂行相續相即色。故我行中即色中也。

丑二總勒名數。

皆計度言死後有相。如是循環有十六相。

環師謂於色作此四。於受想行亦然。故成十六相。我故科上名例顯也。敏師謂不言識陰者。所計之我即識陰也。岳師非之。乃謂行陰未破。識不當情故不言之耳。

子二更成轉計。

從此或計畢竟煩惱。畢竟菩提。兩性並驅。各不相觸。

上因見行無盡。遂計前三已滅之陰仍復無盡。而同成有相。此更轉計一切染淨諸法無不皆然。故言煩惱攝盡染法。言菩提攝盡淨法。皆無盡而恆有。並驅。即並行也。各不相觸。猶言各不相礙也。

癸三結成外論。

由此計度死後有故。墮落外道。惑菩提性。是則名為第六外道立五陰中死後有相心顛倒論。

吳興曰。言五陰者。通結五陰。正在前四。又雖在前四。義惟行陰耳。十六有相已竟。

壬七八種無相。又三。癸一標由示墜。

又三摩中諸善男子。堅凝正心。魔不得便。窮生類本。觀彼幽清常擾動元。於先除滅色受想中生計度者。是人墜入死後無相。發心顛倒。

此與上計敵體相翻。故變有成無。蓋上覩未滅之行陰。見其無盡。而因計前三并萬法皆當無盡。此覩已滅之前三。見其無相。而因計行陰并萬法皆當無相也。

癸二詳釋其相。分二。子一正成本計。又為二。丑一分條例顯。

見其色滅。形無所因。觀其想滅。心無所繫。知其受滅。無復連綴。陰性

消散。縱有生理。而無受想。與草木同。

上總標無相。此分條一一明之。色為形。想為心。而受則雙以連持色心。今因皆滅。故形無因。心無繫。而受無連綴也。下乃例顯行陰亦應同滅。成無相也。溫陵曰。陰性消散謂色受想滅也。生理即行。謂無受想則行亦滅也。

丑二總勒名數。

此質現前猶不可得。死後云何更有諸相。因之勘校死後相無。如是循環有八無相。

此質。即指現陰色心。不可得者。言今在定。現見四陰皆無相之可得。因決死後豈有相耶。問。此與前解中初生有滅等意何以別乎。答。彼約即有而空。本自無生。前後一際。是佛正教。此約昔有今無。今滅後無。全是生滅顛倒邪計。何殊天壤哉。勘校。即計度也。每陰各計現未二無。四陰故成八無相矣。

子二更成轉計。

從此或計涅槃因果一切皆空。徒有名字。究竟斷滅。

上由前三而推行陰同滅為無此更轉計諸法皆然。同歸斷滅。涅槃以轉生死為因。故生死即涅槃之因。涅槃即生死之果。且生死攝世間法。涅槃攝出世間法。一切死後皆無。故曰徒有等也。吳興曰。涅槃因果。依現陰而修。後陰而證。陰既叵測。修證何有耶。

癸三結成外論。

由此計度死後無故。墮落外道。惑菩提性。是則名為第七外道立五陰中死後無相心顛倒論。

八種無相已竟。

壬八八種俱非。分三。癸一標由示墜。

又三摩中諸善男子。堅凝正心。魔不得便。窮生類本。觀彼幽清常擾動元。於行存中。兼受想滅。雙計有無。自體相破。是人墜入死後俱非。起顛倒論。

於行存中者。見行陰未滅。區宇宛在也。兼受想滅者。見前三已滅。體相全空也。雙計有無者。於存計有。於滅計無也。自體相破者。以行陰之有。破前三之無。以前三之無。破行陰之有也。末言墜俱非者。以破無則成非無。破有則成非有也。

癸二詳釋其相。又二。子一正成本計。又二。丑一分條例顯。

色受想中。見有非有。行遷流內。觀無不無。

此科全是自體相破。色受想中者。前三滅境之中也。見有非有者。言正在滅境時。雖見行有。亦即同滅而非有矣。如暗夜中看皎潔之物。亦同暗而非皎潔矣。行陰擾動之內也。觀無不無者。言正在擾動處。雖觀前三已無。亦即同動而非無矣。如動水中看靜定之影。亦同動而非靜定矣。互破以成雙非。正自體相破也。

丑二總勒名數。

如是循環窮盡陰界八俱非相。隨得一緣。皆言死後有相無相。

首三句標定八非。循環窮陰者。歷四陰而徧計之也。八俱非者。正以勒成名數。末三句。釋成上八非之由也。隨得一緣者。言每於一陰也。皆言有相無相。乃出雙非之因。所以成立上雙非之宗。如云。因有相故非無。因無相故非有。每於一陰計此二非。歷四陰而成八非也。故知首科但言受想滅。語之略也。舊註不達以因立宗之旨而釋為雙亦雙非。應成十六。何名八非耶。

子二更成轉計。

又計諸行性遷訛故心發通悟。有無俱非。虛實失措。

此諸行乃指萬法。非謂行陰。如諸行無常亦指萬法也。上但雙觀已滅未滅之四陰而正計八非。此則更以例成轉計。而謂一切法無不皆然。性遷訛者。例皆死後有無交相破奪也。心發通悟者。增廣邪見解也。末二句。結成一切雙非虛實。亦有無也。失措。不定也。

癸三結成外論。

由此計度死後俱非。後際昏瞢。無可道故。墮落外道。惑菩提性。是則名為第八外道立五陰中死後俱非心顛倒論。

後際。即死後盡未來際也。昏瞢猶言杳冥即一切皆非也。道。言也。以有無俱不可定。故無可言也。八俱非相已竟。

壬九七際斷滅。此之斷滅雖似第七無相。而起計不同。彼由前三。此由行陰。又彼推過去以定死後。此觀未來念念成滅。故計處處有斷滅處也。分三。癸一標由示墜。

又三摩中諸善男子。堅凝正心。魔不得便。窮生類本。觀彼幽清常擾動元。於後後無生計度者。是人墜入七斷滅論。

溫陵曰。見行陰念念滅處名後後無。由是妄計設生人天七處。後皆斷滅。

癸二具顯其相。又二。子一分條詳釋。

或計身滅。或欲盡滅。或苦盡滅。或極樂滅。或極捨滅。

此計陰性如無源之水。有流近而竭者。有流遠而竭者。今至近如人間即滅。至遠如有頂方滅也。

子二總勒名數。

如是循環窮盡七際。現前消滅。滅已無復。

七際。謂四洲。六欲。初禪。二禪。三禪。四禪。四空共七處也。消滅。謂生理永無。無復。謂更不復有也。此方儒宗末流惡聞輪轉。亦計似此。然但許人間即滅。仍不許有餘六處也。

癸三結成外論。

由此計度死後斷滅。墮落外道。惑菩提性。是則名為第九外道立五陰中死後斷滅心顛倒論。

觀此亦總結於五陰。則知所謂消滅者。後陰全無也。七際斷滅已竟。

壬十五現涅槃。此計與第五有相甚大不同。彼計死後有相。此計現所生處即常住極果。舊言從彼流出。甚無謂也。分三。癸一標由示墜。

又三摩中諸善男子。堅凝正心。魔不得便。窮生類本。觀彼幽清常擾動元。於後後有生計度者。是人墜入五涅槃論。

後後有亦應準前相翻。前於行陰念念滅處起計。此卻於行陰念念生處起計。後後有者。蓋觀見行陰念念相續。新新成有。故解其當有實果。必不滅無也。而曰現涅槃者。不待灰斷。即於現所生處即是此果也。其數有五。下別列之。

癸二具顯其相。分二。子一分條詳釋。

或以欲界為正轉依。觀見圓明。生愛慕故。或以初禪性無憂故。或以二禪心無苦故。或以三禪極悅隨故。或以四禪苦樂二亡。不受輪迴生滅性故。

或者不定之辭。顯非一人徧計五處。各隨所見。或計一處而已。欲界。指六欲天上也。為正轉依者。妄計為真涅槃境也。以涅槃為佛轉依之果。而環師所謂轉生死依涅槃也。此如仙家計六欲天上無生死耳。以彼所計玉皇橫統三十三天。仍不知其即六欲之帝釋也。此句應通後四。每於中間皆當有之。而經家省文。更不重標。令準上也。觀見圓明者。以初得天眼。普觀天光清淨明麗。迥離人間之濁穢而已。準下四。皆對本天勝境為言。非指性也。生愛慕故者。正出妄計之由。謂彼圓明即涅槃真境也。下四故字皆準此說。按前色界天中。初禪苦惱不逼。二禪憂懸不逼。以苦重憂輕。序之宜也。今初禪無憂。二禪無苦。決譯人誤顛倒也。三禪極悅隨者。前云歡喜畢具。具大隨順是也。四禪苦樂雙亡。顯同前文雙捨。不受輪迴生滅者。由彼定中見此處三災不壞。故起斯計也。

子二總勒名數。

迷有漏天。作無為解。五處安隱。為勝淨依。如是循環五處究竟。

作無為解。即妄計為離繫自在之果。此誤濫涅槃之真我也。五處安隱者。以稍離下界之不安。而誤濫涅槃之真樂也。為勝淨依者。以稍離下界之濁穢。而誤濫涅槃之真淨也。結言究竟者。以稍離下界之短壽。而誤濫涅槃之真常也。此總判五處皆然。若分五處別判。初於六欲乍離人間之塵穢。而妄謂真淨。次於初禪二禪乍離下界之憂苦。而妄謂真樂。又於三禪乍得隨順自在。而妄謂真我。後於四禪暫得三災不壞。而妄謂真常不生滅也。此正於無常苦空無我不淨中。而妄計常樂我淨。所謂前四顛倒耳。

癸三結成外論。

由此計度五現涅槃。墮落外道。惑菩提性。是則名為第十外道立五陰中五現涅槃心顛倒論。

中間十計已竟。

辛三結害囑護。分三。壬一示因交互。

阿難。如是十種禪那狂解。皆是行陰用心交互。故現斯悟。

溫陵曰。前云禪那現境。乃天魔候得其便。此云禪那狂解。乃心魔自起深孽。凡見道不真。多歧妄計。皆即狂解。是謂心魔。最宜深防也。○交互準前。悟。即邪解也。然通論十種邪解。不出斷常空有四字而已。且前五屬斷常。後五屬空有。第一斷見。第二常見。第三雙亦。第四第五皆亢廣雙亦也。問。何無雙非。答。斷常皆過。若雙非。則為離過正見。非外道也。第六執有。第七執空。第八雙非。問。此何不為離過正見。答。有空不定屬過。偏始過生。且此雙非。蓋指後陰昏瞢。不定有無。非是雙遮之中道。故非正見。第九推廣畢竟斷空。第十推廣畢竟滯有。若更以空有攝入斷常。仍惟斷常二見而已。

壬二迷則成害。

眾生頑迷。不自忖量。逢此現前。以迷為解。自言登聖。大妄語成。墮無間獄。

癡暗曰頑。正悟難發也。惑亂曰迷。邪解易生也。不自忖量者。大端由於不揣己之修證至何地位。輒敢自專。判決立論。且僭稱聖位。成大妄語。故墮極重之獄矣。

壬三囑令保護。又分二。癸一囑作摧邪知識。

汝等必須將如來語。於我滅後。傳示末法。徧令眾生覺了斯義。無令心魔自起深孽。保持覆護。消息邪見。

覺了斯義。謂迷解分明。不顛倒也。下復令其冥顯加持之也。孽者。禍之萌也。心魔自起者。言天魔不至。自心禍生也。猶曰天作孽猶可違。自作孽不可活也。然此二句蓋令未起者勿起。末二句是已起者令息也。

癸二囑作趣真導師。

教其身心開覺真義。於無上道不遭枝歧。勿令心祈得少為足。作大覺王清淨標指。

真義者。真心實義也。迥然不屬於斷常空有。即前離即離非。是即非即。一念不生。中中流入。木旁出曰枝。路旁出曰歧。夫遭枝歧即墮外道。祈。求也。求少足則流二乘。此二皆為極果中途之險阻。心目洞開。方不為所惑。故須教示之力也。末二句囑其作成佛指南。一邪不染。故稱清淨耳。行陰魔相已竟。

大佛頂首楞嚴經正脈疏卷三十八

大佛頂首楞嚴經正脈疏卷三十九

經文卷十之二

明京都西湖沙門交光真鑑述
蒲州萬固沙門妙峰福登校

庚五識陰魔相。分三。辛一具示始終。又二。壬一始初未破區宇。又為二。癸一躡前行陰盡相。

阿難。彼善男子修三摩地行陰盡者。諸世間性幽清擾動同分生機。倏然隳裂沈細綱紐。補特伽羅酬業深脈。感應懸絕。

諸世間性者。十二類生遷流體性也。同分生機者。即同生基也。基表生之根。機明動之始。其意一也。同分仍目總相。以上躡前行陰。向下明盡相也。倏然猶忽然也。隳裂。解散也。連下四字讀之。沈細。極表深微。綱紐。狀明總要。然即生機綱紐。結縛之深根也。由前大定堅凝正心十計不墮功夫徹至。故能於此綱紐忽然解散矣。末三句復明此處於三界分段生死即應解脫。然亦約一類聖性習種純熟者言之。餘不盡然。補特伽羅。此云數取趣。即中有也。眾生由此能數數取於諸趣而受生也。且受生所以酬答宿業。而酬業深潛脈絡即此行陰所為。感應。即因果也。而言懸絕者。以行陰既盡。則深脈已斷。故分段生死。因亡果喪。不復受生是謂懸絕。問。證同則事同。此何別取於聖性熟者。而餘又不然耶。答。按下佛言各以所愛先習迷心而自休息。今言界內因果斷絕。顯是十執後二聲聞緣覺所能。他豈能哉。

癸二狀示識陰區宇。

於涅槃天。將大明悟。如雞後鳴。瞻顧東方。已有精色。六根虛靜。無復馳逸。內外湛明。入無所入。深達十方十二種類受命元由。觀由執元。諸類不召。於十方界已獲其同。精色不沈。發現幽祕。此則名為識陰區宇。

溫陵曰。涅槃性天為五陰所覆。昏如長夜。前三陰盡如雞初鳴。雖為曙兆。猶沈二陰。精色未分。此行陰盡如雞後鳴。惟餘一陰。故將大明悟也。○六根虛靜無復馳逸者。按圓通。此當聞所聞盡已得六銷之時。亦即漸次中塵既不緣根無所偶反流全一六用不行之時也。內外湛明者。言根塵化為一味湛明之境。入無所入者。謂初心亡所。故言入流。既盡根塵。更何所入。受命元由。環師謂。即識陰。然亦即是類生別相。所謂各命由緒。顯異前之總相而見。故曰深達也。觀由執元諸類不召者。承上言既以觀見受命由緒。必能執守受生元本令不流逸。則盡十二類皆不能牽引受生矣。於十方界已獲其同者。界指情界。情有二解。一謂同者一也。言其銷六和合。復一精明也。二謂同者空也。言其根塵既盡。惟一空性也。此即已得六銷。猶未亡一。小乘涅槃正齊於此。精色不沈者。如曉天可辯色也。

發現幽祕言其具見暗中之物也。即是行除識現。如脫盡外衣。方見最內貼體汗衫。故即結為識陰區宇。

壬二終破顯露妄原。

若於群召已獲同中。消磨六門。合開成就。見聞通鄰。互用清淨。十方世界及與身心。如吠瑠璃。內外明徹。名識陰盡。是人則能超越命濁。觀其所由。罔象虛無顛倒妄想以為其本。

首三句猶躡未破區宇。群召即指類生。十二皆能牽引受生。故言群召。同中。即識陰區宇之中。所謂受命元由。空靜湛一。故稱為同。然自行陰盡後。已入此境。故曰已獲同中。消磨六門者。解其結而泯其異也。合開成就者。歸於一而融為空也。成就猶言功成。此猶躡上以牒銷六成一。所以起下文亡一而用六也。故下方明圓通之用不惟情界脫纏。而亦以情器交徹也。見聞者。略舉六根之二。通鄰者。其結已解。其體不隔也。互用者。體既無隔。用可互通也。謂眼家能作耳家佛事等。以其迥脫浮塵勝義二種根結。無障無礙。故曰清淨。此即情界脫纏。下文情器交徹。文易可知。即前所謂山河大地應念化為無上知覺是也。名識陰盡一句結定。故知行盡無過者在七信位。齊小羅漢。識盡乃十信滿心。住位初心。方以證入圓通。是知凡言羅漢獲圓通者皆指初住。以圓住齊於別地。是大乘羅漢也。末復結其所超所觀。溫陵曰。性本一真。由塵隔越。性用之間。同異失準。名為命濁。故識盡則超之。識乃妄覺影明。元無自體。由顛倒起。故名罔象虛無顛倒妄想。具示始終已竟。

辛二中間十執。變計而言執。依經本文。以經文一一皆名為執故耳。就分為十。

壬一因所因執。又分三。癸一兩楹之間。

阿難當知。是善男子窮諸行空。於識還元。已滅生滅。而於寂滅精妙未圓。

夫行陰即是前楹。識陰即是後楹。而十執起處正當此二之中。故十執皆以此科冠之。窮諸下三句。明已破行陰也。窮諸行空。照見行蘊空也。於識還元者。明行空而識現。則前之行相泯然沒入識海之中。蓋元從識海騰躍轉生者。返本還元矣。已滅生滅者。仍結行破也。以初滅行之清擾也。末二句。明未破識陰也。所言寂滅者。即圓通中次第解結末後之寂滅也。不帶纖毫生滅曰精。惟餘一味寂常曰妙。始是純真性體。此而未圓。正明識陰未破。尚為所覆。似一似常。未精未妙也。若連上句讀之。宛是已得圓通中生滅既滅。而尚猶未得寂滅現前耳。後倣此。

癸二邪解執背。

能令己身根隔合開。亦與十方諸類通覺。覺知通𣹢。能入圓元。若於所歸

立真常因。生勝解者。是人則墮因所因執。娑毗迦羅所歸冥諦成其伴侶。迷佛菩提。亡失知見。

能令下先舉起執之由。大凡起執必覩大定中殊勝之象以發端耳。首二句躡前銷六入一之境。次三句明此境為群心統同混一之區。如千燈共室。光通無二也。圓元。即識陰也。而圓表諸類徧含。元彰萬化托始。其言能入此者。意明四陰蕩盡。歸宿於斯。如諸浪已停。銷落於海。正識陰區宇也。若於下方是所起之計。所歸即此圓元。因者。依也。因所因執者。本非可依。而妄計能依之心。所依之境也。良以識乃無明幻影。罔象虛無。畢竟非實故也。如人夢見依歸得托之地。妄生慶幸。豈有真實哉。下明所墮同類即黃髮外道。所立冥諦有二十五。第一冥初生覺。遂計終亦還歸冥諦。前文云。非色非空。拘舍黎等昧為冥諦是也。然計此者非止一人。前後異出耳。伴侶。即同類也。迷菩提。昧正果也。亡知見。失真因也。倣此。

癸三結名異種。

是名第一立所得心。成所歸果。違遠圓通。背涅槃城。生外道種。

溫陵曰。以心有所得。果有所歸。即因即果皆墮所妄。所以違遠圓通背涅槃也。〇內教究竟歸無所得。今有得有歸。如人夢見拾得金寶歸於家中。所得所歸皆非真也。違圓通則失因地心。背涅槃則亡果地證。後皆倣此。因所因執已竟。

壬二能非能執。分三。癸一兩楹之間。

阿難。又善男子窮諸行空。已滅生滅。而於寂滅精妙未圓。

準前。

癸二邪解執背。

若於所歸覽為自體。盡虛空界十二類內所有眾生。皆我身中一類流出。生勝解者。是人則墮能非能執。摩醯首羅現無邊身成其伴侶。迷佛菩提。亡失知見。

上科已將識陰作所歸果。故今所歸二字仍躡前識陰也。前但計為歸托之性。今復覽為自體。是其差別也。溫陵曰。執識元為自體。而謂一切眾生自此流出。遂執我能生彼。而實不能。故曰能非能執。摩醯首羅。即色頂魔王也。妄計我能現起無邊眾生。亦能非能類也。

癸三結名異種。

是名第二立能為心。成能事果。違遠圓通。背涅槃城。生大慢天我徧圓種。

能為心者。能造化之心也。能事果者。能成辦所造化之事以為實果也。溫陵曰。大慢天。即摩醯也。不能謂能。故名大慢也。徧圓者。計我體圓。徧空界也。○問。此計識為自心。流出一切。何異內教萬法惟識。答。內教萬法惟識。表如夢幻。生即無生。此計實生。安得一轍。又惟識正明無他心外之法。此計能生他法。宛是顛倒。奚疑乎。能非能執已竟。

壬三常非常執。分三。癸一兩楹之間。

又善男子窮諸行空。已滅生滅。而於寂滅精妙未圓。

癸二邪解執背。

若於所歸有所歸依。自疑身心從彼流出。十方虛空咸其生起。即於都起所宣流地。作真常身無生滅解。在生滅中早計常住。既惑不生。亦迷生滅。安住沈迷。生勝解者。是人則墮常非常執。計自在天成其伴侶。迷佛菩提。亡失知見。

此與上執皆從識起。而所計不同。上謂識即是我能生萬物。此謂我從識出。彼是真常。是其差別也。溫陵曰。以識元為所歸依。故疑彼能生我及一切法。遂計生起流出之處為真常無生之體。此則在生滅中妄計常住。既惑真不生性。又迷現生滅法。以非常為常。故名常非常執。既計彼能生我。即與計自在天能生一切者同矣。

癸三結名異種。

是名第三立因依心。成妄計果。違遠圓通。背涅槃城。生倒圓種。

溫陵曰。由依識元妄計常住。故曰立因依心成妄計果。前計我圓生物。此計彼圓生我。名倒圓。常非常執已竟。

壬四知無知執。分三。癸一兩楹之間。

又善男子窮諸行空。已滅生滅。而於寂滅精妙未圓。

癸二邪解執背。

若於所知。知徧圓故。因知立解。十方草木皆稱有情。與人無異。草木為人。人死還成十方草樹。無擇徧知。生勝解者。是人則墮知無知執。婆吒霰尼執一切覺成其伴侶。迷佛菩提。亡失知見。

溫陵曰。所知。即所觀識陰也。謂識有知。而一切法由知變起。因計知體圓徧諸法。遂立異解。謂無情徧皆有知。○草木下三句承上無異。言既與有情相同。則當互輪轉焉。無擇者。不分有情與無情而徧皆有知也。是其謬計無情有知。而實本無知。故言知無知執也。環師謂婆吒霰尼乃二外道。覺。即知也。亦計徧知之類。

癸三結名異種。

是名第四計圓知心。成虛謬果。違遠圓通。背涅槃城。生倒知種。

溫陵曰。此謬計圓知以為因心。則果終虛謬矣。以無知為知。是倒知也。○問。此與內教山河化為知覺。無情作佛之旨何所簡別。答。孤山亦有此辯。意是而辭欠明了。今詳內教明見相二分本惟一心。迷之為二。故妄見無情不通知覺。大悟復歸一心。則通一知覺。更無外物。非謂各各有知。同他心量也。今計各各有知。互相輪轉。誠為虛謬。是知內教明訓。銷歸一心。此執謬計。成無數心。豈濫同哉。問。今何草木為妖。亦有知乎。答。此非草木有知。是彼依草附木之精靈有知。斯則仍是有情之知。非彼無情之草木能知也。知無知執已竟。

壬五生無生執。分為三。癸一兩楹之間。

又善男子窮諸行空。已滅生滅。而於寂滅精妙未圓。

癸二邪解執背。

若於圓融根互用中。已得隨順。便於圓化一切發生。求火光明。樂水清淨。愛風周流。觀塵成就。各各崇事以此群塵發作本因。立常住解。是人則墮生無生執。諸迦葉波。并婆羅門。勤心役身事火崇水。求出生死。成其伴侶。迷佛菩提亡失知見。

環師謂識陰盡者。消磨六門。諸根互用。今此未盡。則纔得隨順而已。此解極是。然觀中之一字。足見互用之妙。含之未發也。且言已得隨順者。已能顯發隨心順意神通變化也。如身上出水。身下出火。十八變等是也。岳師謂圓化乃觀中所見圓融變化惟識之境。固無不是。然詳便於二字。亦應即是隨順中圓化。又云一切發生。即四大之相。然亦即是覩圓化之四大而種種起著也。下列四種求樂愛觀是矣。三大可知。塵即地大。而言成就者。即環師謂能成器界是也。大凡有形磈者。皆塵所為耳。崇。尊尚也。事。供養也。而言各各者。或有尊供於火者。乃至或有尊供於地者。各隨所見而偏執也。岳師謂群塵總指四大是也。然發者。出生也。作者。辦造也。本因者。根元也。邪計四大為出生一切辦造一切之根元也。立常住解者。目為常司造化之真宰也。生無生執者。妄計能生萬法。而實不能生也。迦葉波。別姓也。婆羅門。總姓也。總有十八。迦葉其一也。求出生死者。以四大既為出生辦造之根元。則出因辦果靡不由之。如果上依正清淨光明等皆彼四大為之。故事之以求真常果也。

癸三結名異種。

是名第五計著崇事。迷心從物。立妄求因。求妄冀果。違遠圓通。背涅槃城。生顛化種。

計著。邪惑也。崇事。邪業也。迷心。謂迷己一真靈覺之心。從物。謂從彼四大無知之物。妄求因者。非因計因也。妄冀果者。無果望果也。反將無情之物以為生物之原。誠如環師所謂因果皆妄。顛倒化理。故名顛化種也。生無生執已竟。

壬六歸無歸執。分三。癸一兩楹之間。

又善男子窮諸行空。已滅生滅。而於寂滅精妙未圓。

癸二邪解執背

若於圓明。計明中虛。非滅群化。以永滅依為所歸依。生勝解者。是人則墮歸無歸執。無想天中諸舜若多成其伴侶。迷佛菩提。亡失知見。

圓明即識陰區宇。計明中虛者。於此境中初見前四陰盡。諸有皆空。即以虛無為究竟性。非。毀也。非滅群化者。便欲灰身滅土。纖塵不立也。以永下。復願常處虛空永為依托也。歸無歸者。蓋謬計斷空為休歸處。不知幻滅虛境亦等空華。非實歸處也。無想天。略舉非非想以該四空。非取四禪無想也。諸舜若多。總舉趣空天眾為同類也。

癸三結名異種。

是名第六圓虛無心。成空亡果。違遠圓通。背涅槃城。生斷滅種。

圓虛無心者。以取空之心為因也。成空亡果者。以斷滅之境為果也。問。此與後二乘何別。答。棄有取空見解志願皆同。但先心各別。此凡外種。伏惑取空。彼聖性種。斷惑取空。歸無歸執已竟。

壬七貪非貪執。分三。癸一兩楹之間。

又善男子窮諸行空。已滅生滅。而於寂滅精妙未圓。

癸二邪解執背

若於圓常。固身常住。同於精圓。長不傾逝。生勝解者。是人則墮貪非貪執。諸阿斯陀求長命者成其伴侶。迷佛菩提。亡失知見。

圓常亦識陰區宇。歷觀上來。於此一境稱圓元。圓融。圓明。圓常。義各有表。元表諸法統歸。融表萬化含蓄。明表徹體虛朗。常表究竟堅牢。各與本文關涉。細尋可見。然同是識海周徧。故皆稱圓。且均是識陰似一似常之相。行人不達似而非真。故各隨所見而起異執耳。今觀圓常而欲身常住者。蓋因見性常而并欲命常。即仙家性命雙修之見。而又言同於精圓長不傾逝者。精。即性也。如見性轉稱見精之例。傾逝。即死也。即欲身命與性同圓。長生不死也。貪非貪執者。言其妄起貪留。而不知生滅無停。本非可貪留也。良以所托之性但惟識陰。已是似常而非真常。何況所兼之命。全是生滅虛幻。縱經多劫。終落空亡。豈真實常住哉。阿斯陀。此云無比。古仙名也。

癸三結名異種。

是名第七執著命元。立固妄因。趣長勞果。違遠圓通。背涅槃城。生妄延種。

執著命元。以識陰為長命之元。立固妄因者。以因中功夫惟求堅固妄性妄命也。趣長勞果者。言所趣之果徒以長勞。終非常住也。璿師謂勞應作牢。為聲之誤者。似為最順。妄延者。妄求身命延長也。貪非貪執已竟。

壬八真無真執。分三。癸一兩楹之間。

又善男子窮諸行空。已滅生滅。而於寂滅精妙未圓。

癸二邪解執背。

觀命互通。卻留塵勞。恐其銷盡。便於此際坐蓮華宮。廣化七珍。多增寶媛。恣縱其心。生勝解者。是人則墮真無真執。吒枳迦羅成其伴侶。迷佛菩提。亡失知見。

此命異前身命。以天魔不用前身故也。應如環師所謂以識為命元也。要之亦住世壽者之相。且命以連持色心為名。今互通即連持之意。而塵勞不出運心役色諸欲叢擾也。今言觀命留塵者。以見命元既與塵勞連持。則存與俱存。亡與俱亡。故懼塵勞盡而元命必斷。由是妄起留塵之計不令銷盡。且行盡識現者。圓化隨心。得大自在。故恣意化諸欲境。七珍美女。於中放逸矣。真無真執者。妄執命元為己真宰。而實非真也。溫陵曰。吒枳迦羅即欲頂自在天類也。

癸三結名異種。

是名第八發邪思因。立熾塵果。違遠圓通。背涅槃城。生天魔種。

熾塵果者。熾然恣縱塵勞。妄謂果中受用也。墜入欲頂天魔者。生以類聚也。真非真執已竟。

壬九定性聲聞。分為三。癸一兩楹之間。

又善男子窮諸行空。已滅生滅。而於寂滅精妙未圓。

癸二邪解執背。

於命明中。分別精麤。疏決真偽。因果相酬。惟求感應。背清淨道。所謂見苦斷集。證滅修道。居滅已休。更不前進生勝解者。是人則墮定性聲聞。諸無聞僧增上慢者成其伴侶。迷佛菩提。亡失知見。

命明者。環師所謂因窮識陰。深明眾生受命元由是也。分別精麤者。了達界外聖法為精。界內凡定為麤。疏決真偽者。揀擇內教因緣為真。外道斷常為偽。因果相酬者。雙明世出世間二種因果。感即是修。應即是證。惟求感應者。惟求實修實證速出三界而已。背清淨道者。不順無修之修無證之證了義如幻之大道也。所謂下。躡上確實指陳也。苦集是世間果因。滅道是出世果因。即因果相酬也。知之與斷。是於世間則厭果除因。慕之與修是於出世則欣果從因。即惟求感應也。居滅下。是化城止息。不趣寶所也。定性聲聞。不迴心鈍羅漢也。諸無聞下。言此一類多出愚法無聞。未證謂證未得謂得者也。

癸三結名異種。

是名第九圓精應心。成趣寂果。違遠圓通。背涅槃城。生纏空種。

圓。滿也。專求曰精。滿其專求取證之因心。成其偏趣冥寂之斷果也。為空所縛曰纏空種。良以有餘涅槃位僅齊於七信。識陰所覆。尚不達圓通之因地。安能至無餘之果地哉。故均之違圓通而背涅槃也。下科辟支倣此。定性聲聞已竟。

壬十定性辟支。分三。癸一兩楹之間。

又善男子窮諸行空。已滅生滅。而於寂滅精妙未圓。

癸二邪解執背。

若於圓融清淨覺明。發研深妙。即立涅槃而不前進。生勝解者。是人則墮定性辟支。諸緣獨倫不迴心者成其伴侶。迷佛菩提。亡失知見。

銷六入一為圓融。破有歸空為清淨。了見命元為覺明。發研深妙有二。獨覺觀物遷變。

緣覺推審因緣。皆發深妙之悟。即以所悟之境為涅槃歸息之地。諸緣獨倫者。即緣覺獨覺之同倫也。餘可準前例知。

癸三結名異種。

是名第十圓覺涽心。成湛明果。違遠圓通。背涅槃城。生覺圓明不化圓種。

圓即圓融。覺即覺明。涽心即清淨。湛明果。即以悟境為涅槃也。不化圓種者。不能融化透過所悟所執空淨圓影。祖家所謂隱人胸次自成情也。住此則障真寂滅。礙圓通用。終不達於寶所矣。問。聲聞辟支為內教正乘。號出世小聖。今何亦列魔數。答。以魔羅害正之稱。今此經大定。以順圓通向涅槃為益。以違圓通背涅槃為損。而二乘宛然違背。墮之者。則枝歧鈍滯。害正事均非魔而何。然以定性簡之。是但取於不回心者。而能回心。固不墮斯數也。中間十執已竟。

辛三結害囑護。分三。壬一示因交互。

阿難。如是十種禪那。中途成狂。因依迷惑。於未足中生滿足證。皆是識陰用心交互。故生斯位。

文雖是總結。而亦可略分。中途一句前八意多。蓋前八魔外。中途各起狂解。或所歸果。及熾塵果等。於末二句後二意多。蓋後二小乘得少為足。不復前進。因依一句意兼前後。蓋十執無非因迷而起。依迷而住。皆是下方總判。交互。現前色陰文中。

壬二迷則成害。又曲為二。癸一總標迷妄。

眾生頑迷。不自忖量。逢此現前。各以所愛先習迷心而自休息。將為畢竟所歸寧地。自言滿足無上菩提。大妄語成。

頑迷不忖。解現前文。所愛先習者。各以積劫熏習偏愛邪種也。今於定中各境界相。適與先心相似者。投彼病根。發其痼疾。即以欣取依止。妄謂究竟極證。末句結為墮因。下科方判也。

癸二分害重輕。

外道邪魔所感業終。墮無間獄。聲聞緣覺不成增進。

岳師謂七是外道八是邪魔是也。夫魔外既由先心而各墮其類。是業已成矣。及享其修禪福盡。墮獄何疑。圓人住前墮義。解現想陰中貪求善巧科矣。此害之至重者也。聲聞下。明其若於先心原有二乘種習。見其境界有相似處。即證小果。然二乘已能斷惑取證。必無墮義。但惟永閉化城。不達寶所。此害之稍輕者也。永嘉所謂一愚癡一小騃是也。

壬三囑令保護。

汝等存心。秉如來道。將此法門。於我滅後傳示末世。普令眾生覺了斯義。

無令見魔。自作沈孽。保綏哀救。消息邪緣。令其身心入佛知見。從始成就。不遭歧路。

存心者。存如來大悲之心。秉道者。秉如來二利覺道。此法門即辯魔法門也。分別曰見。見魔。即顛倒分別也。依岳師。七純是見。八具見愛。以留塵勞生勝解故也。至於二乘界內見愛雖盡。而界外見愛仍存。如其於涅槃則迷真執似。於諦理則厭有著空。不達法空。惟求自利等。皆顛倒分別也。沈。亦深也。綏。安也。邪緣即前倒見。全障正真知見。能消磨息滅。則障盡理現。於佛知見自證入矣。成就即至終也。魔外二乘皆違圓通背涅槃。故皆歧路也。詳分五魔境相一大科已竟。

己三結示超證護持。分二。庚一先示超證。謂從識破。超入後心果地也。又三。

辛一諸佛先證。

如是法門。先過去世恆沙劫中微塵如來。乘此心開。得無上道。

此法門亦應總指五陰中辯魔法門。諸佛乘此心開者。每於一陰未開之時。要須依此法門以辯別之。不為十種魔境所惑。方得一陰破除。從色至識。無不皆然。故云爾也。乘無上道者。言乘此陰破入住。可以超證極果矣。

辛二識盡所超。分三。壬一識盡根融。

識陰若盡。則汝現前諸根互用。

此之單舉識盡者。將齊此以明超證也。互用。解現識陰終破科中。蓋體固圓融。而用亦不隔。每一根中。皆兼具五根之用。此正初住圓通之位。舊註乃判七信。不思經文明言聲聞緣覺位在識陰。交互未開。列於魔數。正齊七信。何乃識開仍是七信。理不通也。

壬二頓齊等覺。分二。癸一法說。

從互用中。能入菩薩金剛乾慧。圓明精心。於中發化。

從互用中者。即從初住位也。能入金剛乾慧者。即一超直入等覺後心也。此蓋促舉始終也。金剛乾慧。解現八卷等覺位中。圓明二句。又以略表中間。廓周法界曰圓。寂照無邊曰明。此即知見菩提之實相。偈曰。現在諸菩薩。今各入圓明。是也。而言精心者。揀異相似位中無明初伏之麤心也。於中者。於初住等覺兩楹之中也。發化者。以清淨禪那歷超於諸位也。

癸二喻說。

如淨瑠璃。內含寶月。

瑠璃。譬圓明精心。含月。譬於中發化之諸位也。

壬三示超諸位。

如是乃超十信。十住。十行。十回向。四加行心菩薩所行金剛十地。等覺圓明。

此即於中發化一切諸位而確指列名也。蓋識陰破後。信滿入住之初。一超直過。以至後心。然既當信滿。而復超十信者。全顯此經十信乃初住十心也。於地而特言所行者意表入地乃真修聖位耳。皆以金剛利智修斷。故言金剛十地。於等覺而復言圓明者。見始終惟此一心。但至等覺則發化之極也。按天台言圓教有利根者。一生超登十地。清涼言解行在躬。一生圓曠劫之果。皆從初住超之。蓋初住名發心住。以是義言從初發心即成正覺。故舊註謂從七信超之。未敢聞命。大抵詳究圓家只有二位。一斷前通惑。從滿觀行一超直入初住。中間更不取證。二斷後別惑。從入初住一超直至等覺。中間亦不取證。而佛於圓家仍列多位者有二意。一者引為漸機。令欣從圓頓也。二者見佛眼明極。能於至迅速者能見能析也。譬飛隼上山雖至迅疾。然亦自下歷上。但眼鈍者終不能徹見而分析之。故須佛眼也。

辛三圓證極果。

入於如來妙莊嚴海。圓滿菩提。歸無所得。

孤山曰。金剛乾慧是妙覺無間道。轉入解脫道即妙覺也。故云入於如來等也。妙莊嚴海是福究竟。圓滿菩提是智究竟。歸無所得是理究竟。福即解脫。智即般若。理即法身。不縱不橫。三德祕藏於茲具顯。○妙莊嚴海者。具足萬德莊嚴之果海也。圓滿菩提者完復一切種智也。歸無所得者。一一契合性真本有而不從外得也。上三句顯修成。末句顯性具。蓋從性起修者。而修還契性。離性真外無片法可得矣。先示超證已竟。

庚二後示護持。又分三。辛一首明遵古辯析。

此是過去先佛世尊奢摩他中毗婆舍那。覺明分析微細魔事。

止觀性修說現前文。覺明二句。言此乃諸佛因中始覺智明詳分魔事也。

辛二正令諳識護持。分二。壬一先令自己諳識。又三。癸一諳識魔邪。

魔境現前。汝能諳識。心垢洗除。不落邪見。

成害雖似由魔。致魔實因心垢。前云各以所愛先習迷心。即心垢也。今能諳識魔境。豈但不墮魔奸。兼亦洗除心垢。不陷邪宗。

癸二諸魔不現。

陰魔銷滅。天魔摧碎。大力鬼神。褫魄逃逝。魑魅魍魎。無復出生。

陰魔。即心見兩魔也。發雖在於最後。今由即屬心垢。故首先言其銷滅。有以深況淺之意。如云汝能依此明誨識魔除垢。陰魔早已銷滅絕根。何況外魔焉敢留難。是以天魔。

及鬼神精魅悉摧心喪魄以逃逝矣。

癸三二果無障。

直至菩提。無諸少乏。下劣增進。於大涅槃。心不迷悶。

首二句。言自初因以至無上智果。中間略無缺乏於辯魔之法要。後三句作一氣讀。大涅槃是佛究竟無餘斷果。所謂五百由旬之外真實寶所。前行識中二十種魔外。小乘皆下劣得少為足。或迷馳險路。或悶閉化城。不成增進。今惟諳識魔境。則諸下劣皆增進於寶所。無迷悶矣。是此法門。後二尚賴如此。何況前三陰中利賴可知。

壬二轉令咒護眾生。分為三。癸一正教勸持。

若諸末世愚鈍眾生。未識禪那。不知說法。樂修三昧。汝恐同邪。一心勸令持我佛頂陀羅尼咒。

未識禪那者。不能明悟於諸魔境也。不知說法者缺多聞性也。樂修三昧者。好獨領簡便之法而樂於靜修。如直修反聞之定是也。

癸二兼通寫帶。

若未能誦。寫於禪堂。或帶身上。

癸三總結魔伏。

一切諸魔所不能動。

此全顯咒力。極勸行人當持也。

辛三叮囑欽古教範。

汝當恭欽十方如來究竟修進最後垂範。

論自利之智。則究竟之修進。非中路化城之止息也。論利他之悲。則最後之垂範。非始教不了之權義也。可不敬承以利己利他哉。無問自說五陰魔境已竟。

大佛頂首楞嚴經正脈疏卷三十九

大佛頂首楞嚴經正脈疏卷四十

經文卷十之三

明京都西湖沙門交光真鑑述
蒲州萬固沙門妙峰福登校

丁二因請重明五陰起滅。分二。戊一躡前請問。又三。己一領前請後。

阿難即從座起。聞佛示誨。頂禮欽奉。憶持無失。於大眾中。重復白佛。

憶持無失者。於已說法不漏落乎毫髮也。

己二具陳三問。就分三。庚一問生起妄想。

如佛所言五陰相中。五種虛妄為本想心。我等平常未蒙如來微細開示。

指前每於終破妄原。各有所觀妄想以為根本。今總舉之以重問也。我等下。申罕聞以求細示也。蓋聞之熟者可一舉而便見。今由曾未蒙示。故乍聞未得其詳也。

庚二問滅除頓漸。

又此五陰為併銷除。為次第盡。

併銷者。五陰齊除也。次第者。五陰漸破也。

庚三問陰界淺深。

如是五重。詣何為界。

淺深。即各陰邊際也。後文自見。

己三願利現未

惟願如來發宣大慈。為此大眾清明心目。以為末世一切眾生作將來眼。

發宣大慈者。於三問一一詳示。大慈無倦也。下求開現未道眼可知。

戊二酬請具答。分二。己一具答三問。就分三。庚一答生起妄想。又三。辛一標說妄想之由。又三。壬一推原生起元虛。又三。癸一明真本無陰。

佛告阿難。精真妙明。本覺圓淨。非留死生。及諸塵垢乃至虛空。

精真者。純真全體也。妙明者。惟有寂照雙融也。名之以本覺者。揀非修成也。而特言其圓淨者。即彌滿清淨也。非留下。即表中不容他也。亦即心經空中無色等義。死生。即界內分段也。塵垢。即界外涅槃也。所謂想相為塵。識情為垢也。乃至者。超多之詞。如正報依報皆在其中。極於虛空。盡色邊際矣。取要言之。但是本覺中元無五陰而已。蓋界內分段即受想行之三陰。界外涅槃即識陰。依正等乃至虛空即色陰也。

癸二表陰皆妄生。

皆因妄想之所生起。

皆字總躡上死生塵垢乃至虛空。應以伏難起之。如云。既本覺中元無生死涅槃。乃至虛空等五陰實法。奈何即今眾生宛然現有耶。答。此等皆但因於五種妄想次第生起而已。豈性真本有耶。當知此句正乃確答妄想生起。

癸三喻妄生非實。

斯元本覺妙明精真。妄以發生諸器世間。如演若多迷頭認影。

元字似是緣字之訛。作元頗無情味。若強釋之。元者。總統也。蓋總統前之真妄以為法說。起下喻說而已。言真本有而妄迷如失。如演若頭本在而妄驚其失也。妄本空而誤迷為有。如演若影非實而錯認為真也。意表五陰從本虛妄不實矣。

壬二判決倒計非是。又二。癸一直示二計俱妄。

妄元無因。於妄想中立因緣性。迷因緣者稱為自然。彼虛空性猶實幻生。因緣自然。皆是眾生妄心計度。

此中所以必斥二計者。良以五陰始從妄想而生。雖有恆無。終依倒計而住。雖無恆有。所謂從畢竟無成畢竟有。是故二計不忘。則五陰牢不可破矣。所以如來欲掘妄想之原。先斥所依之計也。初五句先以雙舉二計。妄元無因者。惟此一句是其實義也。於妄二句。明其迷無因而方立因緣也。迷因二句。又明其迷因緣而方說自然也。彼虛空下。例明二計皆妄也。蓋虛空宛似不動不壞。猶是虛幻非真。何況二計本出眾生顛倒分別。豈有真實義哉。

癸二縱奪況顯必妄。

阿難。知妄所起。說妄因緣。若妄元無。說妄因緣元無所有。何況不知。推自然者。

上科直斷其妄。此顯其所以為妄。而縱奪況顯之間。仍見二計之妄有淺有深。首二句。縱許因緣也。言汝果能知妄起處。則許汝說因緣也。次三句。斥奪因緣非真也。若妄元無者。言妄若本無起處可得。則說因說緣本非實有而為不了義矣。以上先以縱奪因緣非真。何況下。方是況顯自然愈妄之甚也。何況不知者。何況並因緣而亦未通達也。推自然者。復更違因緣而謬說自然。可謂迷執中之迷執矣。

壬三結歸故說妄想。

是故如來與汝發明。五陰本因。同是妄想。

承明我所以說五陰同是妄想者。一欲眾生了見五陰真正本因而破除無難。二欲眾生捐捨五陰偏執情計而達妄無惑矣。若約三性分之。則精真妙明。圓成本實也。皆因妄起。依他已虛也。二計俱非。偏計愈妄也。標說妄想之由已竟。

辛二詳示五重妄想。就分為五。壬一色陰妄想。分三。癸一示體因想。

汝體先因父母想生。汝心非想。則不能來想中傳命。

色陰雖兼五根六塵。今圖易顯其與想相應。故且單就內身而言。先因父母想生者。以父母俱動染愛之想。而後有赤白二陰也。汝心非想則不能來者。言汝之父母染想雖具。而汝之中陰不作愛憎之想。亦不能來入胎中。是則全乘父母並已三想成就。而後結胎中命根。故曰想中傳命也。

癸二引喻詳釋。又二。子一雙引二想。

如我先言。心想醋味。口中涎生。心想登高。足心酸起。

先言者。二卷想陰中言也。口涎足酸。全顯虛想能感通實體也。

子二辯顯虛妄。

懸崖不有。醋物未來。汝體必非虛妄通倫。口水如何因談醋出。

首二句。言二物但是空談非是實有。汝體下。反言以顯體乃妄倫也。言汝之身體若不與虛妄通為一類。空談醋崖。而口水足酸何為妄出耶。

癸三結妄想名。

是故當知汝現色身。名為堅固第一妄想。

堅固妄想者。言此想之體取著有力。固結而不可解也。如父母交遘染心。并己憎愛深心。其交固有力不待言矣。問。內根固然。若兼外器。何關三想。答。如前世界相續中。言堅明立礙。及與堅覺寶成等。亦堅固妄想也。

壬二受陰妄想。分二。癸一轉想成受。

即此所說臨高想心。能令汝形真受酸澀。

首二句躡前想陰亦即躡前喻中臨高虛想。次二句但取受酸澀處以為受陰。所謂轉想成受也。而言真受者。意明想雖無實高險。而形乃受真酸澀。諸受皆可例知其妄。

癸二推廣結名。

由因受生。能動色體。汝今現前順益違損二現驅馳。名為虛明第二妄想。

首二句牒前妄受動體。例下諸受皆是妄動。吳興曰。汝今現前下。正示受想也。順益即樂受。違損即苦受。合有非違非順即不苦不樂受。但是文略耳。溫陵曰。臨高空想。而酸澀真發。違順皆妄。而損益現馳。則受陰無體。虛有所明。故名虛明妄想。

壬三想陰妄想。分為二。癸一身念相應。

由汝念慮。使汝色身。身非念倫。汝身何因隨念所使。種種取像。心生形取。與念相應。

此科全舉想陰之虛能使色陰之實。而虛實相應以見想陰之妄也。溫陵曰。念慮。虛情也。色身。實質也。虛實不倫而能相使者。由想融之也。心生虛想。形取實物。心形異用而能相應者。由想通之也。

癸二推廣結名。

寤即想心。寐為諸夢。則汝想念搖動妄情。名為融通第二妄想。

寤想寐夢皆獨頭意識為體。故即想陰。而言搖動妄情者。顯其皆非寂靜真心也。溫陵曰。寤寐搖變。使心隨境。使境隨心。皆融通妄想也。

壬四行陰妄想。分三。癸一體遷不覺。

化理不住。運運密移。甲長髮生。氣消容皺。日夜相代。曾無覺悟。

此亦例前明虛妄行陰能遷實體也。首二句舉行陰也。化理。猶言變化之性。即指行陰。以遷流為相。故曰不住。運運。猶言念念也。密移者。表其動之隱微也。莊子喻以夜壑負舟。正此密移之意。但彼謂造化。此言行陰也。次二句。正表能遷實體也。蓋遷少至長。遷壯成老也。日夜相代。即剎那剎那不得停住也。曾無覺悟。言不能念念了知。正以見遷移之密也。

癸二雙詰是非。

阿難。此若非汝。云何體遷。如必是真。汝何無覺。

此字即指行陰。此若非汝者。言此遷流之行陰若果非汝心耶。云何體遷者。詰其何能遷變汝之實體耶。以見不非汝也。如必是真者。言此遷流之行陰。若果真汝心也。汝何不覺者。詰其何不念念覺知耶。以見不即汝也。非汝是汝二不可定。足知虛妄而非真矣。

癸三推廣結名。

則汝諸行念念不停。名為幽隱第四妄想。

幽隱者。固以遷流難知是非莫定為義。亦以前三覆藏非修莫見為相也。大抵受想行之三陰雖皆屬心。而文中皆要顯與色身通貫。受則能令色身領境。想則能驅使於身。行則能遷變乎體。又雖說三陰通貫色身。而實要顯身為念倫。非真實有也。

壬五識陰妄想。分四。癸一縱奪真妄。又二。子一約性縱真。

又汝精明湛不搖處名恆常者。於身不出見聞覺知。若實精真。不容習妄。

迷位識陰雖通收八識。而修斷位中。前四陰盡無復麤浮遷動。更何論於前七。應知此惟目於第八也。故此首三句先用縱詞牒定恆常。精明不搖。即指第八識也。純一不雜而橫豎洞照曰精明。所謂似一也。浮想已盡而遷擾俱停曰湛不搖。所謂似常也。名恆常者。正是牒定之詞。言若即以此精明不搖之識為真常不變之性耶。於身下。縱其應不習妄也。於身不出見聞覺知者。益顯經前所示根中之性。即是第八實體無疑矣。但前帶妄顯真。此則研真斷妄也。若實精真不容習妄者。如云若實精金不應混沙也。習妄之事。下科方以見之也。

子二驗憶奪妄。

何因汝等曾於昔年覩一奇物。經歷年歲。憶忘俱無。於後忽然覆覩前異。記憶宛然。曾不遺失。則此精了湛不搖中。念念受熏。有何籌算。

此但約記持多年不忘舊見為八識習妄之過。蓋最初熏習雖由前六。而憶持不忘非前六所能。前六如聚斂之臣。第八似庫藏之吏。第七同出納之官。故知此論收執不忘惟約第八也。理實此識尚能憶持多劫無量種習次第成熟。豈止現生之多年乎。舊註不達濫收。前七。失旨甚矣。湛不搖中念念受熏者。言見物之後。雖似忘情置過。而實念念熏持。無有剎那間歇。如其不然。於後覆覩。豈能宛然現前耶。有何籌算者。言此方是驗一物之不忘。而實持種之無量。積習以無邊。故云爾也。

癸二正申喻示。

阿難。當知此湛非真。如急流水。望如恬靜。流急不見。非是無流。若非想元。寧受妄習。

急流水。須取無波平流之急水。望如恬靜者。以其無波浪之參差。無飛湍之上下也。次二句。明其正因流急故不可見。非真無流也。嘗對此水間驗其流。抛一草葉於其水面。

草葉迅疾而去。方覺其流之最急。非無流也。故佛前驗其記物。如拋草葉也。末二句。判定仍想元也。蓋前想陰之盡但盡麤想。其實此陰仍是細想。所以仍受此妄習也。大抵究本惟一妄想。但麤而著者極於色陰。細而微者極於識陰也。

癸三的指滅時。

非汝六根互用合開。此之妄想無時得滅。

此言識陰既非確實精真。猶屬妄習。然則此妄何時而方滅耶。要須六根互用之時。根隔合開之後。此之妄想方以滅除也。但經用反言以顯。故云若非根解入圓。此妄終無滅時也。蓋互用合開。正當寂滅現前。獲二殊勝。十信滿心十住初心之際也。

癸四推廣結名。

故汝現在見聞覺知。中串習幾。則湛了內罔象虛無。第五顛倒細微精想。

現在見聞覺知者。即就阿難現前六根中性一念不生之體。如佛前十番開顯不動不滅等識精明元也。而言中串習幾者。即覩物不忘。念念受熏也。湛了內。即精明湛然不搖之中也。罔象虛無者。謂其本是無明幻瞖。似實而虛似有而無也。顛倒者。迷真執似也。細微者。陀那細識也。精想者。識精明元也。簡異前想陰中瀑流麤想耳。詳示五重妄想已竟。

辛三總結妄想所成。

阿難。是五受陰。五妄想成。

溫陵曰。五受陰亦曰五取蘊。由一念迷妄。受此取此以自蔽藏也。○承上總言由是觀之。五陰雖淺深麤細不同。而要之皆妄想所成。悉非真心本有也。答生起妄想已竟。

庚二答陰界淺深。

汝今欲知因界淺深。惟色與空。是色邊際。惟觸及離。是受邊際。惟記與忘。是想邊際。惟滅與生。是行邊際。湛入合湛。歸識邊際。

阿難前第三問云。如是五重。詣何為界。佛今於第二答中答此問也。因界者。舊註以空色相因等義釋之。頗無情謂。今考古訓十八界。乃云界者因義。謂出生諸法。如地生物。而地為物因也。今五陰即界之開合。故名因界。但是陰之別名而已。淺深。即邊際之淺深。歷五陰而各有也。如色陰中有相為色。無相為空。若離諸色相而棲心空淨。祖家謂之一色邊。唯識謂為空一顯色。是知盡色而不盡空。皆未出乎色陰邊際。而一切空忍皆非究竟也。受陰中取著曰觸。厭捨曰離。斷諸取著而不忘厭捨。是猶住捨受之中。故佛於離幻之後。復教離離。是知盡觸而不盡離。亦未出乎受陰邊際。而一切背捨皆非究竟也。想陰中有念為記。無念為忘。除諸念而不忘無念。是仍住於靜念之中。故佛言有念無念。同歸迷悶。祖云。莫謂無心是道。無心猶隔一關。是知盡記而不盡忘。亦未出乎想陰邊際。而一切無想皆非究竟也。行陰中以迷位散心麤行為生相。如二卷喻如瀑流者是也。以修位定心細行為滅相。如此卷喻如野馬者是也。然此細行似滅非滅。仍是清擾細遷。如定中人不免爪生髮長。足以驗之。是知盡生而不盡滅。亦未出乎行陰邊際。而一切滅定皆非究竟也。識陰中以有入為湛入。蓋泯行流而沒歸識海。經云。性入元澄。一澄元習。如波瀾滅。化為澄水。是也。以無入為合湛。經云。內外湛明。入無所入。是也。蓋合字有不動之意。即流急不見其流也。然此合湛境界分劑非淺。良以始言湛入。特表行陰方消。識海初入。按位已當七信。齊於四果。而圓通正在聞所聞盡。終言合湛。更名識海久停。湛明淨極。區宇漸啟。將通未通。按位可當八九十信。而圓通應在後三結中。雖視湛入有加。居然仍在識境。咸不免於最細四相所遷。是知盡湛入而不盡合湛終未出乎識陰邊際。所謂清光照眼。猶似迷家。而一切明白法身俱未究竟也。問。識陰盡時畢竟何位。答。入初住。證圓通也。經云。非汝六根互用合開。此之妄想無時得滅。是其明徵也。問。此之識陰既惟第八。即是業識。而別經論皆謂無明生相等覺後心方盡。今言初住即盡。而後位依何住持耶。答。彼是漸教所談。初住等覺尚隔天淵。豈遽說盡。此是圓頓之旨。經文明言從互用中頓超諸位。能入金剛乾慧。非等覺後心而何。應知勝義中真勝義性。大不思議。不應以漸而難圓也。然以此總較因界之淺深者。若但知色為色而不知空亦是色者。知色界之淺者也。知空色之皆色者。知色界之深者也。如是乃至但知湛入為識而不知合湛亦識者。知識界之淺者也。知湛入合湛皆識者。知識界之深者也。是則發揮五重妄想。可謂極盡其境界矣。

庚三答滅除頓漸。阿難前第二問云。又此五陰為併消除。為次第盡。故如來今於第三答中。答此問也。分為二。辛一生滅次第。

此五陰元。重疊生起。生因識有。滅從色除。

此五陰生滅次第。即六根結解次第。將明五陰雖頓悟而須漸修。故先陳五陰生起滅除本有兩重次第。豈得併消除哉。元。本也。重疊生起。言本由積壘。非頓成也。孤山曰。約生則由內造外。從細至麤。如著衣也。故迷理有識。乃至有色。約滅則由外至內。從麤至細。如脫衣也。故悟理色盡乃至識盡。

辛二頓漸始終。

理則頓悟。乘悟併消。事非頓除。因次第盡。

上科雙舉生滅二種次第。此則單陳滅除次第。而仍兼始悟則無次第。而終修須次第也。其言理則頓悟者。理。謂妄理。頓悟。謂了達五陰惟一妄想。妄則本空。一念悟徹。焉有次第。乘悟併消者。即銷其億劫顛倒之想也。如暗夜驚杌為鬼。奔馳荒越。一旦被人說破。鬼想全消。事非頓除者。事。謂破除修斷之事。非頓除者。言不能一時俱除也。因次第盡者。要須歷五陰次第而漸除之也。如鬼想雖以全消。馳途豈能遽返。要須歷返前途。方歸舊處矣。總是頓悟漸修之意而已。

辛三責忘前教。

我已示汝劫波巾結。何所不明。再此詢問。

已示巾結者。即五卷佛取劫波羅天所獻華巾。綰結以示倫次之文。何所不明者。言前法喻昭然。無不明了。汝當即彼悟此。方為善領佛誨。何乃忽略於彼而再問於此哉。研究斯責。則的知前觀音解六結而入圓通。全同此處破五陰而入初住。但法數前六此五。開合參差。難以細對。略作兩節麤分攝之。從色空乃至湛入攝前三結。惟合湛二字攝後三結。舊解誤以六根為六結。而不達一根分具六結。今解既已不從。故此處舊註中橫豎之辯皆無用矣。具答三問已竟。

己二結勸傳示。

汝應將此妄想根元。心得開通。傳示將來末法之中諸修行者。令識虛妄。深厭自生。知有涅槃。不戀三界。

開通者。於一一陰皆了達其根元。全是妄想。非性實有矣。此教其自利也。傳示下。勸其利他也。令識虛妄者。令其達陰妄本空。如己無二也。深厭自生者。自之一字有二意。一者自然意。謂既達全妄。則深切厭離之志自然生發矣。二者自己意。謂既悟五陰元無。便發深心。厭此皆由自己妄生。還須自力滅除。末二句。言便知自性本有無蓋覆無集聚常

樂我淨之果性。不復更戀三界生死有漏因果矣。蓋厭戀相反。既厭而豈復戀哉。自談七趣以至於此。名超有出魔罔。正宗分一大科已竟。

甲三流通分。此於法華既為一轍。法華較顯經功。流通勸讚之文。品品有之。至後流通大分仍延數品。而斯經流通之文何甚少耶。答。此與法華同一轍者。義理分劑同也。至於流通多少。略以二義推之。一者疑信差別故。法華廢立之初。疑深信淺。故洗蕩疑情為詳。而發揮理行為略。如知見實相等。但標名字而已。而顧重重較讚勸通者。意在決了滯疑。且令信受也。此經開顯之久。疑消信定。故發揮理行為詳。而洗蕩不信為略。如知見實相等。詳確搜揚。竭盡不已。而不多勸通者。知其領受易也。二者以約該博故。蓋流通之文雖比法華為約實以約辭而收博義。非真缺略。由佛語微妙故。該博入文自見。分為二。乙一極顯經功。又分二。丙一開二利而況顯福報。蓋舉少示以況顯廣示也。又二。丁一舉利他況顯。又二科。戊一舉多功較定。又二。己一如來舉功令較。

阿難。若復有人。徧滿十方所有虛空。盈滿七寶。持以奉上微塵諸佛。承事供養。心無虛度。於意云何。是人以此施佛因緣得福多不。

此中據佛所舉財田各極其盛。蓋十方虛空本無邊量。滿空七寶豈有量耶。若是。則一閻浮徧世界皆不足論。凡稱財勝者。縱重疊其詞。終不能過於斯矣。法界微塵本自無盡。

塵數諸佛豈有盡耶。若此則三四五佛。百千萬億皆未可比。凡稱揚田勝者。縱增崇其語。終不加於是矣。承事供養者。即以盈空之寶承供也。心無虛度者。即於微塵諸佛一一無遺也。是人下令其較量也。然較量且從獲福。以滅罪尚未及言故也。

己二阿難較定無量。

阿難答言。虛空無盡。珍寶無邊。昔有眾生施佛七錢。捨身猶獲轉輪王位。況復現前虛空既窮。佛土充徧。皆施珍寶。窮劫思議。尚不能及。是福云何更有邊際。

首二句單以牒言財勝。昔有下。雙以況顯財田俱勝。蓋以七錢而施一佛。財田俱劣也。而猶得轉輪勝報。況顯徧空佛土。即田勝也。皆施珍寶。即財勝也。窮劫下。決其獲福不思議而無邊際也。

戊二況顯經功超越。當知況顯之意全在言外。分為三。己一示誠言起信。

佛告阿難。諸佛如來。語無虛妄。

此因向下弘經之功至少。而滅罪獲福至多。恐難信及。故此先明佛無不實不真之語。令當諦信之也。

己二明滅罪往生。又三。庚一極言惡因惡果。

若復有人。身具四重十波羅夷。瞬息即經此方他方阿鼻地獄。乃至窮盡十方無間。靡不經歷。

若復有人者。設言有此一人也。四重即殺盜婬妄。十波羅夷或即十惡。未見的據。然波羅夷五篇第一。義當極惡。集云。三意釋之。一退沒。二不共住。三墮落。亦譯名棄。五刑如斬。按下惡報。極重則此四重十惡應必集至無邊。此上惡因。向下惡果。瞬息即經者。言臨墮至近也。阿鼻即五無間獄之至重也。窮盡十方皆經歷者。獄之至多也。

庚二略舉暫爾弘經。

能以一念將此法門。於末劫中開示末學。

能念之人。即前臨墮獄者。一念者。暫時發心也。此法門。須確指大定圓通超出深入之一門也。末劫者。聖遠魔強之日也。末學者。難進易退之人也。須知弘經既惟一念。經必非多。所謂四句偈等。人必非眾。所謂竊為一人等也。

庚三因之離苦得樂。

是人罪障應念消滅。變其所受地獄苦因。成安樂國。

罪障。即上最重最多之惡報。應念。即應弘經之一念。消滅者。如星火之爇積草。無有不灰燼者矣。變其下。更言不但只消罪業。仍以轉見樂邦而往生其中。夫一念微功。而能離極苦以生極樂者。良以應觀法界一切惟心。實華嚴破獄之偈。而斯經圓彰法界。極顯惟心。一念持此。是以能令無量阿鼻隨處滅盡。難思樂土當處發生。然須自信。方以剋功。自信不及。深孤妙利。痛哉。

己三明獲福勝前。

得福超越前之施人。百倍千倍。千萬億倍。如是乃至算數譬喻所不能及。

言不但離苦得樂。仍當獲福無量。超勝無比。而言超前施人者。即超前以虛空剎寶供塵數諸佛之人也。其超越之數。不但一倍。二倍。蓋百千萬億倍。乃至算喻不及也。正以斯經開如來祕密之寶藏。獲本然周徧之家珍。成塵剎互融之佛果。故非財施之多。執相之供。有為之果。所能及矣。問。全經雖有是功。一念豈能盡義。遽滅多愆。而頓膺廣福。胡不為濫賞乎。答。圓融不思議境智。剎塵齊量。而念劫相收。豈以大小短長情量而測之哉。宜深忍樂佛言。勿自疑阻於本真之妙利也。又復應知言外況顯之意此處當明。蓋極重罪人一念弘經。尚能滅罪獲福如此。何況輕罪無罪。乃至有福多福之人。弘經果報殊勝可知。一念尚能如此。何況久弘。乃至盡形。一句一偈尚能如此。何況一卷半部。乃至全經。竊謂一人尚能如此。何況多人。乃至在大眾中廣為人說。其果報殊勝益可知矣。舉利他況顯已竟。

丁。二舉自利況顯。

阿難。若有眾生。能誦此經。能持此咒。如我廣說。窮劫不盡。

誦經。持顯文也。持咒。誦密經也。如我廣說者。謂以佛八音四辯。稱揚斯人滅如上罪。獲如上福。窮盡劫數尚不能盡。應知此中亦具有言外況顯之意。良以誦經持咒方得聞慧。其功其報已至佛說不盡。何況進於思修。如解義。習定。作觀。反聞自性。乃至達於六度萬行。其功其報益不可盡說之矣。問。廣如上說。而更加窮劫不盡。豈自利反勝於利他耶。答。互影略耳。前詳較量超越。要之由經勝妙。故使二利均之超勝無比。均之演說不盡矣。開二利而況顯勝報已竟。

丙。二合二利而深許極果。

依我教言。如教行道。直成菩提。無復魔業。

此科雙承上二利而合言之。依教行道。即謂遵佛。以此法門自利利他。方為如教行道。良由斯經元以具足二利。而況無上菩提。必須二利圓滿方為證極故也。直成菩提者。從初發心以至成佛。中間更無諸委曲相。如水赴壑。似箭穿空。更無留難。固非如小乘化城之中止。亦非如漸教歷證之遲延。所謂不歷僧祇一超直入者也。末句略出其由。蓋中間凡有退屈紆迴。皆因魔業肆擾。斯經顯密加持。永無魔障。所以直成菩提。更無留滯也。是則此之流通。據文無幾。而研究辭旨。雖重篇累帙亦不能過。豈非以約收博。無所遺餘。所謂我為法王。於法自在。信不誣矣。極顯經功已竟。

乙。二結眾法喜。

佛說此經已。比丘比丘尼。優婆塞優婆夷。一切世間天人阿脩羅。及諸他方菩薩二乘。聖仙童子并初發心大力鬼神。皆大歡喜。作禮而去。

此科與序分相為首尾。皆經家所設。首句並結正宗流通。以二皆佛說故也。比丘下。先列歡喜之眾。然此與序分列眾各有所兼。故分二分。前兼歎德時會。故為序分列眾。此兼歡喜禮散。故為流通列眾。且序分列眾雖詳而缺。此科列眾雖略而全。請別詳略缺全之相。如此科首列四眾。而序分但列比丘。是缺三眾也。次略陳八部。辭雖略而具顯八部之相。序分則盡缺焉。次標菩薩。次標二乘。皆總略而未如序分之別而詳也。後加聖仙力神二眾。非但序分缺之。諸經末多見也。然於仙而特加聖童者。明其雖居仙趣。而修行內教三乘聖道以希童真妙果。所以揀餘仙眾也。於鬼神特加發心大力者。表其建志護法。而具大神通。力洞無畏。所以揀暴惡及羸劣者也。此之二眾。皆能弘護流通。八部收之未盡。故增列之。末二句正結法喜謝辭。大歡喜者。既聞正宗而獲本妙圓心。復聞流通而知究竟弘益。近無墮惡之憂。遠有證真之望。非同人天三乘微利。得大饒益。故慶非常。大歡喜也。去者。歸也。各離隨相法會。各歸自心不動道場。或修習或弘通。非如世人離法會而遂成散亂也。

大佛頂首楞嚴經正脈疏卷四十

刊楞嚴正脈後跋

予寓上黨制斯疏時。妙峰澄印輩數子。清譽振於寰宇。著作流於海內。心祈稿成。得一證明。足驗乎不乖聖意。但慮其值之不偶。稿將半。妙峰忽至潞。已甚異之。將往拜。師已及門。一見。即傾倒肺腑。如三生好。咨其來意。曰。鑄萬固塔頂耳。予曰。茲有佛頂。當呈似君。即出其稿。再拜請證。師亦拜受。讀未竟。驚曰。當代僧英指摘舊解。若易梁柱然。茲如革故鼎新。大翻昔案。非細事也。已領其概。未盡其詳。乞攜歸旅寓。一研味之。予唯唯別去。次日往答拜。師乃稽首謝曰。昨披妙註。抵暮徹曉。不能釋手。新意疊現。聞所未聞。楞嚴本旨如日初出。非諸聖冥加決不至此。願師專志速成。恐時不逮。刊刻之事。某甲效勞。予承斯證許。亦稽首謝之。私念此或聖心允若。何遇之奇而獲證之早耶。別日。師復諄諄。予感時光不逮之警。日夕孜孜。復三載而稿完。歲逼除。師又忽至。慶慰無量。請稿如蒲。予謂非躬理之不可。容緩圖之。元日後復別去。仲春。予遂有五頂飯僧之行。轉至蘆芽華嚴寺過夏。寺亦師所建也。冬寓於汾。次春復應臺山之請。說觀經疏鈔。夏游雲中。留西嚴寺講楞嚴。值妙師應宣城之招。過西嚴。促予歸蒲。事亦甚奇。予乃繼行。仲冬始達萬固。承師厚遇種種。次年二月一日。命工就刊。王公大人莫不與力。師復吹噓於鄰郡。及上谷。乃至自鬻所乘以足之。是以周歲而畢。夫經疏科釋過四十萬言。而速成如此。固不無默相之者。而師之法眼道力所願成就尤不可測。其亦多生有大因緣於是經。而鑑蒙翊助非茲一世也。否則安能不期而至。而緣之輳際如是乎。因紀顛末。以見法有所證。功有所歸焉。時萬歷庚子八月望日沙門真鑑謹跋。

不肖梃育斯叔世。宿性庸愚。雖嗜道真。恨乏指授。此生何幸。值我王兄殿下研精貝典。洞燭玄微。深荷磨礲。僅通一線。稔聞交光尊師潞陽掛錫。改註楞嚴。梃數數神交。願祈親炙。戊戌歲。妙峰師約師過萬固刻楞嚴新疏。梃謁之。領誨無量。次春。師講華嚴懸談。梃侍坐與聞。不啻撥雲覩日。出井觀天。頓覺身心擴周法界。踰年。新疏工竣。荷師頒示。焚香披閱。始知識心為無量障源。根性即真心實體。反聞乃無功用道。捨障源則妄盡。見實體則心安。用無功則頓入。華嚴固無盡寶藏。斯經其入華嚴之捷逕矣乎。法乳汪洋。粉軀莫報。蕪言謬贅。敢告同心。

時萬歷庚子中秋日持菩薩戒門下弟子體玄子朱俊梃和南謹跋。

國家圖書館出版品預行編目資料

大佛頂首楞嚴經正脈疏／（明）京都西湖沙門交光真鑑著述. -- 1 版. -- 新北市：華夏出版有限公司, 2022.07

冊； 公分. -- (Sunny 文庫：242-243)

ISBN 978-626-7134-25-2（上冊：平裝）. --
ISBN 978-626-7134-26-9（下冊：平裝）

1.CST：密教部

221.94 111008351

Sunny 文庫 243

大佛頂首楞嚴經正脈疏（下）

著　述　（明）京都西湖沙門交光真鑑
印　刷　百通科技股份有限公司
電話：02-86926066 傳真：02-86926016
出　版　華夏出版有限公司
220 新北市板橋區縣民大道 3 段 93 巷 30 弄 25 號 1 樓
電話：02-32343788 傳真：02-22234544
E-mail： pftwsdom@ms7.hinet.net
總經銷　貿騰發賣股份有限公司
新北市 235 中和區立德街 136 號 6 樓
電話：02-82275988 傳真：02-82275989
網址：www.namode.com
版　次　2022 年 7 月 1 版
特　價　新台幣 850 元 (缺頁或破損的書，請寄回更換)

ISBN：978-626-7134-26-9

《大佛頂首楞嚴經正脈疏》由道恒法師同意華夏出版有限公司出版